汽车底盘电控系统检修

主　编　贾志涛　庞成立　徐长思

副主编　孙洪昌　吴春辉　石梦竹

北京理工大学出版社
BEIJING INSTITUTE OF TECHNOLOGY PRESS

内容简介

本书按照项目教学的要求，以培养读者的实际应用能力为出发点，以项目为核心，从汽车底盘电控系统的结构、原理、故障诊断方法和步骤等出发，每个项目均按照“项目概述”→“任务目标”→“任务引入”→“相关知识”→“任务实施”→“技能考核”→“项目小结”→“思考与练习”思路编排，每个项目均结合典型的车型，给出了相应的实践操作内容。

本书内容翔实、新颖，语言浅显易懂，可作为高等院校汽车类专业的理论与实践教学，以及汽车维修行业中高级技术工种、企业员工的专业培训教材。

图书在版编目（CIP）数据

汽车底盘电控系统检修 / 贾志涛，庞成立，徐长思主编. —北京：北京理工大学出版社，2015.2

ISBN 978-7-5682-0184-1

Ⅰ.①汽…　Ⅱ.①贾…　②庞…　③徐…　Ⅲ.①汽车—底盘—电气控制系统—车辆修理　Ⅳ.①U472.41

中国版本图书馆 CIP 数据核字（2015）第 008414 号

出版发行 / 北京理工大学出版社有限责任公司
社　　址 / 北京市海淀区中关村南大街 5 号
邮　　编 / 100081
电　　话 /（010）68914775（总编室）
　　　　　82562903（教材售后服务热线）
　　　　　68948351（其他图书服务热线）
网　　址 / http://www.bitpress.com.cn
经　　销 / 全国各地新华书店
印　　刷 / 三河市华骏印务包装有限公司
开　　本 / 787 毫米 ×1092 毫米　1/16
印　　张 / 18
字　　数 / 417千字
版　　次 / 2015 年 2 月第 1 版　2015 年 2 月第 1 次印刷
定　　价 / 52.00 元

责任编辑 / 陈莉华
文案编辑 / 张鑫星
责任校对 / 周瑞红
责任印制 / 马振武

前言

PREFACE

本书是集理论与实践一体化的教材，在理论内容方面明确了实习学生应知应会的理论知识；在实践内容方面，给出了实训流程和检测方法。师生可以根据实际情况设置故障或模拟客户，由学生独立完成任务，再让学生把实训时的实际资料和信息填写在任务记录单中，通过这样的学习，学生能够很快拥有汽车故障诊断和维修的能力。

结合我国当前高等教育的要求，本书按照基于工作过程的形式以理论为基础，循序渐进地介绍了汽车底盘电控系统的结构、原理和故障诊断方法及步骤，注重实际操作技能的培养。根据汽车底盘电控系统的检测内容，设置了六个项目，包括：电控自动变速器模块、防抱死制动系统（ABS）模块、驱动防滑与行驶稳定性控制系统模块、电控动力转向系统与四轮驱动系统检修、电控悬架系统模块、巡航控制系统模块。本书以典型汽车为例，以任务引导相关知识的学习，穿插了与实践内容相匹配的理论依据，达到“学中做、做中学”的目的，有利于快速提高学生汽车故障检测的技能水平。本书根据适量够用的原则，合理安排理论与实践内容，着重练习操作的方法和技巧，全书在每个项目后面附有思考与练习，并安排操作任务，以锻炼学生的实际操作能力。

本书内容丰富、实用性强，既可作为高等院校汽车类专业的教材，也可作为成人高等教育、汽车技术培训班相关课程的教材，同时可供汽车维修技术人员和相关行业的技术人员作为参考用书。

本课程建议课时为60~90学时，各项目的参考学时参见下表。

序号	项　目	教学时数
1	项目一　电控自动变速器模块	12
2	项目二　防抱死制动系统（ABS）模块	10
3	项目三　驱动防滑与行驶稳定性控制系统模块	12

续表

序号	项　　目	教学时数
4	项目四　电控动力转向系统与四轮驱动系统检修	12
5	项目五　电控悬架系统模块	10
6	项目六　巡航控制系统模块	8
合　　计		64

注: 表中为建议学时，授课时应根据实际需要进行取舍，本书内容适合于60~70学时的教学安排。若设置为90学时，则根据具体情况适当增加实操训练环节。

本书主编为贾志涛、庞成立、徐长思，副主编为孙洪昌、吴春辉、石梦竹。全书由贾志涛统稿。本书编写具体分工如下：贾志涛编写项目一、二、五，徐长思编写项目三、四，庞成立、孙洪昌编写项目六。另外，参加本书编写的人员还有：赵耀群、刘永杰、王千一、李雪礼。在编写过程中吴兴敏教授审订了本书，并提出了许多宝贵的意见，在此对他们及参考文献涉及的所有作者和相关专家一并表示感谢。

由于编者水平所限，加之时间仓促及实践经验不足，书中难免有不少缺点和错误，恳请广大读者批评指正。

编　者

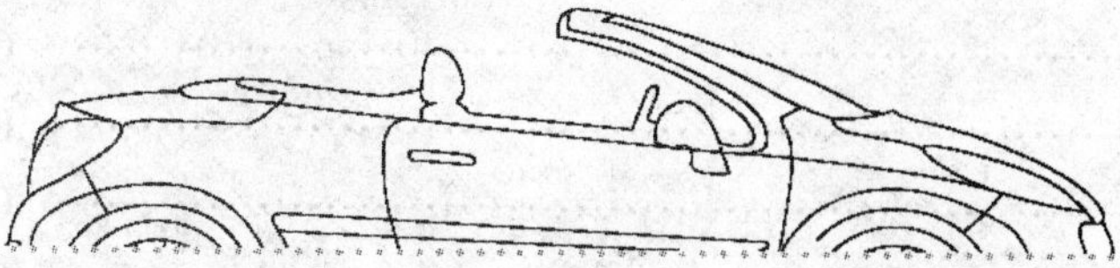

目录

CONTENTS

项目一 电控自动变速器模块

项目二 防抱死制动系统（ABS）模块

项目三 驱动防滑与行驶稳定性控制系统模块

项目四 电控动力转向系统与四轮驱动系统检修

项目五
电控悬架系统模块

项目六
巡航控制系统模块

项目一

电控自动变速器模块

项目概述

随着电子技术和计算机技术的迅速发展，由微型计算机控制的电控自动变速器已逐步普及，电控自动变速器在各种车辆上都得到了广泛应用。使用了电控自动变速器的车辆，驾驶员不需要经常变化挡位，电控自动变速器能根据汽车道路行驶条件和载荷情况，即根据发动机输出功率及车速，在最佳时间自动进行换挡，电子控制（以下简称电控）自动变速器按照最低油耗及最佳换挡时间进行自动换挡，使电控自动变速器的各项性能指标均达到最佳综合优化水平。

任务 1-1

电控自动变速器常规检查

任务目标

1）掌握电控自动变速器的检测与诊断流程。

2）掌握电控自动变速器控制系统的检测方法。

3）通过学习能够达到对电控自动变速器的常见故障进行诊断并排除。

任务引入

安装了电控自动变速器的车辆，驾驶员不需要经常变化汽车挡位，电控自动变速器就能根据汽车的道路行驶条件和载荷情况，即根据发动机输出功率大小和车速，在最佳时间自动切换至最适宜的挡位。电控自动变速器结构比较复杂，一旦出现故障，检修的难度较大。因此首先必须要确定故障部位，而确定故障部位的关键是故障诊断。要掌握这些内容，应完成下面的学习任务：

1）电控自动变速器检测与诊断流程。

2）电控自动变速器的常见故障诊断与排除。

3）电控自动变速器控制系统的检修。

相关知识

一、电控自动变速器电子控制系统的构造与工作原理

1. 概述

电控自动变速器的电子控制系统包括传感器、电子控制单元（ECU）和执行器三部分，其组成框图如图 1-1 所示。

传感器部分主要包括节气门位置传感器、车速传感器、发动机转速传感器、输入轴转速传感器、冷却液温度传感器、ATF（自动变速器油）温度传感器、驻车挡 / 空挡位置开关（又称为空挡起动开关）、强制降挡开关、制动灯开关、模式选择开关、OD 开关等。

执行器部分主要包括各种电磁阀和故障指示灯等。

ECU 主要完成换挡控制、锁止离合器控制、油压控制、故障诊断和失效保护等功能。

对于液控自动变速器，自动换挡主要是取决于节气门油压和速控油压，即发动机负荷和车速的情况。对于电控自动变速器，与此情况是类似的，即自动换挡也主要取决于发动机负荷和车速，只不过是采用节气门位置传感器和车速传感器的信号来感知发动机负荷和车速的情况，并将这两个信号发送给电控自动变速器 ECU，ECU 根据存储器中的换挡程序决定升挡或降挡，然后再给换挡电磁阀发出控制信号，换至相应挡位。

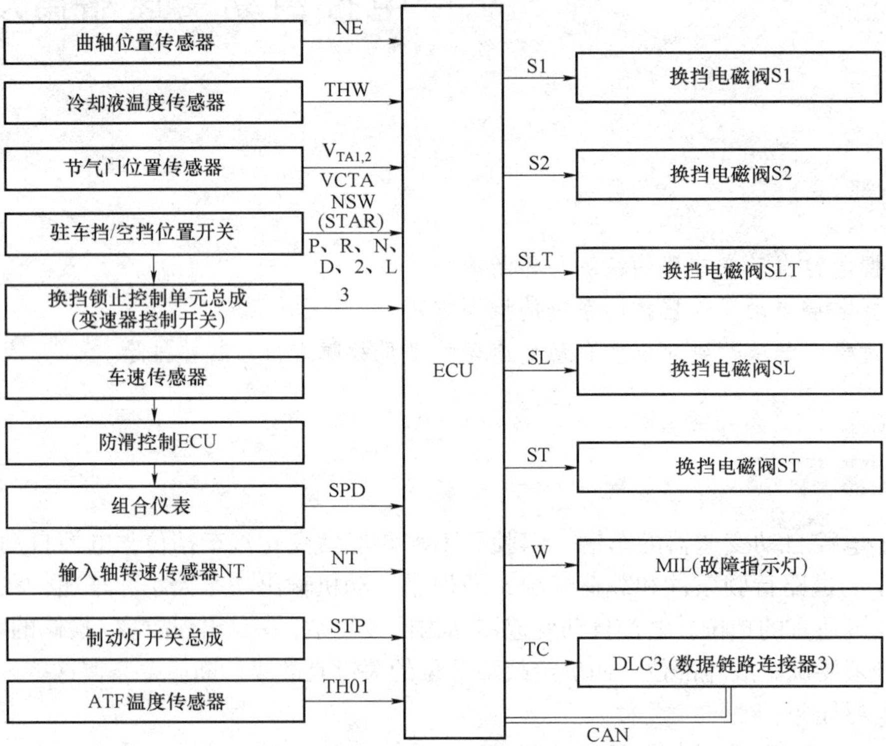

图 1-1　电控自动变速器的电子控制系统组成框图

例如，丰田车系的四挡电控自动变速器换挡情况（见表 1-1），当电控自动变速器 ECU 使 1 号换挡电磁阀通电，2 号换挡电磁阀断电时，则电控自动变速器为 1 挡。

表 1-1　丰田车系的四挡电控自动变速器换挡情况

挡位	换挡电磁阀	
	1 号	2 号
1 挡	○	×
2 挡	○	○
3 挡	×	○
4 挡	×	×
注：○表示通电，× 表示断电。		

电控自动变速器的换挡控制还要取决于冷却液温度、ATF 温度等信号。如果冷却液温度、

ATF 温度过低，电控自动变速器不会升挡。

如果电控自动变速器在工作过程中，满足了锁止离合器的工作情况，电控自动变速器ECU就会给锁止离合器（TCC）电磁阀（一般称为 3 号电磁阀）通电，切换油路使锁止离合器工作。

在换挡过程中，为了防止换挡冲击，电控自动变速器还会通过 4 号电磁阀控制换挡油压。

电控自动变速器 ECU 具有自诊断功能，如果电子控制系统出现故障，ECU 会将故障码存储在存储器中，以便读取；另外 ECU 还会点亮 O/D OFF 指示灯（或故障指示灯），提示电控自动变速器出现故障，并可通过 O/D OFF 指示灯的闪烁读取故障码。

如果电控自动变速器出现故障，除了 O/D OFF 指示灯会点亮，一般电控自动变速器还会锁挡，即电控自动变速器不会升挡也不会降挡，锁挡一定有故障码。

2. 传感器的结构与工作原理

（1）节气门位置传感器（TPS）

1）功用。节气门位置传感器安装在节气门体上，用于检测节气门开度的大小，并将数据传送给 ECU，ECU 根据此信号判断发动机负荷，从而控制电控自动变速器的换挡、调节主油压和对锁止离合器控制。节气门位置信号相当于液控自动变速器中的节气门油压。

2）结构和工作原理。一般采用线性输出型节气门位置传感器，也称为可变电阻式传感器，其结构和工作原理如图 1-2 所示，实际上是一个滑动变阻器，E 是搭铁端子，IDL 是怠速端子，V_{TA} 是节气门开度信号端子，V_C 是 ECU 供电端子，ECU 提供恒定 5 V 电压。当节气门开度增加，节气门开度信号触点逆时针转动时，V_{TA} 端子输出电压也线性增大。如图 1-3 所示，V_{TA} 端子输出电压与节气门开度成正比。当怠速时，怠速开关闭合，IDL 端子电压为 0 V。

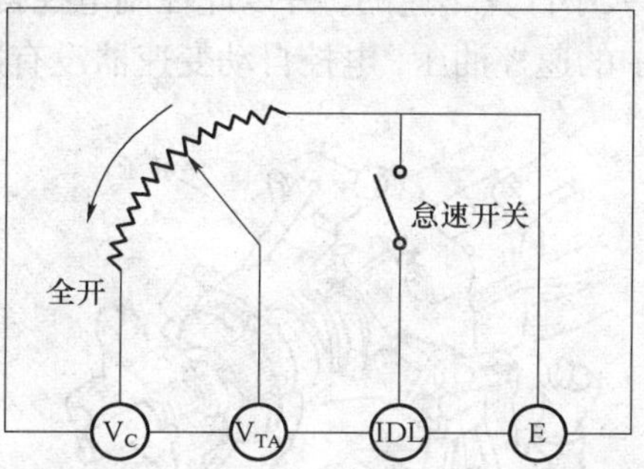

（a）

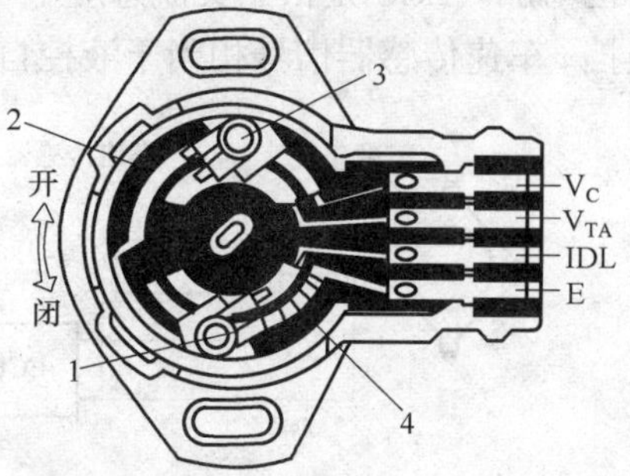

（b）

图 1-2　节气门位置传感器的结构和工作原理

（a）原理图；（b）结构图

1—怠速信号触点；2—电阻器；3—节气门开度信号触点；4—绝缘体

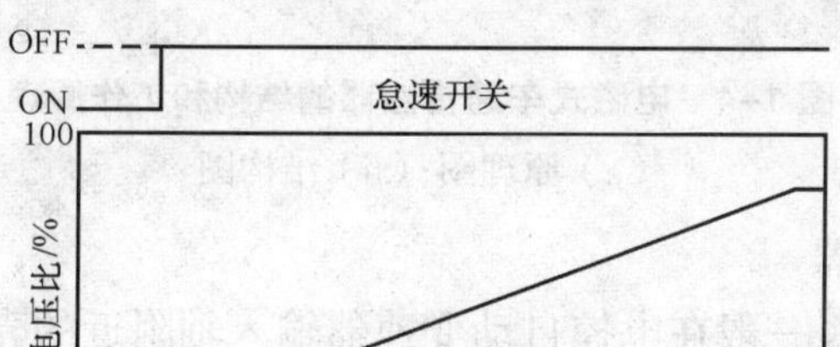

图 1-3　V_{TA} 端子输出电压与节气门开度的关系

由于滑动电阻中间部分容易磨损，使其阻值无法正确反应节气门开度，测量电阻时欧姆表会产生波动，同时输出电压也会过高或过低。当输出电压过高时，会导致升挡滞后、不能升入超速挡，同时会导致主油压过高，出现换挡冲击。当输出电压过低时，会导致升挡提前，汽车行驶动力不足，同时会导致主油压过低，使离合器、制动器打滑。

（2）车速传感器（VSS）

1）功用。车速传感器用于检测电控自动变速器输出轴转速，电控自动变速器 ECU 根据车速传感器输入的信号计算出车速，并以此信号控制电控自动变速器的换挡和锁止离合器的锁止。

2）类型。常见的车速传感器有电磁式、舌簧开关式、光电式三种形式。一般电控自动变速器装有两个车速传感器，分为 1 号和 2 号传感器。2 号车速传感器一般为电磁式的，它装在电控自动变速器输出轴附近的壳体上，为主车速传感器；1 号车速传感器一般为舌簧开关式的，为副车速传感器，它装在车速表的转子附近，负责车速的传输，它同时也是2号车速传感器的备用件，当 2 号车速传感器失效后，由 1 号车速传感器代替工作。

3）电磁式车速传感器的结构和工作原理。如图 1–4 所示，电磁式车速传感器主要由永久磁铁、电磁感应线圈、转子等组成。转子一般安装在电控自动变速器输出轴上，永久磁铁和电磁感应线圈安装在电控自动变速器壳体上，如图 1–4（a）所示。当输出轴转动，转子也转动，转子与传感器之间的空气间隙发生周期性变化，使电磁感应线圈中磁通量也发生变化，从而产生交流感应电压，并输送给 ECU，如图 1–4（b）所示。交流感应电压随着车速（输出轴转速）具有两个响应特性，一是随着车速的增加，交流感应电压增高；二是随着车速的增加，交流感应电压脉冲频率也增加。ECU 是根据交流感应电压脉冲频率大小计算车速的，并以此控制电控自动变速器的换挡。车速传感器信号相当于液控自动变速器中的速控油压，电控自动变速器没有速控阀。

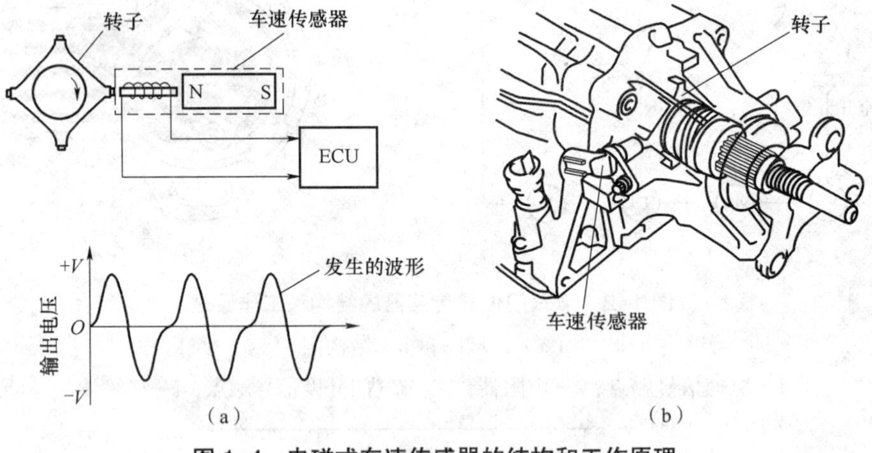

图 1–4　电磁式车速传感器的结构和工作原理

（a）原理图；（b）结构图

（3）输入轴转速传感器

对于电控自动变速器，一般在电控自动变速器输入轴附近的壳体上装有检测输入轴转速的输入轴转速传感器。该传感器一般采用电磁式，其结构和工作原理与车速传感器一样。

电控自动变速器 ECU 根据输入轴转速传感器的信号可以更精确地控制换挡。另外，ECU 还可以把该信号与发动机转速信号进行比较，计算出变矩器的转速比，使主油压和锁止离合器的控制得到优化，以改善换挡、提高行驶性能。

（4）冷却液温度传感器

1）功用。冷却液温度传感器的信号不仅用于发动机的控制，还用于电控自动变速器的控制。当发动机冷却液温度低于设定温度（如 60 ℃）时，发动机 ECU 会发送一个信号给电控自动变速器 ECU 的 OD_1 端子，以防止电控自动变速器换入超速挡，同时锁止离合器也不能工作。当发动机冷却液温度过高时，电控自动变速器 ECU 会让锁止离合器工作以帮助发动机降低冷却液的温度，防止电控自动变速器过热。

如果冷却液温度传感器发生故障，发动机ECU会自动将冷却液温度设定为80 ℃，以便发动机和电控自动变速器可以工作。

2）结构和工作原理。冷却液温度传感器一般都是一个负温度系数的热敏电阻，如图 1–5 所示，即温度升高，电阻下降。如图 1–6 所示，发动机 ECU 在 THW 端子接收到一个与冷却液温度成正比的电压，从而得到冷却液温度信号。ECT 是电控自动变速器的转换开关。

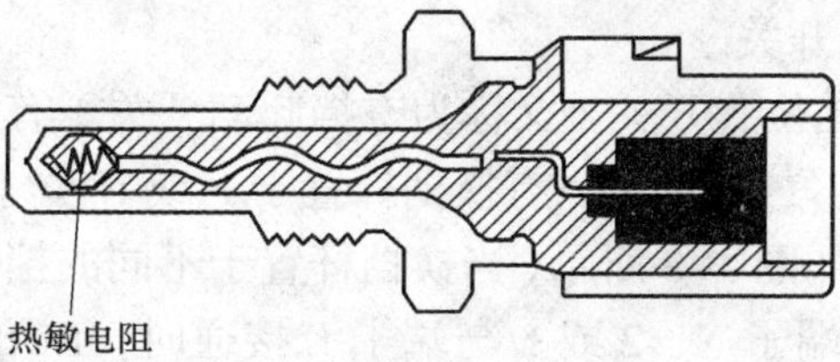

图 1–5　冷却液温度传感器

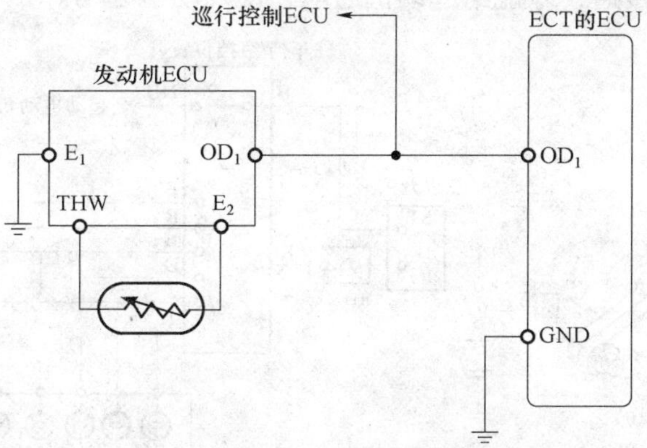

图 1–6　冷却液温度传感器线路图

（5）模式选择开关

1）功用。模式选择开关是供驾驶员选择所需要的行驶或换挡模式的开关。大部分车型都具有常规模式（N 或 NORM）和动力模式（P 或 PWR），有些车型还有经济模式（E 或 ECO）。电控自动变速器 ECU 根据所选择的行驶模式执行不同的换挡程序，控制换挡和锁止正时。如选择动力模式，电控自动变速器会推迟升挡，以提高动力性；而选择经济模式，电控自动变速器会提前升挡，以提高经济性，常规模式介于两者之间。

2）结构和工作原理。如图 1–7 所示为常见的具有常规和动力两种模式的模式选择开关线路图，当开关接通 NORM（常规模式）时，仪表盘上 NORM 指示灯点亮，同时电控自动变速器 ECU 的 PWR 端子的电压为 0 V，ECU 从而知道选择了常规模式。当开关接通 PWR（动力模式）时，仪表盘上PWR指示灯点亮，同时电控自动变速器ECU的PWR端子的电压为12 V，ECU从而知道选择了动力模式。

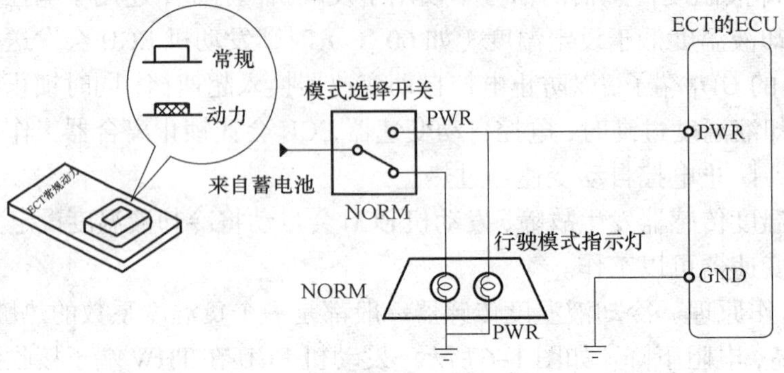

图 1–7　模式选择开关线路图

（6）驻车挡/空挡位置开关

1）功用。驻车挡/空挡位置开关（又称为空挡起动开关）有两个功用，一是给电控自动变速器ECU提供挡位信息，二是保证只有换挡杆置于P或N位才能起动发动机。

2）结构和工作原理。如图1–8所示，当换挡杆置于不同的挡位时，仪表盘上相应的挡位指示灯会点亮。当ECU的端子N、2或L与端子E接通时，ECU便分别确定电控自动变速器位于N、2或L位；否则，ECU便确定电控自动变速器位于D位。只有当换挡杆置于P或N位时，端子B与NB接通，才能给起动机通电，使发动机起动。

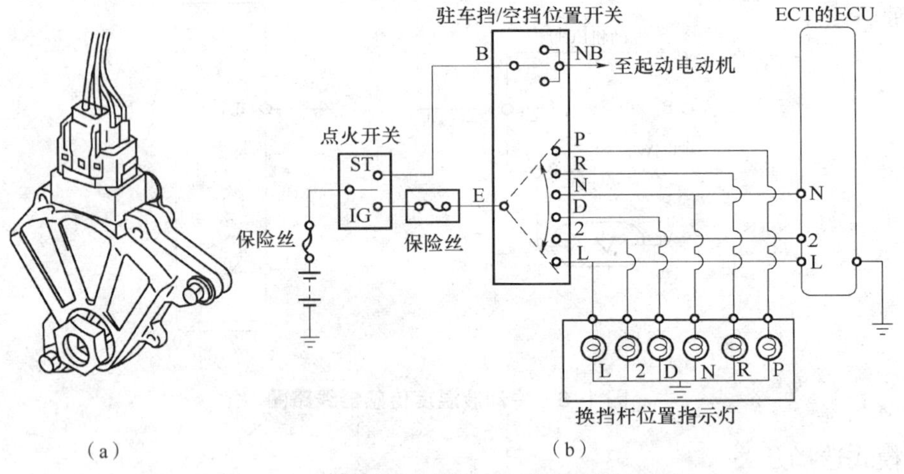

图 1–8　驻车挡/空挡位置结构和工作原理

（a）结构图；（b）原理图

（7）OD开关

1）功用。OD开关（超速挡开关）一般安装在换挡杆上，由驾驶员操作控制，可以使电控自动变速器有或没有超速挡。

2）结构和工作原理。如图1–9所示，当按下OD开关（ON），OD开关的触点实际为断开，此时ECU的OD_2端子的电压为12 V，电控自动变速器可以升至超速挡，O/D OFF指示灯不亮。

如图1–10所示，当再次按下OD开关时，OD开关会弹起（OFF），OD开关的触点实际为闭合，此时 ECU 的 OD_2 端子的电压为 0 V，电控自动变速器不能升至超速挡，且 O/D OFF 指示灯点亮。

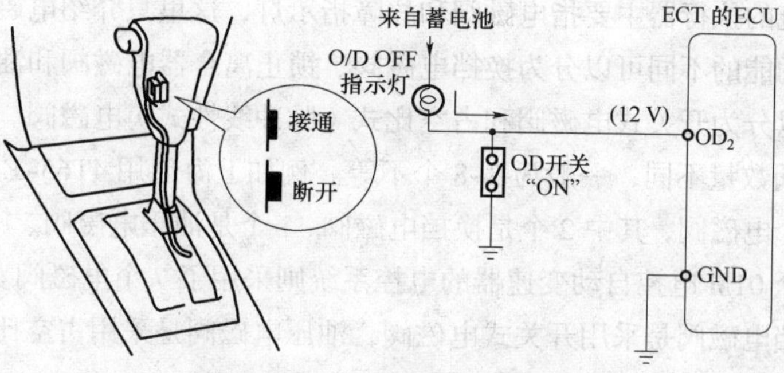

图 1-9　OD 开关 ON 的线路图

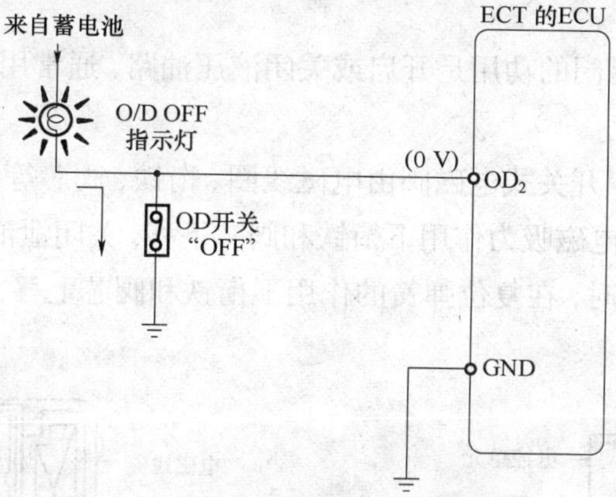

图 1-10　OD 开关 OFF 的线路图

（8）制动灯开关

1）功用。电控自动变速器 ECU 通过制动灯开关检测是否踩下制动踏板，如果踩下制动踏板，ECU 会取消锁止离合器的工作。

2）结构和工作原理。如图 1-11 所示，制动灯开关安装在制动踏板支架上。当踩下制动踏板时，开关接通，ECU 的 STP 端子电压为 12 V；当松开制动踏板时，开关断开，STP 端子电压为 0 V。ECU 根据 STP 端子的电压变化了解制动踏板的工作情况。

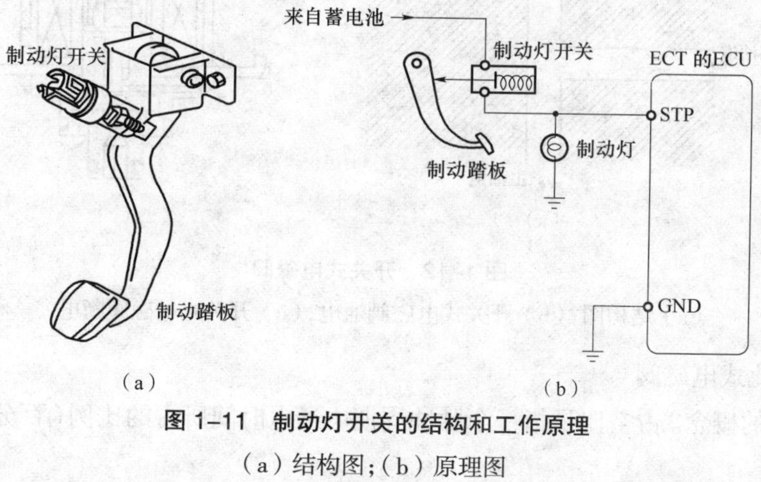

图 1-11　制动灯开关的结构和工作原理

（a）结构图；（b）原理图

3. 执行器的结构与工作原理

电子控制系统的执行器主要指电磁阀和故障指示灯，这里只介绍电磁阀。

电磁阀根据功能的不同可以分为换挡电磁阀、锁止离合器电磁阀和油压电磁阀。根据工作原理的不同可以分为开关式电磁阀和占空比式（脉冲线性式）电磁阀。不同的电控自动变速器使用的电磁阀数量不同，一般为 3~8 个不等。例如上海通用 4T65-E 型电控自动变速器的电控系统有 4 个电磁阀，其中 2 个是换挡电磁阀、1 个是油压电磁阀、1 个是锁止离合器电磁阀。而一汽大众 01M 电控自动变速器的电控系统则采用了 7 个电磁阀。

绝大多数换挡电磁阀是采用开关式电磁阀，油压电磁阀是采用占空比式电磁阀，而锁止离合器电磁阀采用开关式的和占空比式的都有。

（1）开关式电磁阀

1）功用。开关式电磁阀的功用是开启或关闭液压油路，通常用于控制换挡阀和部分车型锁止离合器的工作。

2）结构和工作原理。开关式电磁阀由电磁线圈、衔铁、阀芯等组成，如图 1-12 所示。当开关式电磁阀通电时，在电磁吸力作用下衔铁和阀芯下移，关闭泄油孔，主油压供给到控制油路。当开关式电磁阀断电时，在复位弹簧的作用下衔铁和阀芯上移，打开泄油孔，主油压被泄掉，控制油路压力很小。

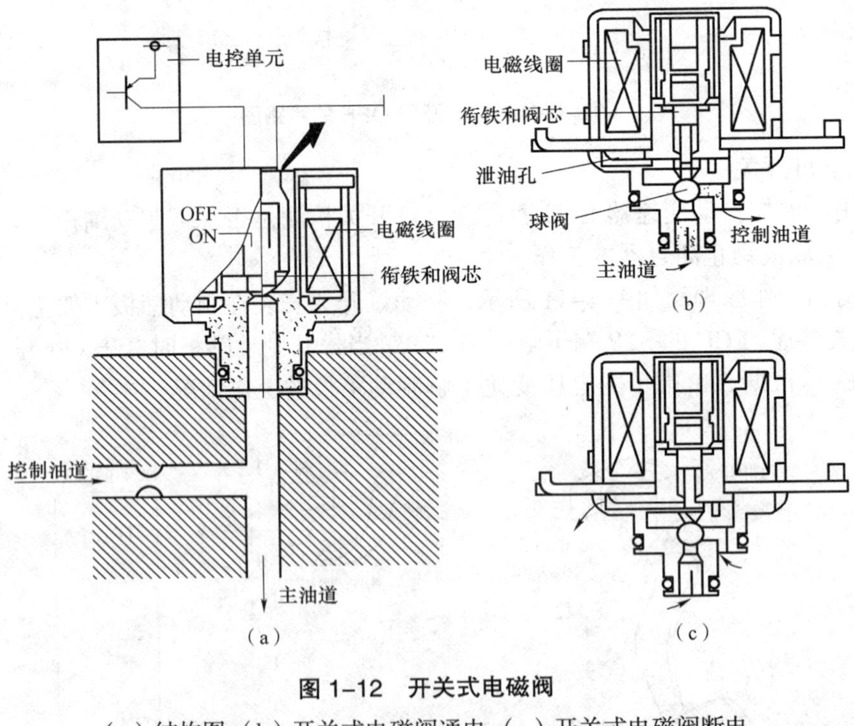

图 1-12　开关式电磁阀

（a）结构图；（b）开关式电磁阀通电；（c）开关式电磁阀断电

（2）占空比式电磁阀

1）占空比的概念。占空比是指一个脉冲周期中通电时间所占的比例（百分数），如图 1-13 所示。

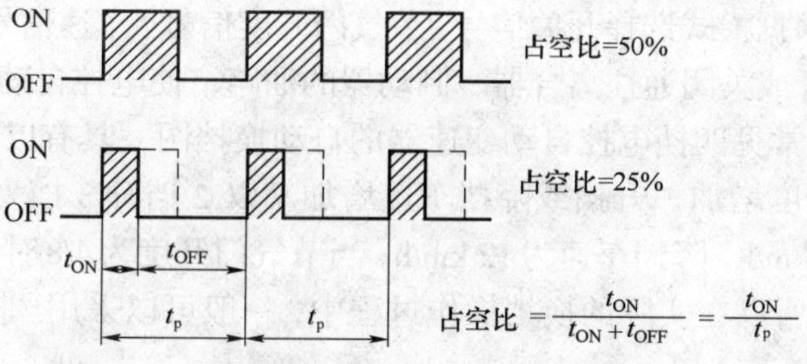

图 1–13　占空比

2）结构和工作原理。占空比式电磁阀（又称为脉冲线性式电磁阀）与开关式电磁阀类似，也是由电磁线圈、滑阀、弹簧等组成的，如图 1–14 所示。它通常用于控制油路的油压，有的车型的锁止离合器也采用此种电磁阀控制。与开关式电磁阀不同的是，控制占空比式电磁阀的电信号不是恒定不变的，而是一个固定频率的脉冲电信号。在脉冲电信号的作用下，电磁阀不断开启、关闭泄油孔。

占空比式电磁阀有两种工作方式，一是占空比越大，经电磁阀泄油越多，油压就越低；另一种是占空比越大，油压越高。

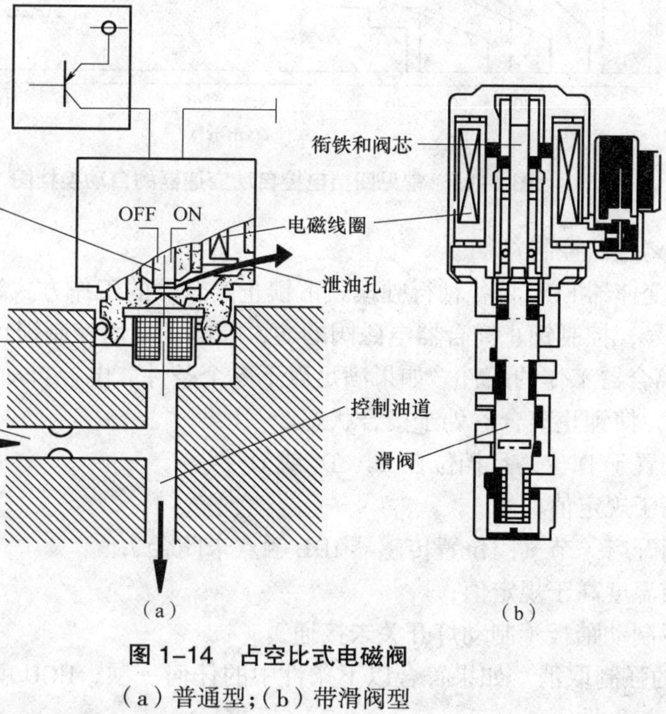

图 1–14　占空比式电磁阀

（a）普通型；（b）带滑阀型

4. 电子控制单元的结构与工作原理

电子控制单元的英文缩写为 ECU（俗称电脑）。电控自动变速器 ECU 具有换挡控制、锁止离合器控制、换挡平顺性控制、故障自诊断、失效保护等功能。

（1）换挡控制

电控自动变速器换挡时刻的控制是 ECU 最重要的控制内容之一。汽车在某个特定工况下都有一个与之对应的最佳换挡时刻，使汽车发挥出最好的动力性和经济性。汽车行驶过程中，电控自动变速器ECU根据模式选择开关信号、节气门开度信号、车速信号等参数来打开或关闭换挡电磁阀，从而打开或关闭通往离合器、制动器的油路，使电控自动变速器升挡或降挡。

如图 1-15 所示为常见四挡电控自动变速器的自动换挡图，具有以下特点：

1）随着节气门开度增加，升挡或降挡车速增加。以 2 挡升 3 挡为例，当节气门开度为2/8时，升挡车速为30 km/h，降挡车速为12 km/h；当节气门开度为4/8时，升挡车速为50 km/h，降挡车速为25 km/h。所以在实际的换挡操作过程中，一般可以采用“收油门”的方法来快速升挡。

2）升挡车速高于降挡车速，以免电控自动变速器在某一车速附近频繁升挡、降挡而加速电控自动变速器的磨损。

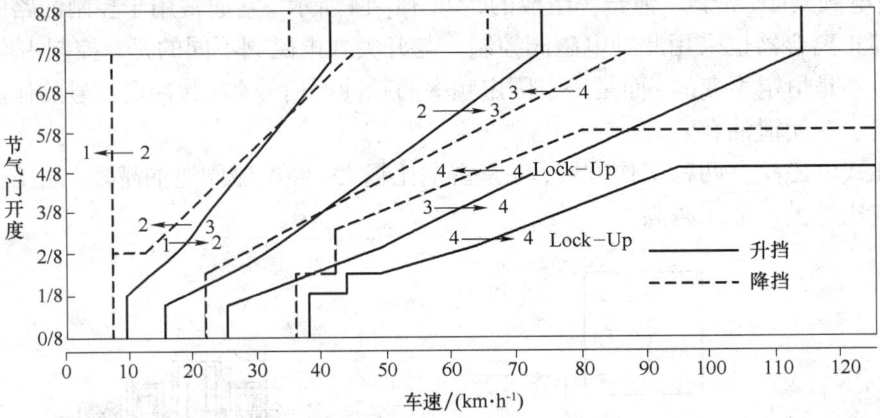

图 1-15　常见四挡电控自动变速器的自动换挡图

（2）锁止离合器控制

电控自动变速器ECU将各种行驶模式下锁止离合器的工作方式编程存入存储器，然后根据各种输入信号，控制锁止离合器电磁阀的通、断电，从而控制锁止离合器的工作。

1）锁止离合器工作的条件。如果满足以下 5 个条件，电控自动变速器 ECU 会接通锁止离合器电磁阀，使锁止离合器处于接合状态。

① 换挡杆置于 D 位，且挡位在 D_2、D_3 或 D_4 挡；

② 车速高于规定值；

③ 节气门开启（节气门位置传感器 IDL 触点未闭合）；

④ 冷却液温度高于规定值；

⑤ 未踩下制动踏板（制动灯开关未接通）。

2）锁止的强制取消。如果符合以下条件中的任何一项，ECU 就会给锁止离合器电磁阀断电，使锁止离合器分离。

① 踩下制动踏板（制动灯开关接通）；

② 发动机怠速（节气门位置传感器 IDL 触点未闭合）；

③ 冷却液温度低于规定值（如 60 ℃）；

④ 当巡航系统工作时，如车速降至设定车速以下，至少 10 km/h。

早期的电控自动变速器中，控制锁止离合器的电磁阀是采用开关式电磁阀，即通电时锁止离合器接合，断电时锁止离合器分离。目前许多新型电控自动变速器采用占空比式电磁阀作为锁止离合器电磁阀。ECU 在控制锁止离合器接合时，通过改变脉冲电信号的占空比，让锁止离合器电磁阀的开度缓慢增大，以减小锁止离合器接合时所产生的冲击，使锁止离合器的接合过程变得更加柔和。

（3）换挡平顺性控制

电控自动变速器改善换挡平顺性的方法有换挡油压控制、减少转矩控制和N–D换挡控制。

1）换挡油压控制。电控自动变速器在升挡和降挡的瞬间，ECU 会通过油压电磁阀适当降低主油压，以减少换挡冲击，改善换挡。也有的电控自动变速器是在换挡时通过电磁阀来减小蓄能器背压，以减缓离合器或制动器油压的增长率，来减少换挡冲击。

2）减少转矩控制。在电控自动变速器换挡的瞬间，通过推迟发动机点火时刻或减少喷油量，减小发动机输出转矩，以减少换挡冲击和输出轴的转矩波动。

3）N–D 换挡控制。当换挡杆由 P 位或 N 位置于 D 位或 R 位时，或由 D 位或 R 位置于 P 位或 N 位时，通过调整喷油量，把发动机转速的变化减小到最小限度，以改善换挡。

（4）故障自诊断

电控自动变速器ECU具有内置的自诊断系统，它不断监控各传感器、信号开关、电磁阀及其线路，当有故障时，ECU 使 O/D OFF 指示灯闪烁，以提醒驾驶员或维修人员，并将故障内容以故障码的形式存储在存储器中，以便维修人员采用人工或仪器的方式读取故障码。

当故障排除后，O/D OFF 指示灯将停止闪烁，但故障码仍然会保留在 ECU 存储器中。

当 OD 开关 ON 时（OD 开关断开），如果有故障，O/D OFF 指示灯将点亮而不是闪烁。

不同的电控自动变速器，故障指示灯不同。如丰田车系采用 O/D OFF 指示灯，通用车系采用 Service Engine Soon 指示灯，本田车系采用 D_4 指示灯。

（5）失效保护

当电控自动变速器出现故障时，为了尽可能使电控自动变速器保持最基本的工作能力，以维持汽车行驶，便于汽车进厂维修，电控自动变速器 ECU 都具有失效保护功能。

1）当传感器出现故障时，ECU 所采取的失效保护措施如下。

① 节气门位置传感器出现故障时，ECU 根据怠速开关的状态进行控制。当怠速开关断开时（加速踏板被踩下），按节气门开度为 1/2 进行控制，同时节气门油压为最大值；当怠速开关接通时（加速踏板完全放松），按节气门处于全闭状态进行控制，同时节气门油压为最小值。

② 车速传感器出现故障时，ECU 不能进行自动换挡控制，此时电控自动变速器的挡位由换挡杆的位置决定。在 D 位和 2 位时固定为超速挡或 3 挡，在 L 位时固定为 2 挡或 1 挡；或不论换挡杆在任何前进挡位，都固定为 1 挡，以保持汽车最基本的行驶能力。

③ 冷却液或 ATF 温度传感器出现故障时，ECU 按温度为 80 ℃的设定进行控制。

2）电磁阀出现故障时，ECU 所采取的失效保护措施如下。

① 换挡电磁阀出现故障时，ECU 一般会将电控自动变速器锁挡，挡位与换挡杆的位置有关。如早期的丰田车系锁挡情况见表 1–2。

② 锁止离合器电磁阀出现故障时，ECU 会停止锁止离合器的控制，使锁止离合器始终处于分离状态。

③ 油压电磁阀出现故障时，ECU 会停止油压的控制，使油路压力保持为最大。

表 1–2　丰田车系锁挡情况

换挡杆位置	D	2	L	R
挡　　位	4 挡	3 挡	1 挡	倒挡

二、电控自动变速器的维护与性能测试

1. 电控自动变速器的维护

（1）自动变速器油（ATF）液面高度的检查（车上检查）

驾驶车辆时，使发动机和电控自动变速器处于正常工作温度下。自动变速器油液温度：70 ℃ ~ 80 ℃。自动变速器油液容量：6.4 L。

1）在发动机怠速且制动踏板踩下的情况下，将换挡杆换到从 P 位置到 L 位置的所有位置。然后回到 P 位置。

2）拔出液面高度油尺并将其擦干净。

3）将油尺完全推回到油管中。

4）再次拔出液面高度油尺，并检查液位是否在 HOT 范围内，如图 1–16 所示。如果液位低于 HOT 范围，应加注新机油并重新检查液位。如果液位超过 HOT 范围，则排放一次，添加适量的新机油并重新检查液位。

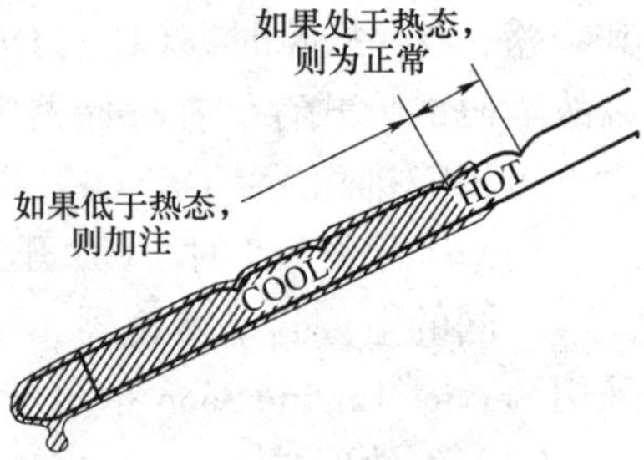

图 1–16　ATF 液面高度检查

（2）驻车挡 / 空挡位置开关总成的检查（车上检查）

1）拉紧驻车制动并将点火开关置于 ON（IG）位置。

2）踩下制动踏板，检查并确认当换挡杆在 N 或 P 位置时发动机能起动，而在其他位置时不能起动。

3）检查并确认当换挡杆在 R 位置时倒车灯点亮，倒挡警告蜂鸣器鸣响，但在其他位置时不起作用。如果发现故障，则应检查驻车挡 / 空挡位置开关的导通性。

（3）换挡锁止控制单元总成的检查（车上检查）

1）换挡锁止工作情况的检查。

① 将换挡杆移至 P 位置。

② 将点火开关置于 OFF 位置。

③ 检查并确认换挡杆不能从 P 位置移至任何其他位置。

④ 将开关置于 ON（IG）位置，踩下制动踏板，检查并确认换挡杆可移至其他位置。如果不能按规定进行操作，则检查换挡锁止控制单元。

2）换挡锁止释放按钮工作情况的检查。在按下换挡锁止释放按钮的情况下移动换挡杆时，检查并确认换挡杆可从 P 位置移至任何其他位置。

3）钥匙互锁工作情况的检查（不带智能上车和起动系统）。

① 将点火开关置于 ON 位置。

② 踩下制动踏板，并将换挡杆置于除 P 位置外的任何其他位置。

③ 检查并确认点火钥匙不能置于 LOCK 位置。

④ 将换挡杆移至 P 位置，将点火钥匙置于 LOCK 位置，检查并确认点火钥匙可以取下。

如果不能按规定进行操作，则检查换挡锁止控制单元。

2. 电控自动变速器常规故障的检测程序

1）分清故障部位。分清是由发动机微机控制系统，还是电控自动变速器液压控制系统、微机控制系统引起的，或是机械系统（液力变矩器或行星齿轮机构）引起的。

2）先易后难、逐步深入的原则。按故障的难易程度，先从最简单、最容易检查的部位入手，如开关、拉杆、自动变速器油状况等；再从最易于接近的部位、易被忽视的部位和影响较大的因素开始；最后再深入到实质性故障。

3）区分故障的性质。判断电控自动变速器故障是机械部分的，还是液压系统的，或是微机控制系统的；是只需维护就可排除，还是需要拆卸电控自动变速器彻底修理才能排除。

4）项目检验。利用电控自动变速器各检验项目（基础检验、手动换挡试验、液压试验、失速试验、时滞试验、电液控制系统工作过程检验），为查找故障提供思路和线索。

5）利用电控自动变速器的故障自诊断功能。电控自动变速器的电子控制单元（ECU）内部有一个故障自诊断电路，它能在汽车行驶过程中不断地监测电控自动变速器控制系统各部分的工作情况，并能检测出控制系统中的大部分故障，将故障以代码的形式记录在ECU中。维修人员可以按照特定的方法将故障码从ECU中读出，为电控自动变速器控制系统的检修和故障诊断提供依据。

6）资料准备。必须在拆检之后才能确诊的故障，应是故障诊断的最后步骤。因为电控自动变速器一般是不允许轻易分解的。在进行检测与诊断前，应先阅读有关故障检测指南、使用说明书和该车型的《自动变速器维修手册》，掌握必要的结构原理图、油路图、微机控制系统电路图等有关技术资料。

任务实施

一、电控自动变速器故障诊断流程

电控自动变速器故障检测与诊断流程如图 1-17 所示。

二、电控自动变速器控制系统的检修

1. 准备工作

电控自动变速器故障检测与诊断前的准备工作主要包括故障征兆的确认、读取故障码和查对故障诊断表等三项内容。

2. 电控自动变速器控制系统的检修

（1）电液式控制系统主要零部件的检修

电控自动变速器的电液式控制系统中的传感器、执行器、开关等任何零部件产生故障，都会对电控自动变速器工作产生影响。利用电脑检测仪读取故障码，可以找出控制系统大部分故障的大致范围，但要确定故障所在的具体部位，还必须进一步用万用表等简单工具，按照《自动变速器维修手册》中提供的检测方法、检测步骤及标准数据，对各零部件进行检测。此外，一些执行器的机械故障（如卡滞、泄漏等）无法被电脑故障自诊断电路检测出来，只有通过实际检测才能发现（以凌志 LS400 轿车为例）。

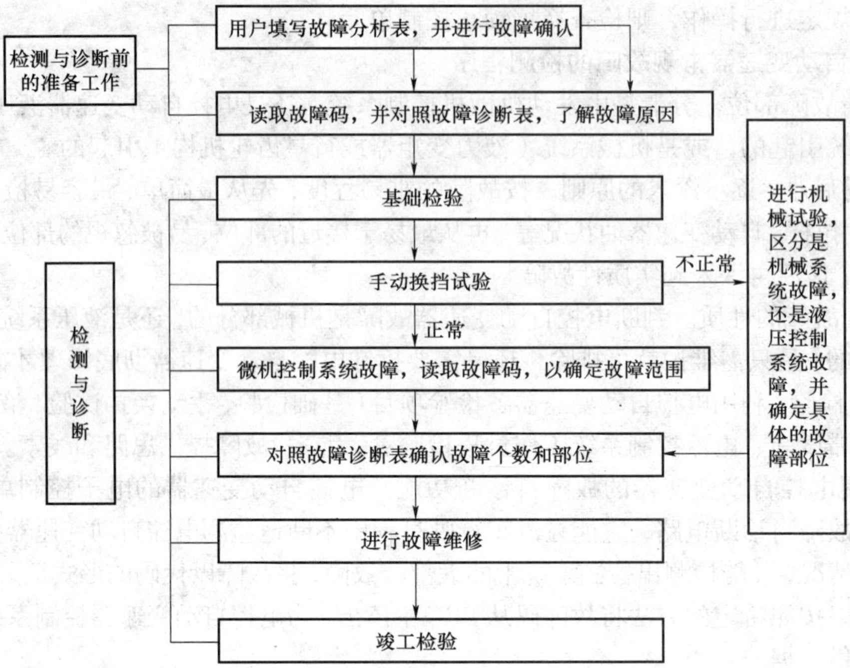

图 1–17 电控自动变速器故障检测与诊断流程

1）节气门的检修。

① 节气门位置传感器的检测。

a. 拔去节气门位置传感器的线束插头。

b. 用万用表在节气门位置传感器接线插座上测量怠速开关的导通情况，如图 1–18 所示。当节气门全闭时，怠速开关应导通；当节气门开启时，怠速开关应不导通。否则，应调整或更换节气门位置传感器。

c. 用万用表测量节气门位置传感器中线性电位计的电阻，即图 1–19 中 E_2 和 V_{TA} 之间的电阻。该电阻应能随节气门开度的增大而呈线性增大。

d. 将测量结果与表 1–3 进行比较。如有不符，应调整或更换节气门位置传感器（以凌志 LS400 为例）。

表 1–3 凌志 LS400 轿车节气门位置传感器的检测标准

测量端	节气门开度或节气门摇臂与限位钉之间的间隙 /mm	电阻 /kΩ
IDL–E_2	0.45	0.50 或更小
	0.55	无穷
V_{TA}–E_2	全闭	0.34~6.3
	全开	2.4~11.2
V_C–E_2	全开	3.1~7.2

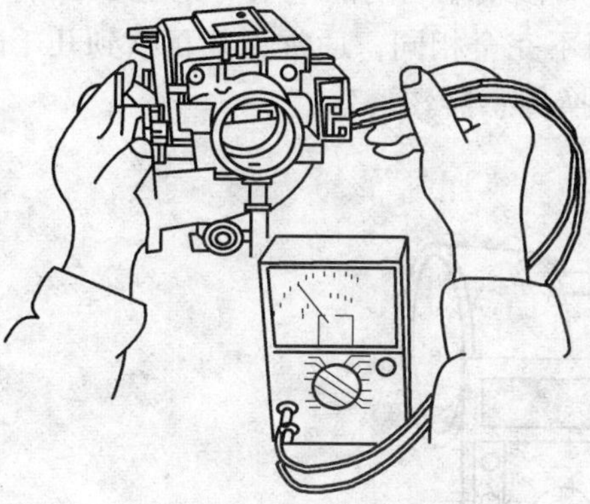

图 1-18　节气门位置传感器的检测

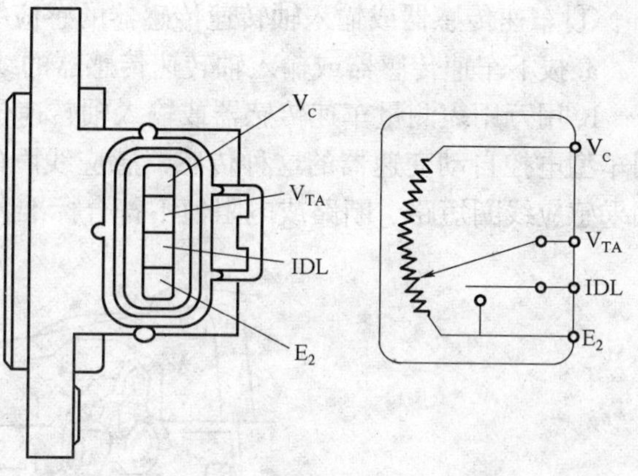

图 1-19　凌志 LS400 轿车节气门位置传感器电路

（a）位置关系图；（b）电路示意图

② 节气门位置传感器的调整。如果节气门位置传感器调整不当，会影响电控自动变速器的正常工作，甚至会使故障警报灯亮起，出现节气门位置传感器的故障码。其调整方法是：

a. 拧松节气门位置传感器的两个固定螺钉，如图 1-20（a）所示。

b. 将厚度为 0.50 mm 的厚薄规插入节气门摇臂和限位螺钉之间，同时用万用表测量怠速开关的导通情况，如图 1-20（b）所示。

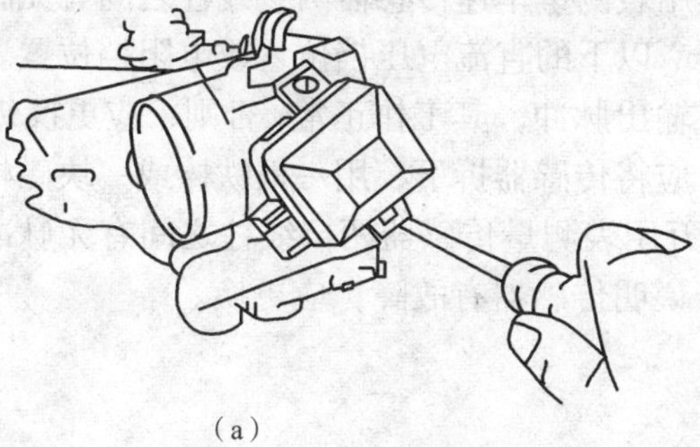

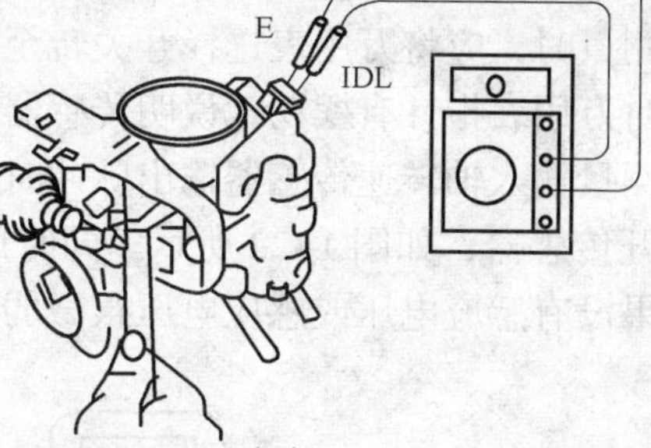

图 1-20　节气门位置传感器的调整

（a）拧松固定螺钉；（b）调整传感器

c. 向节气门闭合方向转动节气门位置传感器，使怠速开关触点断开，然后朝节气门开启方向慢慢地转动节气门位置传感器，直至怠速开关闭合为止。

d. 拧紧节气门位置传感器的两个固定螺钉。

e. 分别用 0.40 mm 和 0.65 mm 的厚薄规插入节气门限位螺钉和节气门摇臂之间，同时测量怠速开关的导通情况。当厚薄规为 0.40 mm 时，怠速开关应导通；当厚薄规为 0.65 mm 时，怠速开关应断开。否则，应重新调整节气门位置传感器。

2）车速传感器和输入轴转速传感器的检修。

车速传感器与输入轴转速传感器的结构和工作原理相同，其检修方法也是一样的，即采取各种测量方法判断其工作性能是否正常。

① 车速传感器或输入轴转速传感器的感应线圈电阻的测量方法。

a. 拔下车速传感器或输入轴转速传感器的线束插头。

b. 用万用表测量车速传感器或输入轴转速传感器两接线端之间的电阻（见图 1–21）。不同车型电控自动变速器的这种传感器感应线圈的电阻不完全相同，通常为几百欧到几千欧。如果感应线圈短路、断路或电阻值不符合标准，应更换传感器。

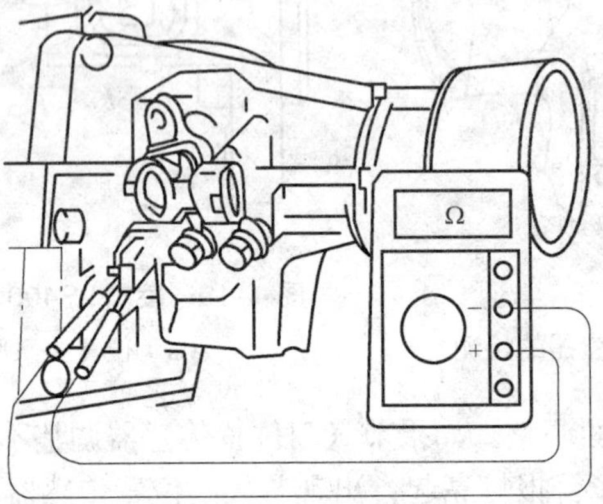

图 1–21　车速传感器感应线圈电阻的测量

② 车速传感器或输入轴转速传感器的输出脉冲的测量。

a. 测量车速传感器输出脉冲时，可用千斤顶将汽车一侧的驱动轮顶起，让操纵手柄位于空挡位置，用手转动悬空的驱动轮，同时用万用表测量车速传感器两接线柱之间有无脉冲感应电压。测量时，应将万用表选择开关转至 1 V 以下的直流电压挡位置或电阻挡位置。若在转动车轮时万用表指针有摆动，说明传感器有输出脉冲，其工作正常；否则，应更换传感器。

b. 测量输入轴转速传感器输出脉冲时，应将传感器拆下，用一根铁棒或一块磁棒迅速靠近或离开传感器，如图 1–22 所示。同时用万用表测量传感器两接线柱之间有无脉冲感应电压。如果没有感应电压或感应电压很微弱，说明传感器有故障，应更换。

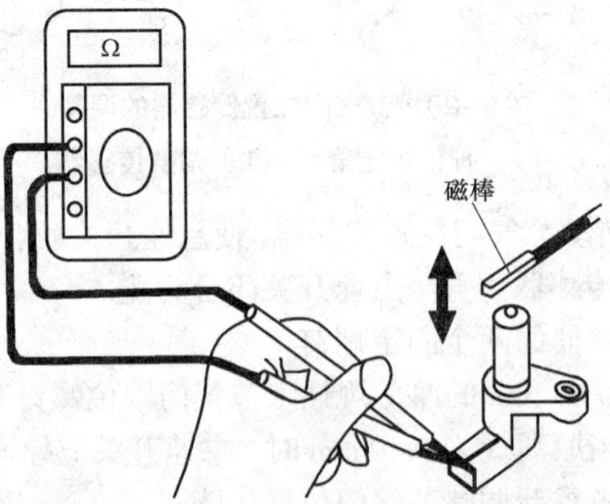

图 1–22　输入轴转速传感器输出脉冲的测量

3）液压油温度传感器的检修。

液压油温度传感器的内部都是一个半导体热敏电阻，其检修方法如下：

① 拆下液压油温度传感器。

② 将传感器置于盛有水的烧杯中，加热杯中的水，同时测量在不同温度下传感器两接线端之间的电阻，如图 1–23 所示。

③ 将测量的电阻值与标准相比较。如果不符合标准，应更换传感器。

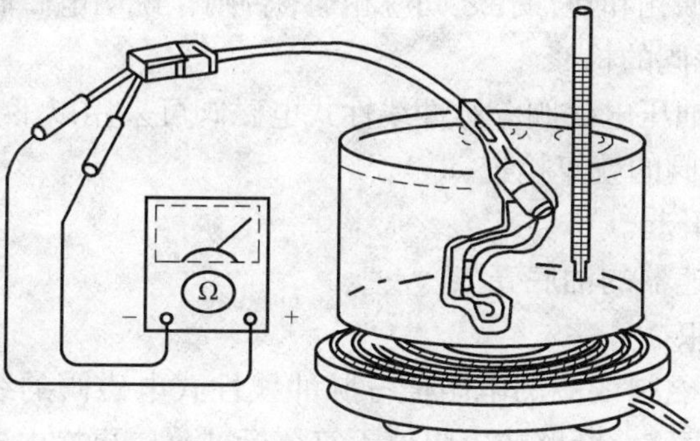

图 1–23　液压油温度传感器的检测

4）挡位开关的检修。

① 挡位开关的检测方法。

a. 用举升器将汽车升起。

b. 拆下连接在电控自动变速器手动阀摇臂和操纵手柄之间的连杆。

c. 拔下挡位开关的线束插头。

d. 将手动阀摇臂拨至各个挡位，同时用万用表测量挡位开关线束插座内各插孔之间的导通情况。

e. 将测量结果与标准进行比较。如果有不符，应重新调整挡位开关。

② 挡位开关的更换。

a. 拆下手动阀摇臂和操纵手柄之间的连杆。

b. 拧松手动阀摇臂轴上的锁紧螺母，拆下手动阀摇臂。

c. 拧下挡位开关固定螺栓，拆下挡位开关。

d. 按拆卸相反的顺序安装新的挡位开关。

e. 按规定的程序重新调整挡位开关。

5）开关式电磁阀的检修。

电控自动变速器的换挡电磁阀等开关式电磁阀的检修可采用以下方法：

① 开关式电磁阀的就车检查。

a. 用举升器将汽车升起。

b. 拆下电控自动变速器的油底壳。

c. 拔下电磁阀的线束插头。

d. 用万用表测量电磁阀线圈的电阻。电控自动变速器的开关式电磁阀线圈的电阻一般为 10~30 Ω。若电磁阀线圈短路、断路或电阻值不符合标准，应更换。

e. 将 12 V 电源施加在电磁阀线圈上，此时应能听到电磁阀工作的“咔嗒”声；否则，说明阀芯卡住，应更换电磁阀。

② 开关式电磁阀的性能检验。

a. 拆下电磁阀。

b. 将压缩空气吹入电磁阀进油孔。

c. 当电磁阀线圈不接电源时，进油孔和泄油孔之间应不通气；否则，说明电磁阀损坏，应更换电磁阀。

d. 接上电源后，进油孔和泄油孔之间应相通；否则，说明电磁阀损坏，应更换电磁阀。

6）脉冲线性式电磁阀的检修。

电控自动变速器的油压电磁阀等脉冲线性式电磁阀可采用以下方法检修：

① 脉冲线性式电磁阀的就车检查。

a. 用举升器将汽车升起。

b. 拆下电控自动变速器的油底壳。

c. 拔下电磁阀的线束插头。

d. 用万用表测量电磁阀线圈的电阻值。脉冲线性式电磁阀的线圈电阻值较小，一般为 2~6 Ω。若电磁阀线圈短路、断路或电阻值不符合标准，应更换电磁阀。

② 脉冲线性式电磁阀的性能检验。

a. 拆下脉冲线性式电磁阀。

b. 将蓄电池电源串联一个 8~10 W 的灯泡，然后与电磁阀线圈连接（脉冲线性式电磁阀线圈电阻较小，不可直接与 12 V 电源连接，否则会烧毁电磁阀线圈）。

c. 在通电时，电磁阀阀芯应向外伸出；断电时，电磁阀阀芯应向内缩入。如果异常，说明电磁阀损坏，应更换。脉冲线性式电磁阀的另一种检验方法是采用可调电源，其方法是：将可调电源与电磁阀线圈连接。调整电源的电压，同时观察阀芯的移动情况。当电压逐渐升高时，阀芯应随之向外移动；当电压逐渐减小时，阀芯应随之向内移动。否则，说明电磁阀损坏，应更换。在检验中应注意保持电源的电流不超过 1 A。

（2）电液式控制系统电脑及其控制电路检修

电脑及其控制电路的故障可以用该车型的电脑检测仪或通用于各种汽车的电脑解码器来检测。这些仪器可以准确地检测出电脑及其控制电路的故障所在之处。由于不同车型电脑的结构及控制电路分布形式有很大的不同，不同的电脑检测仪和电脑解码器的使用方法也有很大的不同，因此在检测之前就得熟练掌握《自动变速器维修手册》及《汽车电脑检测仪使用手册》中所提供的有关被测车型的检测技术、检测范围、检测步骤等内容。只有在此基础上，才能充分发挥检测仪的作用，得到正确的检测结果。

如果不具备电脑检测仪或电脑解码器，或被检修车型电控自动变速器的电脑不能采用电脑检测仪来检测，也可以采用另一种检测方法，即通过测量电脑线束插头内各接脚的工作电压来判断电脑及其控制电路工作是否正常。用这种方法检测电脑及控制电路的故障，必须以被测车型的详细维修技术资料为依据。这些技术资料包括：该车型电脑线束插头中各接脚与控制系统中的哪些传感器、执行器相连接；各接脚在发动机不同工作状态下的标准电压值。如果在检测中发现某一接脚的实际工作电压与标准值不符，即表明电脑或控制电路有故障。如果与执行器连接的接脚工作电压不正常，则表明电脑有故障；如果与传感器连接的接脚工作电压不正常，则可能是传感器损坏或电路有故障，通过进一步的检测，可找出故障所处的准确部位。

电控自动变速器电脑在工作中所接收或输出的信号有多种形式，如脉冲信号、模拟信号等，而一般的指针式电压表只能测出电路的平均电压值。因此，即使在检测中电脑各脚的电压都正常，也不能说明电脑绝对没有故障，当电控自动变速器控制系统工作不正常时，如果用这种方法检测，仍未发现异常现象，必须采用总成互换的方法来判断电脑是否有故障。在检测电脑线束各接脚工作电压时，应注意以下几点：

① 在检测之前，应先检查电控自动变速器控制系统及其他电气系统各保险丝及有关的线束插头是否正常。在点火开关处于开启位置时，蓄电池电压应不低于 11V。过低的蓄电池电压会影响测量结果。

② 必须使用高阻抗的电压表，因为低阻抗的电压表可能会损坏电脑。

③ 必须在电脑和线束插头处于连接的状态下测量电脑各接脚的电压。

④ 应从线束插头的电线一侧插入测笔来测量各接脚的电压。

⑤ 不可在拔下电脑线束插头的状态下，直接测量各接脚电阻，否则可能损坏电脑。

⑥ 若要拔下电脑的线束插头，测量各控制线路，应先拆下蓄电池搭铁线。不可在蓄电池连接完好的状态下拔下电脑的线束插头，否则会损坏电脑。

⑦ 应可靠地连接电脑的线束插头，否则可能损坏电脑内的集成电路等电子元件。

（3）电液式控制系统工作过程的检验

电控自动变速器控制系统中的电脑是通过向各个电磁阀发出控制信号来完成换挡控制、锁止控制、油压控制等各种控制任务的。控制系统工作过程的检验就是要检查电脑向各个电磁阀发出的控制信号是否正常。只要这些控制信号正常，就可以说明控制系统中的电脑、传感器及其控制电路的工作是正常的。如果在对电控自动变速器进行性能检查，特别是在道路试验的过程中，能同时对控制系统的工作过程进行检验，就可以对电控自动变速器的工作性能以及故障发生的部位作出更加准确的判断。控制系统的工作过程可以用汽车电脑检测仪来检验，如美国的通用、福特等车型可用这种方法。只要将汽车电脑检测仪和汽车故障检测插座连接，就可以通过观察检测仪显示屏上的数值，检查电控自动变速器电脑发出的换挡控制、锁止控制等各种控制信号是否正常。

在汽车行驶过程中，检查电脑发出换挡控制信号的时刻，可以准确地判断电脑的换挡控制是否正常。若换挡控制不正常，如发出升挡信号的时刻太早、太迟或没有发出升挡信号，则说明控制系统的电脑、传感器或控制电路有故障；或换挡控制正常，但电脑发出换挡信号后电控自动变速器没有响应，则说明换挡电磁阀或控制电路有故障；若电脑发出升挡信号后电控自动变速器有响应，但出现打滑现象，则可以准确地判断出打滑的是哪一个挡位或哪一个换挡执行元件，从而有针对性地进行拆修。

汽车电脑检测仪操作简单、使用方便，但并非每一种车型的电控自动变速器都可以采用这种方法。如果被修车型的电控自动变速器控制系统不能用电脑检测仪来进行检验，则可以采用以下几种方法来检验控制系统的工作过程。

1）用电压表通过故障检测插座进行检测。

在某些日系车辆，汽车故障检测插座内有一个 TT 插孔，是专门用于检测电控自动变速器控制系统的。将直流电压表的正极表笔接 TT 插孔，负极表笔接 E_1 插孔，就可以按以下方法对节气门位置传感器、刹车灯开关和换挡控制信号进行检测。

① 节气门位置传感器的检测。

a. 打开点火开关，不要起动发动机。

b. 缓慢踩下油门踏板，同时观察电压表指针的指示情况。

c. 若电压表指示的电压能随着油门踏板的逐渐被踩下而呈阶跃性增大（见图 1–24），说明节气门位置传感器工作正常。

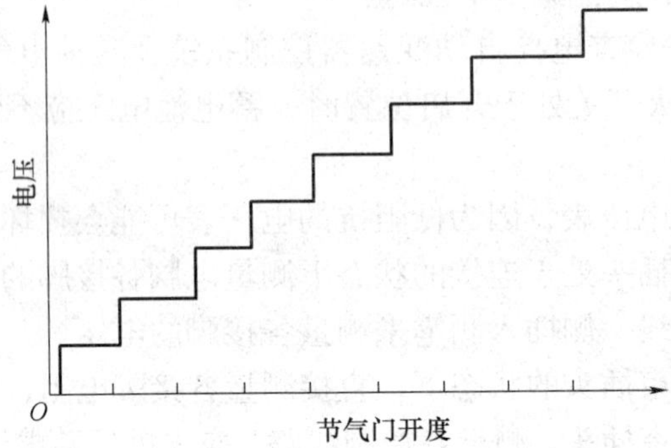

图 1–24　电压与节气门开度关系曲线图

② 刹车灯开关的检测。

a. 打开点火开关，不要起动发动机。

b. 将油门踏板踩到底。

c. 踩下或松开制动踏板，同时观察电压表指针的指示情况。

d. 若踩下制动踏板时，电压表读数为 0 V；松开制动踏板时，电压表读数为 8 V，说明刹车灯开关工作正常。

③ 换挡控制信号的检测。

a. 起动发动机并运转至正常工作温度。

b. 按下超速挡开关，置于 ON 位置。

c. 按下模式开关，使之位于普通模式或经济模式位置。

d. 将操纵手柄拨至前进挡“D”位置，踩下油门踏板，让汽车行驶并加速。

e. 观察电压表指针指示情况。此时电压表指示的电压与电脑发出的换挡信号的关系见表 1–4。由表可知，随着挡位的升高，电压表指示的电压将作跳跃性增大。每次电压增大的时刻即为电脑发出升挡信号的时刻。

表 1–4　电压与换挡信号的关系

挡位信号	电压 /V	挡位信号	电压 /V
1 挡	0	3 挡、锁止离合器接合	5
2 挡	2	4 挡	6
2 挡、锁止离合器接合	3	4 挡、锁止离合器接合	7
3 挡	4		

2）通过电磁阀的控制电路进行检测。

电脑是通过几个电磁阀来控制电控自动变速器工作的，因此，只要检测电脑输送给各个电磁阀的控制信号，就可以检测到控制系统的工作状态。由于电磁阀的控制信号通常是 12 V

的直流电压或脉冲电压，因此，检测电磁阀控制信号最简便的方法是采用自制的 12 V 电压信号指示灯。12 V 电压信号指示灯可以用普通的发光二极管自制，只要在发光二极管上串一个 1 kΩ 左右的电阻即可，如图 1–25 所示。由于不同型号的发光二极管的参数不同，在选择串联电阻时，可用12 V电源直接配试，方法是：将接有串联电阻的发光二极管与12 V电源连接，观察发光二极管的亮度。若亮度太大，应加大串联电阻的阻值；反之，亮度太小，可减小串联电阻的阻值。总之，要使发光二极管既有适当的亮度（以便于观察），又不至于因亮度太大而烧坏发光二极管。

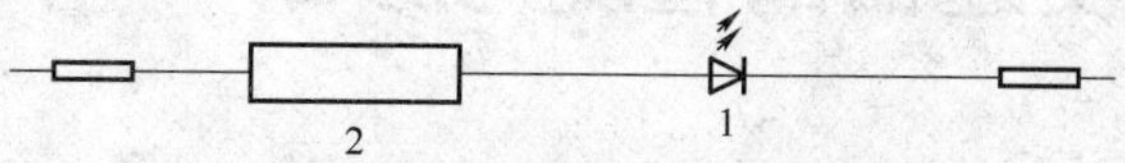

图 1–25　用发光二极管自制信号指示灯

1—发光二极管；2—电阻

采用此种方法检测控制系统工作情况时，应先找出电控自动变速器各个电磁阀的控制线路。可以通过查阅被修车型来查找各个电磁阀的控制线路；也可以通过实际拆检、测量来找出各个电磁阀的控制线路。将信号指示灯正极一端与电磁阀控制线路连接，负极一端接地，就可以通过观察发光二极管发亮情况来检测电磁阀的工作状态。若在电控自动变速器工作过程中，与某个电磁阀连接的信号指示灯发亮，说明该电磁阀正在工作。为便于观察，可以用不同颜色，不同形状的发光二极管制成几个信号指示灯，分别与电控自动变速器的几个电磁阀的控制线路连接。这样，通过观察几个信号指示灯的闪亮规律，即可全面、直观地检测出控制系统的工作状态，如图 1–26 所示。这种方法可以不受任何条件的限制，适于检测任何车型电控自动变速器的控制系统，特别适于检测控制系统的换挡信号。只要将测得的各个换挡电磁阀的工作状态与不同挡位下换挡电磁阀的工作规律情况进行比较，就可以知道控制系统向换挡电磁阀发出的控制信号是哪个挡位。

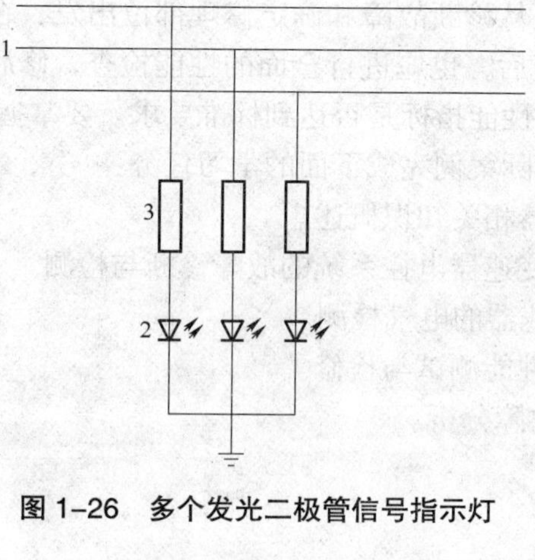

图 1–26　多个发光二极管信号指示灯

1—电磁阀控制线路；2—发光二极管；3—电阻

任务 1-2
典型电控自动变速器的检测与诊断

任务目标

1）学习 A341E 型、01V 型电控自动变速器和 01J 无级变速器电控系统的故障检测与诊断和故障分析。

2）能够安全正确地检修各传感器性能。

3）能正确使用专用检测设备对控制电路进行检查。

4）掌握电控自动变速器的性能测试方法。

任务引入

对于有故障的电控自动变速器应如何进行检测，以确认其故障范围，为进一步的分解修理提供依据。修前检测是从诊断故障和确定修理部位出发，在车上做必要的检查或测试。电控自动变速器在修理完毕后，也应进行全面的性能检查，修后检查是为了鉴定修理质量，检验电控自动变速器的各项性能指标是否达到标准要求。要掌握这些知识，以几种典型的电控自动变速器为例并结合实际案例完成下面的学习任务：

1）典型电控自动变速器相关知识概述。

2）A341E 型电控自动变速器电控系统的故障诊断与检测。

3）01V 型电控自动变速器的电气检测。

4）电控自动变速器的性能测试与检修。

5）01J 无级变速器的故障分析。

相关知识

一、A341E 型电控自动变速器电控系统

1）A341E 型电控自动变速器电控系统元件如图 1-27 所示。

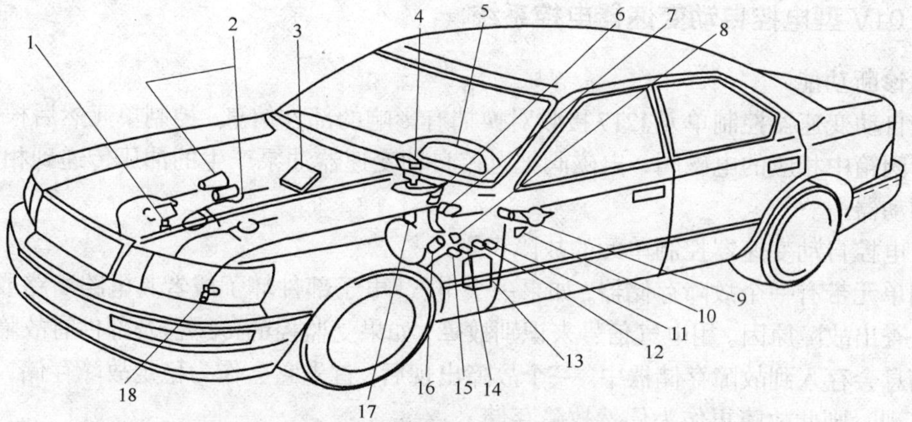

图 1-27　A341E 型电控自动变速器电控系统元件

1—发动机水温传感器；2—节气门位置传感器；3—发动机与变速器电子控制单元；
4—超速控制开关；5—O/D OFF 指示灯；6—行驶模式选择开关；7—制动灯开关；
8—超速离合器转速传感器；9—1 号车速传感器；10—2 号车速传感器；11—1 号电磁阀；
12—2 号电磁阀；13—巡航控制单元；14—3 号电磁阀；15—4 号电磁阀；
16—空挡起动开关；17—节气门全开强制降挡开关；18—发动机转速传感器

2）A341E 型电控自动变速器电控原理图如图 1-28 所示。

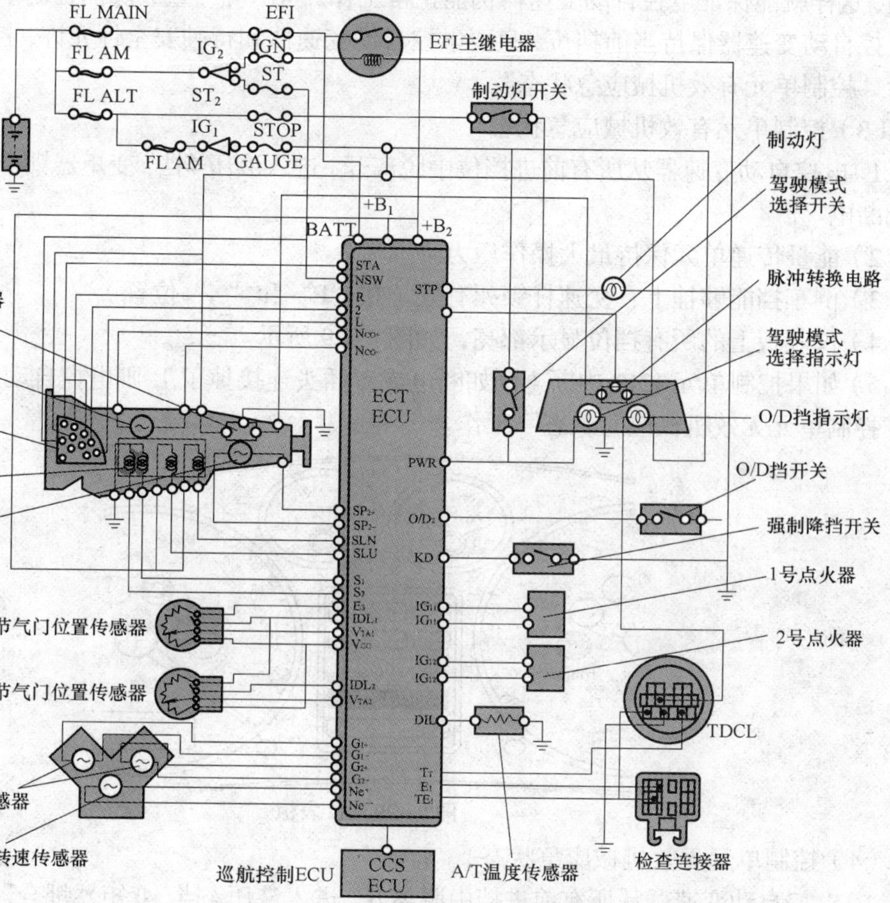

图 1-28　A341E 型电控自动变速器电控原理图

二、01V 型电控自动变速器电控系统

1. 自诊断功能

电控自动变速器控制单元J217接收对换挡有影响的部件信息，控制单元然后根据这些信息控制滑阀箱中相应的电磁阀，电磁阀把电控自动变速器油泵产生的油压传递到相应的离合器或者制动器上。

（1）电控自动变速器控制单元的故障识别

控制单元带有一个故障存储器，如果一个电气/电子部件坏了或者其电路断路或短路，系统能很快查出故障原因。用电气信号来识别故障，如果受监控的传感器及部件有故障出现，则故障点信息会存入到故障存储器中。一个故障出现后，首先它会作为稳定故障存储，如果此故障不再出现，则此故障再作为偶然故障存储。

作为偶然故障存储的故障，当进行故障查询时显示“偶然出现故障”，同时在屏幕右侧显示“/SP”，连上打印机将打出“偶然出现故障”。当发动机冷起动40次后，自动清除故障存储器的故障码。只有使用车辆诊断、测量和信息系统V.A.S 5051或者用故障读取仪V.A.G 1551，在工作方式“快速数据传输”状态才能进行自诊断。

（2）电控自动变速器控制单元的安全功能

如果出现个别或者多个零件或传感器损坏，则控制单元J217会启动替代功能及应急工作程序，这样就能保证电控自动变速器仍能正常工作。当出现严重故障而控制单元J217有效时，则电控自动变速器保持当前挡位，只要电控自动变速器和行驶安全性允许，控制单元J217就激活“控制单元有效机械应急状态”。

（3）控制单元有效机械应急状态

1）电控自动变速器从所有前进挡位中脱离开，进入液压4挡，变矩器耦合器打开，所有电磁阀断电。

2）能量传递单元保持最大操作压力。

3）倒车挡能够挂上，变速杆锁死有效（在“P”和“N”位置）。

4）仪表板上的所有挡位显示都亮，如图1–29所示。

5）如果控制单元J217中断（例如断电或者插头连接掉了），则电控自动变速器马上切换到“控制单元无效机械应急状态”工作。

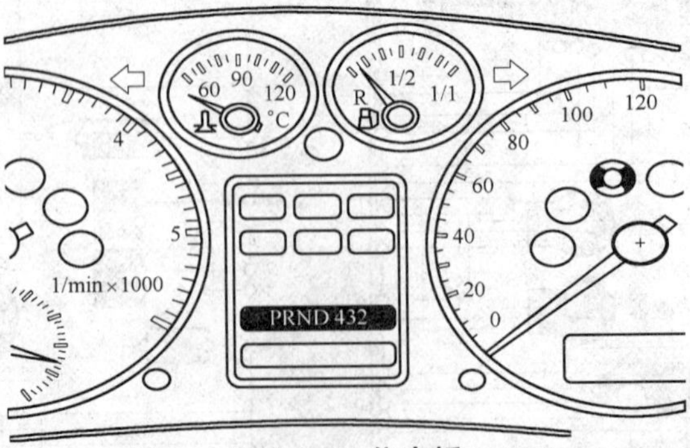

图1–29 仪表板

（4）控制单元无效机械应急状态

1）电控自动变速器从所有前进挡中脱离开，进入液压4挡，变矩器耦合器打开，所有电磁

阀断电。

2）能量传递单元上保持最大操作压力。

3）倒车挡能挂上，变速杆锁死无效（在“P”和“N”位置）。

4）仪表板上所有挡位显示都不亮。

5）控制单元 J217 整个停止工作，即不能进行自诊断。

（5）自诊断技术参数

01V 型电控自动变速器电控自诊断技术参数见表 1–5。

表 1–5　01V 型电控自动变速器电控自诊断技术参数

名称	功能	功能提供（是 / 否）
存储器	永久存储器	是
数据输出	快速数据传输	是
	闪光码输出	否
自诊断	最终控制诊断	是
ECU 设置	基本设置	否
ECU 编码	控制单元编码	是
数据流	读取测量数据块	是

在试车时如果需要使用检测仪，则检测仪要固定在后座上，并由第二个修理人员操作。如果操作人员在副驾驶侧操作，当出现意外事故时，由于副驾驶侧安全气囊弹开会使人受伤。检测诊断 01V 型电控自动变速器电器时，只有在熄火后才能连接和拆卸检测仪连线。在进行一些检测时，控制单元会识别出故障并把它存储下来。因此，在进行完所有检查和维修后，要查询故障码，必要时清除故障码。只有熄火后，才允许对蓄电池线进行拆装，否则会损坏电控自动变速器控制单元。

2. CAN 总线的功能与检查

（1）CAN 总线的功能

总线是指一种数据传输和分配系统。控制区网络（CAN）是一个总线系统，通过两根电缆工作，此电缆称作总线电缆，通过总线电缆使数据按顺序传给相连的控制单元。控制单元通过 CAN 总线进行通信，即通过 CAN 总线交换数据。数据总线结构如图 1–30 所示。

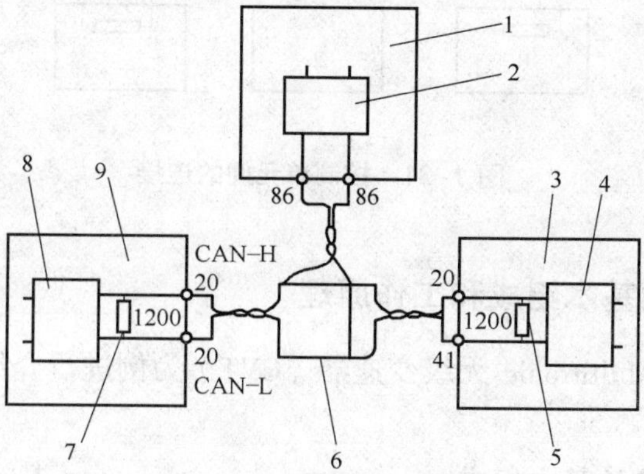

图 1–30　数据总线结构

1—电控自动变速器控制单元（J217）；2，4，8—总线驱动器；3—发动机控制单元（J220）；5，7—终端电阻；6—数据总线（CAN 总线；2 线绞合电缆）；9—ABS 控制单元（J104）

（2）CAN 总线的检查

通过“两电缆总线系统”就实现了 3 个或多个控制单元之间的通信。通过分析控制单元内存储的故障码就可以判断控制单元是否正常。在故障表内检查有关联的总线，根据相应的电路图确定通过总线相连有几个控制单元。按两下 0 键，选择“自动检查”功能，在检查总线电缆之前要确定和总线相连的控制单元不存在功能故障，这是因为功能故障会干扰与别的控制单元通信。如果有功能故障，先修理好此功能故障。记下此故障，清除所有控制单元故障存储器中的故障码。按 0 和 6 键选择“输出结束”功能并按 Q 键确认。通过“输出结束”功能结束故障读取输出。按照相应维修手册故障码表排除功能故障。

如果控制单元还存在通信故障，则必须检查总线电缆。总线电缆故障检查有两种不同情况：一种是通过“两电缆总线系统”连接两个控制单元，另一种是通过“两电缆总线系统”连接 3 个或多个控制单元。

对于通过“两电缆总线系统”实现两个控制单元之间的通信的检查步骤如下：

关闭点火开头，拆下两个控制单元插头，检查总线电缆是否断线，检查电缆间是否短路，检查总线电缆是否存在正极或接地短路，确定总线电缆是否有故障。如果总线电缆没有故障，但通过总线控制单元仍存在通信故障，则更换两个控制单元。

例如：故障显示控制单元 1 无控制单元 2 的信息，也无控制单元 3 的信息，控制单元 2 无控制单元 1 的信息，控制单元 3 也无控制单元 1 的信息。根据故障存储器的故障码就能够识别出控制单元 1 没有和控制单元 2 和 3 连上，如图 1–31 所示。断开点火开关，拔下通过总线电缆连接控制单元的插头，检查总线电缆是否断线。未发现总线电缆有问题则更换控制单元 1。

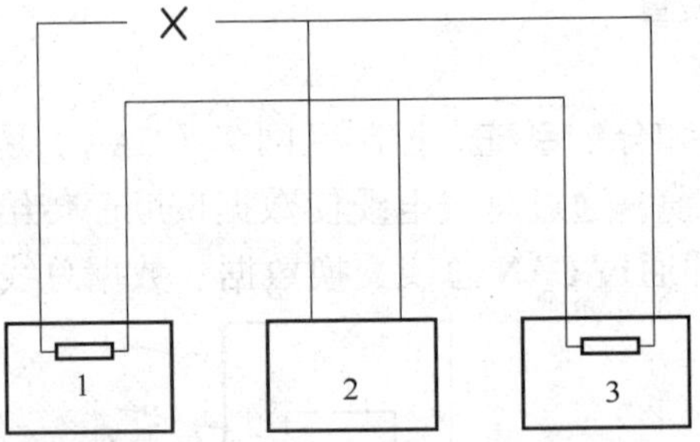

图 1–31　控制单元间的连接

三、无级变速器的基本组成和工作原理

本部分内容以奥迪 Multitronic 无级变速器（CVT）为例进行介绍，该无级变速器的内部编号为 01J。

1. 奥迪 A4 01J CVT 的基本组成

奥迪 A4 01J CVT 主要由飞轮减振装置、前进挡离合器、倒挡制动器、行星齿轮机构、速比变换器、液压控制单元和电子控制单元等组成，如图 1–32 所示。

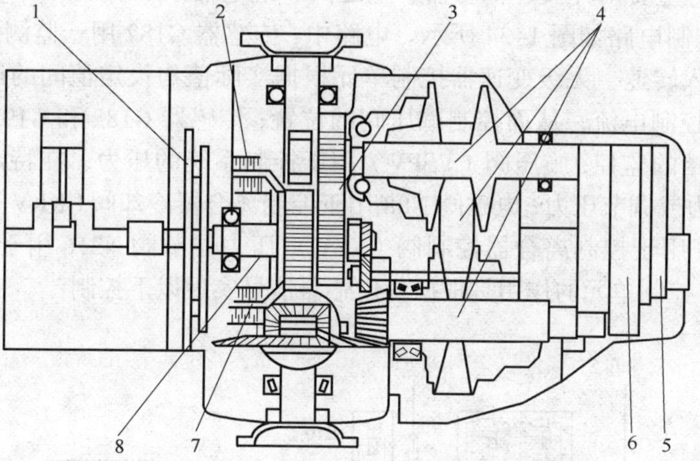

图 1–32　奥迪 01J 无级变速器的基本组成

1—飞轮减振装置；2—倒挡制动器；3—辅助减速齿轮；4—速比变换器；
5—电子控制单元；6—液压控制单元；7—前进挡离合器；8—行星齿轮机构

2.01J 无级变速器的速比变换器

速比变换器是 CVT 最重要的装置，其功用是实现无级变速传动。

速比变换器由两组滑动锥面链系轮和专用链条组成，如图 1–33 所示。主动链轮由发动机通过辅助减速齿轮驱动，发动机转矩由传动链传递到从动链轮装置，并由此传给主减速器。每组链轮装置中的其中一个链轮可沿轴向移动，来调整传动链的跨度尺寸，从而连续地改变传动比。两组链轮装置必须同步进行，这样才能保证传动链系始终处于张紧状态，并且传动链系和链轮之间有足够的接触压力。

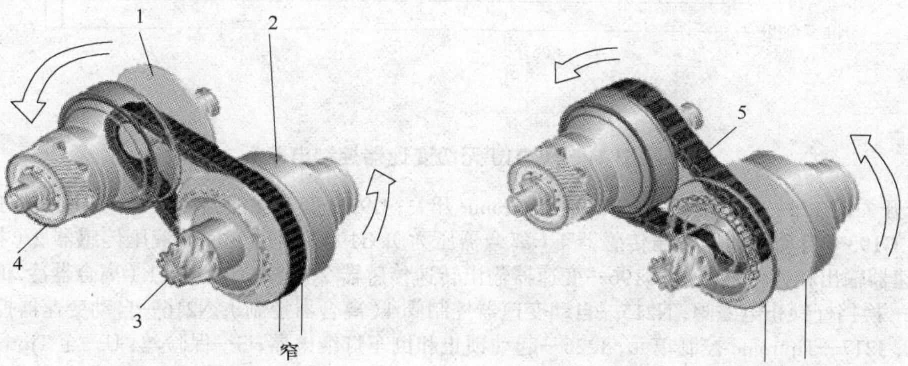

图 1–33　速比变换器的基本组成和原理

（a）低速（传动比大）；（b）高速（传动比小）

1—主动链轮装置；2—从动链轮装置；3—动力输出；4—动力输入；5—传动链条

3. 01J 无级变速器的电路控制

电子控制部分主要由开关、传感器、电磁阀、继电器以及 Multitronic 控制单元等组成。01J 无级变速器控制电路如图 1-34 所示。电路中：传感器 G182 用于监测链轮 1 处 01J 无级变速器的实际输入转速，无级变速器控制单元根据实际值与设定值间的比较，计算压力调节阀（N216）的控制电流，从而控制减压阀的位置；传感器 G182 和 G195 及发动机转速信号主要实现对换挡的监控；施压阀（VSPV）用于控制系统的压力，在特定功能下，始终提供足够的接触压力或调节压力；电磁阀 N88 用于控制离合器冷却阀（KKV）和安全阀（SLV）；压力调节阀 N215 用于控制离合器控制阀（KSV）；压力调节阀 N216 用于控制减压阀工作。此外，Multitronic 控制单元的作用是根据各传感器信号实现以下控制：

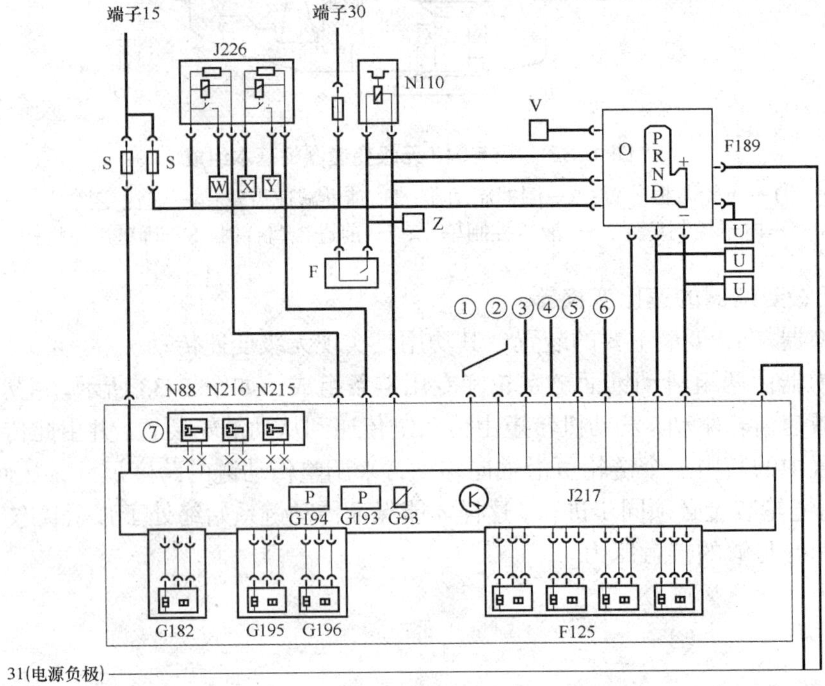

图 1-34　01J 无级变速器控制电路

F—制动灯开关；F125—多功能开关；F189—Tiptronic 开关；G93—变速器油温传感器；G182—变速器输入转速传感器；G193—自动变速器液压传感器 1（离合器压力）；G194—自动变速器液压传感器 2（接触压力）；G195—变速器输出转速传感器 1；G196—变速器输出转速传感器 2；N88—电磁阀 1（离合器冷却 / 安全切断阀）；N110—换挡杆锁止电磁阀；N215—自动变速器控制阀 1（离合器控制）；N216—自动变速器控制阀 2（变速器控制）；J217—Tiptronic 控制单元；J226—起动锁止和倒车灯继电器；S—保险丝；U—至 Tiptronic 方向盘（选装）；V—来自接线柱 58；W—倒车灯；X—来自点火开关接线柱 50；Y—至起动机接线柱 50；Z—至倒车灯；①—传动系统 CAN 总成（低）；②—传动系统 CAN 总成（高）；③—换挡指示信号；④—车速信号；⑤—发动机转速信号；⑥—诊断插头；⑦—位于液压控制单元

1）离合器接合控制。无级变速器控制单元根据发动机转速、变速器输入转速、加速踏板位置、发动机扭矩、制动力、变速器油温等这些参数计算出离合器额定压力，并且确定压力调节阀 N215 的控制电流值，从而控制离合器控制阀（KSV）的位置。离合器控制阀（KSV）在控制离合器压力时，还调整待传递的发动机扭矩。离合器压力又通过安全阀（SLV）传到手动换挡阀（HS）上。手动换挡阀再将油压传到前进挡离合器或倒挡离合器上。如果换挡位置位于 N 和 P 位时，手动换挡阀切断供油，前进挡离合器和倒挡离合器都与油底壳相通。01J 无级变速器液压控制系统的油路如图 1-35 所示。

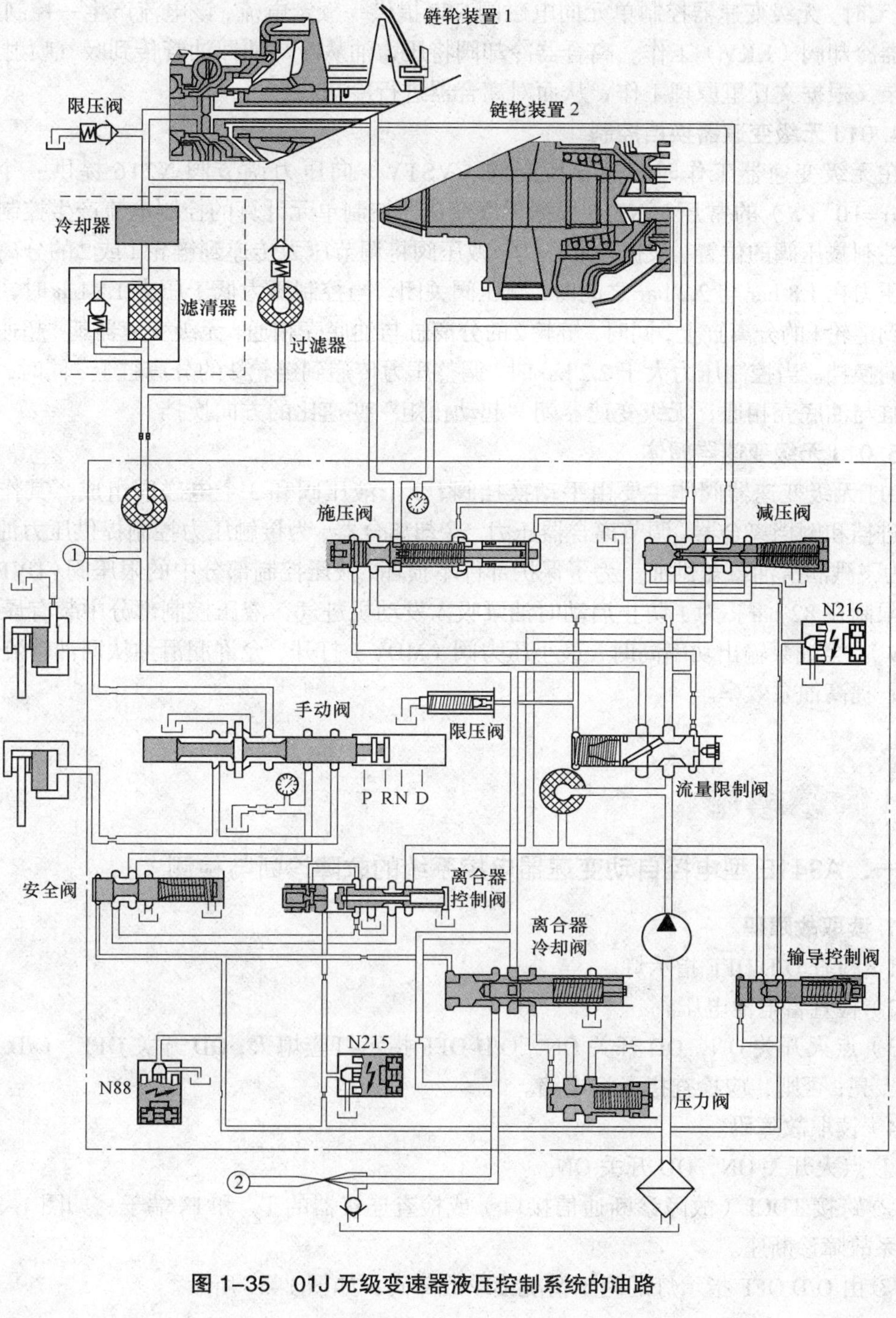

图 1-35　01J 无级变速器液压控制系统的油路

2）离合器安全切断控制。在 01J 无级变速器工作时，液压传感器 G193 监测液压控制部分中的离合器压力（实际压力）。实际离合器压力与无级变速器控制单元计算的额定压力不断进行比较。如果实际离合器压力明显高于离合器额定压力，不论手动换挡阀处于任何位置，无级变速器控制单元都会给电磁阀 N88 发出指令，使安全阀（SLV）工作，确保离合器快速分离。

3）离合器冷却控制。为了防止离合器过热，离合器设有冷却系统。如果离合器的温度超过 95 ℃时，无级变速器控制单元向电磁阀 N88 提供一额定电流，该电流产生一控制压力控制离合器冷却阀（KKV）工作。离合器冷却阀将压力油从冷却油回油管传到吸气喷射泵，吸气喷射泵又根据文丘里原理工作，从而对离合器进行冷却。

4. 01J 无级变速器换挡控制

在无级变速器工作时，输导控制阀（VSTV）向压力调节阀 N216 提供一个约 5 bar（1 bar=10^5 Pa）的常压。N216 根据无级变速器控制单元计算的控制电流产生控制压力，该压力控制减压阀的位置。根据控制压力，减压阀将调节压力传递到链轮 1 或 2 的分离缸上，当控制压力在 1.8 bar 与 2.2 bar 之间时，减压阀关闭。当控制压力低于压力 1.8 bar 时，调节压力传递到链轮 1 的分离缸上，同时，链轮 2 的分离缸与油底壳相通，无级变速器朝“超速”变速比的方向换挡。当控制压力大于 2.2 bar 时，调整压力传递到链轮 2 的分离缸上，同时，链轮 1 的分离缸与油底壳相通，无级变速器朝“起动扭矩”变速比的方向换挡。

5. 01J 无级变速器阀体

01J 无级变速器阀体主要由手动换挡阀、9 个液压阀和 3 个电磁阀组成。其作用是：控制前进挡和倒挡离合器、调节离合器压力、冷却离合器、为接触压力控制提供压力油、控制传动、为飞溅润滑油罩盖供油。为了保护部件不损坏，液压控制部分中的限压阀（DVB）将最高压力限制在 82 bar。为了防止启动时油泵吸入发动机进气，液压控制部分中装有最小压力阀（MDV）。当油泵输出功率高时，最小压力阀（MDV）打开，允许润滑油从回油管流到油泵吸入侧，提高油泵效率。

任务实施

一、A341E 型电控自动变速器电控系统的故障诊断与检测

1. 读取故障码

1）检查 O/D OFF 指示灯。

2）检查蓄电池电压。

3）点火开关 ON，OD 开关 ON，O/D OFF 指示灯应熄灭；OD 开关 OFF，O/D OFF 指示灯应点亮；否则，应检查指示灯电路。

4）读取故障码。

① 点火开关 ON，OD 开关 ON。

② 跨接 TDCL（故障诊断通信接口）或检查连接器的 T_{E_1} 和 E_1 端子。如图 1-36 所示为丰田系故障诊断座。

③ 由 O/D OFF 指示灯的闪烁情况读取故障码，如图 1-37 所示。

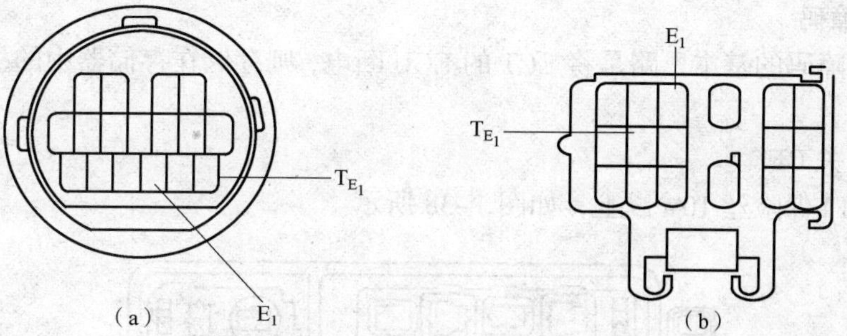

图 1–36　丰田车系故障诊断座

（a）TDCL;（b）检查连接器

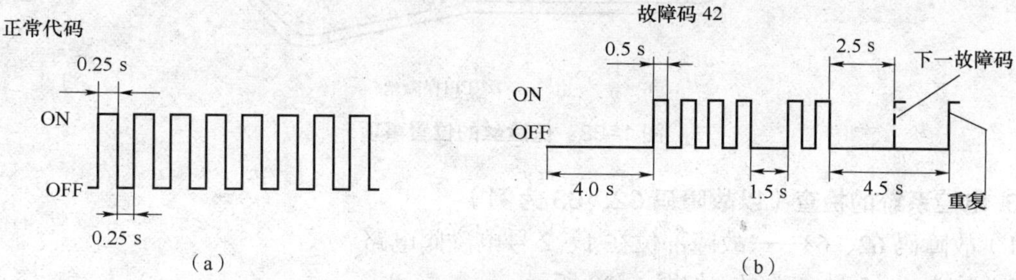

图 1–37　故障码的读取

（a）正常代码;（b）故障码

注意：当有两个以上故障码时，先显示较低数码的故障码。

丰田 A341E 型电控自动变速器的故障码表见表 1–6。

表 1–6　丰田 A341E 型电控自动变速器的故障码表

故障码	含　义	故障部位	故障码	含　义	故障部位
42	1 号车速传感器故障	1）1 号车速传感器； 2）1 号车速传感器的线束或连接器； 3）ECU	64	3 号电磁阀短路或断路	1）3 号车速传感器； 2）3 号车速传感器的线束或连接器； 3）ECU
46	4 号电磁阀短路或断路	1）4 号电磁阀； 2）4 号电磁阀的线束或连接器； 3）ECU	67	OD 挡车轮转速传感器故障	1）OD 挡车轮转速传感器； 2）OD 挡车轮转速传感器的线束或连接器； 3）ECU
61	2 号车速传感器故障	1）2 号车速传感器； 2）2 号车速传感器的线束或连接器； 3）ECU	68	KD 开关短路	1）KD 开关； 2）KD 开关的线束或连接器； 3）ECU
62	1 号电磁阀短路或断路	1）1 号或 2 号电磁阀； 2）1 号或 2 号电磁阀的线束或连接器； 3）ECU			
63	2 号电磁阀短路或断路				

2. 清除故障码

1）清除故障码的基本思路是将 ECT 的 ECU 断电，则存储在存储器中的故障码就被清除掉了。

2）点火开关 OFF。

3）取下 EFI 保险丝 10 s 以上，如图 1–38 所示。

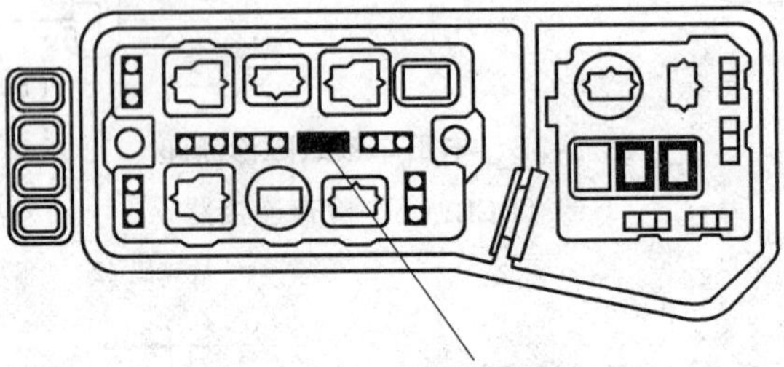

图 1–38　保险丝的位置事项

3. 电控系统的检查（以故障码 62、63 为例）

1）故障码 62、63——故障部位在 1、2 号电磁阀电路。

2）检查 1、2 号电磁阀，如图 1–39 所示。

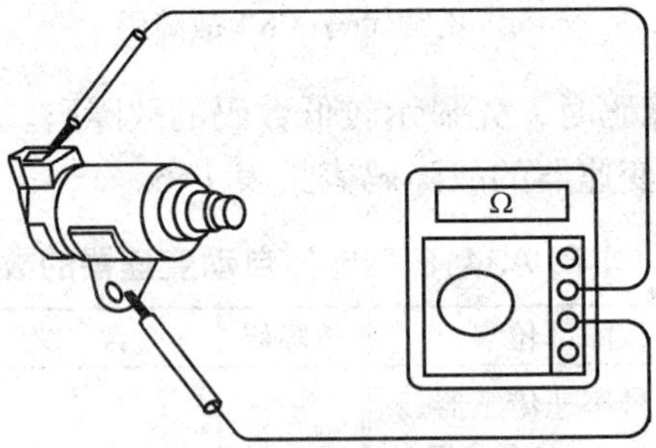

图 1–39　电磁阀的检查

3）将车辆升起，拆下电控自动变速器油底壳。

4）脱开电磁阀连接器，测量电磁阀端子与车身搭铁之间的电阻，其电阻值应为 11~15 Ω，如图 1–40 所示。

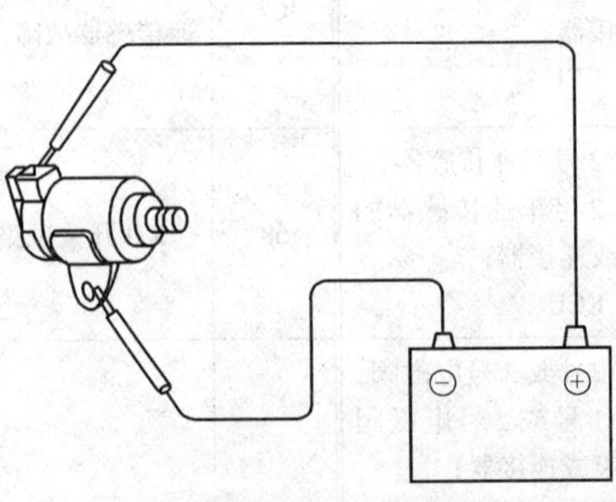

图 1–40　电磁阀端子与车身搭铁之间电阻的检测

5）用蓄电池给电磁阀通电，检查电磁阀是否有工作响声。

6）拆下电磁阀，施加 0.5 MPa 的压缩空气，检查电磁阀是否漏气，如图 1–41 所示。

7）检查电磁阀与 ECU 之间的线束及连接器。

8）检查 ECU。

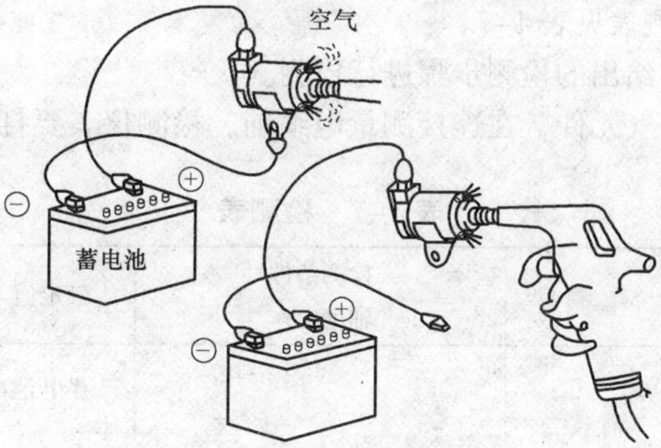

图 1–41　检查电磁阀是否漏气

二、01V 型电控自动变速器的电气检测

1. 01V 型电控自动变速器电气检测的注意事项

（1）工具的准备

进行 01V 型电控自动变速器电气检测应准备好下面的专用工具和检测仪：便携式万用表 V.A.G 1526A、检测盒 V.A.G 1598/20 和测量接线一套 V.A.G 1594A，如图 1–42 所示。

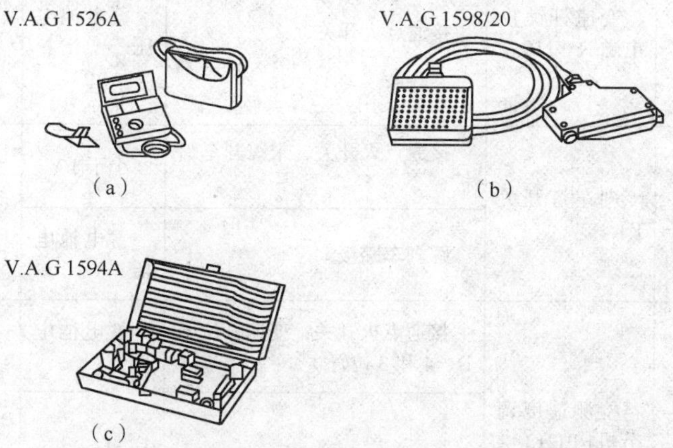

图 1–42　01V 型电控自动变速器电气检测的专用工具

（a）便携式万用表；（b）检测盒；（c）测量接线

（2）电气检测的注意事项

1）使用便携式万用表 V.A.G 1526A 进行检测。在进行相应测量时，必须根据要求调整便携式万用表。

2）给出的额定值在环境温度 0 ℃ ~40 ℃内有效。

3）如果测量值和额定值有偏差，根据电路图检查故障。

4）如果测量值和额定值的偏差很小，则清理检测仪、测量电缆插座和插头并重新检测，必要时更换当前部件的检测电缆和接口。当测量额定值小于 10 Ω 的部件时，要重复检测。

5）如果测量值和额定值有偏差，按照检测右部“和额定值有偏差时采取的措施”栏内给出的措施排除故障。检测表见表 1–7。

6）只能按照表 1–8 给出的检测步骤进行检测。

7）为了避免损坏电气元件，在连接测量电缆前，检测仪表要打到相应的测量挡位上。

表 1–7　检测表

检测步骤	V.A.G 1598/20	检　测	检测条件 辅助工作	额定值	维修措施
1	54+28 55+34 55+6	控制单元 J217 供给电压	接通点火开关	蓄电池电压	根据电路图检测电源进线（发动机控制单元把信号传送给电控自动变速器控制单元，只检测不带 CAN 总线车辆）； 检测触点 6、34 或 28 接地线； 检测从触点 54 或 55 到中央电器接线柱 15 的电线
	54+55			0 V	
	26+6 26+34	车载电压	断开点火开关	蓄电池电压	根据电路图检测进线
2	2+6	变速杆锁止电磁铁 N110	接通点火开关	蓄电池电压	据电路图检测进线（只检测带 CAN 总线车辆）； 检测多功能开关 F125； 检测电磁阀短路； 进行检测步骤 17
3 （V6–TDI 和电子油门不进行此步骤）	10+6 10+28	刹车灯开关 F	接通点火开关，未踩刹车踏板	小于 1 V	根据电路图检测电源进线； 更换和调整刹车灯开关 F
			踩刹车踏板	蓄电池电压	
4	10+6 10+28	检测速度调节机构 J213 供给电压	接通点火开关，变速杆位于 D、4 和 3 位置	蓄电池电压	检测触点 6 或 28 接地线； 检测触点 9 到中央电器接线柱 15 的电线； 检测到速度调节机构 J213 的电线； 进行检测步骤 6； 检测 31 号保险丝
			变速杆位于 P、R、N 和 2 位置	小于 5 V	
5 （V6–TDI 和电子油门不进行此项检测）	18+54	强制减挡开关 F8	接通点火开关； 油门踏板踩到强制减挡位置	蓄电池电压	根据电路图检测线路； 调整或更换油门拉线； 进行检测步骤 18

续表

检测步骤	V.A.G 1598/20	检　测	检测条件 辅助工作	额定值	维修措施
6	36+34 36+6 36+28	多功能开关F125	接通点火开关，变速杆位于P、N和D位置	蓄电池电压	检测多功能开关插头连接是否锈蚀
			变速杆位于R、4、3和2位置	小于1 V	根据电路图检测线路
	8+34 8+6 8+28		接通点火开关，变速杆位于R、N和4位置	蓄电池电压	检测31号保险丝； 检测F125供给电压； 进行检测步骤2
			变速杆位于P、D、3和2位置	小于1 V	
	37+34 37+6 37+28		变速杆位于N、D、4和2位置	蓄电池电压	检测控制单元88孔插头连接是否锈蚀； 进行检测步骤7和27
			变速杆位于P、R和3位置	<1 V	
	9+34 9+6 9+28		变速杆位于D、4和3位置	蓄电池电压	
			变速杆位于P、R、N和2位置	<1 V	
7	36+8	多功能开头F125	断开点火开关，变速杆位于N位置	<26 Ω	检测多功能开关插头连接是否锈蚀； 检测控制单元38孔插头连接； 进行检测步骤6和27
			变速杆位于P、R、D、4、3和2位置	∞	
	37+9		断开点火开关，变速杆位于D和4位置	<26 Ω	
			拔下31号保险； 变速杆位于P、R、N、3和2位置	∞	
	37+36		断开点火开关，变速杆位于N和D位置	<26 Ω	
			变速杆位于P、R、4、3和2位置	∞	
8	6+34 28+34	检测控制单元J217地线连接	断开点火开关	<1 Ω	根据电路图检测线路
	37+蓄电池地线			<1 Ω	
9	52+53	电磁阀电源线	断开点火开关	<1 Ω	根据电路图检测线路； 检测控制单元和16孔插头连接； 进行检测步骤1； 根据电路图检测变速器线束

续表

检测步骤	V.A.G 1598/20	检　测	检测条件 辅助工作	额定值	维修措施
10	52+30	电磁阀 1N88	断开点火开关	25~35 Ω	检测电控自动变速器 16 孔插头连接触点是否锈蚀； 进行检测步骤 9； 检测 88 孔控制单元到 8 孔插头； 根据电路图检测电控自动变速器内线束，必要时更换
	30+34			∞	
11	52+33	电磁阀 2N89	断开点火开关	25~35 Ω	
	33+34			∞	
12	52+32	电磁阀 3N90	断开点火开关	25~35 Ω	
	32+34			∞	
13	52+5	电磁阀 4N91	断开点火开关	6~8 Ω	
	5+34			∞	
14	52+1	电磁阀 5N92	断开点火开关	6~8 Ω	检测电控自动变速器 16 孔插头连接触点是否锈蚀； 进行检测步骤 9； 检测 88 孔控制单元到 8 孔插头连接； 根据电路图检测电控自动变速器内线束，必要时更换； 拆装滑阀箱
	1+34			∞	
15	52+29	电磁阀 6N93	断开点火开关	6~8 Ω	
	29+34			∞	
16	52+4	电磁阀 7N94	断开点火开关	6~8 Ω	
	4+34			∞	
17	2+36	变速杆锁止电磁铁 N110（也叫换挡锁止电磁铁 N110）	断开点火开关； 变速杆位于“P”位置	14~28 Ω	根据电路图检测线路； 更换变速杆锁止电磁铁 N110
18 （V6-TDI 和电子油门不进行此项检测）	18+34	强制减挡开关 F8	断开点火开关； 未踩油门	∞	根据电路图检测线路； 调整或更换油门拉线
			油门踩到强制减挡位置	<1.5 Ω	
19	14+42	电控自动变速器转速传感器 G38（也叫变速器输出转速传感器 G195）	断开点火开关； 最小	0.23 kΩ	根据电路图检测线路
	14+34 14+54 42+54 42+34		最大	0.30 kΩ	更换电控自动变速器转速传感器 G38
				∞	
	15+34 15+54	G38 屏蔽	断开点火开关	∞	根据电路图检测线路
20 （只用于 E17 型自动变速器）	16+44	电控自动变速器输入转速传感器 G182	断开点火开关 最小	0.23 kΩ	根据电路图检测线路； 更换电控自动变速器输入转速传感器 G182
	44+34 44+54 16+54 15+34		最大	0.30 kΩ	
				∞	
	22+34 22+54	G182 屏蔽	断开点火开关	∞	根据电路图检测线路

续表

检测步骤	V.A.G 1598/20	检　测	检测条件 辅助工作	额定值	维修措施
21		自动变速器油温度传感器 G93	断开点火开关		检测 88 孔控制单元到 8 孔插头连接
	21+22		ATF 温度约 20 ℃ 约 60 ℃ 约 120 ℃	约 0.83 kΩ 约 1.28 kΩ 约 1.88 kΩ	测变速器内线束，必要时更换（传感器 G93 集成在变速器线束内）； 拆装滑阀箱
	21+34		断开点火开关	∞	
	22+28			∞	
22 （只检测无 CAN 总线车辆）	41+28 41+34 41+55 41+26	到发动机控制单元连线（节气门信号）	断开点火开关； 拆下发动机控制单元	∞	根据电路图检测线路
	41+× ×（发动机控制单元触点布置）			<1.5 Ω	
23 （只检测无 CAN 总线车辆）	35+28	到发动机控制单元连线（油耗信号 / 负载信号）	断开点火开关； 拆下发动机控制单元	>40 kΩ	根据电路图检测线路； 拆下元件连接插头（得到此信号元件）； 重新测量
	35+34		选择好测量范围	<1.5 Ω 电压测量	必要时检测元件是否短路（例如车载电脑）； 仪表板自诊断
	35+55		接通点火开关，拆下发动机控制单元	≥ 5 V	
24	40+28 40+34	到发动机控制单元连线（发动机转速信号）	断开点火开关，拆下发动机控制单元	15~80 kΩ	根据电路图检测线路； 检测车载电脑； 仪表板自诊断
	40+× ×			<1.5 Ω	
25	20+28 20+34 20+55 20+26	到发动机控制单元连线（发动机切入）	断开点火开关，拆下发动机控制单元	∞	根据电路图检测线路
	20+× ×			<1.5 Ω	
26	51+28 51+34 51+55 51+26	到发动机控制单元连线（加/减挡信号）	断开点火开关，拆下发动机控制单元	∞	根据电路图检测线路
	51+× ×			<1.5 Ω	

续表

检测步骤	V.A.G 1598/20	检　测	检测条件 辅助工作	额定值	维修措施
27[3]	1+7	多功能开关F125	断开点火开关； 变速杆位于P、R、N、4、3、2位置	∞	检测多功能开关插头连接是否锈蚀，或有水进入或支座松动
	23+3		断开点火开关； 变速杆位于N位置	<20 Ω	
			变速杆位于P、R、N、4、3、2位置	∞	
	4+5		断开点火开关；变速杆位于D、4	<20 Ω	
			拔下31号保险，变速杆位于P、R、N、2、3位置	∞	更换多功能开关F125
	2+4		断开点火开关；变速杆位于N、D位置	<20 Ω	
			变速杆位于P、R、N、4、3、2位置	∞	
28	13+34 13+6	Tiptronic 开关F189（挡位识别）	接通点火开关； 变速杆位于D位置，但是不在Tiptronic通道	约10 V	根据电路图检测线路； 检测滚轴侧面的磁铁
			接通点火开关；变速杆位于Tiptronic通道[2]	约20 V	维修换挡机构和换鱼鳞板或Tiptronic开关印刷电路板
29	46+54 46+55	Tiptronic 开关F189（加减挡测试）	接通点火开关；变速杆位于Tiptronic通道	<1.5 V	驾驶员手动操作加或减挡开关，挂希望挡位； 根据电路图检测线路，如有必要，检测到Tiptronic方向盘线路； 检测横滚轴侧面的磁铁[1]； 换挡机构维修，必要时更换鱼鳞板或者带Tiptronic开关的电路板； 进行检测步骤28
			接通点火开关；变速杆位于Tiptronic通道并且操纵加挡键	蓄电池电压	
	46+34 46+6		接通点火开关；变速杆位于D位置，变速杆位于Tiptronic通道并操纵减挡键	约12 V	
			接通点火开关；变速杆位于Tiptronic通道并操纵减挡键	约15 V	
	47+34 47+6	Tiptronic 开关F189（加减挡识别）	接通点火开关；变速杆位于D位置，变速杆位于Tiptronic通道并操纵加挡键	约12 V	驾驶员手动操作加或减挡开关，挂希望挡位； 根据电路图检测线路，如果有的话，还要检测到Tiptronic方向盘线路； 检测横滚轴侧面的磁铁
			接通点火开关； 变速杆位于Tiptronic通道，并操纵减挡键	约为15 mV	
	47+54 47+55		接通点火开关，变速杆位于Tiptronic通道	<1.5 mV	换挡机构维修，必要时更换鱼鳞板或者带Tiptronic开关的电路板； 进行检测步骤28
			接通点火开关； 变速杆位于Tiptronic通道，并操纵减挡键	蓄电池电压	

续表

检测步骤	V.A.G 1598/20	检 测	检测条件 辅助工作	额定值	维修措施
30（只检测带 CAN 总线的车辆）	85+28 85+34 86+28 86+34	变速器控制单元到发动机控制连线	断开点火开关；拆下发动机控制单元	∞	根据电路图检测线路；见 CAN 总线连线的说明
	85+×× 86+××			<1.5 Ω	

注意：

1）Tiptronic 开关集成在挡位显示设备印刷电路板上，印刷电路板位于换挡机构盖板内。当 Tiptronic 开关出现故障时，必须首先检查鱼鳞板；横轴侧面的磁铁是否固定牢固及正确固定，如果没有正确固定，则必须更换鱼鳞板；如果磁铁固定正确并且线路连接正常，则必须更换带集成印刷电路板挡位显示设备。

2）如果变速杆位于 Tiptronic 通道，通过向后（-）点动变速杆，或者对于带 Tiptronic 运动方向盘车辆按方向盘上的减挡键（-）能够手动减挡（减挡开关）；通过向前（+）点动变速杆，或者对于带 Tiptronic 运动方向盘车辆按方向盘上的加挡键（+）能够手动加挡（加挡开关）。

3）进行步骤 27~30 的检测时，必须拔下多功能开关插头。

表 1-8 检测步骤一览表（多孔插头连接，88 孔）

检测的零件	进行检测步骤	检测的零件	进行检测步骤
控制单元 J217	进行检测步骤 1 和 8	电磁阀 5N92（压力调节器 2N216）	进行检测步骤 14 和 9
变速杆锁止电磁铁 N110	进行检测步骤 2 和 17	电磁阀 6N93（压力调节器 3N217）	进行检测步骤 15 和 9
刹车灯开关 F	进行检测步骤 3	电磁阀 7N94（压力调节器 4N218）	进行检测步骤 16 和 9
速度调节机构 J213	进行检测步骤 4	电控自动变速器转速传感器 G38	进行检测步骤 19
强制减挡开关 F8	进行检测步骤 5 和 18	电控自动变速器输入转速传感器 G182	进行检测步骤 20
多功能开关 F125	进行检测步骤 6、7 和 27	自动变速器油温度传感器 G93	进行检测步骤 21
电磁阀 1N88	进行检测步骤 9 和 10	到发动机控制单元（发动机控制单元把信号传送给电控自动变速器控制单元，只检测不带 CAN 总线的车辆）	进行检测步骤 22，23，24，25，26
电磁阀 2N89	进行检测步骤 9 和 11	Tiptronic 开关 F189	进行检测步骤 28 和 29

续表

检测的零件	进行检测步骤	检测的零件	进行检测步骤
电磁阀 3N90	进行检测步骤 9 和 12	CAN 总线（只检测带 CAN 总线的车辆）	进行检测步骤 30 和总线系统检测
电磁阀 4N91（压力调节阀 1N215）	进行检测步骤 13 和 9		

2. 01V 型电控自动变速器的电气检测

（1）01V 型电控自动变速器的电气检测规范及步骤

进行电气检测时应保证蓄电池电压正常、变速器控制单元保险丝正常、待检测元件的保险丝正常（保险支架位于仪表板内盖板下）、电控自动变速器和车身之间的蓄电池地线连接正常。

所有检测步骤都要求断开点火开关，拔下电控自动变速器控制单元 J217 的多孔插头。电控自动变速器控制单元位于右座前部脚下盖板下面，如图 1–43 所示为自动变速器的多孔插头连接，把检测盒 V.A.G 1598/20 和线束插头连好。电控自动变速器的控制单元 J217 的多孔（88 孔）插头连接所对应的功能见表 1–9。

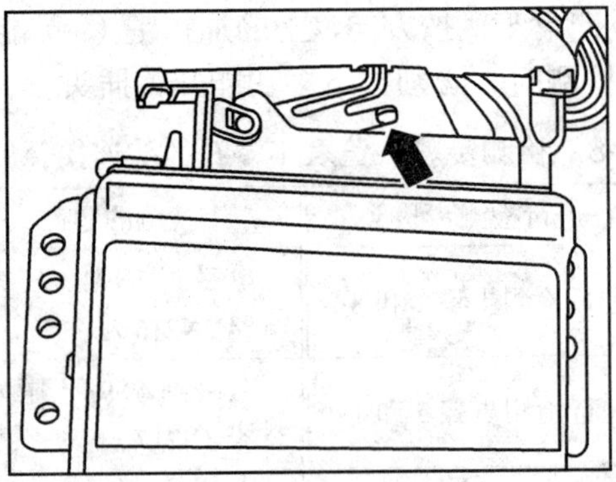

图 1–43　自动变速器的多孔插头连接

表 1–9　电控自动变速器的控制单元 J217 的多孔插头连接所对应的功能

1– 电磁阀 5N92	30– 电磁阀 1N88
2– 变速杆锁止电磁铁 N110	31– 未用
3– 未用	32– 电磁阀 3N90
4– 电磁阀 7N94	33– 电磁阀 2N89
5– 电磁阀 4N91	34– 功率消耗地线（31 号线）
6– 功率消耗地线（31 号线）	35– 燃油消耗信号（发动机的实际转矩）（仅用于无 CAN 总线的车辆）
7– 未用	36– 多功能开关 F125 L1
8– 多功能开关 F125 L2	37– 多功能开关 F125 L3

续表

9- 多功能开关 F125 L4，速度调节装置供给电压	38，39- 未用
10- 刹车灯开关 F（电子油门和 V6-TDI 无）	40- 发动机转速信号（仅用于无 CAN 总线的车辆）
11，12- 未用	41- 节气门值（负载信号）（仅用于无 CAN 总线的车辆）
13-Tiptronic 识别开关	42- 电控自动变速器转速传感器 G38
14- 电控自动变速器转速传感器 G38	43- 未用
15- 电控自动变速器转速传感器 G38（屏蔽）	44- 电控自动变速器输入转速传感器 G182
16- 电控自动变速器输入转速传感器 G182	45- 未用
17- 故障显示信号（OBD Ⅱ 要求）（仅用于无 CAN 总线的车辆）	46-Tiptronic 加挡开关
18- 强制减挡开关 F8（电子油门和 V6-TDI 发动机无）	47-Tiptronic 减挡开关
19- 带 EBD 的 ABS 控制单元	48，49，50- 未用
20- 发动机切入（影响点火角）	51- 加 / 减挡信号（发动机切入）（仅用于无 CAN 总线的车辆）
21- 自动变速器油温度传感器 G93	52- 电磁阀供给电压
22- 自动变速器油温度传感器 G93	53- 电磁阀供给电压
23- 电控自动变速器输入转速传感器 G182（屏蔽）	54- 供给电压（15 号线）
24- 未用	55- 供给电压（15 号线）
25- 变速杆位置显示（High-Line 组合仪表上无）	56~84- 未用
26- 供给电压（30 号线）	85-CAN 总线（仅用于带 CAN 总线的车辆）
27- 空调强制减挡	86-CAN 总线（仅用于带 CAN 总线的车辆）
28- 电气系统地线（31 号线）	87- 未用
29- 电磁阀 6N93	88- 自诊断 K 电缆

（2）电控自动变速器 88 孔控制单元和电控自动变速器之间的电气检测

进行调节机构诊断或电气检测后，如果提示电控自动变速器控制单元和电控自动变速器内或之间有故障，应检测 88 孔控制单元及电线。检测电控自动变速器控制单元和电控自动变速器内或之间的电线时，应断开点火开关并将检测盒 V.A.G 1598/20 和电控自动变速器线束的 88 孔连接插头连上，在车辆以外用检测盒 V.A.G 1598/20 进行测量。

（3）电控自动变速器上 16 孔插头连线的检测

如图 1-44 所示，通过转动松开 16 孔插头锁销。16 孔插头如图 1-45 所示。

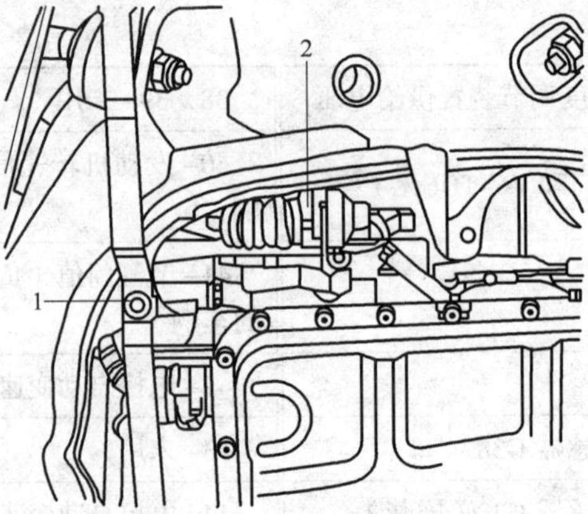

图 1-44 拆卸 16 孔插头锁销

1—隔声板支架；2—弹簧锁夹

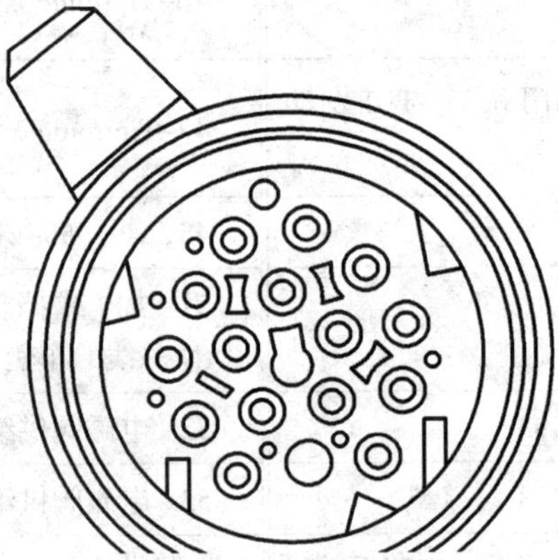

图 1-45 16 孔插头

用检测盒 V.A.G 1598/20 检测连线的通路电阻值，电阻的额定值及排除方法见表 1-10。

表 1-10 电控自动变速器上 16 孔插头连线的检测

<table>
<tr><th>插头触点</th><th>检测盒 V.A.G 1598/20 插头</th><th>额定值 /Ω</th><th>和额定值有偏差时采取的措施</th><th>插头触点</th><th>检测盒 V.A.G 1598/20 插头</th><th>额定值 /Ω</th><th>和额定值有偏差时采取的措施</th></tr>
<tr><td>1</td><td>42</td><td>≤ 1.5</td><td rowspan="8">根据电路图排除断线；
检测插头是否有触点锈蚀、有水进入或密封不好</td><td>9</td><td>33</td><td>≤ 1.5</td><td rowspan="8">根据电路图排除断线；
检测插头是否有触点锈蚀、有水进入或密封不好</td></tr>
<tr><td>2</td><td>5</td><td>≤ 1.5</td><td>10</td><td>14</td><td>≤ 1.5</td></tr>
<tr><td>3</td><td>1</td><td>≤ 1.5</td><td>11</td><td>4</td><td>≤ 1.5</td></tr>
<tr><td>4</td><td>31</td><td>≤ 1.5</td><td>12</td><td>52</td><td>≤ 1.5</td></tr>
<tr><td>5</td><td>16</td><td>≤ 1.5</td><td>13</td><td>22</td><td>≤ 1.5</td></tr>
<tr><td>6</td><td>44</td><td>≤ 1.5</td><td>14</td><td>21</td><td>≤ 1.5</td></tr>
<tr><td>7</td><td>29</td><td>≤ 1.5</td><td>15</td><td colspan="2">未使用</td></tr>
<tr><td>8</td><td>30</td><td>≤ 1.5</td><td>16</td><td>53</td><td>≤ 1.5</td></tr>
</table>

如果检测线路连接没有出现不允许的偏差，则必须检测电控自动变速器内电缆束。只有检测电控自动变速器内电缆束没有问题后，才能更换相应电磁阀。

（4）多功能开关的线路连接（8 孔插头连接）检测

拆下电缆 / 多功能开关插头弹簧锁夹。多功能开关 F125 的 8 孔插头如图 1–46 所示。多功能开关的线路连接（8 孔插头连接）的检测额定值及排除方法见表 1–11。当连线检测没有出现不允许偏差，则必须更换多功能开关 F125。

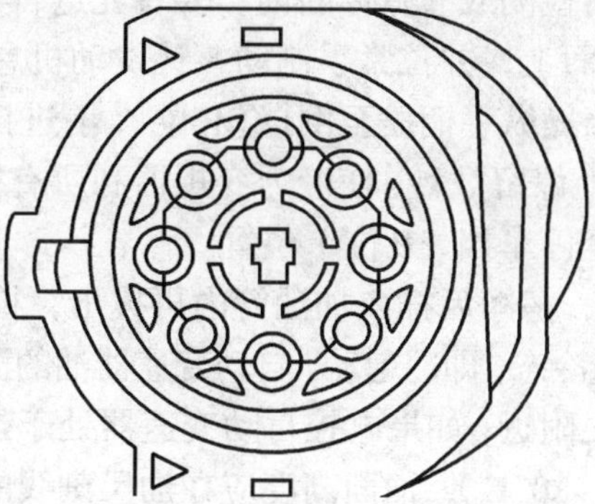

图 1–46　多功能开关 F125 的 8 孔插头

表 1–11　多功能开关的线路连接（8 孔插头连接）的检测额定值及排除方法

插头触点	检测盒 V.A.G 1598/20 插头	额定值 /Ω	和额定值有偏差时采取的措施
1	54，55	≤ 1.5	根据电路图排除断线； 检测插头是否有触点锈蚀、有水进入或密封不好
2	36	≤ 1.5	
3	8	≤ 1.5	
4	37	≤ 1.5	
5	9	≤ 1.5	
6	6，34，28	≤ 1.5	
7	发动机控制单元 P/N 信号	≤ 1.5	
8	倒车灯	≤ 1.5	

三、电控自动变速器的性能检测与检修

电控自动变速器的性能检测是判断电控自动变速器故障的基础。微机控制的电控自动变速器的故障往往可以通过相应的性能检测判断出故障类型和故障所在部位。

电控自动变速器的性能检测内容可分为基础检验、手动换挡试验和机械试验三个项目。电控自动变速器的性能检测的目的是发现故障的部位，以确定维修方法。

1. 电控自动变速器的基础检验

电控自动变速器的油位不当、油质不佳、联动机构调节不当及发动机怠速不正常，是引起电控自动变速器故障的最常见原因。通常把对这些部件的检查与重新调整，叫作电控自动变速器的基础检验。无论具体故障是什么，这种基础检验是首要进行的。电控自动变速器基础检验的目的是检验电控自动变速器是否具备正常工作的能力。基础检验中的检查和调整项目包括：自动变速器油面高度检查、自动变速器油品质检查、液压控制系统漏油检查、节气门拉索检查与调整、空挡起动开关检查、发动机怠速检查和超速挡开关的检查。基础检验的前提条件是：发动机工作正常、底盘性能良好，特别是汽车制动系统正常。

（1）自动变速器油面高度检查

在做任何电控自动变速器检测或故障诊断前，要首先进行油面高度检查。其方法如下：

1）将汽车停放在水平地面上，并拉紧手制动，让发动机怠速运转（至少 1 min）。

2）踩住制动踏板，将换挡操纵手柄拨至倒挡（R位）、前进挡（D位）、前进低挡（S、L或2、1位）等位置，并在每个挡位上停留数秒，使液力变矩器和所有换挡执行元件中都充满自动变速器油。最后将操纵手柄拨至停车挡（P 位）位置。

3）从加油管内拔出油尺，擦净后插入加油管内再拔出，检查油尺上的油面高度。

如果电控自动变速器处于冷态，即冷起动，自动变速器油的温度较低，为室温或低于25 ℃，油面高度应在油尺刻线的下限附近；如果电控自动变速器处于热态（如低速行驶 5 min 以上，自动变速器油温度已达 70 ℃ ~80 ℃），油面高度应在油尺刻线的上限附近。

若油面过低，应向加油管中补充自动变速器油，直至油面高度符合标准为止。继续运转发动机，检查电控自动变速器油底壳、油管接头等处有无漏油。如有漏油，应立即予以修复。

（2）自动变速器油品质检查

自动变速器油的状态是电控自动变速器工作状态的集中反映，因此应经常观察自动变速器油的颜色和气味的变化，并据此判断自动变速器油品质好坏和能否继续使用。在检查自动变速器油时，从油尺上闻一闻油液的气味，用手指蘸少许油液并在手指间互相摩擦，判断是否有渣粒。

自动变速器油的状态与常见故障原因如表 1-12 所示。

表 1-12　自动变速器油的状态与常见故障原因

油液状态	原因及处理方法
透明、呈粉红色	正常
颜色发白、混浊	水分已进入油中，应检查密封件，特别是处于散热器下水室内的自动变速器油冷却器是否锈蚀腐烂
黑色、发稠，油尺上黏有胶质油膏	自动变速器油温度过高
变成深褐色、棕色	1. 油液使用时间过长，应及时更换； 2. 长期高负荷运转或某些部件打滑、损坏，引起电控自动变速器过热
有金属屑或黑色颗粒	离合器片、制动带、单向离合器磨损严重
油液有烧焦味	1. 油温过高，油面过低； 2. 油冷却器、滤清器或管路堵塞
油液从加油管溢出	1. 油面过高； 2. 通气塞脏污、堵塞，需清洁、通气

油温是影响自动变速器油和电控自动变速器使用寿命的又一重要因素。影响油温的主要原因有液力变矩器故障，离合器、制动器打滑或分离不彻底，单向离合器打滑及油冷却器堵塞等。油温过高将使油液黏度下降，性能变坏，产生油膏沉淀物和积炭，堵塞细小量孔，阻滞控制滑阀，降低润滑冷却效果，破坏密封件等，最终导致故障。

（3）液压控制系统漏油检查

液压控制系统的各连接处都有油封和密封垫，这些部位是经常发生漏油的地方。液压控制系统漏油会引起油路压力下降及油位下降，是换挡打滑和延迟的常见原因。

（4）节气门拉索检查与调整

节气门开度影响着电控自动变速器的换挡时间。发动机熄火后，节气门应全闭；当加速踏板踩到底时，节气门应全开。节气门拉索的索芯不应松弛，索套端和索芯上限位杆之间的距离应在 0~1 mm。检查与调整方法如下：

1）推动加速踏板连杆，检查节气门是否全开，如果节气门不能全开，则应该调整加速踏板连杆。

2）将加速踏板踩到底，将调整螺母拧松。

3）调整节气门拉索，拧松调整螺母，使索套端和索芯上限位杆之间的距离为 0~1 mm。

4）拧紧调整螺母，重新检查调整情况。

（5）空挡起动开关检查

发动机只能在空挡（N）和停车挡（P）时起动，其他挡位时不能起动。若有异常，应调节空挡起动开关螺栓和开关电路。其方法如下：

1）松开空挡起动开关螺栓，将换挡操纵手柄放到 N 位置；

2）将槽口对准空挡基准线，定住位置并拧紧空挡起动开关螺栓。

（6）发动机怠速检查

发动机怠速不正常，特别是怠速过高，会使电控自动变速器工作不正常，出现换挡冲击等现象。检查发动机怠速时，应将电控自动变速器换挡操纵手柄置于停车挡（P）或空挡（N）位置。通常装有电控自动变速器的汽车发动机怠速为 750 r/min，怠速过高或过低均应调整。

（7）超速挡（O/D）开关的检查

电控自动变速器的微机控制系统具有故障自诊断功能，它可以通过超速挡 O/D OFF 指示灯予以警告。此项检查，必须在蓄电池电压正常时方可进行，否则将会引起故障自诊断系统误诊断。

检查时，首先将点火开关置于“ON”位置，同时接通超速挡（O/D）主开关，仪表板上的超速挡 O/D OFF 指示灯应熄灭。若超速挡 O/D OFF 指示灯闪烁，则表明控制系统有故障。此时，可根据维修手册中给出的方法读取故障码，并根据该车型的故障码表查出故障原因。

2. 电控自动变速器的手动换挡试验

为确定故障存在部位，区分故障是机械系统、液压控制系统还是微机控制系统引起的，应当进行手动换挡试验，这是在读取故障码和完成基础检验之后首先要进行的试验项目。

所谓手动换挡试验就是将电控自动变速器的所有换挡电磁阀的线束插头全部脱开，由测试人员手动进行各挡位的试验。此时，ECU 不能通过换挡电磁阀来控制换挡，电控自动变速器的挡位取决于换挡操纵手柄的位置。不同车型的电控自动变速器在脱开换挡电磁阀线束插头后，挡位和换挡操纵手柄的关系都不完全相同。手动换挡试验的步骤如下：

1）脱开电控自动变速器的所有换挡电磁阀的线束插头。

2）起动发动机，将换挡操纵手柄拨至不同位置，然后做道路试验（也可以将驱动轮悬空进行台架试验）。

3）观察发动机转速和车速的对应关系，以判断电控自动变速器所处的挡位。不同挡位时发动机转速和车速的对应关系见表 1–13。由于液力变矩器的减速作用与传递的转矩有关，因此表 1–13 中所列车速值只能作为参考，实际车速将随着行驶中节气门开度的不同而产生不同的变化。

4）若换挡操纵手柄位于不同位置时，电控自动变速器所处的挡位与规定挡位相同，则说明电控自动变速器的阀板及换挡执行元件工作正常。否则说明阀板或换挡执行元件有故障。

5）试验结束后，接上所有换挡电磁阀的线束插头。

6）清除 ECU 中的故障码，防止因脱开换挡电磁阀线束插头而产生的故障码存储在 ECU 中，影响故障自诊断系统的工作。

表 1–13 不同挡位时发动机转速和车速的对应关系

挡位	发动机转速 / ($r \cdot min^{-1}$)	车速 / ($km \cdot h^{-1}$)
1 挡	2 000	18~22
2 挡	2 000	34~38
3 挡	2 000	50~55
4 挡	2 000	70~75

若每一挡动作都正常，则说明故障出在微机控制系统；若有某一挡动作异常，则说明故障是机械或液压部分引起的，应进行机械试验。

3. 电控自动变速器的机械试验

电控自动变速器的机械试验内容包括液压试验、道路试验、失速试验、换挡迟滞试验、油压试验和液力变矩器起动试验等。

机械试验是在进行基础检验、手动换挡试验后，确定是机械系统和液压控制系统故障后进行的试验，目的是区分故障是机械系统引起的，还是液压系统引起的，并同时诊断出故障的具体部位。下面分别叙述机械试验中 6 个试验项目的作用、试验方法和试验结果分析。

（1）液压试验

液压试验是在电控自动变速器工作时，通过测量液压控制系统各回路的压力来判断各元件的功能是否正常，目的是检查液压控制系统各管路和元件是否漏油以及各元件（如液力变矩器、储压器等）是否工作正常，是判断故障在液压控制系统还是在机械系统的主要依据。

1）液压试验前的准备。

① 汽车行驶至发动机及电控自动变速器达到正常工作温度。

② 准备一个量程为 2 MPa 的压力表。

③ 找出电控自动变速器各个油路的测压孔位置。通常在电控自动变速器外壳上有几个

用方头螺塞堵住的测压孔。《自动变速器维修手册》上标有测压孔的位置；若没有《自动变速器维修手册》作参考，可用举升器将汽车升起，在发动机运转时分别将各个测压孔螺塞松开少许，观察各测压孔在换挡操纵手柄位于不同挡位时是否有压力油流出，以此判断该测压孔与哪一油路相通，从而找出各个油路测压孔的位置。具体方法如下：

a. 不论换挡操纵手柄位于前进挡或倒挡时都有压力油流出的，则为主油路测压孔；

b. 只有换挡操纵手柄位于前进挡时才有压力油流出的，则为前进挡油路测压孔；

c. 只有换挡操纵手柄位于倒挡时才有压力油流出的，则为倒挡油路测压孔。

2）主油路油压测试方法。

测试主油路油压时，应分别测出前进挡和倒挡的主油路油压。

① 前进挡主油路油压的测试方法。

a. 拆下电控自动变速器壳体上的主油路测压孔或前进挡油路测压孔螺塞，接上油压表；

b. 起动发动机，将换挡操纵手柄拨至前进挡（D）位置；

c. 读出发动机怠速运转时的油压，该油压即为怠速工况下的前进挡主油路油压；

d. 用左脚踩紧制动踏板，同时用右脚将加速踏板完全踩下，在失速工况下读取油压，该油压即为失速工况下的前进挡主油路油压；

e. 将换挡操纵手柄拨至空挡（N）或停车挡（P）位置，让发动机怠速运转 1 min 以上；

f. 将换挡操纵手柄拨至各个前进低挡（S、L 或 2、1）位置，重复上述 a~e 的步骤，读出各个前进低挡在怠速工况和失速工况下的主油路油压。

② 倒挡主油路油压的测试方法。

a. 拆下电控自动变速器壳体上的主油路测压孔或倒挡油路测压孔螺塞，接上油压表；

b. 起动发动机，将换挡操纵手柄拨至倒挡（R）位置；

c. 在发动机怠速运转工况下读取油压，该油压即为怠速工况下的倒挡主油路油压；

d. 用左脚踩住制动踏板，同时用右脚将加速踏板完全踩下，在发动机失速工况下读取油压，该油压即为失速工况下的倒挡主油路油压；

e. 将换挡操纵手柄拨至空挡（N）位置，让发动机怠速运转 1 min 以上。将测得的主油路油压与标准值进行比较。不同车型电控自动变速器的主油路油压不完全相同。

③ 油压电磁阀工作的测试。

电控自动变速器常采用油压电磁阀来控制主油路油压或减振器背压。这种电控自动变速器可以在液压试验中人为地向油压电磁阀施加电信号，同时测量油路油压的变化，以检查油压电磁阀的工作是否正常。不同车型电控自动变速器的油压电磁阀的工作原理不完全相同，其检测方法也不一样。以丰田凌志 LS400 轿车用 A341E 型电控自动变速器为例，说明测试油压电磁阀工作的方法，其他车型亦可参考。

a. 将油压表接至电控自动变速器减振器背压的测压孔；

b. 对照电路图，找出电控自动变速器 ECU 线束插头上油压电磁阀控制端的端子，将一个 8 W 灯泡的一端与油压电磁阀控制端的端子连接；

c. 将汽车停放在地面上，拉紧手制动，并用三角木块将 4 个车轮塞住；

d. 起动发动机，检查并调整好发动机怠速；

e. 踩住制动踏板，将换挡操纵手柄挂入前进挡（D）位置；

f. 读出此时的减振器背压，其值应大于零；

g. 将连接油压电磁阀的 8 W 灯泡接地时，油压电磁阀将通电开启，此时减振器背压应下降为零。如有异常，说明油压电磁阀工作不良。

（2）道路试验

道路试验是诊断、分析电控自动变速器故障最有效的手段之一。此外，电控自动变速器在修复之后，也应进行道路试验，以检查其工作性能，检验修理质量。电控自动变速器的道路试验内容主要有：检查换挡车速、换挡质量以及检查换挡执行元件有无打滑等。在道路试验之前，应先让汽车以中低速行驶 5~10 min，让发动机和电控自动变速器都达到正常工作温度。在试验中，通常应将 OD 开关置于 ON 的位置（即 O/D OFF 指示灯熄灭），并将模式选择开关置于常规模式或经济模式。道路试验的方法如下：

1）升挡检查。将选挡杆置于 D 位，踩下加速踏板，使节气门保持在 50% 开度左右，让汽车起步加速，检查电控自动变速器的升挡情况。电控自动变速器在升挡时发动机会有瞬时的转速下降，同时车身有轻微的闯动感。正常情况下，汽车起步后随着车速的升高，试车者应能感觉到电控自动变速器顺利地由 1 挡升入 2 挡，随后再由 2 挡升入 3 挡，最后升入超速挡。若电控自动变速器不能升入高挡（3 挡或超速挡），说明控制系统或换挡执行元件有故障。

2）升挡车速的检查。在上述升挡检查的过程中，当察觉到电控自动变速器升挡时，记下升挡车速。一般 4 挡电控自动变速器在节气门开度 50% 时，由 1 挡升至 2 挡的车速为 25~35 km/h；由 2 挡升至 3 挡的车速为 55~70 km/h；由 3 挡升至 4 挡（超速挡）的车速为 90~120 km/h。由于升挡车速和节气门开度有很大的关系，即节气门开度不同时，升挡车速也不同，而且不同车型的电控自动变速器各挡位传动比的大小都不相同，其升挡车速也不完全一样。因此，只要升挡车速基本保持在上述范围内，而且汽车行驶中加速良好，无明显的换挡冲击，都可认为其升挡车速基本正常。若汽车行驶中加速无力，升挡车速明显低于上述范围，说明升挡车速过低（即升挡提前）；若汽车行驶中有明显的换挡冲击，升挡车速明显高于上述范围，说明升挡车速过高（即升挡滞后）。

升挡车速太低一般是控制系统的故障所致；升挡车速太高则可能是控制系统的故障所致，也可能是换挡执行元件的故障所致。

3）换挡质量的检查。换挡质量的检查内容主要是检查有无换挡冲击。正常的自动变速器只能有不太明显的换挡冲击，特别是电控自动变速器的换挡冲击应十分微弱。若换挡冲击太大，说明电控自动变速器的控制系统或换挡执行元件有故障，其原因可能是主油压高或换挡执行元件打滑，应做进一步的检查。

4）锁止离合器工作状况的检查。电控自动变速器液力变矩器中锁止离合器的工作是否正常也可以采用道路试验的方法进行检查。试验中，让汽车加速至超速挡，以高于 80 km/h 的车速行驶，并让节气门开度保持在低于 50 % 的位置，使变矩器进入锁止状态。此时，快速将加速踏板踩下使节气门开度超过 85 %，同时检查发动机转速的变化情况。若发动机转速没有太大的变化，说明锁止离合器处于接合状态；反之，若发动机转速升高很多，则表明锁止离合器没有接合，其原因通常是锁止控制系统有故障。

5）发动机制动作用的检查。检查电控自动变速器有无发动机制动作用时，应将选挡杆置于 2 或 L 位。在汽车以 2 挡或 1 挡行驶时，突然松开加速踏板，检查是否有发动机制动作用。若松开加速踏板后车速应立即随之下降，说明有发动机制动作用；否则说明控制系统或换挡执行元件有故障。

6）强制降挡功能的检查。检查电控自动变速器强制降挡功能时，应将选挡杆置于D位，保持节气门开度为30％左右。汽车在以2挡、3挡或超速挡行驶时，突然将加速踏板完全踩到底，检查电控自动变速器是否被强制降低一个挡位。在强制降挡时，发动机转速会突然升至4 000 r/min左右，并随着加速升挡，转速逐渐下降。若踩下加速踏板后没有出现强制降挡，说明强制降挡功能失效。若在强制降挡时发动机转速升高反常，达5 000 r/min，并在升挡时出现换挡冲击，则说明换挡执行元件打滑，应拆修电控自动变速器。

（3）失速试验

1）失速试验的目的。

失速试验的目的是通过测量在D、R位时的失速转速来检查发动机及电控自动变速器的总体性能。

2）注意事项。

① 在正常工作温度下进行该试验（50 ℃~80 ℃）。

② 该试验连续进行不得超过5 s。

③ 为保证安全，请在宽阔水平地面上进行，并确保试验用车前后无人。

④ 失速试验应两人共同完成。一人观察车轮的固定情况，另一人进行试验。

3）方法及步骤。

① 塞住前后车轮。

② 在发动机上安装转速表（如果仪表盘上有转速表可省略此步）。

③ 拉紧驻车制动器手柄或踩下驻车制动踏板。

④ 左脚踩下制动踏板。

⑤ 起动发动机。

⑥ 将选挡杆置于D位。用右脚把加速踏板踩到底，同时迅速读取发动机转速，此转速即为失速转速。

⑦ 在R位重复以上试验步骤。

如果在发动机转速未达到规定失速转速之前，后轮开始转动，应放松加速踏板停止试验。常见车型的电控自动变速器的失速转速一般为2 200 r/min左右，但有的电控自动变速器的失速转速低于1 800 r/min，也有的电控自动变速器的失速转速高于2 800 r/min。

4）试验结果分析。

不同的车型，由于结构不同，试验结果体现的故障不同，下面仅以常见丰田4挡电控自动变速器为例进行说明。

① 如果两个位置失速转速都相同，但均低于规定值：发动机可能功率不足、导轮（变矩器）单向离合器工作不正常。提示：如果低于规定转速值600 r/min以上，液力变矩器可能损坏。

② 在D位失速转速高于规定值：主油压太低、前进挡离合器工作不良、O/D单向离合器工作不良。

③ 在R位失速转速高于规定值：主油压太低、直接挡离合器打滑、1挡及倒挡离合器打滑、O/D单向离合器工作不良。

④ 在D和R位失速转速均高于规定值：主油压太低、油液液面位置不正常、O/D单向离

合器工作不良。

（4）换挡迟滞试验

1）换挡迟滞试验的目的。

发动机怠速转动时拔动选挡杆，在感觉振动前会有一段时间的迟滞或延迟，这用于检查O/D挡离合器、前进挡离合器、直接挡离合器及一挡、倒挡制动器的工作情况。

2）注意事项。

① 在正常工作油温下进行该试验（50 ℃~80 ℃）。

② 在各试验中保证有1 min间隔。

③ 进行三次试验并取平均值。

3）方法及步骤。

① 拉紧驻车制动器手柄。

② 起动发动机并检查怠速。

③ 将选挡杆从N拔向D位。用秒表测量拔动选挡杆到感觉振动的时间。延迟时间应小于1.2 s。

④ 从N→R用同样方法测量。延迟时间应小于1.5 s。

4）试验结果分析。

① 如果N→D延迟时间大于规定值：主油压太低、前进挡离合器磨损、O/D单向离合器工作不良。

② 如果N→R延迟时间大于规定值：主油压太低，直接挡离合器磨损，1挡、倒挡制动器磨损，O/D单向离合器工作不良。

（5）油压试验

油压试验一般是做主油压测试，也可做进气门油压、速控油压、蓄能器背压测试。

1）注意事项。

① 运转发动机，让发动机和变速器温度正常。

② 拆下变速器壳体上主油路测压孔螺塞或前进挡油路测压孔螺塞，接上油压表。

油压试验应两人完成。其中一人应观察车轮及车轮掩木状况，同时另一人进行试验。正常工作油温在50 ℃~80 ℃。

2）方法及步骤。

① 运转发动机，让发动机和电控自动变速器温度正常。

② 拔去变速器壳体上的检查接头，连接压力表。

③ 拉紧驻车制动器手柄，塞住四个车轮。

④ 起动发动机，检查怠速转速。

⑤ 左脚踩下制动踏板，将选挡杆换入D位。

⑥ 发动机怠速下测量主油压。

⑦ 将加速踏板踩到底。在发动机达到失速转速时，迅速读取油路最高压力。

⑧ 在R位重复以上试验步骤。

如果在发动机转速未达到失速转速之前，后轮开始转动，则松开加速踏板停止试验。

A341E型电控自动变速器的主油压值见表1-14。

表 1-14　A341E 型电控自动变速器的主油压值　　kPa

D 位	怠速	384~441
	失速	1 265~1402
R 位	怠速	579~657
	失速	1 638~1 863

如果测得的油压未达到规定值，重新检查油门拉线的调整情况并重复做油压试验。

3）试验结果分析。

① 在任何范围油压均高于规定值：油门拉线调整不当、节气门阀失效、调压阀失效、油泵失效、O/D 单向离合器损坏。

② 只在 D 位油压低：D 位油路泄漏、前进挡离合器故障。

③ 只在 R 位油压低：R 位油路泄漏、直接挡离合器故障、倒挡制动器故障。

（6）液力变矩器起动试验

液力变矩器起动试验用来测试液力变矩器及其单向离合器的工作状况。在液力变矩器起动试验中，要同时使用驻车制动器（指手制动器，而不是电控自动变速器的停车挡 P 位）和脚制动器，还要用三角木块把前轮掩住（不允许任何人站在汽车的前方），还应检查自动变速器油面高度，运转发动机使之达到规定的工作温度。

起动试验在于确定电控自动变速器在 D 位、节气门全开时发动机的工作转速。这一试验检验了液力变矩器导轮的单向离合器的工作情况，即电控自动变速器离合器的工作性能以及液力变矩器与发动机的共同工作性能。

在进行液力变矩器起动试验时，发动机节气门全开的时间应小于等于 5 s，发动机最大转速读出之后应立即放松加速踏板；如果要求再做一次液力变矩器起动试验，应在空挡将发动机以 1 000 r/min 左右的转速运转 2 s，使电控自动变速器冷却下来。如果发动机转速已超过最大限值，应立即将加速踏板松开，因为这表明电控自动变速器内的离合器已经打滑失效。如果起动转速比规定的最大转速值高 200 r/min，则说明电控自动变速器中的离合器打滑。

发动机调整正常，而起动转速低，则说明液力变矩器导轮的单向离合器有问题。若起动转速比规定的最小值低 250~350 r/min，汽车在高速公路上工作正常，但是各挡加速性均不良，说明液力变矩器导轮的单向离合器在打滑；若起动转速和加速性都是正常的，但必须反常地加大节气门开度才能维持在高速公路上行驶的速度，说明液力变矩器导轮单向离合器已卡死不能自由脱开。离合器的这些故障要求必须更换液力变矩器。

某些液力变矩器在起动工况中，发出一种嘶叫声或警笛般的尖叫声，这是其中液体急剧流动的缘故，是正常现象。但是，若从液力变矩器总成内发出因部件松动或相互干涉而产生的强烈金属性噪声，可用千斤顶把驱动轮顶起来，把换挡操纵手柄放在前进挡（D）和空挡（N）位置，在节气门开度较小时运转，在电控自动变速器前端即液力变矩器下方仔细听以找出噪声源。

四、01J 无级变速器的维修

1. 01J 无级变速器维修工作的注意事项

1）发动机运转时，对车辆进行维修工作前务必将选挡杆挂入 P 位，并拉紧驻车制动器，谨防发生事故。

2）车辆静止，挂入 D 挡后切勿因一时疏忽打开节气门（如在发动机舱内作业时不慎用手碰开节气门）。若发生此种情况，轿车将立即起步行驶，即使拉紧手制动器也无法阻止轿车移动。

3）不允许用超声波清洗装置来清洁液压控制单元和电子控制单元 J217。

4）当挡盖已取下或未加 ATF 时，禁止起动发动机或拖动车辆。

2. 01J 无级变速器维修的基本步骤

（1）问诊

本维修环节主要是询问故障信息的来源，确认故障发生的时间、故障症状等。

（2）基本检查

基本检查主要是一些外围的检查，包括：发动机怠速检查、ATF 油面高度检查、自动变速器油品质检查以及利用专用检测仪器的诊断（无级变速器系统、发动机控制系统和 ABS 系统等）。

（3）维修前的路试

路试是无级变速器维修的重要环节，它是进一步确认故障信息最有效的途径，同时可验证是否与客户所描述的故障信息完全吻合。当然有必要采取随车诊断功能（通过专用检测仪器读取汽车行驶时的动态数据）为下一步维修提供有效的帮助。

3. 机械元件的检修

对于 CVT 机械元件的检修，只能做解体检查或故障部位的修理和更换。

（1）维护工作

1）日常维护时需目测检查 CVT 有无渗漏。

2）轿车每行驶 60 000 公里需要检查 CVT 及主减速器润滑油油位，必要时添加润滑油。

3）轿车每行驶 60 000 公里或 4 年需更换 CVT 的 ATF。

（2）ATF 的检查和更换

1）检测的前提条件。

① 无级变速器不允许处于紧急运转状态。

② 车辆必须处于水平位置。

③ 连接车辆诊断、测量和信息系统 VAS 5051，然后选择车辆自诊断和车辆系统“02- 变速器电气设备”。

④ 发动机必须处于怠速运转。

⑤ 必须关掉空调和暖风。

⑥ 开始检查前，ATF 的温度不允许超过 30 ℃，必要时先冷却变速器。

2）ATF 加注条件。

在车辆诊断、测量和信息系统 VAS 5051 上读取 ATF 温度，变速器温度在 30 ℃ ~35 ℃时进行操作。

① 发动机处于怠速运转。

② 车辆必须处于水平位置。

③ 踩下制动器，在所有挡位上停留一遍，并且在每一个位置上发动机怠速运转约 2 s。

④ 最后将选挡杆置于 P 位置，当 ATF 从加注孔（油面高度检查孔）溢出即可。

3）更换 ATF。

① 打开无级变速器底部放油螺栓将旧的 ATF 排出。

② 将无级变速器底部的 ATF 加注螺栓打开，利用专用 ATF 加注器将新的 ATF 加入无级变速器内部。

③ 油面高度的检查方法如上。

4. 奥迪 A4 01J 无级变速器电子控制单元端子功能

奥迪 A4 01J 无级变速器电子控制单元的端子功能见表 1–15。

表 1–15 奥迪 A4 01J 无级变速器电子控制单元的端子功能

端子	功　能	端子	功　能
1	未使用	10	CAN 总线（High）
2	自诊断 K 线	11	CAN 总线（Low）
3	起动锁止和倒车灯继电器 J226	12	Tiptronic 信号（降挡）
4	起动锁止和倒车灯继电器 J226	13	Tiptronic 信号（挡位识别）
5	车速信号	14	Tiptronic 信号（升挡）
6	换挡杆位置显示器 Y6	15	发动机转速信号
7	换挡杆锁止电磁阀 N110	16~24	未使用
8	未使用	25	功率消耗地线（31 号接线柱）
9	供电（15 号接线柱）		

5. 01J 无级变速器液压控制系统的检修

某些少数 CVT 的液压控制系统是可以直接通过油压试验来检查故障原因的，例如派力奥 Speedgear 变速器装有油压检测孔。01J 无级变速器的液压控制系统是通过油压传感器来反应变速器内部工作油压的，因此必须使用专用检测仪器通过读取汽车运行状态下的动态数据来进一步确认故障信息。对于液压控制元件（阀体）和液压执行元件（离合器或制动器）可进行液压测试和解体检查。

对于 CVT 电子控制系统的故障检修与电控自动变速器的故障检修方法大同小异，可通过专用检测仪器作故障码的分析、动态数据流的分析、波形分析、电脑电路以及对网络数据通信的分析。同时可对电子元件（传感器、开关、电磁阀）进行元件测试和对比试验等来进行故障排除。

（1）自动变速器油温度传感器 G93

自动变速器油温度传感器 G93 集成在无级变速器控制单元电子器件中，G93 记录无级变速器控制单元铝制壳体的温度，即相应的自动变速器油温度。自动变速器油温度影响离合器控制和无级变速器输入转速控制，因此，在控制和匹配功能中发挥着重要的作用。若 G93 损坏，发动机温度被用来计算出一个替代值，匹配功能和某些控制功能失效。为保护无级变速器部件，若无级变速器温度超过 145 ℃，发动机输出功率下降。若自动变速器油温继续上升，发动机输出功率逐渐减小。

（2）多功能开关 F125

多功能开关 F125 由 4 个霍尔传感器组成，霍尔传感器由换挡轴上的电磁通道控制，来自霍尔传感器的信号参数与手动式开关位置参数相同。高位置：开关关闭（1）；低位置：开关打开（0）。因此，一个开关可产生 2 个信号“1”和“0”，4 个开关能产生 16 种不同的换挡组合。

1）4 个换挡组合用于识别换挡位置 P、R、N、D。

2）2 个换挡组合监测中间位置（P–R、R–N–D）。

3）10 个换挡组合用于故障分析。

（3）换挡组合

换挡组合参照维修手册。换挡组合示例分析见表 1–16。换挡杆进入换挡位置 N，若霍尔传感器 C 损坏，换挡组合为“0001”。变速器控制单元将不再能识别，换挡组合为故障状态并使用合适的替代程序。

表 1–16　换挡组合示例分析

	霍尔传感器			
	A	B	C	D
换挡杆位置	换挡组合			
P	0	1	0	1
P–R 间	0	1	0	0
R	0	1	1	0
R–N 间	0	0	1	0
N	0	0	1	1
N–D 间	0	0	1	0
D	1	0	1	0
故障	0	0	0	0
故障	0	0	0	1
故障	0	1	1	1
故障	1	0	0	0
故障	1	0	0	1
故障	1	0	1	1
故障	1	1	0	0
故障	1	1	0	1
故障	1	1	1	0
故障	1	1	1	1

示例：

若霍尔传感器 D 损坏，将不能完成点火功能。

（4）变速器控制单元需要换挡位置信息完成以后功能

1）起动机车锁止控制。

2）倒车灯控制 P/N。

3）内部锁控制。

4）车辆运行状态信息用于离合器控制（前进 / 倒车 / 空挡）。

5）倒车时，锁止变速比。

F12 的故障很难显示出来，在某些情况下，车辆将不能行驶。

（5）自动变速器液压传感器 G193

传感器 G193（见图 1–47）是用来监测前进挡、倒挡离合器压力和监控离合器功能的，离合器压力监控有高的优先性，因此，多数情况下，G193 失效都会使安全阀被激活。

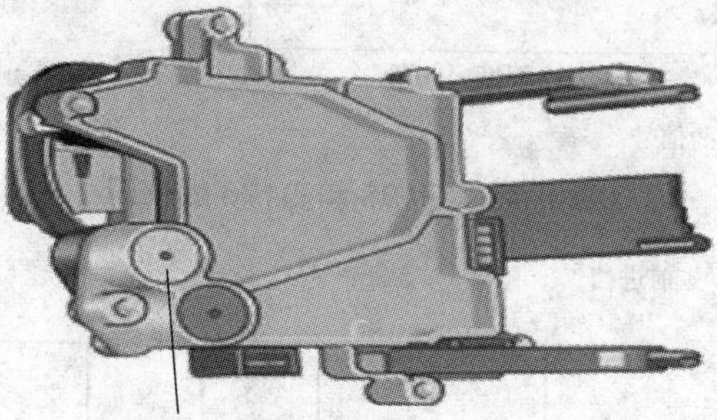

图 1–47　自动变速器液压传感器 G193

（6）自动变速器液压传感器 G194

传感器 G194（见图 1–48）是监测接触压力。由扭矩传感器调节，因接触压力总是与实际变速器输入扭矩成比例，利用 G194 的信号可十分准确地计算出变速器输入扭矩。G194 的信号用于离合器控制（爬坡功能控制和匹配）。若 G194 的信号不正确，爬坡控制功能失效。爬坡扭矩由存储值来控制。

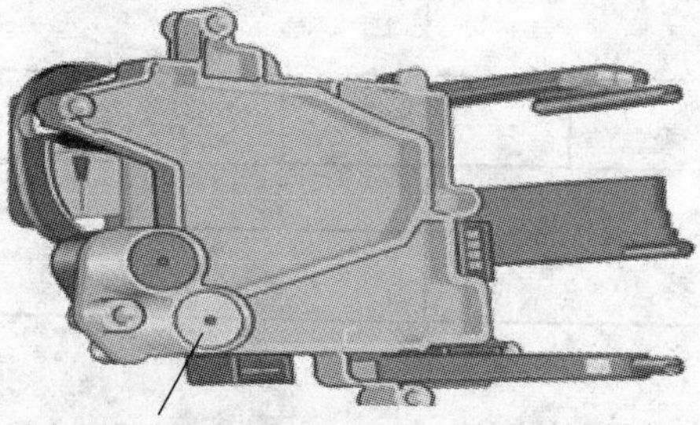

图 1–48　自动变速器液压传感器 G194

（7）如何识别放置方向

G195 和 G196 的电磁线圈匝数为 32，安装在传感器轮背面。传感器 G195 位置与传感器 G196 位置有偏移，通过此种方式，两个传感器间的相位角差为 25 %，如图 1–49 所示。点火后，控制单元观察来自两个传感器的下降沿信号并启示其他传感器位置。如图 1–50 所示，当来自传感器 G195 位置为 “Low”，来自传感器 G196 的信号为下降沿时，传感器 G195 的位置为 “High”，变速器控制单元将这种模式理解为前进挡。

如图 1–51 所示，当来自变速器 G195 的信号为下降沿时，传感器 G196 位置为 “High”；当来自传感器 G196 的信号为下降沿时，传感器 G195 的位置为 “Low”，变速器控制单元将此模式理解为倒挡。

注：坡道停车功能必须识别位置方向。

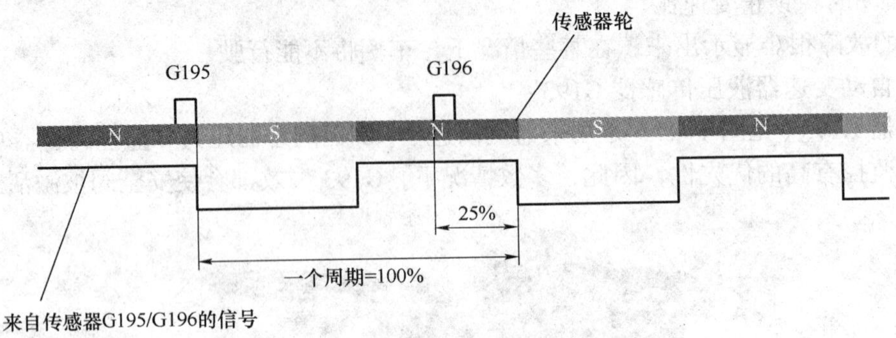

图 1-49　G195 和 G196 相位图

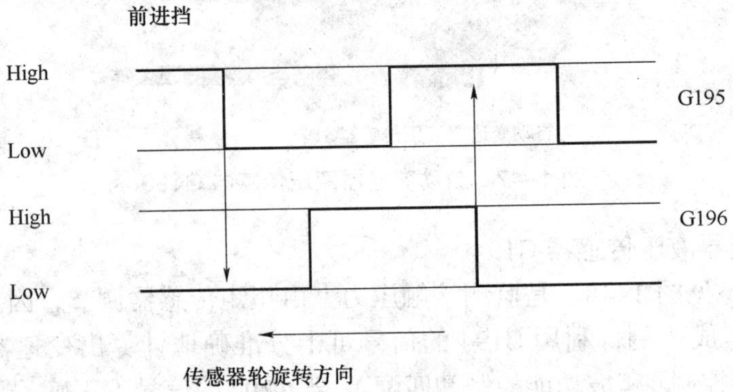

图 1-50　前进挡识别

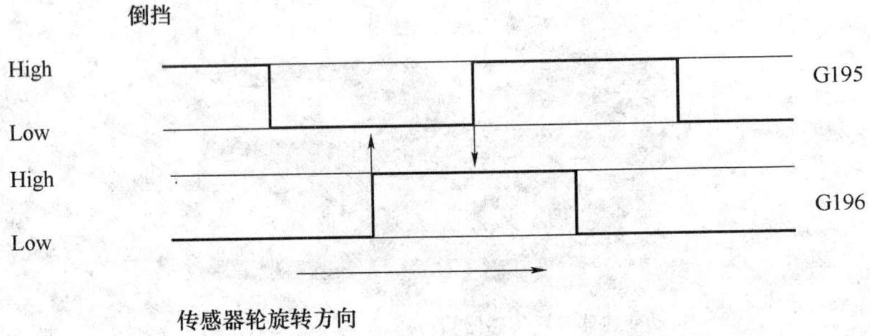

图 1-51　倒挡识别

传感器 G182 监测链轮的转速，提供实际的变速器输入转速。如果其损坏，发动机转速作为替代值。则有：

1）起步—加速过程可利用固定参数完成。

2）微量打滑控制和离合器匹配功能失效。

传感器 G195 和 G196 监测链轮 2 转速，通过它识别变速器输出转速。来自 G195 的信息用于监测转速，来自 G196 的信号用来区别旋转方向，因此，可区别出汽车是向前行驶，还是向后行驶。若 G195 损坏，变速器输出转速可从 G196 的信号取得，坡道停车功能也失效；若 G196 损坏，坡道停车功能失效。若两个传感器都损坏，可从轮速信号获取替代值（通过 CAN 线），坡道停车功能失效。

（8）Tiptronic 开关 F189

Tiptronic 开关 F189 如图 1–52 所示，该开关集成在齿轮变换机构的鱼鳞板中，由 3 个霍尔传感器组成，霍尔传感器由位于鱼鳞板上的电磁阀激活。

A——减挡传感器；

B——Tiptronic 识别传感器；

C——升挡传感器。

鱼鳞板上有 7 个 LED 指示：4 个用于换挡杆位置显示，1 个用于制动动作信号，其余 2 个用于 Tiptronic 护板上的“+”和“–”信号。每个换挡杆位置 LED 灯都由单独的霍尔传感器控制。当被激活时，F189 开关将变速器控制单元接地。若有故障，Tiptronic 功能不能执行。

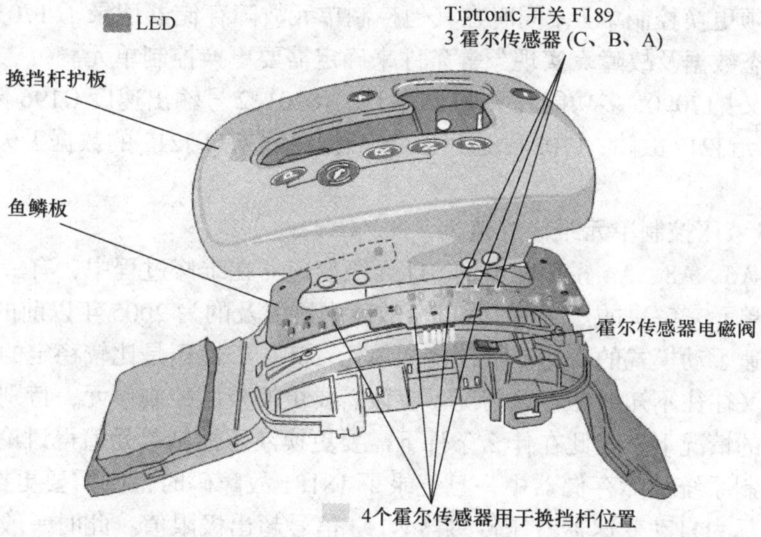

图 1–52　Tiptronic 开关 F189

（9）仪表显示

仪表板指示灯闪烁如图 1–53 所示，同时故障存储器中有故障码 17086 和 16987 出现。

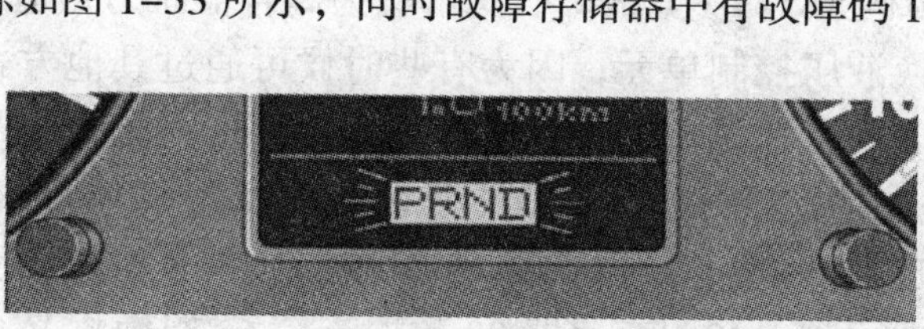

图 1–53　仪表板指示灯闪烁

在某些状态下电控自动变速器控制单元 J217 在写入反馈数据时受阻。当然有些时候并不排除是控制单元本身的问题。厂家在 2003 年第 48 周对控制单元进行了改进。那么以前的车型则需对控制单元进行升级，软件号为：4E0 906 961。该升级光盘的内容已经挂在销售商资料下载平台中，需要下载解压缩记录成升级光盘。通过 VAS 5051 对故障车辆进行升级。

注意：在升级前必须清除电控自动变速器控制单元J217内的故障码，因为在有EEPROM故障时是无法进行升级的。升级步骤：

1）将升级CD放入VAS 5051并进入变速器控制系统后，按下升级按键就开始自动升级了。

2）如果在进入变速器控制单元系统后没有出现升级按键，说明现在已经是最新的数据状态了。

升级处理后可能会出现挂挡冲击、坐车等现象。此时，需要对车辆进行路试，运行对变速器前进挡和R挡自学习过程的匹配。

（10）更换电控自动变速器控制单元维修规范

拆卸和安装电控自动变速器控制单元，必须更新密封条和圆形密封圈。判定条件为：当控制单元故障存储器记录17090、18201、16987或17086等相关故障码时，有些时候在升级未果的情况下必须更换控制单元；同时在其他控制单元故障存储器记录了17034故障码以及维修人员根据动态数据及故障真实现象等条件来确定需要更换控制单元。

故障码含义：17090，多功能开关F125故障；18201，2号输出速度G196传感器信号故障；16987，控制单元J217故障；17034，通过CAN数据总线来自J217的数据丢失（从其他控制单元读出）故障。

（11）更换液压控制单元维修规范

对于奥迪A6、A8、A4轿车配备的01J无级变速器在维修过程中，有一部分故障是通过更换液压控制单元来解决的。目前，大部分故障中所涉及的为2005年以前的车型，而在新款车型中带有7速手动模式的变速器液压控制单元，其可靠性还是比较稳定的。但在实际维修中，修理人员又往往不知道在什么情况下应该需要更换液压控制单元，特别是在电控系统没有记录故障码的情况下，因此在什么条件下需要更换液压控制单元值得讨论。

当电子控制系统故障存储器中一旦记录了18181故障码时，则需要更换液压控制单元，其故障含义解释为自动变速器液压传感器G193信号超出极限值。此时一般故障现象表现的特征是踩制动踏板时坐车，严重时加速不走车。故障原因：液压控制单元内的离合器压力调节阀阀孔磨损，导致磨屑使该阀门运动受阻从而出现上述故障现象。厂家从2004年的33周后对该阀门有了新的改进，因此大部分的这类故障主要反映在2005年以前的车型。如果电子控制系统记录了故障码18149（其故障含义解释为离合器压力自适应达到极限）时则必须在准确判断下才能更换液压控制单元，因为有些时候可通过其他方式来解决该故障码。一般情况下故障现象的表现特征是：车辆挂D挡和R挡冲击力较大，有时发动机会熄火，有时无法行驶；此时通过专用诊断仪VAS 5051查询有故障码18149，离合器压力自适应限制达到极限，同时在变速器08动态数据流第65组数据显示3和0；经过一段时间的试车后，VAS 5051查询仍有故障码18149，变速器08数据流第65组数据又会显示9和10（或其他更大的数字）。在这种情况下必须更换液压控制单元。

除了通过故障码的内容来确认液压系统是否存在问题以外，可以通过动态数据来确认。对于2003年以后带有运动挡位（S挡）的车辆，观察第65组数据流，当该组数据流的第二位数值大于3时应该需要更换液压控制单元，这是因为这组数据记录了安全阀门清洁次数的结果。当显示数据不正常时一般影响倒挡的较多，通常反映的故障现象：在挂R挡抬起制动踏板，车辆在倒车过程中坐车。如果反映在前进挡，一般在制动停车时有轻微的耸动现象；

此时利用诊断仪 VAS 5051 查询电控系统无故障码，但在变速器 08 数据流第 65 组数据显示 75 和 0（或其他数字）；无法进行升级处理，倒挡不正常时前进挡正常，判断应是由于液压控制单元故障引起。

除了以上叙述以外，在日常维修中还发现早期车辆的 01J 无级变速器的油泵很容易出现问题，那就是经常出现挂任何挡车辆都不能行驶，拆检无级变速器过程中发现油泵损坏，如图 1–54 所示，这主要是由于该齿轮泵具有自动调节其径向间隙和轴向间隙的功能，所以其工作阻力较大（平常无油压情况下我们用手去转动它都会感觉阻力较大）就会导致其驱动轴断裂，从而导致无油压建立，继而出现车辆在任何挡都不能行驶的故障，由于油泵没有作为一个备件来更换，所以此时只能更换液压控制单元。

图 1–54　油泵

目前新车型的油泵在结构上有了新的改进，由原来的齿轮式改为叶片式，如图1–55所示。其驱动力矩较小而且密封效果较好，因此其工作寿命也会延长，到目前为止还没有因油泵问题所导致的更换液压控制单元的故障案例。与液压系统有关的故障还有，如 D 挡或 R 挡不走车或坐车故障，ATF 油温过高报警等故障。

1）先检查倒挡和前进挡离合器压力油管的轴向密封件。

2）检查变速器输入轴压力管与吸气喷射泵液压密封件连接是否损坏。

3）检查滑阀箱通往差压阀和离合器冷却系统的压力油管的轴向密封件是否损坏。在更换液压控制单元时一定要注意备件的信息。从 2004 年后厂家生产的液压控制单元有了新的改进，零件号 01 J 325 031 BC 用于早期不带 S 挡的车型。零件号 J 325 031 BP 则用于带有 S 挡的车型（如自 2004 年车型起），但不能用于 2005 年后叶片泵式的液压控制单元。

在更换新的液压控制单元时还要注意以下几个问题：

1）一定要更换与液压控制单元相连接的几个密封元件，如图 1–56 所示。

2）在安装新的液压控制单元时一定注意不要伤及连接“换挡油路”和“接触压力油路”的液压控制单元上的密封膨胀环（见图 1–56），否则会出现新的故障。

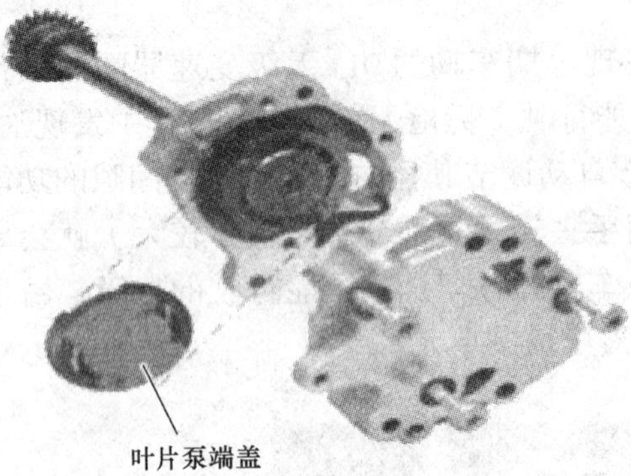

图 1–55　叶片泵

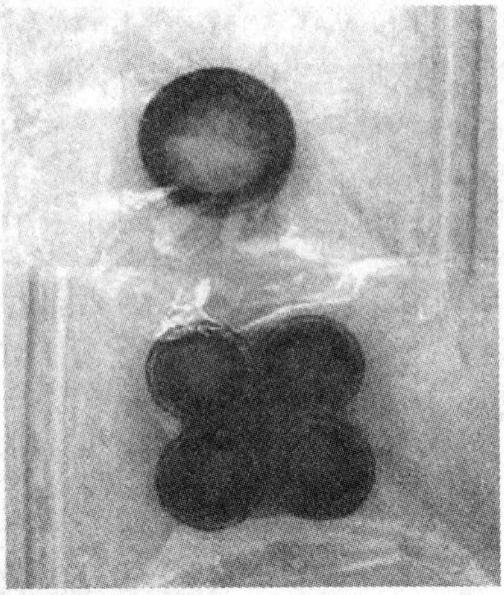

图 1–56　密封元件

6. 01J 无级变速器匹配方法

方法 1：起动车辆使发动机与无级变速器达到正常工作温度。挂前进挡行驶 20 m，慢踩刹车，直至车速为 0 保持挡位 10 s，同时观看 10 组数据流；然后挂 R 挡行驶 20 m，慢踩刹车，直至车速为 0 保持挡位，同时观看 11 组数据流，两项均 OK 了，完成自适应学习。

方法 2：起动车辆使发动机与无级变速器达到正常工作温度。挂前进挡使车速达到 70 km/h 以上（手动模式要升至 6 挡），然后点刹 10 次或在挡停车 10 s 以上；再挂倒挡行驶 20 m 以上，然后在挡停车 10 s 以上，即完成自适应学习。

方法 3：起动车辆使发动机与变速器达到正常工作温度。挂前进挡不踩油门，ECU 会提高发动机转速使之车速提高，向前行驶 20 m，慢踩刹车，使之车速为 0，要保持挡位，等待 10 s；然后挂 R 挡，行驶 20 m，方法同前进挡。不管使用以上哪种匹配方法，用仪器观察变速器数据流时，第 10 组和第 11 组数据流均应显示“OK”，若显示“RUN”则需重新进行自适应学习。

7. 奥迪 01J 无级自动变速器常见故障及原因分析

1）漏油问题。漏油问题大多反映在 2004 年以前的车型，主要是由于车辆长时间涉水，造成无级变速器进水而导致齿轮轴锈蚀，铁锈使双面油封损坏导致漏油。在维修此类故障时，一定要提醒驾驶员一旦发现漏油问题要及时更换双面油封并改进进水处。

2）奥迪 A6 2.8L 不带 S 挡及 R 挡问题（入挡接合时间长、接合粗暴、起步耸车）。奥迪 A6 2.8L 不带 S 挡，CVT R 挡冲击、接合时间长以及起步耸车的问题大多都是液压控制单元的问题，主要是阀体中滑阀磨损所致，目前只有更换液压控制单元。

3）奥迪 A6 2.8L 不带 S 挡，CVT 前进挡、R 挡起步耸车，或前进挡在低速时急加速耸车。这种问题一般考虑液压控制单元、液压泵的同时必须还要考虑电子控制单元的指令以及前进挡和倒挡用油元件本身。

4）2003 年后奥迪 A6 2.4L 带 S 挡车型，CVT 经常无规律地出现仪表挡位指示灯闪烁的问题，关闭发动机再重新起动后故障消失（通常故障码在多功能开关 F125）。当出现这种问题时更换电子控制单元即可。

5）发动机急速时挂前进挡溜车（坡道停车功能失效）。通过专用检测仪器读取其动态数据来判断问题所在。因为坡道停车功能一定要在满足离合器的工作压力，同时还要保证足够的接触压力的情况下，才能使汽车停在坡道上。这种问题一般都是由于前进挡离合器磨损致使其工作间隙过大造成的，更换输入轴总成即可。

6）发动机在怠速、选挡杆在 P/N 位时，无级变速器内部发出一种液体声音，这种情况大多都是由于冷却液管路受阻造成的，同时也不排除液压控制系统故障。这种情况虽然很普遍，但此问题仍还需要进一步的研究。

7）2003 年以后奥迪 A6 2.4L、2.8L 带 S 挡车型，常在踩制动快停车时出现冲击现象。这种故障的主要原因是前进挡离合器工作油压不稳定造成的。工作油压不稳的原因在于 KSV 阀与阀体之间出现磨损，更换阀体总成即可排除故障。

技能考核

一、准备工作

1）装备电控自动变速器的实验台（或实训车辆）；

2）各汽车生产公司的网页；

3）典型汽车自动变速器的维修手册；

4）汽车维修设备使用说明书和安全操作规定；

5）提供相关维修资料或维修知识的网页；

6）强调实训中的安全注意事项。

二、实训内容及要求

1）熟悉维修与检测设备的使用及操作规程。

2）认识典型电控自动变速器的构造、原理及电子控制系统。

3）找出电控自动变速器各传感器的安装位置，并描述其功能。

4）根据维修操作规程正确拆卸和安装电控自动变速器，并进行相关数值的调整。

5）熟悉电控自动变速器故障检测与诊断流程。

6）根据电控自动变速器的性能测试结果，分析故障原因及部位。

7）学习电控自动变速器典型故障的诊断与排除。

三、场景设计

学生根据课堂讲解内容可对典型电控自动变速器的各部件安装位置、部件结构进行了解，掌握其功用的前提下进一步了解自动变速器电控系统的控制原理，可通过实体进行检测增加感性认知。实训教师可根据实训条件设置故障，比如拔下电子控制单元某插头端子或拔下某个传感器的接头。然后在实训教师的监督下，由学生独立完成故障的诊断与排除；或者由教师充当客户模拟一个或几个场景，让学生分组完成故障排除。最后在实训教师的指导下，由学生分组完成相关数据、波形的分析，同时完成任务单。

在操作过程中，注意操作程序与规范，注意设备的正确使用，防止出现事故。

四、完成任务单

1）将基本信息填写在表 1–17 中。

表 1–17　基本信息

日　期		同组人员	
车　型		发动机型号	
VIN 码		行驶里程	
年　款		故障现象	

2）找出该车所有传感器，描述电控自动变速器各个传感器安装位置并填写表 1–18。

表 1–18　传感器安装情况

传感器名称	安装位置的描述

3）描述下面操作时的相关变化并填写表 1–19。

表 1–19　电控自动变器运行情况

操作描述	电控自动变速器运行描述	相关数据记录
01J 无级变速器传感器 G93 失效		
车速信号失效		
解码器的测试		
某电磁阀短路或断路		
失速试验故障检查		

4）分析项目 3）对电控自动变速器运行的影响：

____

5）本次实训中存在的疑问有哪些？最大的难点是什么？

____

项目小结

本项目着重介绍了电控自动变速器的故障诊断程序、故障自诊断方法、电控自动变速器的性能检测与检修以及典型电控自动变速器电控系统的检测，其中诊断流程和电控系统在学习中要特别注意。

在典型电控自动变速器控制系统的检测内容中，按照维修站的维修标准，对电控自动变速器电控系统自诊断、电控自动变速器的基本检查与调整、电控自动变速器的机械系统试验、典型电控自动变速器的诊断与排除等内容进行了技能训练，另外还通过具体故障案例分析了 01J 无级变速器常见故障诊断分析与排除的方法。通过实践学习，学生应能达到对电控自动变速器故障诊断和维修的能力。

思考与练习

1）电控自动变速器的故障诊断原则有哪些内容？

2）如何对 01V 型电控自动变速器的 CAN 总线系统进行检查？

3）试述电控自动变速器的基本检修方法。

4）电控自动变速器在做失速实验时，应注意哪些事项？

5）01J 无级变速器匹配方法是什么？

6）结合所学知识，试说明电控自动变速器换挡升挡迟滞的原因。

7）如何读取与清除 A341E 型电控自动变速器的故障码？

8）画出汽车不能行驶的故障排除流程图。

项目二

防抱死制动系统（ABS）模块

项目概述

随着世界汽车工业的迅速发展，安全性逐渐成为人们选购汽车的重要依据。目前广泛采用的防抱死制动系统（ABS），使人们对安全性要求得到了充分的满足。

防抱死制动系统由汽车ECU控制，当车辆制动时，它能使车轮保持转动，从而帮助驾驶员控制车辆达到安全停车。这种防抱死制动系统是用速度传感器检测车轮速度，然后把车轮速度信号传送到ECU里，ECU根据该信号输入车轮速度，通过重复地减少或增加在轮子上的制动压力来控制车轮的打滑率，保持车轮转动。在制动过程中保持车轮转动，不但可保证控制行驶方向的能力，而且在大部分路面情况下，与抱死（锁死）车轮相比，能提供更高的制动力。

任务 2-1

防抱死制动系统（ABS）的常规检查

任务目标

1）学习防抱死制动系统（ABS）的基本构造、拆装与检测。
2）掌握防抱死制动系统（ABS）的常规检查。
3）学习防抱死制动系统（ABS）自诊断。

任务引入

ABS 通过使趋于抱死车轮的制动压力循环往复，从而将趋于抱死车轮的滑动率控制在峰值附着系数滑动率的附近范围内，直至汽车速度减小至很低或者制动主缸的常出压力不再使车轮趋于抱死为止。制动压力调节循环的频率可达 3~20 Hz。在 ABS 中对应于每个制动轮缸各有对应的进液和出液电磁阀，可由电子控制装置分别进行控制，因此，各制动轮缸的制动压力能够被独立地调节，从而使四个车轮都不发生制动抱死现象。尽管各种 ABS 的结构形式和工作过程并不完全相同，但都是通过对趋于抱死车轮的制动压力进行自适应循环调节，来防止被控制车轮发生制动抱死。要掌握这些内容，应完成下面的学习任务：

1）防抱死制动系统（ABS）的基本构造、拆装与检测。
2）防抱死制动系统（ABS）的常规检查。
3）防抱死制动系统（ABS）自诊断。

相关知识

一、简介

ABS（Anti-lock Braking System）：通过安装在车轮上的传感器发出车轮将被抱死的信号，控制器指令调节器降低该车轮制动缸的油压，减小制动力矩，经一定时间后，再恢复至原有的油压，不断的这样循环（每秒可达 5~10 次），始终使车轮处于转动状态又有最大的制动力矩。

没有安装 ABS 的汽车，在行驶中如果用力踩下制动踏板，车轮转速会急速降低。当制动力超过车轮与地面的摩擦力时，车轮就会被抱死，完全抱死的车轮会使轮胎与地面的摩擦力下降。如果前轮被抱死，驾驶员就无法控制车辆的行驶方向；如果后轮被抱死，就极易出现侧滑现象。

在遇到紧急情况时，制动踏板一定要踩到底，才能激活ABS系统，这时制动踏板会有一些抖动，有时还会有一些声音，但也不能松开，这表明ABS系统开始起作用了。

二、防抱死制动系统（ABS）的组成与工作原理

1. 组成

防抱死制动系统（ABS）的组成如图2-1所示。ABS通常由车轮转速传感器、制动压力调节器、电子控制单元（ECU）和ABS警示装置等组成。

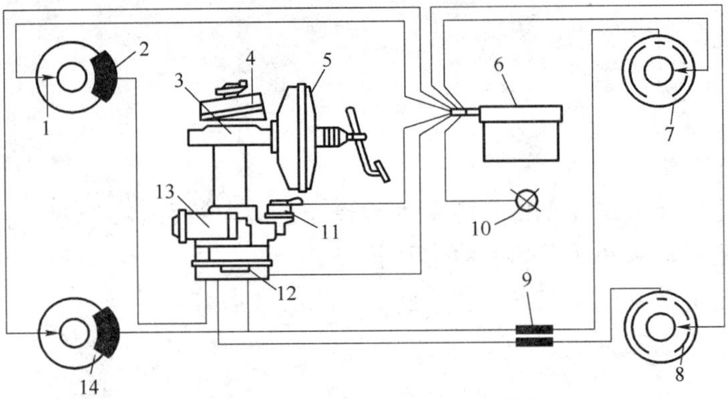

图2-1 防抱死制动系统的组成

1—车轮转速传感器；2—右前轮制动器；3—制动主缸；4—储液室；
5—真空助力器；6—电子控制单元；7—右后轮制动器；8—左后轮制动器；
9—比例阀；10—ABS警报灯；11—储液器；12—调压电磁阀总成；
13—电动泵总成；14—前轮制动器

2. 工作原理

汽车在制动过程中，车轮转速传感器不断把各个车轮的转速信号及时输送给ABS电子控制单元（ECU），ECU根据设定的控制逻辑对4个转速传感器输入的信号进行处理，计算汽车的参考车速、各车轮速度和减速度，确定各车轮的滑移率。如果某个车轮的滑移率超过设定值，ECU就发出指令控制液压控制单元，使该车轮制动轮缸中的制动压力减小；如果某个车轮的滑移率还没达到设定值，ECU就控制液压单元，使该车轮的制动压力增大；如果某个车轮的滑移率接近于设定值时，ECU就控制液压控制单元，使该车轮制动压力保持一定，从而使各个车轮的滑移率保持在理想的范围之内，防止4个车轮完全抱死。让制动状态始终处于最佳点（滑移率S为20%），制动效果达到最好，行车最安全。

防抱死制动系统在制动总泵前面腔内的制动液是动态压力制动液，它推动反应套筒向右移动，反应套筒又推动助力活塞从而使制动踏板推杆向右移。因此，在ABS工作的时候，驾驶员可以感觉到脚上踏板在颤动，听到一些噪声。

汽车减速后，一旦ABS电脑检测到车轮抱死状态消失，它就会让主控制阀关闭，从而使系统转入普通制动状态下进行工作。如果储压器的压力下降到安全极限以下，红色制动故障指示灯和琥珀色ABS故障指示灯亮。在这种情况下，驾驶员要用较大的力进行深踩踏板的制动方式才能对前后轮进行有效的制动。

3. 传感器

（1）轮速传感器

1）作用。检测车轮运动状态，获得车轮转速信号，并将车轮的减速度（或加速度）信号送给 ECU。轮速传感器的外形与基本结构如图 2-2 所示。

2）安装。一般安装在车轮处，但也有安装在主减速器或变速器中的。

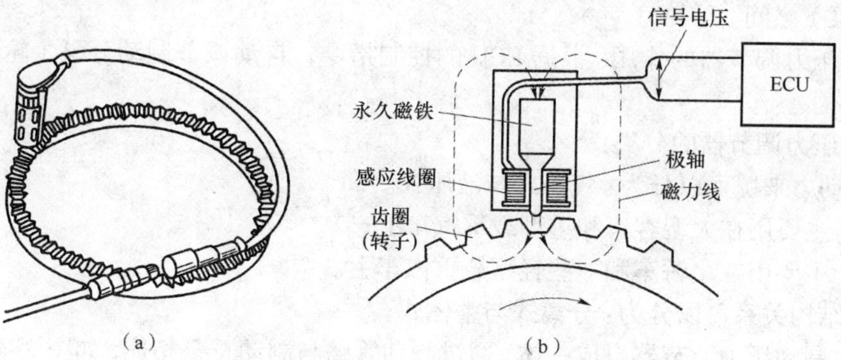

图 2-2 轮速传感器的外形与基本结构

（a）轮速传感器；（b）轮速传感器的基本结构

（2）车速传感器

车速传感器的作用：检测车速，给 ECU 提供车速信号，用于滑移率控制。

（3）减速度传感器

减速度传感器的作用：在汽车制动时，获得汽车减速度信号。因为汽车在高附着系数路面上制动时，汽车减速度大；在低附着系数路面上制动时，汽车减速度小，因而该信号送入 ECU 后，可以对路面进行区别，判断路面附着系数高低情况。当判定汽车行驶在雪地、结冰等易打滑的路面上时，采取相应控制措施，以提高制动性能。减速度传感器多用于四轮驱动控制系统。

4. 电子控制单元（ECU）

ECU 接收轮速信号、车速信号、发动机转速信号、制动信号、液位信号等，分析判断车轮制动状态，需要时发出调节指令，并具有报警、记忆、储存、自诊断和保护功能。ECU 控制原理如图 2-3 所示。

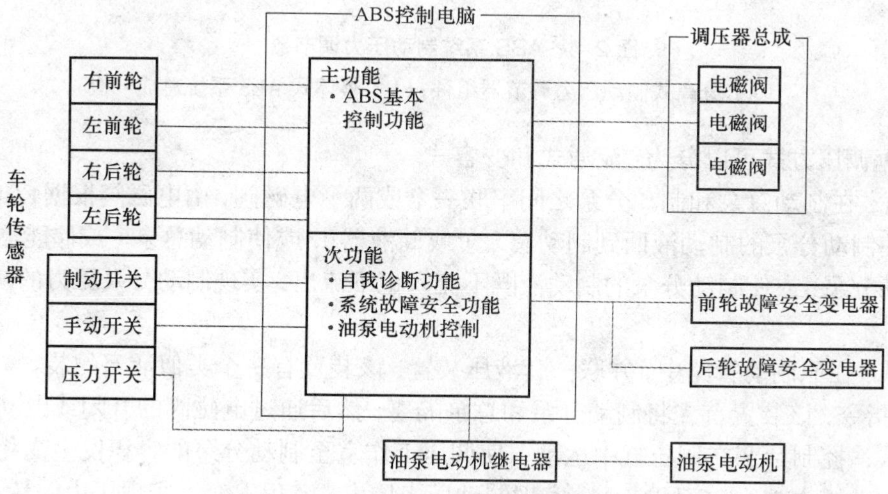

图 2-3 ECU 控制原理

5. 执行器

（1）油泵及储能器

油泵及储能器的作用：产生控制油压，使制动压力调节装置工作。

（2）制动压力调节器

制动压力调节器是 ABS 系统中最主要的执行器，一般都设在制动总泵（主缸）与车轮制动分泵（轮泵）之间。

1）制动压力调节器的作用：根据 ECU 的控制指令，自动调节制动分泵（轮缸）的制动压力。

2）制动压力调节器的分类：

① 根据动力来源可以分为：气压式与液压式。

气压式：主要用在大型客车和重型载重汽车上；

液压式：主要用在小轿车和一些轻型载重汽车上。

② 根据结构关系可以分为：分离式与整体式。

分离式：制动压力调节器自成一体，通过制动管路与制动总泵相连，如图 2-4（a）所示。

整体式：制动压力调节器与制动总泵构成一个整体，如图 2-4（b）所示。

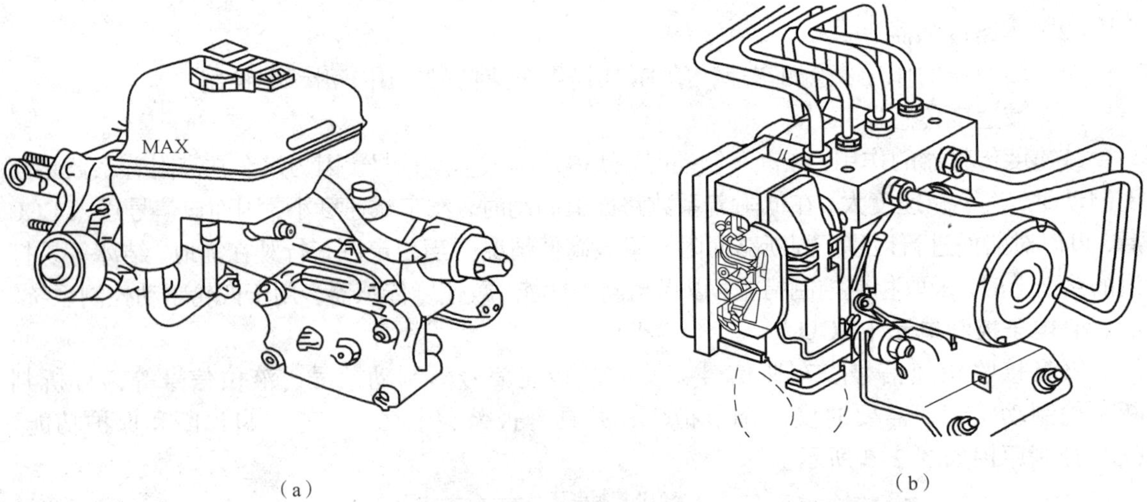

（a）　（b）

图 2-4　ABS 系统制动压力调节器

（a）分离式制动压力调节器组件；（b）整体式 ABS 系统总成

③ 根据调压方式可以分为：流通式和变容式。

流通式：在制动总泵和制动分泵之间串联一个或两个电磁阀，由电磁阀根据ECU的指令，通过控制使制动分泵的制动液回到制动总泵（或储液器），或使制动总泵（或储能器）的制动液流入制动分泵，或使制动分泵的制动液既不流入也不流出，实现制动分泵压力的减小、增大或保持。

变容式：在原制动管路中，并联一套液压装置，该装置有一个类似活塞的装置。工作时根据 ECU 的指令，该装置首先将制动分泵和总泵隔离，然后通过电磁阀的开闭或电动机的转动等不同方式，控制活塞在调压缸中运动，使调压工作室至制动分泵的容积发生变化。容积增大，实现制动压力减小；容积减小，实现制动压力增大；容积不变，实现压力保持。

6. ABS 警示装置

1）ABS 警示装置：警报灯可显示系统工作状态及自诊断报警。

2）黄色的 ABS 灯可显示 ABS 控制系统的故障（如 4 个轮速传感器、4 个电磁阀、ABS 主继电器、油泵继电器、警报灯继电器），它报警后汽车仍然能维持常规制动，但 ABS 系统已断电保护，停止工作。

3）红色的 BRAKE 灯亮，显示驻车制动开关信号、行车制动开关信号、液压高低信号、液位高低信号等有故障，危险性大，应停车检修。

三、工作特性

各种车型的 ABS 系统结构形式和工作过程并不完全相同，但都是通过对趋于抱死车轮的制动压力进行自适应循环调节，来防止被控制车轮发生制动抱死的。因而，各种 ABS 在以下几个方面都是相同的。

1）ABS 只是在汽车的速度超过一定速度以后（如 5 km/h 或 8 km/h），才会对制动过程中趋于抱死的车轮进行防抱死制动压力调节。当汽车速度被制动降低到一定速度时，ABS 就会自动中止防抱死制动压力调节，此后，装备 ABS 汽车的制动过程将与常规制动系统的制动过程相同。这是因为在汽车的速度很低时，制动抱死对汽车制动性能的影响已经很小，而且要使汽车尽快制动停车，应必须使车轮制动抱死。

2）在制动过程中，只有当被控制车轮趋于抱死时，ABS 才会对趋于抱死车轮的制动压力进行防抱死调节；在被控制车轮还没有趋于抱死时，制动过程与常规制动系统的制动过程完全相同。

3）ABS 都具有自诊断功能，能够对系统的工作情况进行监测，一旦发现存在影响系统正常工作的故障时将自动关闭 ABS，并将 ABS 警示灯点亮，向驾驶员发出警示信号，汽车的制动系统仍然可以像常规制动系统一样进行制动。

在特定路况或制动情况下，车辆在制动期间会起动防抱死制动系统。防抱死制动系统可以在包括结冰、下雪、碎石、颠簸、铁路轨道、松散岩层等路况或紧急制动时起动。当制动系统进入防抱死状态时，以下几种情况为防抱死制动系统的正常特性：

① 防抱死制动系统电动机运转。在车停止后，它可能会继续工作一小段时间；

② 电磁阀作用时的咔嗒声；

③ 制动踏板脉动；

④ 在制动的最后阶段，制动踏板会有少量下降或缓慢下降的现象。

任务实施

一、防抱死制动系统的常规检查

1. 防抱死制动系统的拆装与检测（以桑塔纳 2000 轿车为例）

（1）车轮转速传感器的拆装与检测

车轮转速传感器的外形如图 2-5 所示。

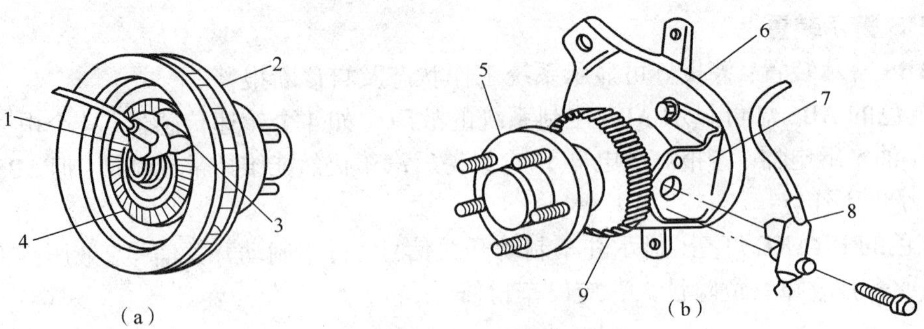

图 2-5 车轮转速传感器的外形

（a）前轮；（b）后轮

1，8—传感器；2—轮毂和组件；3—定位螺钉；4，9—传感器齿圈；
5—半轴；6—后制动器连接装置；7—传感器支架

1）车轮转速传感器的拆卸。车轮转速传感器在传动系统中的安装位置如图 2-6 所示，它的拆卸主要按照以下步骤进行：

① 拆卸前轮传感器时，先拆下传感器的导线插头，如图 2-7 中箭头所示，再拧下内六角紧固螺栓，拆下前轮转速传感器。

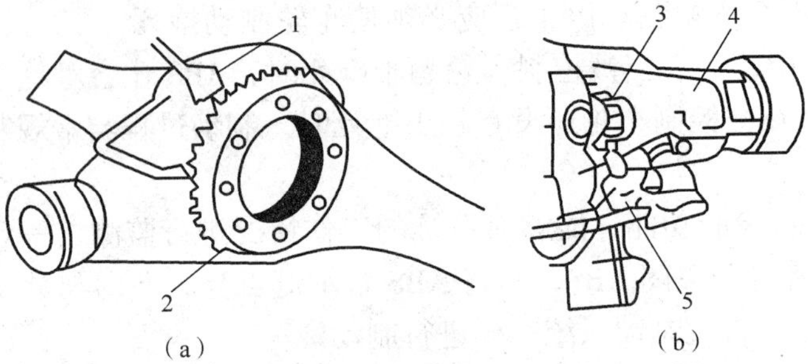

图 2-6 车轮转速传感器在传动系统中的安装位置

（a）主减速器；（b）变速器

1，5—电磁式传感器；2—主减速器从动齿轮；3—齿圈；4—变速器

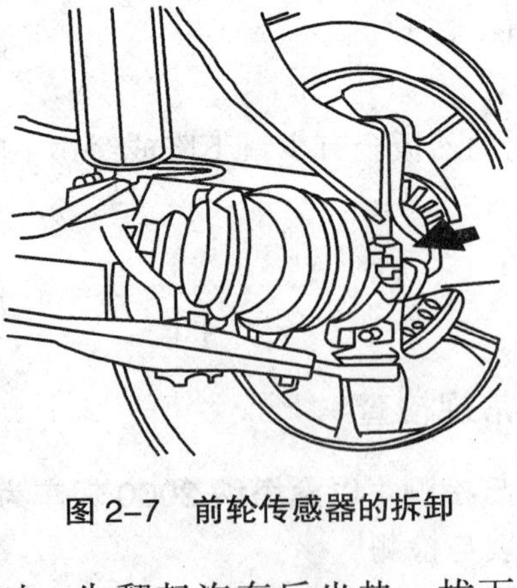

图 2-7 前轮传感器的拆卸

② 拆卸后轮转速传感器时，先翻起汽车后坐垫，拔下后轮转速传感器的连接插头，如图 2-8 所示。

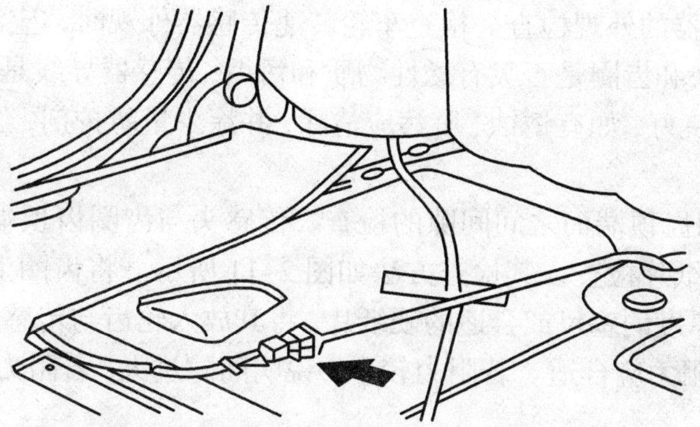
图 2-8　拔下后轮转速传感器的连接插头

③ 拧下后轮转速传感器的内六角紧固螺栓，如图 2-9 所示，然后拆下后轮转速传感器。

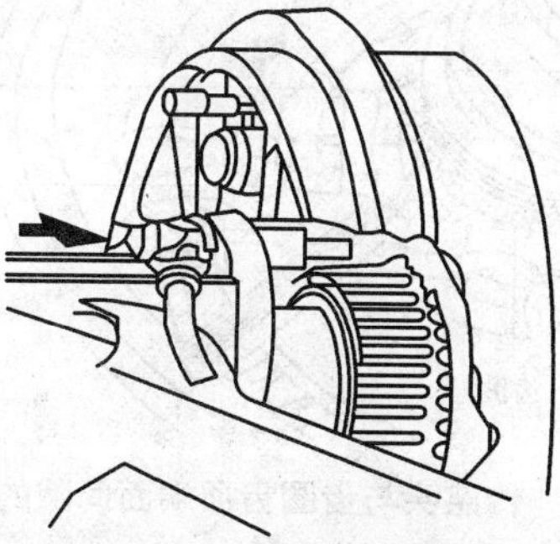
图 2-9　拆下后轮转速传感器的内六角紧固螺栓

④ 按照图2-10箭头所示方向，取下后梁上的转速传感器导线和保护罩，拉出导线和导线插头。注意：拆卸传感器时应避免损坏传感器的头部。

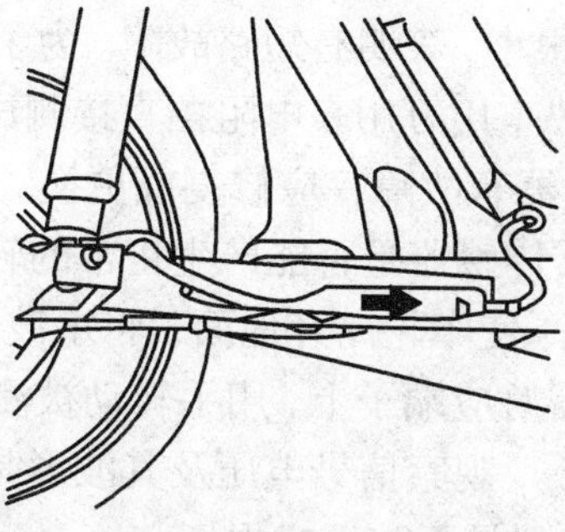
图 2-10　取下转速传感器导线和保护罩

2）车轮转速传感器的安装。车轮转速传感器的安装与拆卸顺序相反，但注意在安装前应先清洁传感器的安装孔内表面，并涂上固体润滑膏，然后装入传感器，以10 N · m的力矩拧紧内六角紧固螺栓。

3）车轮转速传感器的检测。车轮转速传感器损坏后，电子控制单元接收不到转速信号，即不能控制制动压力调节器工作，ABS 系统停止工作，车辆维持常规制动。车轮转速传感器的检测方法如下：

① 车轮转速传感器的外观检查。检查车轮转速传感器外观时，应注意以下内容：传感器安装有无松动；传感头和齿圈是否吸有磁性物质和污垢；传感器导线是否破损、老化；插接器是否连接牢固和接触良好，如有锈蚀、脏污应清除，并涂少量防护剂，然后重新将导线插入连接器，再进行检测。

② 传感头与齿圈齿顶端面之间间隙的检查。传感头与齿圈齿顶端面之间间隙可用无磁性的塞尺或合适的硬纸片检查。其检查方法如图 2-11 所示。将齿圈上的一个齿正对着传感器的头部，选择规定厚度的塞尺或合适的硬纸片，将其放入轮齿与传感器的头部之间，来回拉动塞尺或硬纸片，其阻力应合适。若阻力较小，说明间隙过大；若阻力较大，说明间隙过小。

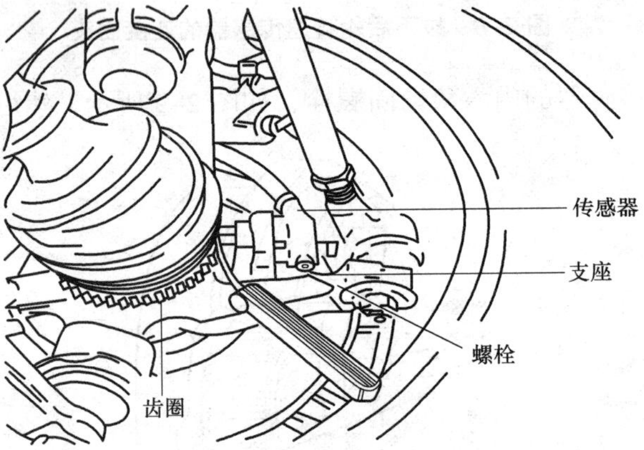

图 2-11 传感头与齿圈齿顶端面间隙的检查方法

③ 传感器电磁线圈及其电路的检测。使点火开关处于 OFF 位置，将 ABS 电子控制单元插接器插头拆下，查出各传感器与电子控制单元连接的相应端子，在相应端子上用万用表电阻挡检测传感器线圈与其连接电路的电阻值是否正常。对桑塔纳 2000 轿车而言，ABS 系统车轮转速传感器电磁线圈的电阻值正常应为 1.0~1.2 kΩ。若阻值无穷大，表明传感器线圈或连接电路有断路故障；若电阻值很小，表明有短路故障。为了区分故障是在电磁线圈还是在连接电路，应拆下传感器插接器插头，用万用表电阻挡直接测试电磁线圈的阻值。若所测阻值正常，表明传感器连接电路或插接器有故障，应修复或更换。

④ 模拟检查。为进一步证实传感器是否能产生正常的转速信号，可用示波器检测传感器的信号电压及其波形。其方法是：使车轮离开地面，将示波器测试线接于 ABS 电子控制单元（ECU）插接器插头的被测传感器对应端子上，用手转动被测车轮（传感器装在差速器上则应挂上前进挡起动发动机低速运转），观察信号电压及其波形是否与车轮转速相当，以及波形是否残缺变形，以判定传感头或齿圈是否脏污或损坏。

桑塔纳 2000 轿车 ABS 系统车轮转速传感器，当车轮以约 1 r/s 的速度转动时，齿圈输出 190~1 140 mV 的交流电压。经测试，若信号电压值或波形不正常，则应更换或修理传感头或齿圈。

（2）电子控制单元的拆装与检测

桑塔纳 2000 轿车 ABS 的电子控制单元与制动压力调节器、电动泵组装在一起，其拆装步骤见制动压力调节器的拆装。电子控制单元是一个不易损坏的部件，检测时可通过检测其控制部件的工作正常与否来判断它的性能是否良好。桑塔纳 2000 轿车 ABS 电路如图 2-12 所示。ABS 电子控制单元 25 孔插头如图 2-13 所示，各端子的功能见表 2-1。电子控制单元检测时应满足以下条件：

1）检测条件。a. 保险丝完好；b. 关闭用电设备，如大灯、空调和风扇等；c. 拔下 ABS 电子控制单元上的线束插头，使其与检测箱 V.A.G 1598/21 的插座相连接，如图 2–14 所示。

2）检测方法及标准数值。电子控制单元的检测方法及标准数值见表 2–2。

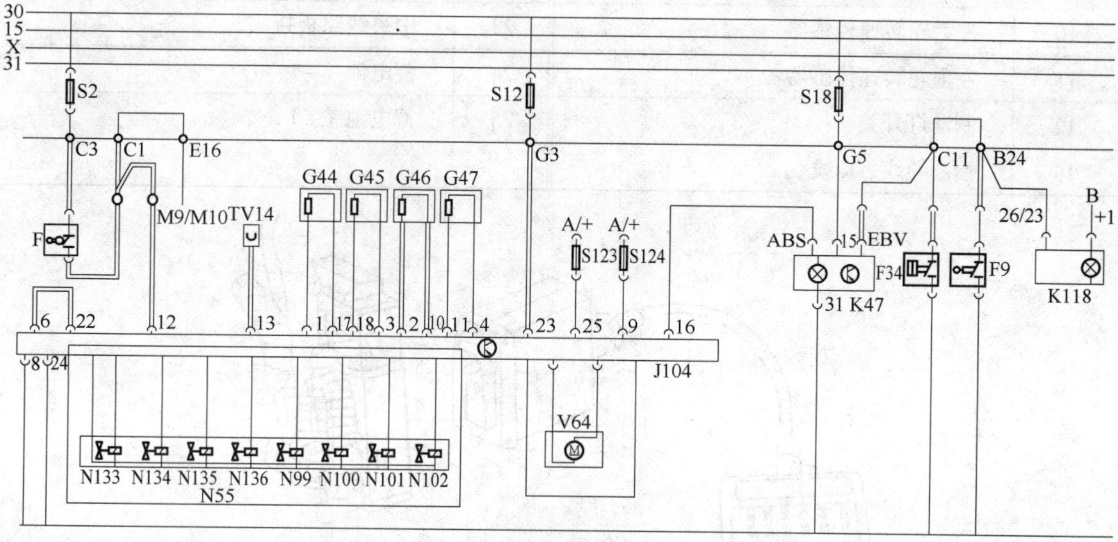

图 2–12　桑塔纳 2000 轿车 ABS 电路

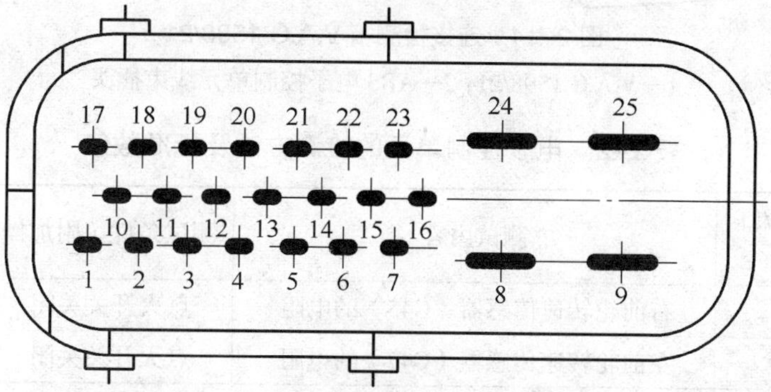

图 2–13　ABS 电子控制单元 25 孔插头

表 2–1　ABS 电子控制单元各端子的功能

端子	连接的元件	端子	连接的元件
1	右后轮转速传感器	14	空位
2	左后轮转速传感器	15	空位
3	右前轮转速传感器	16	ABS 故障警报灯
4	左前轮转速传感器	17	右后轮转速传感器
5	空位	18	右前轮转速传感器
6	电子控制单元端子 22	19	空位
7	空位	20	空位

续表

端子	连接的元件	端子	连接的元件
8	蓄电池（-）	21	空位
9	蓄电池（+）	22	电子控制单元端子
10	左后轮转速传感器	23	中央线路板接头
11	左前轮转速传感器	24	蓄电池（-）
12	制动灯开关	25	蓄电池（+）
13	诊断导线、K 线		

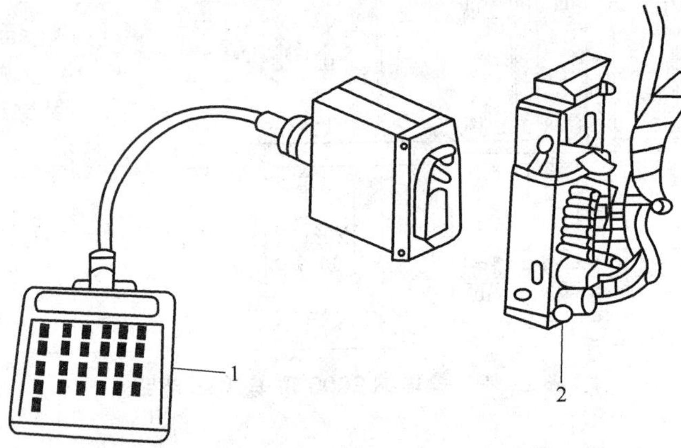

图 2-14 连接检测箱 V.A.G 1598/21

1—V.A.G 1598/21；2—ABS 电子控制单元线束插头

表 2-2 电子控制单元的检测方法及标准数值

测试步骤	V.A.G 1598/21 的插孔	测试内容	测试条件（附加操作）	额定值
1	3+18	右前轮转速传感器（G45）的电阻	点火开关关闭	1.0~1.3 kΩ
2	4+11	左前轮转速传感器（G47）的电阻	点火开关关闭	1.0~1.3 kΩ
3	1+17	右后轮转速传感器（G44）的电阻	点火开关关闭	1.0~1.3 kΩ
4	2+10	左后轮转速传感器（G46）的电阻	点火开关关闭	1.0~1.3 kΩ
5	1+17	右后轮转速传感器（G44）的电压	举升汽车，点火开关关闭，使右后轮以约 1 r/s 的速度转动	190~1 140 mV
6	2+10	左后轮转速传感器（G46）的电压	举升汽车，点火开关关闭，使右后轮以约 1 r/s 的速度转动	190~1 140 mV
7	3+18	右前轮转速传感器（G45）的电压	举升汽车，点火开关关闭，使右后轮以约 1 r/s 的速度转动	190~1 140 mV

续表

测试步骤	V.A.G 1598/21 的插孔	测试内容	测试条件（附加操作）	额定值
8	4+11	左前轮转速传感器（G47）的电压	举升汽车，点火开关关闭，使右后轮以约 1 r/s 的速度转动	190~1 140 mV
9	8+25	电子控制单元对液压泵的供电电压	点火开关关闭	10.0~14.5 V
10	9+24	电子控制单元对电磁阀的供电电压	点火开关关闭	10.0~14.5 V
11	8+23	电子控制单元供电电压	点火开关接通	10.0~14.5 V
12	8+12	制动灯开关的功能	点火开关关闭 （不踩制动踏板） （踩制动踏板）	0~0.5 V 10.0~14.5 V
13	未连接 ECU	ABS 故障警报灯功能	点火开关关闭 点火开关打开	熄灭 灯亮
14	连接 ECU	制动装置警报灯功能	点火开关关闭 点火开关打开	熄灭 灯亮

（3）制动压力调节器的拆装与检测

1）制动压力调节器的拆装。需要拆卸检测时，应注意：由于在 ABS 系统的储能器中存在较高的液压压力，因此在拆卸液压管路及接头时，必须充分降低储能器的液压，以避免高压制动液的喷出。在安装时，要按照规定的力矩拧紧管路的螺纹连接和部件连接螺栓。制动压力调节器拆装后，一定要按正确的方法排除液压系统内的空气。ABS 制动压力调节器的组成如图 2-15 所示，拆卸顺序如下：

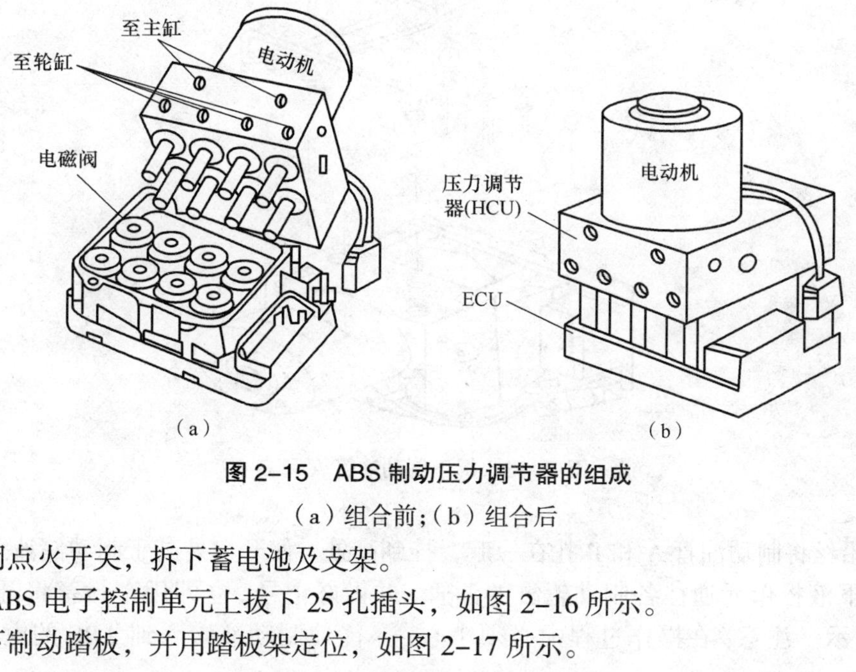

图 2-15　ABS 制动压力调节器的组成

（a）组合前；（b）组合后

① 关闭点火开关，拆下蓄电池及支架。

② 从 ABS 电子控制单元上拔下 25 孔插头，如图 2-16 所示。

③ 拆下制动踏板，并用踏板架定位，如图 2-17 所示。

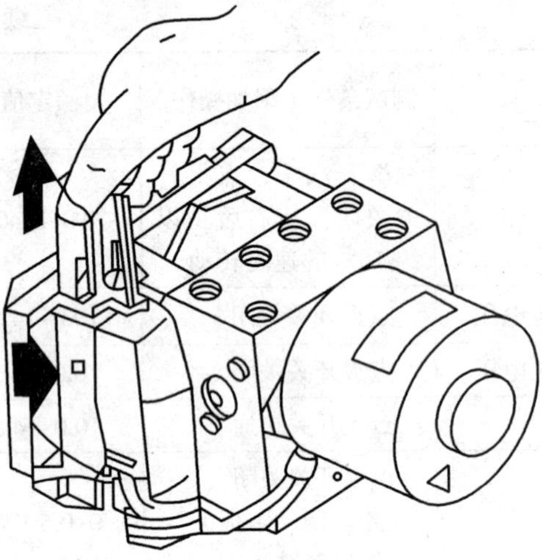

图 2-16 拔下 ABS 电子控制单元的 25 孔插头

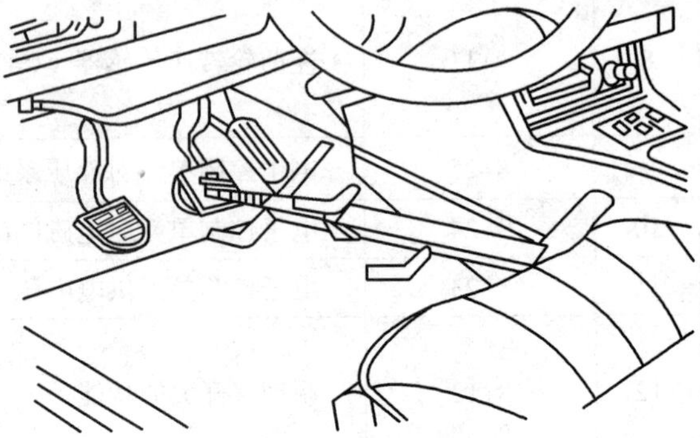

图 2-17 用踏板架定位

④ 在 ABS 电子控制单元下垫一块抹布，用来吸干从开口处流出的制动液。

⑤ 拆下制动主缸到液控单元的制动油管 A 和 B，并做上记号，立即用密封塞将开口部塞住，如图 2-18 所示。

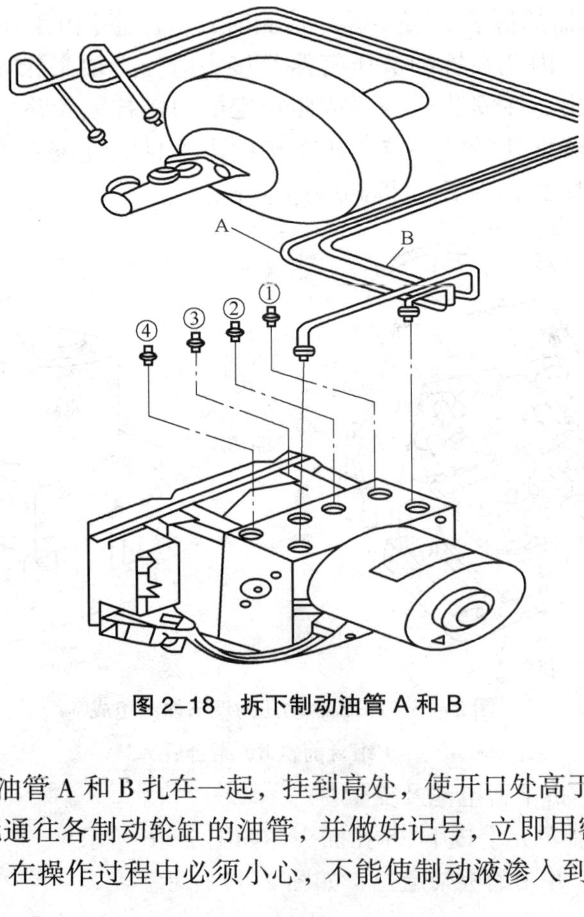

图 2-18 拆下制动油管 A 和 B

⑥ 软铅丝将制动油管 A 和 B 扎在一起，挂到高处，使开口处高于制动储液室的油平面。

⑦ 拆下液控单元通往各制动轮缸的油管，并做好记号，立即用密封塞将开口塞住，如图 2-19 所示。注意：在操作过程中必须小心，不能使制动液渗入到 ABS 的电子控制单元

壳体中。

⑧ 将 ABS 电子控制单元及制动压力调节器从支架上拆下来。

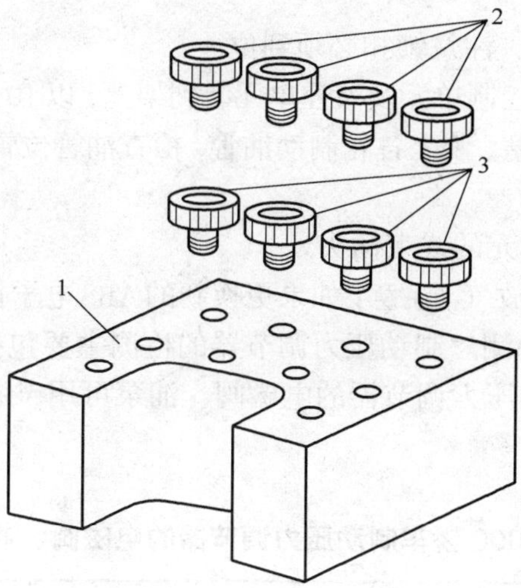

图 2-19　制动油管的密封

1—专用支架；2，3—阀体开口孔的密封塞

2）制动压力调节器的分解。注意：拆下液控单元时要直拉，不要碰坏阀体。

① 压下接头侧的锁止扣，拔下 ABS 电子控制单元上液压泵的电线插头。

② 用专用套筒扳手拆下 ABS 电子控制单元与液控单元的 4 个连接螺栓，如图 2-20 箭头所示。

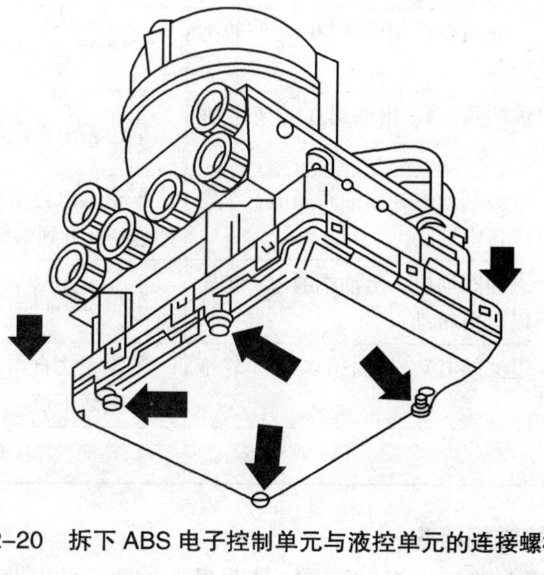

图 2-20　拆下 ABS 电子控制单元与液控单元的连接螺栓

③ 将液控单元与 ABS 电子控制单元分离。

④ 在 ABS 电子控制单元的电磁阀上盖一块不起毛的布。将液控单元和液压泵安放在专用支架上，以免在搬运时碰坏阀体。

3）制动压力调节器的安装。注意：装配时装配场地应清洁干净，不允许有灰尘脏物。

① 将液控单元与电子控制单元装成一体，用专用套筒扳手拧紧新的螺栓，力矩不得超过4 N·m。

② 插上液压泵电线插头，注意锁扣必须到位。

③ 将组装好的ABS电子控制单元及液控单元装到架上，以10 N·m的力矩拧紧固定螺栓。

④ 拆下液压口处的密封塞，装上各轮制动油管，检查油管位置是否正确，以20 N·m的力矩拧紧管接头。

⑤ 插上 ABS 电子控制单元的线束插头。

⑥ 对ABS补充制动液和放气。注意：如果更换新的ABS电子控制单元，需对其重新编码。

4）制动压力调节器的检测。制动压力调节器的检测主要包括电磁阀、油泵及继电器的检测。桑塔纳 2000 轿车制动压力调节器的电磁阀、油泵可用 V.A.G 1552 仪器进行检测，其操作步骤如表 2-3 所示。

表 2-3 桑塔纳 2000 轿车制动压力调节器的电磁阀、油泵测试操作步骤

步骤	操 作	屏幕显示	电磁阀、油泵动作正常时的结果	电磁阀密封性测试结果
1	连接诊断线	输入地址码：× ×		
2	输入“03”确认	输入地址码：× ×		
3	输入“03”确认	液压泵 V64 测试	听到油泵工作噪声	
4	按“→”键	踩下制动踏板		
5	踩住制动踏板不放	进油阀 0 V、出油阀 0 V、车轮抱死	车轮无法自由转动	踏板不下沉，出油阀良好
6		进油阀 0 V、出油阀 0 V、车轮抱死	车轮无法自由转动	
7		进油阀通电，出油阀通电，车轮可以自由转动	车轮可以自由转动，踏板回弹，可听到油泵工作噪声	踏板不下沉，进油阀良好
8		进油阀通电，出油阀通电，车轮可以自由转动	车轮可以自由转动	
9		进油阀 0 V、出油阀 0 V、车轮抱死	车轮无法自由转动，踏板自动微微下沉	
10	松开制动踏板			

2. 防抱死制动系统的常规检查

做好防抱死制动系统的常规检查，发现比较明显的故障，可以节省时间，提高效率。常规检查主要包括以下几个方面：

1）检查制动液面是否在规定范围内。

2）检查所有继电器、保险丝是否完好，插接是否牢固。

3）检查电子控制装置导线插头、插座是否连接良好，有无损坏，搭铁是否良好。

4）检查电动液压泵、液控单元、4 个车轮转速传感器、制动液面指示灯开关的导线插头、插座和导线的连接是否良好。

5）检查传感头与齿圈间隙是否符合规定，传感头有无脏污。

6）检查蓄电池电压是否在规定范围内。

7）检查驻车制动器是否完全释放。

8）检查轮胎花纹高度是否符合要求。

传统制动系统的元件出了故障，可能使 ABS 系统工作不正常。因此，不要轻易地判定 ABS 电子控制单元等元器件损坏。

9）更换与补充制动液。制动液具有较强的吸湿性，当制动液中含有水分后，其沸点降低，制动时容易产生“气阻”，使制动性能下降。因此，一般要求每 1 年或 2 年更换制动液。很多 ABS系统具有液压助力，由于储能器可能蓄积有制动液，因此，在更换或补充制动液时应按一定的步骤进行。

① 先将新制动液加至储液室的最高液位标记处，如图 2–21 所示“^”标记处。

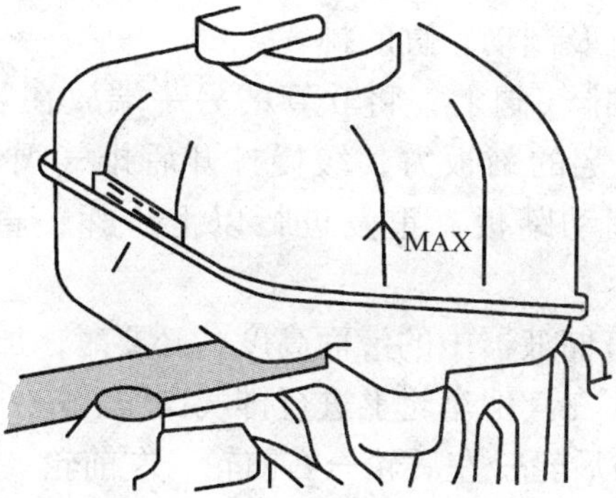

图 2–21　储液室最高液位标记

② 如果需要对制动系统中的空气进行排出，应按规定的程序将空气排出。

③ 将点火开关置于点火位置，反复踩下和放松制动踏板，直到电动泵开始运转为止。

④ 待电动泵停止运转后，再对储液室中的液位进行检查。

⑤ 如果储液室中的制动液液位在最高液位标记以上，先不要泄放过多的制动液，而应重复以上的步骤③和④过程。

⑥ 如果储液室中的制动液液位在最高液位标记以下，应向储液室再次补充新制动液，使储液室中的制动液液位达到最高标记处。但切不可将制动液加注到超过储液室的最高标记，否则，当蓄能器中的制动液排出时，制动液可能会溢出储液室。

10）制动系统的排气。在进行空气排除之前，应检查液压制动系统中的管路及其接头是否破裂或松动；检查储液室的液位是否符合要求。ABS 系统的排气方法有仪器排气和手动排气等。应根据不同的车型和条件进行选择。

① 仪器排气。

a. 将车辆停放在水平地面上，抵住前后车轮，将变速器置于停车位置。

b. 松开驻车制动器。

c. 安装 ABS 检测仪（具有排气控制功能）或专用放气试验器的接线端子。

d. 向用于主缸和液压组件的储液器加注制动液到最大液面高度。

e. 起动发动机并以怠速运转几分钟。

f. 稳稳地踩下制动踏板，使检测仪进入排气程序，并且感到制动踏板有反冲力。

g. 按规定顺序打开放气螺钉。

有的车型要求必须对 ABS 和传统制动系统分别进行排气，排气分为三个步骤进行，即先给传统制动系统排气，然后再利用仪器对液压控制系统排气，最后再对传统制动系统排气。

② 手动排气。

a. 排气前的准备。

（a）准备必要的工具、制动液容器、擦布和软管等，仔细阅读对应车型维修手册中的相关内容。

（b）清洗储液器盖及周围区域。

（c）拆下储液器盖，检查储液器中的液面高度，必要时，加注到正确液面高度。

（d）安装储液器盖。

b. 制动压力调节器与主缸及制动轮缸的排气。

（a）将排气软管装到后排气阀上，将软管的另一端放在装有一些制动液的清洁容器中。踩下制动踏板并保持一定的踏板力，缓慢拧开后排气阀 1/2~3/4 圈，直到制动液开始流出。关闭该阀后松开制动踏板。重复进行以上步骤，直到流出的制动液内没有气泡为止。

（b）拆下储液器盖，检查储液器中的液面高度，必要时，加注到正确液面高度。

（c）按规定的排气顺序，在其他车轮上进行排气操作。

注意：排气顺序通常为右后轮→左后轮→右前轮→左前轮。

二、防抱死制动系统自诊断

防抱死制动系统有自诊断功能，每次接通点火开关时，便首先自动进入自诊断，以判定系统是否正常。所以对 ABS 的检测，应从简单的自诊断开始。为了观察 ABS 自诊断的程序运行情况，将点火开关放在“起动”位置，同时观察制动系统红色警报灯和 ABS 的黄色警报灯，两个灯都应该亮。汽车起步后，制动系统红色警报灯应熄灭，否则说明 ABS 系统有故障。可利用两灯的闪亮规律，粗略地判断出系统发生故障的部位。警报灯诊断见表 2-4。如果制动系统警报灯和 ABS 警报灯的显示状态不符合表中情况，说明制动系统已经存在着其他故障。在进行各项诊断过程中，应深入诊断其故障原因。

表 2-4　警报灯诊断

警报灯	故障现象	可能原因
ABS 故障警报灯亮	ABS 不起作用	1. 车轮转速传感器不起作用； 2. 液控单元不良； 3. ABS 电子控制单元不良

续表

警报灯	故障现象	可能原因
ABS 故障警报灯不亮	踩制动踏板时，踏板振动强烈	1. 制动开关失效或调整不当； 2. 制动开关线路或插接件脱落； 3. 制动鼓（盘）变形； 4. 车轮转速传感器信号不良； 5. 液控单元不良
ABS 警报灯偶尔或间歇点亮	ABS作用正常，只要点火开关关闭后再打开，ABS 故障警报灯即会熄灭	1.ABS 电子控制单元插接器松动； 2. 车轮转速传感器导线受干扰； 3. 车轮转速传感器内部工作不良； 4. 车轮轮毂轴承松旷； 5. 制动管路中有空气； 6. 制动轮缸工作不良； 7. 制动蹄衬片工作不良
制动装置警报灯亮	制动液缺乏或驻车制动拖滞	1. 驻车制动器调整不当； 2. 制动油管或制动轮缸漏油； 3. 制动装置警报灯搭铁
ABS 故障警报灯和制动装置警报灯亮	ABS 不起作用	1. 两个以上车轮转速传感器故障； 2.ABS 电子控制单元故障； 3. 液压单元工作不良

任务 2-2

防抱死制动系统（ABS）常见故障诊断与维修

任务目标

1）学习防抱死制动系统（ABS）故障码的读取与清除。
2）掌握防抱死制动系统（ABS）故障检测项目、方法。
3）掌握防抱死制动系统（ABS）有故障码、无故障码、偶发性故障时的故障诊断方法。
4）通过本项目的学习，能够达到对防抱死制动系统的常见故障进行分析、诊断并排除。

任务引入

ABS系统具有自诊断和故障保险功能，当点火开关开始处于点火位置时，电子控制单元将会自动地对自身、车轮转速传感器、制动压力调节器中的电气元件进行静态测试。在此期间，如果 ABS 电子控制单元发现系统中存在故障，则电子控制单元会以故障码的形式存储记忆故障情况，持续点亮 ABS 警报灯。当汽车的速度达到一定值时，ABS 系统的电子控制单元还要对系统中的一些电气元件进行动态测试，如果发现系统中有故障存在，电子控制单元会以故障码的形式存储记忆故障情况。要掌握这些知识，应完成下面的学习任务：

1）故障码的读取与清除。
2）根据故障码诊断故障。
3）无故障码时的故障诊断。
4）偶发性故障的诊断。

相关知识

故障码的读取方法有人工和仪器两种，具体应用可根据车载电子控制单元的功能及维修设备条件选择。

一、人工读取故障码

1. 人工读取故障码

人工读取故障码的方式通常有：通过 ABS 警报灯闪烁读取；通过电子控制单元盒上的发

光二极管读取；通过自制的发光灯读取；通过自动空调面板读取等几种。读取故障码的一般程序如下：

1）将点火开关置于断开位置。

2）用跨接线跨接诊断插座中的相应端子。

3）将点火开关置于点火位置，以正确的方法计数警报灯或发光二极管的闪烁次数，确定故障码。

4）从维修手册中查找故障码所代表的故障情况。

5）排除故障后，按规定程序清除故障码。

2. 人工读取故障码实例

如图 2-22 所示为丰田车系 ABS 故障码的读取，将维修连接器接头分开或将 W_A 与 W_B 端子之间的短接插销拔出，接通点火开关，将发动机室内的故障诊断座或驾驶室内的 TDCL 连接器的 T_C 与 E_1 端子用跨接线连接如图 2-23 所示，仪表盘上的 ABS 警报灯即可闪烁出故障码。

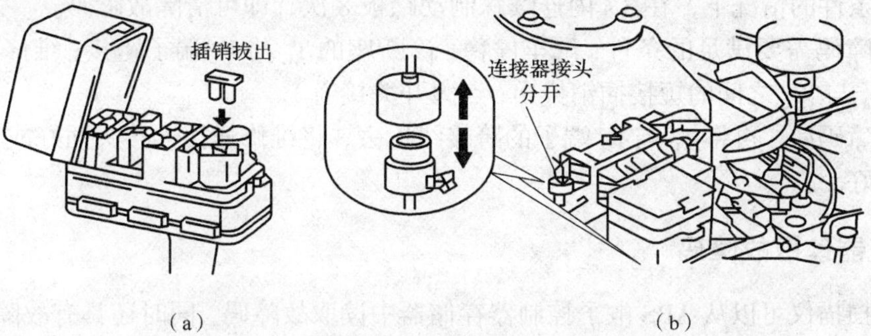

图 2-22 丰田车系 ABS 故障码的读取

（a）W_A 与 W_B 之间的短接插销拔出；（b）维修连接器接头分开

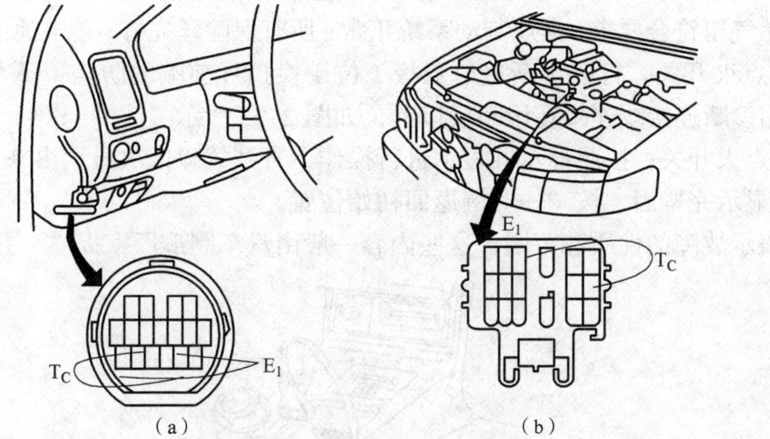

图 2-23 跨接 T_C 与 E_1 端子

（a）驾驶室内的 TDCL 连接器；（b）发动机室内的诊断座

如果电子控制单元存储有故障码，ABS 警报灯先以 0.5 s 的间隔闪烁显示故障码的十位数，在十位数闪烁显示结束后，再隔 1.5 s 开始以 0.5 s 的间隔闪烁显示个位数。两个故障码之间的闪烁间隔为 2.5 s。如果电子控制单元中没有故障码，则 ABS 警报灯以 0.25 s 的间隔连续闪烁。如图 2–24 所示为正常代码及故障码 11 和 12 的闪烁方式。

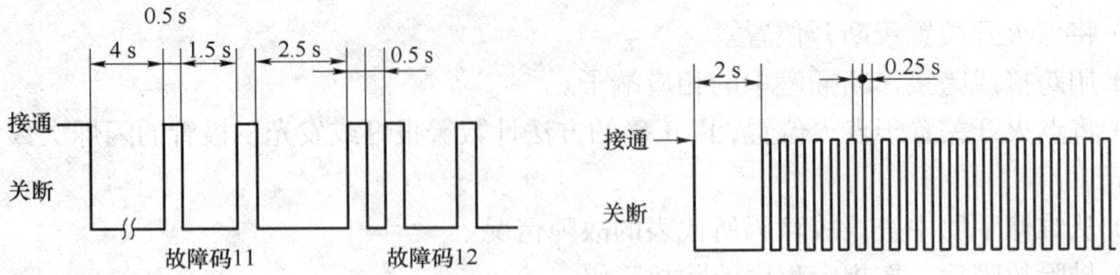

（a）　　　　（b）

图 2–24　正常代码及故障码 11 和 12 的闪烁方式

（a）故障码 11 和 12;（b）正常代码

ABS 系统的故障排除后，应将电子控制单元所存储的故障码清除。清除故障码的方法是在满足下列条件的情况下，在 3 s 内连续踩制动踏板 8 次，即可清除故障码。

清除故障码需要满足的条件：汽车停稳；诊断座的 T_C 与 E_1 端子跨接；维修连接器接头分开或将 W_A 与 W_B 之间的短接插销拔出；点火开关接通。

清除故障码后，再将 T_C 与 E_1 端子的跨接线拆去，将维修连接器接头插好或将 W_A 与 W_B 短接插销插好。

二、仪器读取故障码

故障码扫描仪可以从 ABS 电子控制器存储器中读取故障码，同时还具有故障码翻译、检测步骤指导和基本判断参数提供等功能。用 V.A.G 1552 车辆系统测试仪读取桑塔纳 2000 轿车 ABS 系统的故障码程序如下：

1）检查车辆是否符合检测条件。检测条件包括所有车轮必须安装规定的并且尺寸相同的轮胎，轮胎气压符合要求；常规制动系统正常；所有保险丝完好；蓄电池的电压正常。

2）关闭点火开关，打开诊断接口盖板（位于换挡杆前端的防尘罩下），将故障诊断仪 V.A.G 1552 用诊断连接线连接在诊断接口上，如图 2–25 所示。

3）打开点火开关，按照显示屏显示进行操作，直到故障依次显示出来。

4）故障显示完毕后，按“→”键返回初始位置。

故障码表示故障的性质和范围，这些内容一般由汽车制造厂家提供，并列入维修手册。

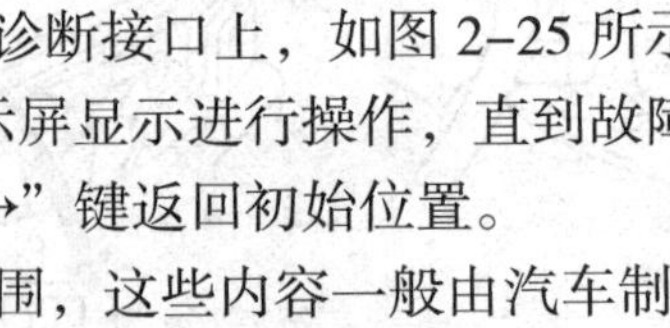

图 2–25　故障诊断仪连接在诊断接口上

任务实施

诊断 ABS 系统故障时，按照设定的程序和方法可读取故障码。维修人员可根据故障码的含义确定故障的范围。

一、故障码诊断故障

故障码能够显示故障的性质和部位，维修人员可根据故障码的提示迅速、准确地确定故障的性质和部位，有针对性地检查有关部位、元件和线路，将故障排除。

根据故障码进行故障的诊断和排除时，调出故障码后应对照《维修手册》查看故障码的含义，结合该车电路和有关元件的检测方法，按相应步骤诊断和排除故障。以桑塔纳 2000 轿车为例，介绍一下故障码内容诊断和排除故障的流程。

1. 故障码 01276

当车速超过 20 km/h 时，ABS 电子控制单元监控到电动机不能正常工作时，就会记录此故障码。

（1）故障原因

电源短路、电动机线束松脱、电动机损坏。

（2）故障诊断

如果蓄电池过度放电，电动机则无法驱动，所以，在进行电动机驱动测试时，应先确认蓄电池电压是否正常。进行电动机驱动时车辆必须在静止状态。

故障码 01276 的诊断步骤如图 2–26 所示。

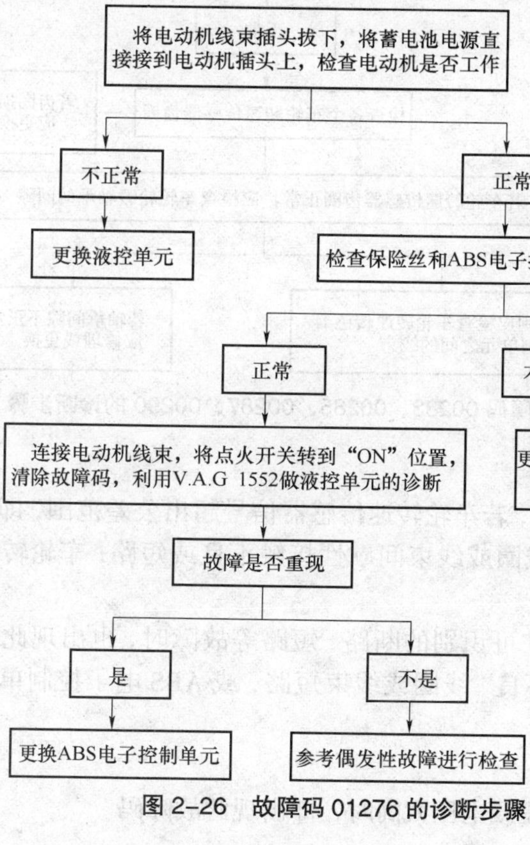

图 2–26　故障码 01276 的诊断步骤

2. 故障码 00283、00285、00287、00290

当检查不到回路开路，而车速到达 20 km/h 以上仍没有信号输出时，此故障码即出现。

（1）故障原因

车轮转速传感器漏装、车轮转速传感器线圈或线束短路、车轮转速传感器与齿圈之间间隙过大或齿圈损坏、ABS 电子控制单元故障。

（2）故障诊断

故障码 00283、00285、00287、00290 的诊断步骤如图 2-27 所示。

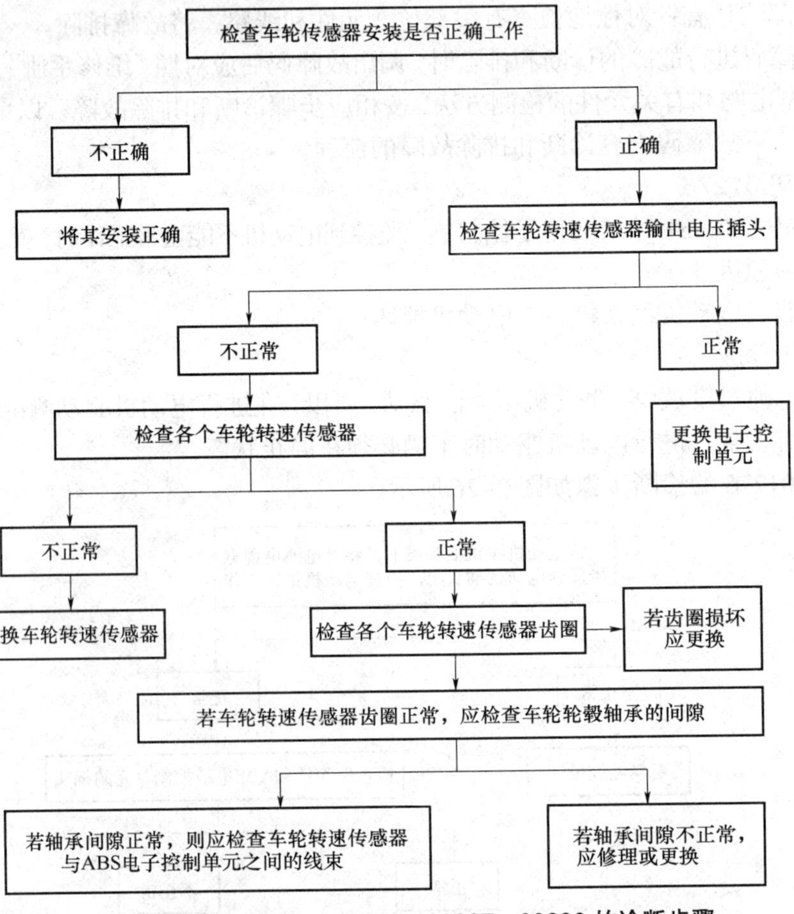

图 2-27　故障码 00283、00285、00287、00290 的诊断步骤

注意：

1）当车速大于 20 km/h 时，若车轮转速传感器信号超出公差范围，即出现此故障码。其原因可能是车轮转速传感器线圈或线束间歇性接触不良或短路；车轮转速传感器与齿圈间的间隙过大或过小；齿圈损坏。

2）当车轮转速传感器存在可识别的断路、短路等故障时，也出现此故障码。其可能的原因是车轮转速传感器接触不良、线圈或线束短路，或 ABS 电子控制单元中的车轮转速传感器信号处理电路有故障。

3. 故障码 00668

当供电端子 30 未提供电压或电压太高时，即出现此故障码。

（1）故障原因

保险丝烧断、蓄电池电压太低或太高、ABS 电线线束插接件损坏和 ABS 电子控制单元损坏。

（2）故障诊断

故障码 00668 的诊断步骤如图 2–28 所示。

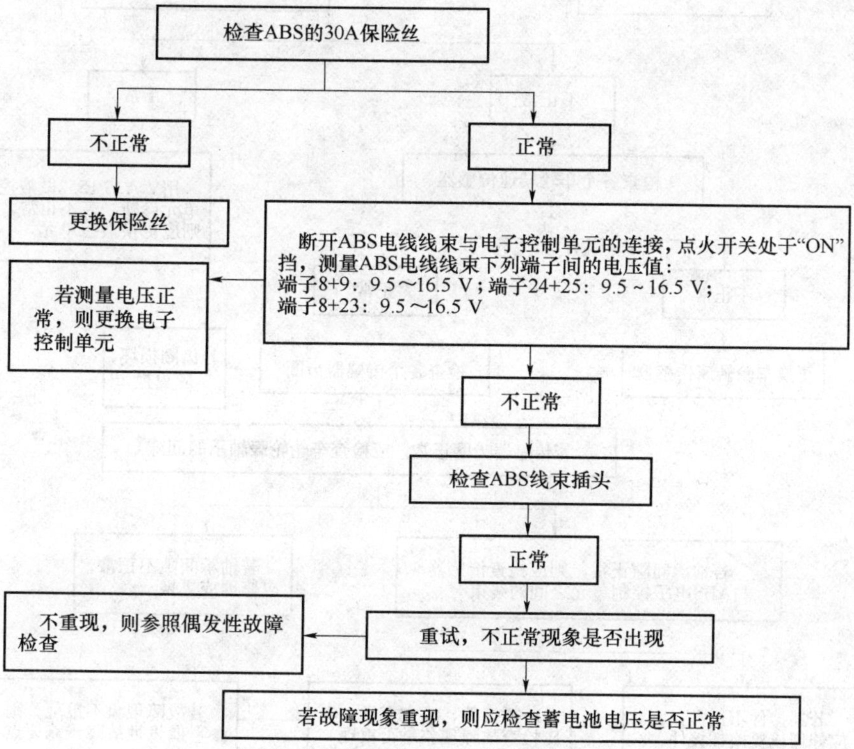

图 2–28　故障码 00668 的诊断步骤

二、无故障码时的故障诊断

电子控制单元的故障诊断系统是检测它的输入、输出信号是否在规定的范围内变化，若信号超出了规定的范围，则判定为故障。但有时输入、输出信号虽然在规定范围内，却不能正确反应系统的工况，因而造成 ABS 系统工作不良。此时应借助测试仪读取系统各传感器的数据并与标准数据比较，进一步检查各传感器或开关信号是否正常，以确认故障原因和部位。由于系统中的机械故障不能通过电子回路反映出来，因此，应根据其表现出来的现象进行分析，以确认故障原因和部位。

1. ABS 工作异常

（1）故障原因

传感器安装不当、传感器线束有问题、传感器损坏、传感器黏附异物、车轮轴承损坏、液控单元损坏、ABS 电子控制单元损坏。

（2）故障诊断

ABS 工作异常的故障诊断步骤如图 2–29 所示。

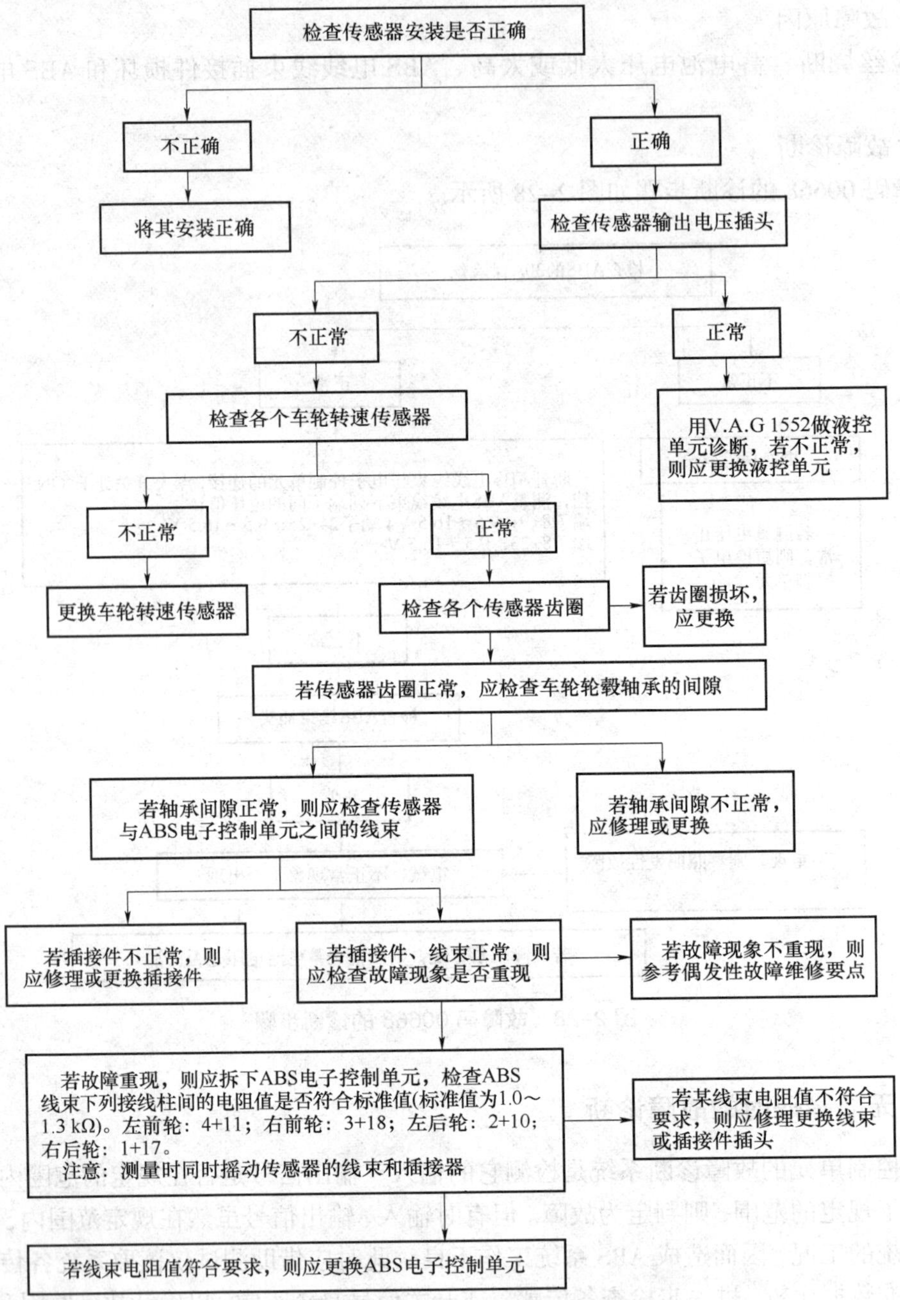

图 2-29　ABS 工作异常的故障诊断步骤

2. 制动踏板行程过长

（1）故障原因

制动液渗漏、出油阀泄漏、系统中有空气、制动盘严重磨损、驻车制动器调整不当。

（2）故障诊断

制动踏板行程过长的诊断步骤如图 2-30 所示。

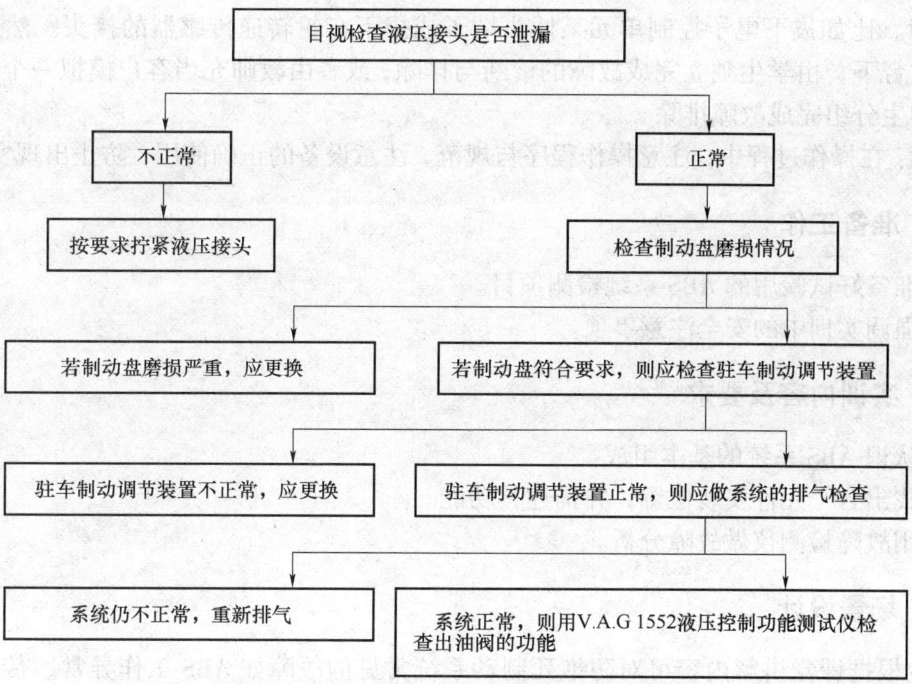

图 2–30　制动踏板行程过长的诊断步骤

三、偶发性故障

在电子控制系统中，在电气线路和输入、输出信号的地方，可能出现瞬时接触不良问题，从而导致偶发性故障或在 ABS 电子控制单元自诊断时留下故障码。如果故障原因持续存在，那么，只要按照故障码诊断步骤就可以发现不正常的部位，不过有时候故障发生的原因会自行消失，所以不容易找出问题的原因。在这种情况下，可按下列方式模拟故障，检查故障是否再现。

1. 当振动时出现故障现象

可能原因是：①将接头轻轻地上下左右摇动。②将线束轻轻地上下左右摇动。③将传感器轻轻地上下左右摇动。

传感器在车辆上运动时因悬架系统的上下移动，可能造成短暂的开路或短路。因此检查传感器信号时必须进行实车行驶试验。

2. 当过热或过冷时产生的故障现象

可能原因是：①用吹风机加热被怀疑有故障的部件。②用冷喷雾剂检查是否有冷焊现象。

3. 当电源回路接触电阻过大产生的故障现象

可能原因是：打开所有电器开关，包括前照灯和后窗除霜开关。如果此时故障没有出现，则应等到下次故障再次出现时才能诊断故障。

技能考核

防抱死制动系统（ABS）常见的故障主要有 ABS 工作异常、传感器工作不良、电子控制单元接头松动、制动液面高度不符合要求等。实习教师可根据实训条件设置防抱死制动系统故障。比如拔下电子控制单元某插头端子或拔下车轮转速传感器的接头。然后在实习教师的监督下，由学生独立完成故障的诊断与排除；或者由教师充当客户模拟一个或几个场景，让学生分组完成故障排除。

注意：在操作过程中，注意操作程序与规范，注意设备的正确使用，防止出现实训事故。

一、准备工作

1）准备好试验用的 ABS 系统检测项目。

2）强调实训中的安全注意事项。

二、实训内容及要求

1）认识 ABS 系统的基本组成。

2）找出各个元件安装位置，并描述其功能。

3）用故障检测仪做故障分析。

三、场景设计

学生根据课堂讲解内容可对防抱死制动系统常见的故障如 ABS 工作异常、传感器工作不良、电子控制单元接头松动、制动液面高度不符合要求等进行诊断与排除。实习教师可根据实训条件设置防抱死制动系统故障。比如拔下电子控制单元某插头端子或拔下车轮转速传感器的接头。然后在实习教师的监督下，由学生独立完成故障的诊断与排除；或者由教师充当客户模拟一个或几个场景，让学生分组完成故障排除。最后在实习教师的指导下，由学生分组完成相关数据、波形的分析，同时完成任务单。

注意：在操作过程中，注意操作程序与规范，注意设备的正确使用，防止出现事故。

四、完成任务单

1）将基本信息填写在表 2–5 中。

表 2–5　基本信息

日　期		同组人员	
车　型		发动机型号	
VIN 码		行驶里程	
年　款		故障现象	

2）找出该车所有传感器，描述防抱死制动系统中各个传感器的安装位置并填写表 2–6。

表 2–6　传感器安装位置

传感器名称	安装位置的描述

续表

传感器名称	安装位置的描述

3）描述防抱死制动系统中各个执行器的安装位置并填写表 2–7。

表 2–7　执行器安装位置

执行器名称	安装位置的描述

4）描述下面操作时的相关变化并填写表 2–8。

表 2–8　ABS 运行描述

操作描述	ABS 运行描述	相关数据记录
制动油液面高度过低		
拔掉车速传感器插接器		
解码器的测试		

5）分析内容 4）对 ABS 系统运行的影响：

____

6）本次实训中存在的疑问有哪些？最大的难点是什么？

____

项目小结

本项目着重介绍了汽车防抱死制动系统（ABS）的工作原理、典型故障码的诊断程序和方法、相关元件的测试方法。在典型的防抱死制动系统（ABS）检测内容中，按照维修站的维修标准，对防抱死制动系统自诊断、主要元件的基本检查与调整、系统的排气方法等内容进行了技能训练，通过实践学习学生应能达到对汽车防抱死制动系统（ABS）常见故障进行诊断和维修的能力。

思考与练习

1）传感器模拟检查时，输出的电压是多少?

2）将组装好的 ABS 电子控制单元及液控单元装到架上，以多大的力矩拧紧固定螺栓?

3）当 ABS 系统液压回路中有空气渗入时，会引起制动系统哪些故障?

4）简述桑塔纳 2000 轿车传感器电磁线圈及其电路的检修方法。

5）简述 ABS 警报灯偶尔或间歇点亮的诊断与排除方法。

项目三

驱动防滑与行驶稳定性控制系统模块

项目概述

随着人们对车辆使用性能要求的提高，不仅要求在汽车制动过程中防止车轮抱死，而且要求车辆在驱动过程中，特别是在非对称路面或转弯时防止驱动轮滑转，以及车辆在高速行驶紧急转向时的方向修正，以提高汽车在行驶过程中的方向稳定性、转向控制能力和加速性能。因此，现代汽车装配了驱动防滑控制系统（ASR）以及车辆稳定性控制系统（ESP）。从某种意义上说，ESP 与 ASR 以及 ABS 很多结构元件共用共享，电子制动力分配系统 EBD、ABS、ASR、ESP 功能上依次层级升高，统称为驱动防滑与行驶稳定性控制系统。本项目主要介绍这些车辆主动安全系统的功能、发展应用、结构组成、工作原理及检测检修方法。

任务 3-1

驱动防滑控制系统（ASR）的基本结构与检测

任务目标

1）了解驱动防滑控制系统（ASR）的发展。
2）了解驱动防滑控制系统（ASR）的作用。
3）熟悉 ASR 的结构与工作原理。
4）能够正确分析判断 ASR 系统故障。
5）能够解决 ASR 警报灯点亮故障。

任务引入

ASR 系统对于改善车辆的牵引性、操纵性、稳定性、安全性和舒适性等方面具有重要的意义，目前越来越多的汽车装有 ASR 系统。本任务通过学习 ASR 的结构组成、工作原理、检测检修等基本知识，加深对 ASR 系统的认识，掌握对 ASR 系统故障进行分析判断排除的方法。

相关知识

一、汽车驱动防滑控制系统（ASR）的发展及作用

1. 汽车驱动防滑控制系统的发展

汽车驱动防滑控制系统简称 ASR/TRC/TCS，在不同的车系中使用的英文缩写不同。虽然有以上三个英文缩写，但其系统组成原理相同。

ASR（Anti Slip Regulation），中文含义是防滑调节控制系统，又称为驱动防滑控制系统，主要出现在奔驰、奥迪、大众等欧洲车型中。

TRC（Traction Regulation Control），中文含义是牵引力控制系统，主要出现在丰田等日本车型中。

TCS（Traction Control System），中文含义是牵引力控制系统，主要出现在现代、起亚等韩国车型中。

别克（Buick）汽车公司早在 1971 年就研制了电子控制装置自动中断发动机点火，以减少发动机的输出转矩，防止驱动轮发生滑转的防滑控制系统。世界上最早、比较成功的汽车电子防滑控制装置是在 1985 年由瑞典沃尔沃汽车公司试制生产的电子牵引力控制（Electric Traction Control，ETC）系统，并被安装在沃尔沃 760 Turbo 汽车上，该系统是通过调节燃油供给量来调节发动机的输出转矩，从而控制驱动轮滑转率，产生最佳驱动力。1986 年底特律汽车巡回展中，美国通用汽车公司 Cheverolet 分部在其生产的克尔维特·英迪轿车上安装了 ASR 系统，为 ASR 的发展作了良好的宣传。同年 12 月，博世公司的 ABS/ASR 第一次将防抱死制动技术与防滑控制技术结合起来应用到Mercedes S级轿车上，并开始了小批量生产；与此同时，奔驰公司与 Wabco 公司也开发出了 ASR，并应用在货车上。1987 年，博世公司在原 ABS/ASR 的基础上开始大批量生产两种不同形式的 ASR，一种是可保证方向稳定性完全通过发动机输出转矩控制的 ABS 与 ASR 系统，另一种是既可保证方向稳定性又可改善牵引性的驱动轮制动力调节与发动机输出转矩调节综合控制的 ABS 与 ASR 系统。同年 9 月，日本丰田汽车公司也在其生产的 Crown 轿车上安装了牵引力控制系统（TCS）。1989 年，德国奥迪汽车公司首次将驱动防滑调节装置安装在前置驱动的奥迪轿车上。1993 年，博世公司又开发出了第五代 ASR，使其结构更紧凑，成本大大降低，可靠性增强。

ASR与ABS大多都组合为一体，并且正朝着与主动悬架、半主动悬架、电控液压转向、电控自动变速器等组合装置的方向发展，成为改善汽车性能不可缺少的部分。同时，随着技术的发展，生产成本必将进一步降低。

2. 汽车驱动防滑控制系统的作用

汽车在行驶过程中，驱动车轮可能相对于路面发生滑转。滑转成分在车轮纵向运动中所占的比例称为驱动车轮的滑转率，通常用 S_d 表示，可用下面的式子来表达

$$S_d = \frac{v_c - v}{v_c} \times 100\%$$

式中，v 是车身纵向速度，v_c 是车轮圆周速度。

从式中可以看出，当车轮在路面上纯滚动时，$v_c = v$，滑转率 $S_d = 0$；当汽车原地不动 $v=0$，$v_c \neq 0$ 时，则汽车处于完全滑转状态，$S_d = 100\%$。当车轮在路面上边滚动边滑转时，$0 < S_d < 100\%$。

与汽车在制动过程中的滑移率相同，在汽车的行驶过程中，汽车纵向附着系数和侧向附着系数对滑转（移）率有很大影响。试验证明，在地面附着条件差（例如，在冰雪路面上起步）的情况下，由于路面附着力小，使得驱动轮的驱动力减小。因此，当发动机输出功率较小时，驱动轮的驱动力就会达到地面最大附着力，驱动车轮就会出现滑转现象。附着系数与滑转率之间的关系如图 3-1 所示。

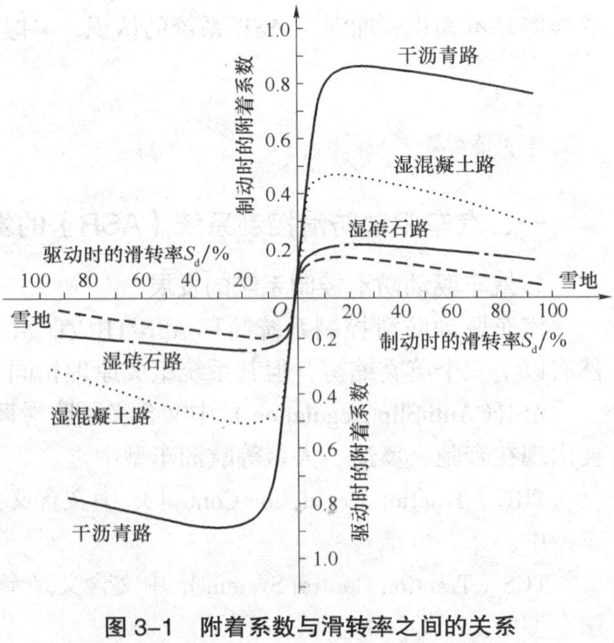

图 3-1　附着系数与滑转率之间的关系

从图 3-1 中可以看出，当滑转（移）率在 20% 左右时，纵向附着系数达到峰值，此时横向附着系统也比较大；而当滑转率在 100% 时，即车轮完全空转时，纵向附着系数变小，且横向附着系数几乎为零。此时产生的驱动力最低，对于后轮驱动汽车会失去方向稳定性，对于前轮驱动汽车会失去控制能力。为了最大限度地利用附着系数，获得最大的驱动力，得到较好的方向稳定性和转向控制能力，防止驱动时车轮滑转，必须将滑转率控制在 20% 左右。

有经验的驾驶员，为了避免汽车起步时驱动轮出现滑转，会尽力使发动机保持低速运转并缓慢松开离合器踏板，以避免作用在驱动车轮上的驱动力过大，防止驱动力超过地面附着力而导致滑转。但再有经验的驾驶员要想在各种情况下做到适时快速地控制以达到防滑转的目的是十分困难的。汽车驱动防滑控制系统的作用，就是在驱动过程中通过控制发动机的输出转矩、差速器的锁紧系数等，控制作用于驱动车轮上的驱动力矩，以及通过调节驱动车轮上的制动压力控制作用于驱动车轮上的制动力矩，最终实现对驱动车轮牵引力矩的控制，从而防止汽车在加速过程中打滑。

3. 汽车驱动防滑控制系统（ASR）与汽车防抱死制动系统（ABS）的联系

在项目二中我们对防抱死制动系统 ABS 有了一定的认识，那么 ASR 与 ABS 有什么关联呢？ ABS 和 ASR 都是通过控制作用于被控制车轮的力矩，而将车轮的滑动率控制在设定的理想范围之内，以提高车轮附着力的利用率，从而缩短汽车的制动距离或提高汽车的加速性能，改善汽车的行驶方向稳定性和转向操纵能力。ABS 和 ASR 都要求系统具有快速反应能力，以适应车轮附着力的变化；都要求控制偏差尽可能达到最小，以免引起汽车及传动系统的振动；都要求尽量减少调节过程中的能量消耗。

4. 汽车驱动防滑控制系统（ASR）与汽车防抱死制动系统（ABS）的区别

ASR 与 ABS 在以下几个方面又是不同的，ABS 对驱动和非驱动车轮都可进行控制，而 ASR 只对驱动车轮进行控制；在 ABS 控制期间，手动挡的车辆离合器通常都处于分离状态，自动挡的车辆发动机也处于怠速运转，而在 ASR 控制期间，手动挡车辆的离合器则处于接合状态，发动机的惯性会对 ASR 控制产生较大的影响；在 ABS 控制期间，汽车传动系统的振动较小，由此对 ABS 控制产生的影响也较小，而在 ASR 控制期间，很容易使传动系统产生较大的振动，由此对 ASR 控制产生的影响也就很大；在 ABS 控制期间，各车轮之间的相互影响不大，而在 ASR 控制期间，由于差速器的作用会使驱动车轮之间产生较大的相互影响；ABS 只是一个反应时间近似于一定的制动控制单环系统，而 ASR 却是由反应时间不同的制动控制和发动机控制等所组成的多环系统。还有就是 ABS 是在汽车制动过程中工作，在车轮出现“滑移”时起作用，一般在车速很低（<8 km/h）时 ABS 不起作用；而 ASR 则是在汽车行驶过程中处于待命状态，在驱动车轮出现“滑转”时起作用，一般车速比较低。

二、驱动防滑控制系统（ASR）的控制方式

驱动防滑控制系统 ASR 采用的控制方式主要有控制发动机输出转矩、控制驱动轮制动力以及控制防滑转差速器锁止程度等三种。这些控制方式的最终目的都是调节驱动轮上的驱动力，并将驱动轮的滑转率控制在最佳滑转率范围内。

1. 控制发动机输出转矩

在汽车起步、加速时，若加速踏板踩得过猛，会因为驱动力过大而出现两边的驱动车轮都滑转的情况，这时 ASR 控制器输出控制信号，控制发动机的功率输出，以抑制驱动车轮的滑转。

合理地控制发动机输出转矩，可以使汽车获得最大驱动力。发动机输出转矩的控制手段有：

1）调节燃油喷油量，如减小或中断供油。

2）调节点火时间，如减小点火提前角或停止点火。

3）调节进气量，如调节节气门开度和辅助空气装置。

上述三种手段中，从加速顺畅、燃烧完全和减少污染角度看，调整进气量的方式最好。调整节气门开度反应速度较慢，调整点火时间和燃油喷射量反应速度较快，能补偿调整节气门的不足，但推迟点火时间控制不好易造成失火、燃烧不完全、增加排气净化装置中三元催化器的负担。如果只减少燃油喷射量，又因受燃烧室内废气的影响，会使燃烧过程延迟。

如图 3–2 所示为控制发动机输出转矩的驱动防滑控制系统。该系统中的电控发动机可以根据电子加速踏板行程的大小，自动调节点火提前角和汽油喷射量，从而控制发动机输出转矩。

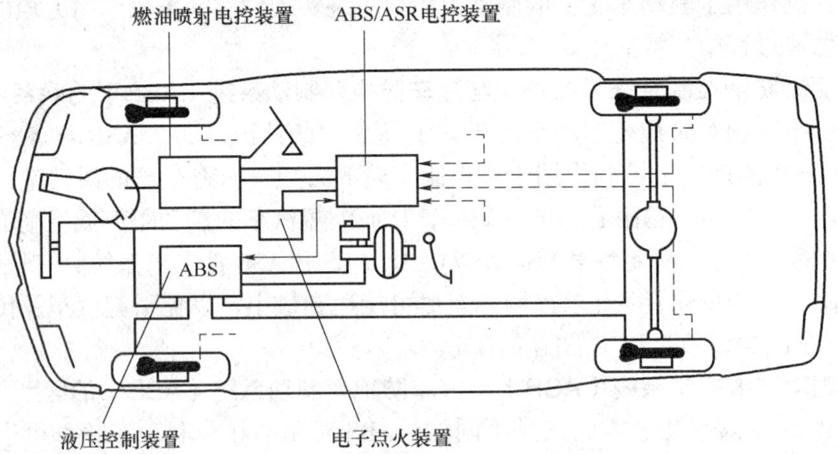

图 3–2　控制发动机输出转矩的驱动防滑控制系统

2. 控制驱动轮制动力

当只用节气门位置开度来调节发动机转矩时，驱动轮制动力控制就成了必不可少的辅助控制方式。对驱动轮施加制动力是使驱动轮保持最佳滑转率且响应速度最快的控制方式。但是为了保证舒适性和避免制动器过热，制动力不能太大，制动时间不能过长。这种控制方式一般作为采用控制节气门开度来调节发动机输出转矩的补充控制，从而达到响应速度快、方向操纵性和制动稳定性好的目的。驱动轮制动力控制的另一个功能是产生差速效能，从而获得最大制动力。控制发动机输出转矩和驱动轮制动力的驱动防滑控制系统如图 3–3 所示。

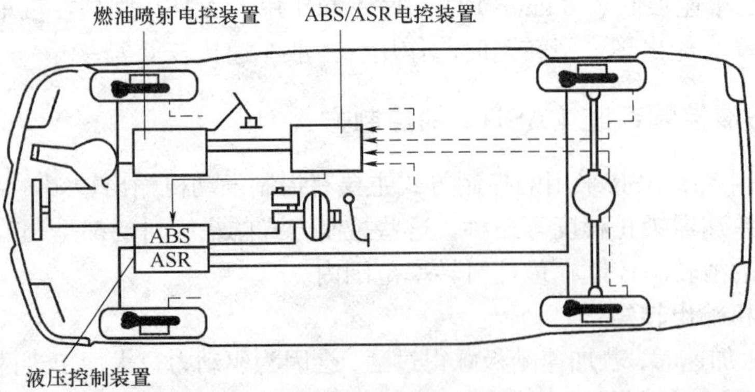

图 3–3　控制发动机输出转矩和驱动轮制动力的驱动防滑控制系统

3. 控制防滑转差速器锁止程度

防滑转差速器锁止程度控制是采用防滑转差速器进行控制的，如图 3-4 所示。防滑转差速器是一种由电子控制器控制的可锁止差速器。在防滑转差速器向车轮输出驱动力的输出端设置有一个离合器，调节作用在离合片上的油液压力，即可调节差速器的锁止程度。油压逐渐降低时，差速器锁止程度逐渐减小，传递给驱动轮的驱动力就逐渐减小；反之油压升高时，驱动力将逐渐增大。油液压力来自储压器的高压油液，压力大小由防滑转控制系统的电子控制单元通过控制电磁阀使压力“升高”“保持”“降低”进行调节，并由压力传感器和驱动轮上的轮速传感器反馈给电子控制单元，从而实现反馈控制。防滑转差速器锁止控制方式能够调节差速器的锁止程度，充分利用驱动力来提高通过性和行驶稳定性，特别是提高汽车在弯道上行驶的稳定性。因此，这种控制方式特别适用于越野汽车。如图 3-5 所示是戴姆勒—奔驰汽车公司所采用的差速器锁止控制驱动防滑控制系统。

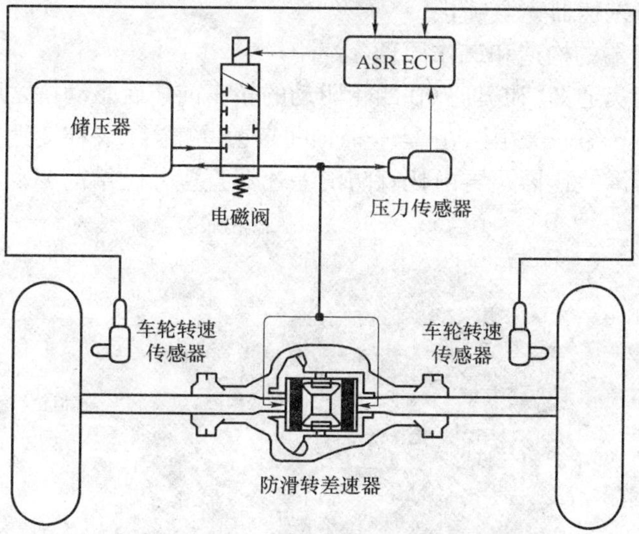

图 3-4　防滑转差速器锁止程度控制示意图

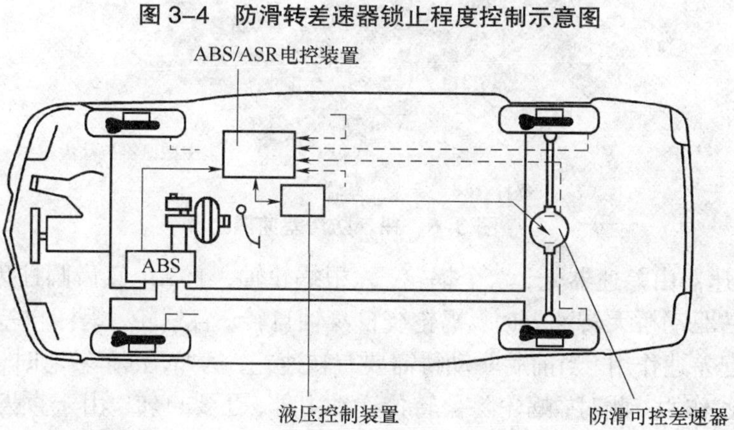

图 3-5　差速器锁止控制驱动防滑控制系统

三、防滑差速器

差速器在实现差速的同时，左右两侧驱动轮获得的驱动力矩基本相等。普通差速器转矩等量分配的特性对于汽车在良好路面上行驶是有利的，但汽车在较差路面上行驶时却会严重影响其通过能力。当汽车的一个驱动轮处于泥泞路面因附着力小而原地打转时，由于差速器等量分配转矩的特性，附着力好的驱动轮也只能分配到与打滑车轮同样小的转矩，以至于总的牵引力不足以克服行驶阻力，使汽车不能前进。

为了提高汽车通过较差路面的能力，可采用防滑差速器。当汽车某一侧驱动轮发生滑转时，差速器的差速作用即被部分或全部锁止，并将大部分或全部转矩分配给未滑转的驱动车轮，充分利用未滑转车轮与地面之间的附着力，以产生足够的牵引力使汽车继续行驶。

防滑差速器大致有两大类：一类是机械式防滑差速器，根据实现方式不同，机械式防滑差速器又分为人工强制锁止式和自锁式两种。人工强制锁止式防滑差速器通过驾驶员操纵差速锁，人为地将差速器暂时锁止，使差速器不起差速作用。自锁式防滑差速器是在汽车行驶过程中，根据路面状况自动改变驱动轮间的转矩分配。自锁式防滑差速器又有摩擦片式、滑块凸轮式和托森式等多种结构形式。另一类是电子防滑差速器，它可以根据实际滑转情况自动地增大锁止系数，直至将差速器完全锁止。

1. 托森防滑差速器的构造和工作原理

如图 3–6 所示为奥迪 80 和奥迪 90 四轮驱动的轿车前、后驱动桥之间采用的托森防滑差速器。"托森"表示"转矩—灵敏"，它是一种轴间自锁差速器，装在变速器后端。转矩由变速器输出轴传给托森防滑差速器，再由托森防滑差速器直接分配给前驱动桥和后驱动桥。

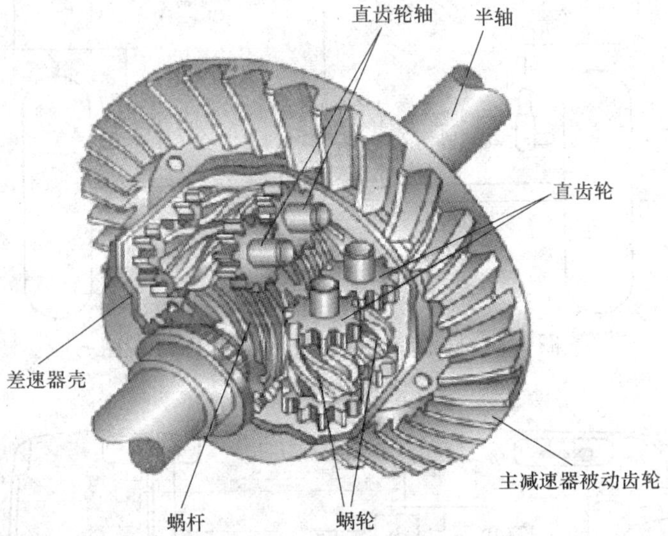

图 3–6 托森防滑差速器

托森防滑差速器由差速器壳，六个蜗轮，六根蜗轮轴，十二个直齿圆柱齿轮及前、后轴蜗杆组成。当前、后驱动桥无转速差时，蜗轮绕自身轴自转。各蜗轮、蜗杆与差速器壳一起等速转动，差速器不起差速作用。当前后驱动桥需要有转速差，例如，汽车转弯时，因前轮转弯半径大，差速器起差速作用。此时，蜗轮除公转传递动力外，还要自转。由于直齿圆柱齿轮的相互啮合，使前后蜗轮自转方向相反，从而使前轴蜗杆转速增加，后轴蜗杆转速减小，实现了差速。托森防滑差速器起差速作用时，由于蜗轮蜗杆啮合副之间的摩擦作用，转速较低的后驱动桥比转速较高的前驱动桥所分配到的转矩大。若后桥分配到的转矩大到一定程度而出现滑转时，则后桥转速升高一点，转矩又立刻重新分配给前桥一些，所以驱动力的分配可根据转弯的要求自动调节，使汽车转弯时具有良好的驾驶性。

2. 电子防滑差速器

（1）电子防滑差速器的作用

电子防滑差速器（Electronic Differential System，EDS）是防滑差速器的一种，是 ABS 的一种功能扩展，用于汽车的加速打滑控制。在车辆起步或加速时，若一侧驱动轮有打滑趋势时，EDS 介入工作，通过液压控制单元对该车轮进行适当强度的制动，使打滑驱动轮速度降低，并将大部分驱动力矩分配给另一侧转速低的驱动轮，从而提高车辆的驱动性能和通过性能。当车辆的行驶状况恢复正常后，电子防滑差速器即停止工作。

（2）电子防滑差速器的基本组成与工作原理

在常规的 ABS 系统基础上，EDS 要增加两个电磁隔离阀和两个液压阀，其工作过程可分为常规制动过程、加压过程、保压过程和减压过程。

常规制动过程：如图 3–7（a）所示，在制动过程中，由制动总泵产生压力，液压阀在压力的作用下关闭，电磁隔离阀常开，制动压力通过电磁隔离阀及常开阀进入制动分泵，实施常规制动。

加压过程：如图 3–7（b）所示，在汽车的加速过程中，如果电子控制单元根据车轮转速信号判断出某一个车轮打滑，那么它就会自动启动 EDS 功能。首先，给电磁隔离阀通电，轮缸与总泵间的液流通道被切断。液压泵开始运转，从总泵来的制动液经液压阀，再由液压泵加压后送往正在空转车轮的制动器，对此车轮实施制动。与此同时，非驱动轮的常开阀被关闭，以避免被施加制动。

保压过程：如图 3–7（c）所示，在加压过程中，如果电子控制单元发现打滑车轮的速度已经下降，为了防止制动压力的进一步升高，液压泵被切断，同时该车轮的常开阀和常闭阀均被关闭，空转的车轮继续被制动。

减压过程：如图 3–7（d）所示，如果电子控制单元从轮速信号中发现，车轮已不再处于空转打滑状态，则常开阀被打开，电磁隔离阀打开，制动液从车轮制动器回到总泵，制动压力被解除，EDS 功能中止。

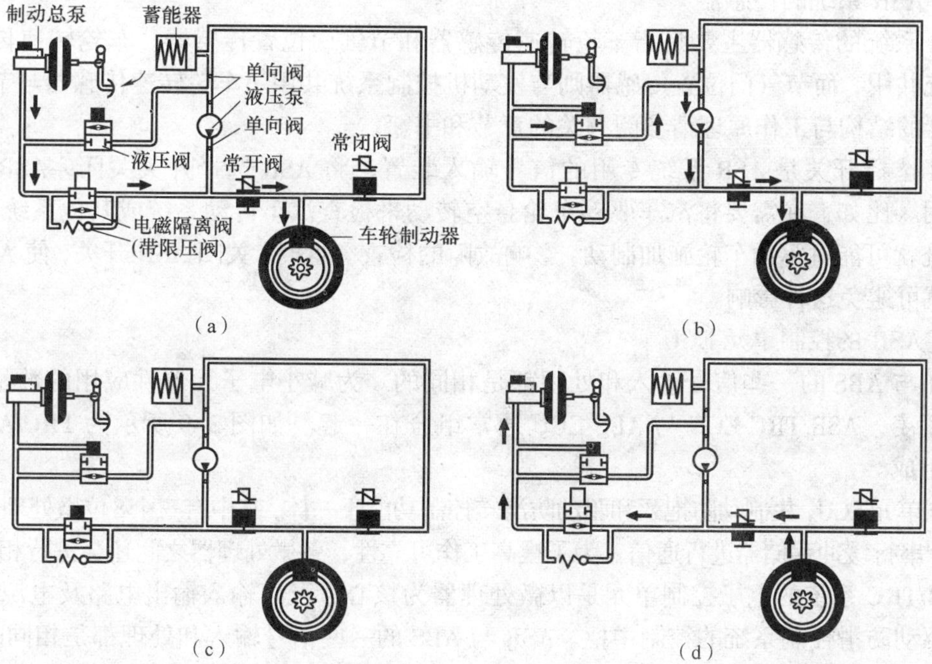

图 3–7　EDS 的工作原理

（a）常规制动过程；（b）加压过程；（c）保压过程；（d）减压过程

四、驱动防滑控制系统（ASR）的组成与工作原理

1. 驱动防滑控制系统的组成

该系统主要由车轮转速传感器、ABS/TRC 控制单元 ECU、TRC 制动执行器、副节气门执行器和主、副节气门位置传感器等组成，如图 3-8 所示。

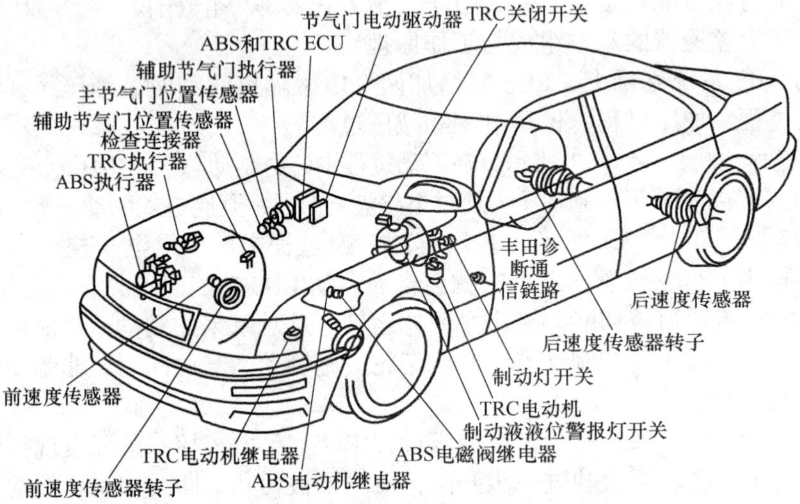

图 3-8 ASR 元件位置图

2. 驱动防滑控制系统主要部件的结构和功能

（1）ASR 系统的传感器

ASR 系统的传感器主要是指车轮转速传感器和节气门位置传感器。车轮转速传感器与 ABS 系统共用，而节气门位置传感器则与发动机控制系统共用。车轮转速传感器与节气门位置传感器的结构与工作原理请参阅有关的章节和书籍。

ASR 选择开关是 ASR 系统专用的信号输入装置，将 ASR 选择开关关闭，ASR 系统就不起作用。比如，在需要将汽车驱动车轮悬空转动来检查汽车传动系统或其他系统故障时，ASR 系统就可能对驱动车轮施加制动，影响故障的检查。这时，关闭 ASR 开关，使 ASR 退出工作，就可避免这种影响。

（2）ASR 的控制单元 ECU

ASR 与 ABS 的一些信号输入和处理都是相同的。为减小电子元器件应用的数量，使结构更加紧凑，ASR/TRC ECU 与 ABS ECU 通常组合在一起。如图 3-9 所示为 TRC/ABS 组合 ECU 的组成。

控制单元ECU，集制动防抱死和驱动防滑转控制功能于一体，其中有三个8位微处理器，其间通过一个串行缓冲存储器进行通信。为了提高工作可靠性，各微处理器之间还会进行相互监测。

ASR/TRC 系统的电子控制单元是以微处理器为核心，配以输入输出电路及电源等组成，是汽车驱动防滑控制系统的控制中枢。ASR 与 ABS 的一些信号输入和处理都是相同的，为减少电子器件的应用数量，使结构紧凑，ASR 控制器与 ABS 电子控制单元通常组合在一起。电子控制单元的主要功能是把各车轮转速传感器信号进行比较、分析和判断，再通过精确计算

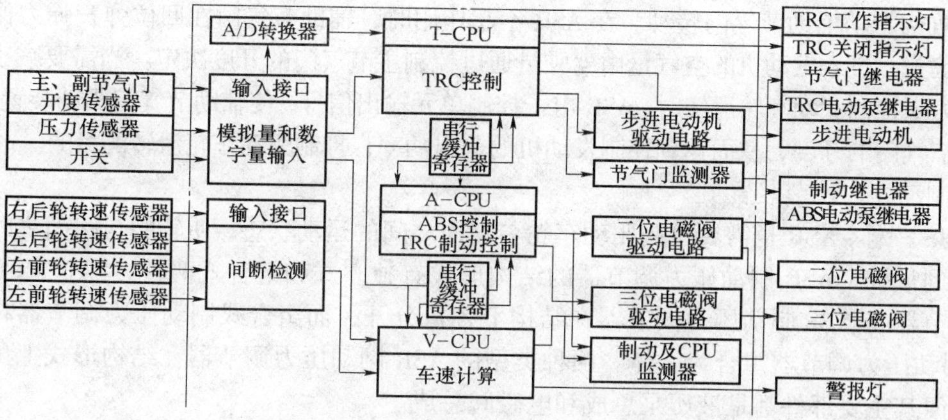

图 3-9　TRC/ABS 组合 ECU 的组成

得出驱动车轮的滑转状况，形成相应的指令，控制制动压力调节装置与副节气门等机构动作，实现对驱动车轮转速的调整，将滑转率控制在最佳范围内，以达到最优驱动效果。例如，当踩下加速踏板后，主节气门迅速开启，驱动轮加速。若驱动车轮滑转率超过设定值后，ECU 即发出指令，关闭副节气门，减少发动机进气量，从而使发动机输出转矩降低。当只有一侧驱动车轮滑转时，ECU 发出指令，接通 ASR 制动压力调节器电磁阀，并将 ABS 压力调节器电磁阀置于“增压制动”状态，于是 ASR 蓄能器高压制动液使制动轮缸的液压力迅速升高，实现对滑转驱动轮的适量制动。当制动作用后，驱动车轮加速度立即减小，ECU 将 ABS 压力调节器的三位电磁阀置于“保压制动”状态；若驱动车轮转速降低太多，电磁阀就处于“减压制动”状态，使制动轮缸中液压降低，驱动车轮转速又恢复升高。

3. ASR 系统的执行机构

（1）副节气门

ASR 控制系统通过改变发动机副节气门的开度，控制进入发动机气缸的空气量，达到控制发动机输出功率的目的。副节气门驱动装置安装在节气门壳体上，一般是由步进电动机和传动机构组成的，如图 3-10 所示。步进电动机根据 ASR 电子控制单元的控制脉冲转动规定的转角，

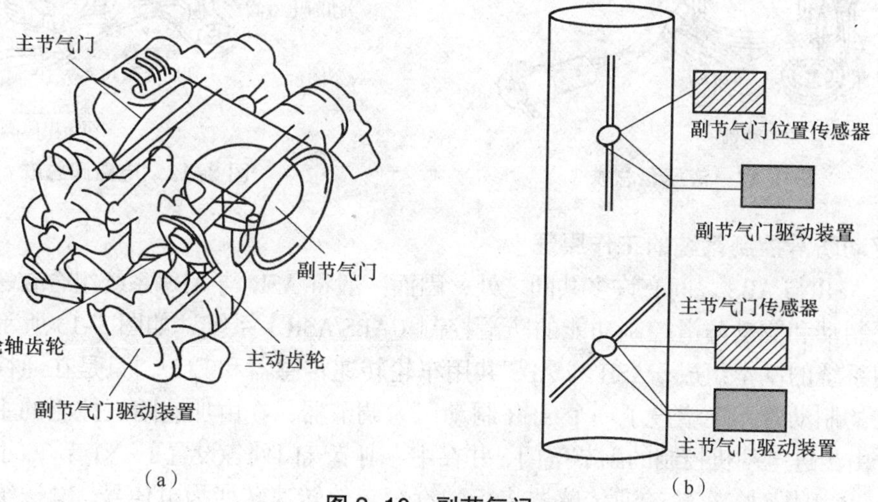

图 3-10　副节气门

（a）副节气门实体图；（b）副节气门原理图

通过传动机构带动辅助节气门转动。在 ASR 不起作用时，辅助节气门在回位弹簧弹力作用下处于全开位置，进入发动机的空气量由驾驶员通过控制主节气门的开度决定。当需要减小发动机的驱动力来控制驱动车轮滑转时，ASR 电子控制单元输出信号，使辅助节气门驱动装置动作，改变辅助节气门的开度，从而达到控制发动机的输出功率，抑制驱动车轮滑转的目的。

（2）制动压力调节装置

与 ABS 一样，ASR 也需要控制驱动车轮与路面之间的运动状态，使轮胎与路面之间的附着系数达到最佳。ASR 制动压力调节器的结构形式有独立式和组合式两种。独立式 ASR 制动压力调节器与 ABS 制动压力调节器在结构上各自分开，而组合式制动压力调节器将 ABS 和 ASR 制动压力调节器组合为一体。两种类型的 ASR 制动压力调节器在结构形式上虽然有所不同，但其主要部件都是液压泵总成和电磁阀总成。

液压泵总成由一个电动机驱动的液压柱塞泵和一个蓄能器组成，如图 3-11 所示。其中液压柱塞泵的功能是从制动主缸储液罐中泵出制动液，升压后送到蓄能器。蓄能器的功能是存储高压制动液，并在 ASR 系统工作时向驱动车轮制动轮缸提供制动液压。蓄能器内油压最大为 7 MPa，只能对滑转的驱动轮进行适量的制动，达不到全制动的程度。

电磁阀总成主要由三个三位三通电磁阀组成，即由蓄能器切断电磁阀、制动主缸切断电磁阀、储液罐切断电磁阀组成，如图 3-12 所示。其中蓄能器切断电磁阀的功能是在 ASR 工作时，将制动液由蓄能器中传送到车轮制动轮缸；制动主缸切断电磁阀的功能是当蓄能器中的制动液传送给车轮制动轮缸时，防止制动液流回到制动主缸；储液罐切断电磁阀的功能是在 ASR 工作中将车轮制动轮缸中的制动液传送回制动主缸中；压力开关的作用是调节蓄能器中的压力。

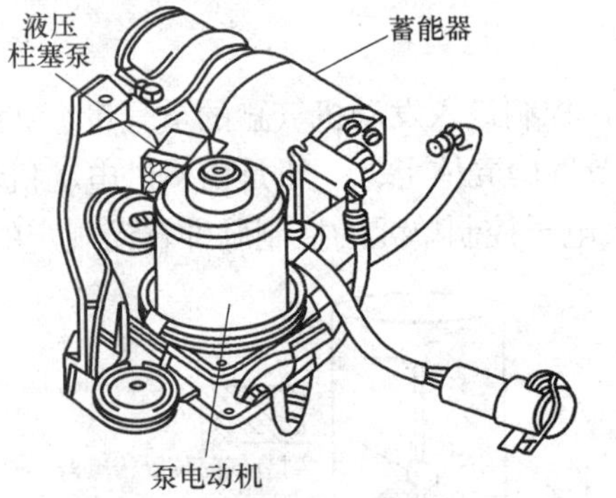

图 3-11　液压泵总成

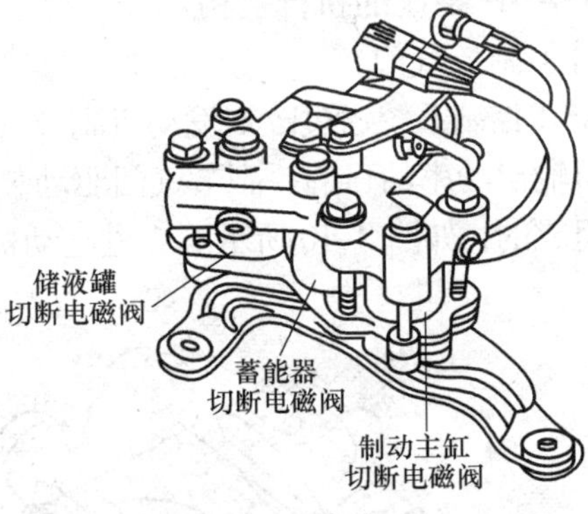

图 3-12　电磁阀总成

4. 驱动防滑控制系统的工作原理

由于 ASR 与 ABS 之间有许多共同之处，因而一般将 ASR 与 ABS 系统组合在一起，构成具有防抱死制动和驱动防滑控制功能的防滑控制（ABS/ASR）系统。如图 3-13 所示为汽车驱动防滑控制系统的基本组成，ASR 与 ABS 共用车轮转速传感器和 ECU，只是在通往驱动车轮的制动轮缸的制动管路中增设了一个 ASR 制动压力调节器，在由加速踏板控制的主节门上方增设了一个由步进电动机控制的副节气门，并在主、副节气门处各设置了一个节气门位置传感器。

在 ASR 工作时，车轮转速传感器将行驶汽车车轮转速转变为电信号，输送给电子控制单元。电子控制单元根据车轮转速传感器信号计算驱动车轮的滑转率，如果滑转率超出了目标

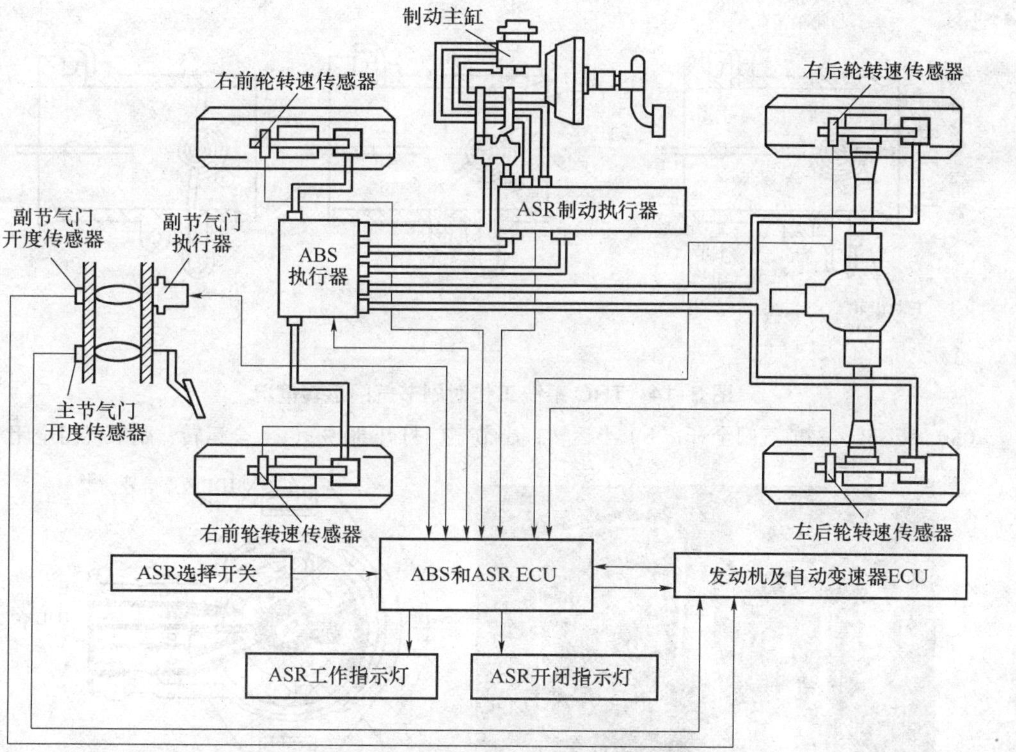

图 3-13　汽车驱动防滑控制系统的基本组成

范围，电子控制单元（ECU）再综合考虑参考节气门开度信号、发动机转速信号等因素确定控制方式，输出控制信号，减小副节气门的开度。此时，即使主节气门的开度不变，发动机的进气量也会因副节气门开度的减小而减少。如果驱动车轮的滑转率仍未降低到设定的控制范围内，ECU 又会控制 ASR 制动执行器（压力调节器）和 ABS 执行器（制动压力调节器），对驱动车轮施加一定的制动压力，则驱动车轮上就会作用一个制动力矩，使驱动车轮的转速降低，从而使该驱动车轮的滑转率降低到设定的控制范围内。具体的控制方式主要有控制发动机输出转矩、控制驱动车轮的制动力和控制防滑转差速器锁止程度等方式。

五、驱动防滑控制系统诊断实例——丰田 ABS/TRC

丰田公司把 ASR 称为牵引力或驱动力控制系统，常用 TRC 表示。

1. 副节气门执行器及副节气门位置传感器

副节气门执行器安装在节气门壳体上，它依据从 ECU 传送来的控制信号驱动副节气门转动，从而控制进入发动机的空气量，达到控制发动机输出功率的目的。副节气门执行器是由永磁体、驱动线圈和旋转轴组成的步进电动机，在旋转轴的末端安装有一个小齿轮（主动齿轮），它能带动安装在副节气门轴一端的凸轮轴齿轮旋转，以此来控制副节气门的开度，其工作情况如图 3-14 所示。

副节气门位置传感器结构如图 3-15（a）所示，它安装在副节气门轴的一端，其功能是将副节气门开启角度转变成电压信号，并通过发动机与电控自动变速器的电子控制单元将这些信号送给 ABS/TRC 电子控制单元，如图 3-15（b）所示。

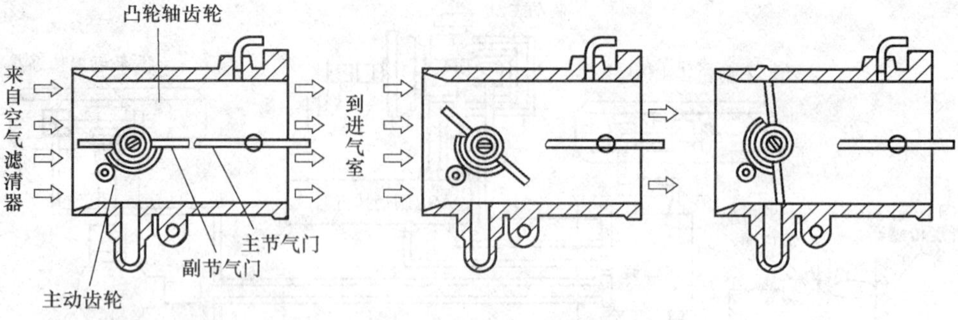

（a）　　　　（b）　　　　（c）

图 3–14　TRC 系统工作时副节气门运转情况

（a）不运转，副节气门全开；（b）半运转，副节气门打开 50 %；（c）全运转，副节气门全闭

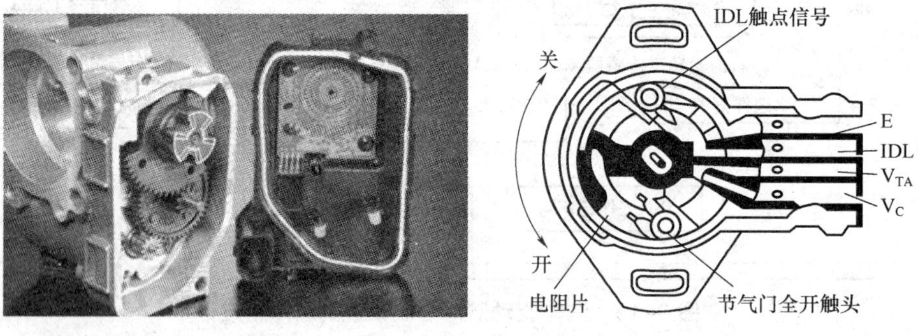

（a）　　　　（b）

图 3–15　副节气门位置传感器

（a）安装位置；（b）内部结构

2. 液压系统与 TRC 液压制动执行器

（1）ABS/TRC 液压系统

TRC 制动压力调节装置与 ABS 制动压力调节装置组成制动液压系统，TRC 制动压力调节装置主要包括制动供能装置和 TRC 电磁阀总成。

（2）TRC 液压制动执行器

TRC 液压制动执行器是由一个能产生液压的泵总成和一个能将液压传送给车轮制动分泵并能从车轮制动分泵中释放液压的制动执行器组成的。左、右后轮制动分泵中的液压由 ABS 执行器根据从 ABS/TRC 电子控制单元传送的信号来分别进行控制。

1）泵总成。它是由泵电动机和储压器两部分组成的。

① 泵的主要功能是从制动总泵储液罐中提取制动液，升压后再送回储压器，它是一个由电动机驱动的柱塞式泵。

② 储压器的功能是存储加压后的制动液，并在 TRC 系统工作过程中向车轮制动分泵提供制动液。储压器中还填充着高压氮气，当制动液体积发生变化时，它能起缓冲作用。

2）制动执行器。制动执行器由储压器切断电磁阀、制动总泵切断电磁阀、储液罐切断电磁阀和压力开关或压力传感器四部分组成。

① 储压器切断电磁阀的功能是在 TRC 系统工作过程中将制动液从储压器中传送到车轮制动分泵。

② 制动总泵切断电磁阀的功能是当储压器中的制动液传送给车轮制动分泵后，该电磁阀防止制动液流回制动分泵。

③ 储液罐切断电磁阀的功能是在 TRC 系统工作过程中，该电磁阀能将车轮制动分泵中的制动液传送回制动总泵中。

④ 压力开关或压力传感器的功能是调节储压器的压力，并将有关信息传送给 ECU，而 ECU 则依据这些数据来控制泵的运转。

3. TRC 系统的控制电路及主要装置

丰田公司的 TRC 系统电路如图 3–16 所示。TRC 系统主要由 TRC 电子控制单元 ECU、制动执行器、继电器、传感器等组成。

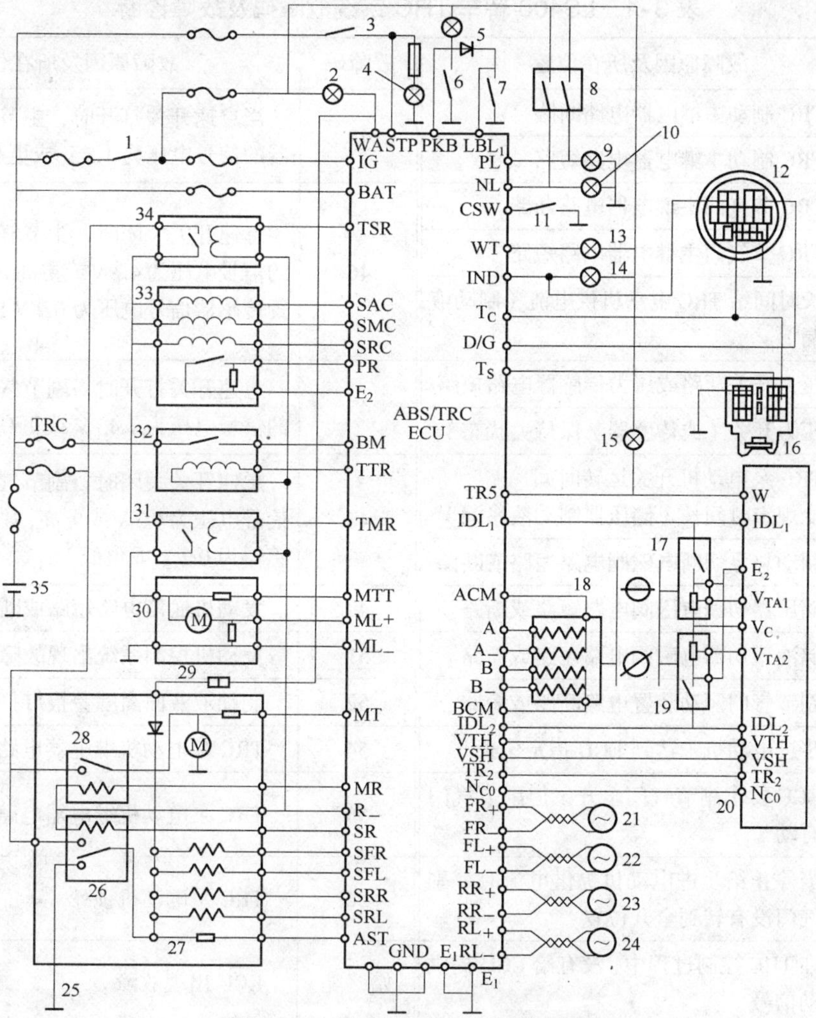

图 3–16　丰田公司 TRC 系统电路

1—点火开关；2—ABS 警报灯；3—停车灯开关；4—停车灯；5—制动指示灯；6—制动液位开关；7—驻车制动器开关；8—空挡起动开关；9—“P”挡位指示灯；10—“N”挡位指示灯；11—TRC 关断开关；12—TDCL；13—TRC 关断指示灯；14—TRC 指示灯；15—发动机检查警报灯；16—检查用连接器；17—主节气门位置传感器；18—辅助节气门执行器；19—辅助节气门位置传感器；20—发动机和变速器电子控制单元；21—前右轮转速传感器；22—前左轮转速传感器；23—后右轮转速传感器；24—后左轮转速传感器；25—搭铁；26—电磁阀继电器；27—调压电磁阀；28—泵电动机继电器；29—维修用接头；30—TRC 泵驱动电动机；31—TRC 电动机继电器；32，33，34—TRC 制动器执行器；35—蓄电池

4. TRC 系统的工作过程

（1）系统自诊断检测

接通点火开关，蓄电池电压经点火开关加到 ABS/TRC 电子控制单元的 IG 端子上，系统开始自诊断检测。ABS/TRC 电子控制单元通过 GND 和 E_1 端子搭铁。

若发现故障，ABS/TRC 电子控制单元将故障情况以故障码的形式存储记忆，关闭驱动防滑控制系统 TRC。LS400 轿车 TRC 系统故障码及故障诊断见表 3–1。由于调压电磁阀继电器始终处于非激励状态，ABS 警报灯有电流通过而持续点亮。

若系统正常，ABS/TRC 电子控制单元将从 BAT 端子获得电源。

表 3–1　LS400 轿车 TRC 系统故障码及故障诊断

故障码	故障原因及所在位置	故障码	故障原因及所在位置
11	TRC 制动主继电器电路断路	45	当怠速开关打开时，主节气门位置传感器的信号电压为 1.5 V 或更高
12	TRC 制动主继电器电路短路		
13	TRC 节气门主继电器电路断路	46	怠速开关关闭时，主节气门位置传感器的信号电压为 4.3 V 或更高，或主节气门位置传感器信号电压为 0.2 V 或更低
14	TRC 节气门主继电器电路短路		
15	长时间给 TRC 电动机供电流（制动液渗漏）		
16	压力开关断路或压力传感器电路短路	47	怠速开关打开时，副节气门位置传感器的信号电压为 1.45 V 或更高
17	压力开关（或传感器）保持关状态		
19	TRC 泵电动机开关运转时间比规定时间长（储压器制动液渗漏）	48	怠速开关关闭时，副节气门位置传感器信号电压为 4.3 V 或更高，副节气门位置传感器为 0.2 V 或更低
21	制动总泵切断电磁阀电路短路或断路		
22	储压器切断电磁阀电路短路或断路	49	发动机通信电路短路或断路
23	储液罐切断电磁阀电路短路或断路	51	发动机控制系统出现故障
24	副节气门驱动装置电路断路或短路	52	制动液液面高度警报灯打开
25	步进电动机未达到 ECU 指定位置	54	TRC 泵电动机继电器电路断路
26	ECU 要求副节气门全开，但副节气门没有动	55	TRC 泵电动机继电器电路短路
27	当停止给步进电动机提供电流时，副节气门没有转到全开位置	56	TRC 泵电动机锁死
44	在 TRC 控制过程中，没有给 ECU 提供转动信号	始终亮	ECU 出现故障

（2）系统进入工作状态

防抱死制动系统：ABS/TRC 电子控制单元向 SR 端子提供蓄电池电压，并使 R 端子通过内部搭铁，调压电磁阀继电器将因励磁线圈中有电流通过而处于激励状态，使 ABS 警报灯熄灭，蓄电池电压通过调压电磁阀继电器中的闭合触点加在 4 个调压电磁阀电磁线圈的一端和 ABS/TRC 电子控制单元 AST 端子上，ABS 系统处于等待工作状态。

驱动防滑控制系统：TRC 关闭开关断开，使 ABS/TRC 电子控制单元的 CSW 端子短路，TRC 也处于等待工作状态。ABS/TRC 电子控制单元向 TSR 端子供给蓄电池电压，使 TRC 制动主继电器处于激励状态，蓄电池电压通过 TRC 制动主继电器中的触点加在 3 个切断电磁阀电磁线圈的一端。当 TRC 中的压力开关因蓄能器中的制动液压力不足而闭合时，ABS/TRC 电子控制单元的 PP 端子将与 E_2 端子具有相同的电压，ABS/TRC 是电子控制单元，由此判定需要向 TMR 端子供电，激励 TRC 电动供油泵继电器，使泵运转。电动供油泵继电器激励期间有电压加在 MTT 端子上，ABS/TRC 电子控制单元由此监测电动供油泵继电器的工作状态。ABS/TRC 电子控制单元还供给 WT 端子和 IND 端子电压，使 TRC 关闭指示灯和 TRC 工作指示灯熄灭。

车轮转速传感器分别通过 RL- 和 RL+、RR- 和 RR+、FL- 和 FL+、FR- 和 FR+ 4 对端子向 ABS/TRC 电子控制单元输入各车轮的转速信号。

主、副节气门位置传感器通过发动机 / 自动变速器 ECU 的 V_{TA1}、V_C 和 V_{TA2} 端子，再经过 VSH、VTH、IDL_2 和 IDL_1 等端子向 ABS/TRC 电子控制单元输入主、副节气门开度及怠速状态等信号。

发动机控制系统出现故障时，点亮发动机故障警报灯，ABS/TRC 电子控制单元 TR5 端子搭铁，停止驱动防滑控制。

ABS/TRC 电子控制单元通过监测 PKB 和 LBL_1 端子的输入电压对驻车制动开关和液位开关的状态进行判定。

ABS/TRC 电子控制单元通过监测 PL 和 NL 端子的输入电压对变速器所处挡位进行判定。

正常制动时（TRC 不起作用），制动灯开关闭合，蓄电池电压通过制动灯开关从 STP 端子输入到 ABS/TRC 电子控制单元，并由此判定汽车进入制动过程。TRC 制动执行器的所有电磁阀均断开。ABS/TRC 电子控制单元根据各车轮转速传感器输入的信号对各车轮状态进行监测，并通过分别控制 ABS 执行器中的三位电磁阀 SRL、SRR、SFL、SFR 4 个端子的搭铁电阻值，控制 ABS 执行器中各调压电磁阀的通过电流，使各相应制动轮缸的制动压力增大、保持或减小。同时，ABS/TRC 电子控制单元向 MR 端子提供电压，驱动电动回油泵运转，ABS/TRC 电子控制单元根据其 MT 端子的电压值判定电动回油的工作状态。当放松制动踏板时，制动液从车轮制动分泵中流回制动总泵。

如果汽车后轮在加速过程中滑转，ABS/TRC 电子控制单元就会向端子 TTR 提供电压，使副节气门步进电动机处于激励状态，将蓄电池电压通过 BM 端子经过 ABS/TRC 电子控制单元内部供给 ACM 端子和 BCM 端子，ABS/TRC 电子控制单元通过控制副节气门步进电动机 A、A-、B、B- 端子减小发动机输出功率。若需制动系统介入时，使 TRC 执行器中所有电磁阀都在电子控制单元传来的控制信号作用下全部接通。同时，ABS 执行器中的三位电磁阀处于“压力升高”状态。制动总泵切断电磁阀被接通（关状态），蓄能器切断电磁阀也被接通（开状态），使得蓄能器中被加压的制动液通过蓄能器切断电磁阀和 ABS 执行器中的三位电磁阀，对车轮制动分泵产生作用。当压力开关检测到蓄能器中压力下降（不管 TRC 工作与否）时，ECU 驱动 TRC 泵电动机工作，提高蓄能器压力。当后轮制动分泵中的液压升高或降低到规定值时，由 ABS 执行器中的三位电磁阀进入“压力保持”状态，防止蓄能器中压力的溢出，保持了车轮制动分泵中的制动压力。当需要降低后轮制动分泵中的液压时，

ABS/TRC 电子控制单元就将 ABS 执行器的三位电磁阀置于“压力降低”状态，使车轮制动分泵中的制动液通过 ABS 执行器的三位电磁阀和储液罐切断电磁阀流回制动总泵的储液罐中。其结果是制动液压降低，同时 ABS 执行器中的泵电动机处于停止工作状态。

闭合 TRC 开关，ABS/TRC 电子控制单元判定其 CSW 端子搭铁，就不再向端子 TSR、TFR 和 TMR 供给电压，使 TRC 制动主继电器、副节气门控制步进电动机继电器和 TRC 电动供油泵继电器都处于非激励状态，系统退出防滑控制。TRC 关闭指示灯因 ABS/TRC 电子控制单元 WT 端子通过内部搭铁而点亮。

任务实施

一、驱动防滑控制系统液压部件的拆装

当怀疑或诊断出 TRC 液压部件有故障时，需拆下检修或更换。在拆卸和安装时应注意：

1）由于储压器使管路中的制动液保持着一定的压力，在拆卸油管时要小心高压制动液喷出。

2）安装时要按规定的力矩拧紧管路的螺纹连接和部件连接螺栓。拧得过松容易造成松动和泄漏，拧得过紧又容易造成变形和滑丝。

3）与 ABS 和普通制动系统一样，液压系统部件拆动了，安装后一定要按正确的方法排出制动液压系统中的空气。

下面以 LS400 汽车为例，讲述 TRC 液压部件的拆卸与安装。

1. TRC 泵总成与储压器总成的拆卸与安装

TRC 泵总成的拆卸与安装如图 3–17 所示。拆卸连接储压器液压管以前，应放出高压制动液。方法如下：

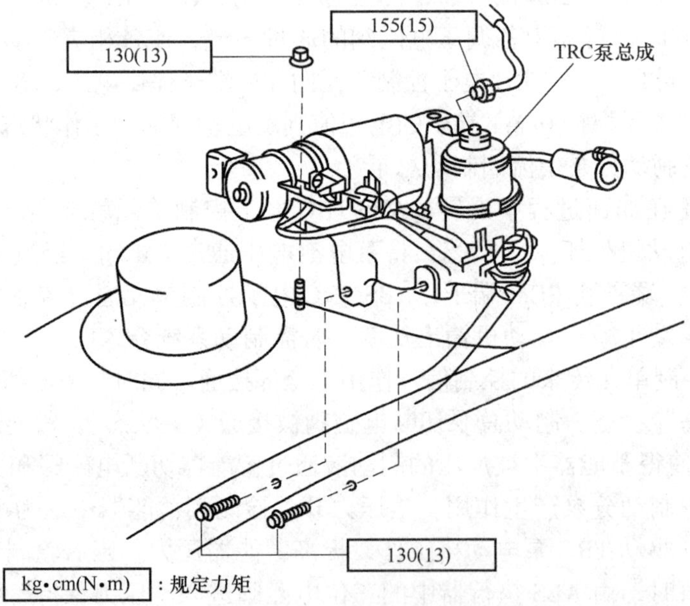

图 3–17　TRC 泵总成的拆卸与安装

1）拆下空气滤清器。

2）在 TRC 压力控制器的放气螺栓上接一软管。

3）旋松放气螺栓，将高压制动液放出，如图 3-18 所示。

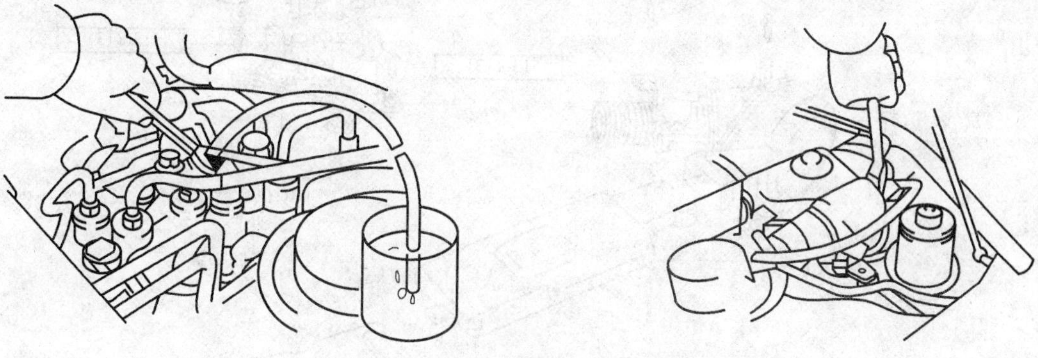

图 3-18　释放管路中的高压制动液

2. TRC 泵总成与储压器总成的分解和装配

TRC 泵总成与储压器总成的分解和装配如图 3-19 所示，其中液压软管的两面都有 O 形圈，安装时不能漏装，其螺栓的拧紧力矩为 46 N · m。

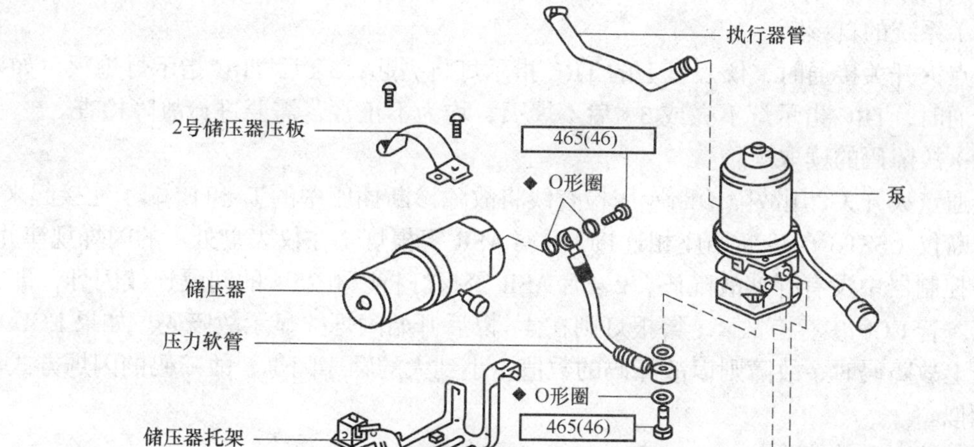

图 3-19　TRC 泵总成与储压器总成的分解和装配

3.TRC 制动压力调节器的拆卸与安装

TRC 制动压力调节器的拆卸与安装如图 3-20 所示。在拆卸连接制动压力调节器液压管以前，同样应放出高压制动液。

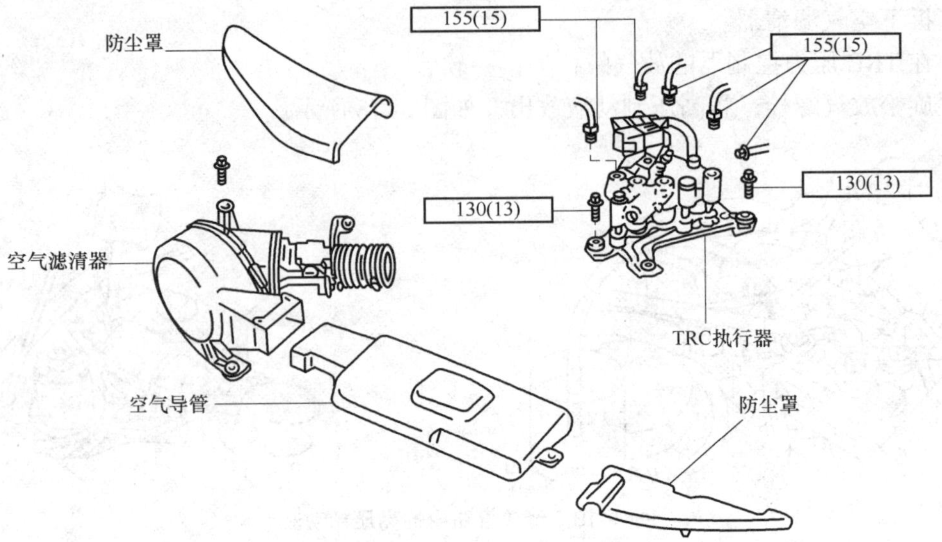

图 3-20　TRC 制动压力调节器的拆卸与安装

二、驱动防滑控制系统的故障诊断与排除

1. 利用故障自诊断功能进行诊断

（1）系统的自诊断

当点火开关接通时，仪表盘上的 TRC 指示灯将亮起，3 s 后 TRC 指示灯熄灭。如果点火开关接通时，TRC 指示灯不亮或 3 s 后不熄灭，均为不正常，需要进行故障检查。

（2）故障码的读取

接通点火开关，用故障诊断专用检查线将故障诊断插座中的 T_C 和 E_1 端子连接起来，或用专用诊断仪（SST）与诊断插座相连接，观察 ASR 警报灯（在仪表盘处）的闪烁规律并记录。若电子控制器中没有存储故障码，2 s 后 ASR 警报灯将以 0.25 s 的间隔连续闪烁，即显示正常代码。若 ECU 中存有故障，警报灯则在 4 s 以后开始闪烁并显示故障码。如果 ECU 中存有两个以上故障码时，故障则以故障码的数值由小到大的顺序闪烁，故障码的闪烁方式与 ABS 系统相似。

（3）故障码的清除

清除 ECU 内故障码的方法是用故障诊断专用检查线连接诊断插座中的 T_C 和 E_1 两端子，将点火开关置于点火位置，在 3 s 内踩动制动踏板 8 次以上，即可清除存储在 ECU 内的故障码。

2. 具体实施诊断过程

（1）准备工作

1）详细询问客户该车故障现象，产生故障的环境，最近维修、保养情况。

2）查阅 LS400 轿车电路图、使用手册和维修手册等原车资料，了解 ABS/TRC 系统构成，组成部件的位置分布。

3）准备电脑故障诊断仪、万用表、SST 等维修诊断工具。

（2）外观检查

1）根据维修手册，查找 TRC 系统电子控制单元、传感器、液压调节器等组成部件。

2）初步观察液压管路有无滴漏现象，线路有无破损、断裂、搭铁现象。

系统自诊断：当点火开关接通时，仪表盘上的 TRC 警报灯将亮起，3 s 后自动熄灭。如果点火开关接通后，TRC 指示灯不亮或 3 s 后不熄灭，均为不正常，需要进行故障检查。

（3）读取故障码

1）接通点火开关。

2）用故障诊断专用检查线将故障诊断插座中的 T_C 和 E_1 端子连接起来，或用专用诊断工具 SST 与诊断插座连接。

3）观察 TRC 警报灯（在仪表盘处）的闪烁规律并记录。

4）故障码为“48”，表示副节气门位置传感器或其连接电路故障。

（4）排除故障

1）按图 3-21 所示方法，测试 B-、BCOM 和 B 端子之间应为连通状态，A-、ACOM 和 A 端子之间也应为连通状态。

2）在副节气门全开启时，用万用表电阻挡测量 V_C 与 E_2 两端子之间的电阻值，如图 3-22 所示，应为 4~9 kΩ，V_{TA} 与 E_2 两端子之间的电阻值应为 3.3~10.0 kΩ；副节气门全关闭时，V_{TA} 与 E_2 两端子之间的电阻值应为 0.2~6.0 kΩ。

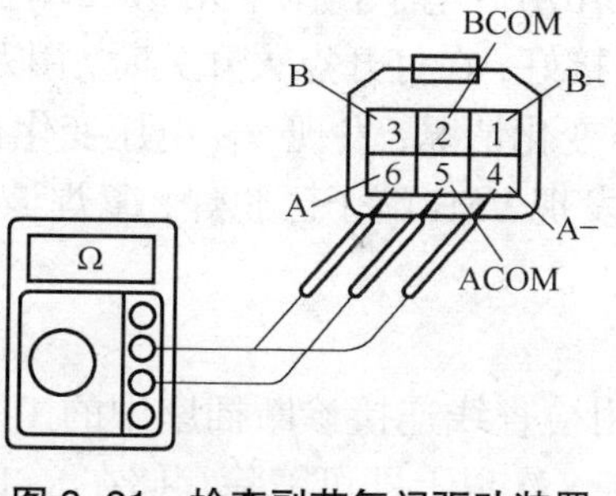

图 3-21　检查副节气门驱动装置

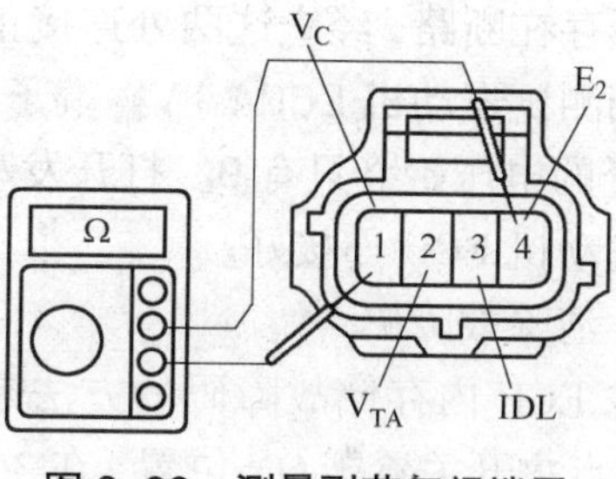

图 3-22　测量副节气门端子

3）当副节气门全关闭时，IDL 与 E_2 端子之间是连通的，全开启时应为不连通。

4）通电检查 TRC 副节气门继电器的工作性能，按图 3-23 所示方法，在该继电器的端子 3 和 4 之间加上蓄电池电压时，其端子 1 和 2 之间应为连通状态。

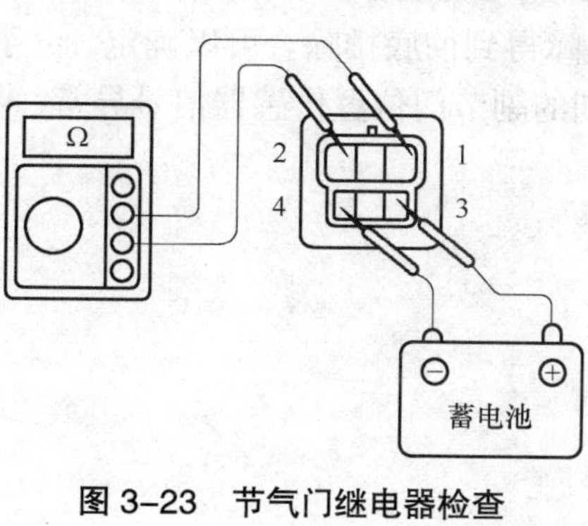

图 3-23　节气门继电器检查

5）不通电检查 TRC 副节气门继电器的工作性能，去掉蓄电池电压，该继电器端子 1 和 2 之间为断开状态，端子 3 和 4 之间为连通状态。

6）检查 TRC 电脑 VSH 端子对地电压。

拆下 TRC 电脑，但插接器不拆开，拆下进气管道并脱开步进电动机插接器，接通点火开关。

在辅助节气门全闭、全开及开关过程中测量 TRC 电脑 VSH 端子与搭铁之间的电压。正常情况应为：节气门全闭时，VSH 端子与搭铁之间的电压约为 0.6 V；节气门全开时，VSH 端子与搭铁之间的电压约为 3.8 V；节气门转动时，VSH 端子与搭铁之间的电压连续增加或逐渐下降（不出现跳变）。

若不正常，检修 TRC 电脑与发动机控制系统电脑之间的线路和插接器，如果线路和插接器均无不良，则需检查或更换 TRC 电脑。若正常，则进行下一步检查。

7）检查 TRC 电脑 IDL_2 端子对地电压。

接通点火开关，在节气门全闭和全开时测量 TRC 电脑 IDL_2 端子与搭铁之间的电压。

正常情况应为：节气门全闭时，IDL_2 端子与搭铁之间的电压变 0；节气门全开时，IDL_2 端子与搭铁之间的电压约为 5 V。若正常，检查或更换 TRC 电脑。若不正常，检修 TRC 电脑与辅助节气门位置传感器之间的线路和插接器。如果线路和插接器均为良好，则也要检查或更换 TRC 电脑。

8）确定并排除故障。

关掉点火开关，用数字万用表蜂鸣器挡检测副节气门位置传感器至发动机 ECU 间信号线是否存在断路，发动机电子控制单元 VSH 端子至 ASR/ABS 电子控制单元 VSH 端子之间信号线是否存在断路，经查这两处连接正常。将插接头连接好，在打开点火开关时，用万用表直流电压挡测试发动机 ECU 端 V_{TA} 端子和 VSH 端子电压变化情况，发现 V_{TA} 电压变化正常，而 VSH 端子的电压始终只有 0。打开发动机 ECU 外壳，发现 VSH 端子已脱焊，复焊该端子后，重新将发动机 ECU 连接好。

（5）清除故障码

清除 ECU 内存储故障码的方法是用故障诊断专用检查线连接诊断插座中的 T_C 和 E_1 两端子，将点火开关置于 ON 位置，在 3 s 内踩动制动踏板 8 次以上即可清除存储在 ECU 中的故障码。

（6）路试

打开点火开关先进行自诊断，观察 TRC 警报指示灯状态，判断有无故障码。模拟工作环境，做实际路试，在起步和急加速时观察有无滑转现象以及 TRC 警报指示灯是否会重新亮起。

至此，ASR 警报灯点亮故障得到彻底排除。可以确定，由于发动机 ECU 内部故障，引起 ASR/ABS 电子控制单元接收到的副节门位置传感器信号异常，导致 ASR 警报灯点亮。

任务 3-2

电子稳定性控制系统（ESP）的基本结构与检测

任务目标

1）了解电子稳定性控制系统（ESP）的发展及应用。

2）了解电子稳定性控制系统（ESP）的作用。

3）了解 ESP 的结构与工作原理。

4）能够正确分析判断 ESP 系统故障并解决故障。

任务引入

电子稳定性控制系统（Electroic Stability Program，ESP）属于汽车主动安全系统，又称为行驶稳定性控制系统。在任何时候，只要驾驶状况变得紧急，ESP 都能保持车辆稳定，使主动行车安全大为改善。ESP 整合了 ABS 和 ASR 的功能，并大大拓展了其功能范围。ESP 还可降低各种场合下发生侧滑的危险，并能自动采取措施。通过有针对性地单独制动各个车轮，在紧急躲避障碍物或转弯时出现转向不足或转向过度时，使车辆避免偏离理想轨迹。它可使驾驶员操作轻松，汽车容易控制，减少交通事故。本任务通过学习 ESP 系统的结构组成、工作原理、常见故障诊断排除方法等基本知识，加深对 ESP 系统的认识，掌握对 ESP 系统故障进行分析判断排除的方法。

相关知识

一、简介

当车辆高速行驶时，因外界干扰，如行人、车辆、坠落物等突然出现的障碍物，驾驶员采取一些紧急避让措施，使汽车进入不稳定行驶状态，即出现偏离预定行驶路线或翻转趋势等危险状态。1997 年，奔驰公司面向新闻界对其公司生产的集成有大量高新技术的 A 级微型轿车进行蛇形行驶路线测试时，当车速超过 80 km/h 后，轿车出现了危险的侧翻现象，外侧车轮明显离开了路面，严重危害了轿车的行驶稳定性和安全性。据统计，25 % 导致严重人员伤亡的交通事故是由侧滑引起的，而 60 % 的致命交通事故是因侧面撞击引起的，其主要原因是车辆发生了侧滑。

1. ESP 的发展历程

ABS 在经过普及阶段以后，早已进入了产品升级阶段。业界的一致共识是 ABS（防抱死制动系统）将向 ESP（电子稳定性控制系统）演化。1998 年 2 月，梅赛德斯—奔驰公司首次在其 A 级微型轿车中成批地安装了 ESP，拉开了 ESP 发展史的帷幕，市场上 ESP 已在拓展自己的领地。ESP 系统作为汽车主动安全性技术发展的一个巨大突破，能够降低车辆侧滑的危险，从而降低事故的发生，显著减少了因外界各种恶劣路况及驾驶员失误等造成的重大损失，极大地改善了汽车的动态行驶安全性。目前主要有博世、德国大陆、日本电装、ADVICS、韩国万都、美国德尔福等少数几家公司生产 ESP，其中博世占了较大份额。从博世 1995 年推出 ESP 系统 10 年以来，到 2006 年年初，博世累计销售了 2 000 万套 ESP 系统。ESP 的装配率因各个国家而异。根据博世的统计，2005 年德国新车 ESP 装配率约为 72 %，西欧的平均新车装配率约为 44 %。在高档车上，ESP 已经成为标准配置，中档车上的装配率也迅速提高，在紧凑型车上装配率稍低。在日本和北美，这个数字稍低，北美约为 21 %，日本约为 15 %，近年来ESP装配率显著上升。而目前在中国，ESP装配率还比较低，约为3 %，但是可喜的变化正在显现，以往通常只在高档车上才装配 ESP，如今东风雪铁龙的凯旋、一汽大众的速腾轿车和上海通用的君越轿车都装配了 ESP。随着人们对车辆安全性要求的日益提高，ESP 将逐渐成为车辆的标准配备。

2. ESP 的功能

ESP 是汽车电子稳定程序的简写，即电子稳定性控制系统。虽然不同的车型，往往赋予其不同的名称，如 BMW 称其为 DSC，丰田凌志称其为 VSC，而 VOLVO 汽车称其为 DSTC，但其原理和功能基本相同。ESP 是在防抱死制动系统（ABS）和驱动防滑控制系统（ASR）的基础上发展而成的车辆辅助控制系统，它不仅集成了防抱死制动系统（ABS）和驱动防滑控制系统（ASR）的基本功能，而且更是一种智能的主动安全系统，它通过高度灵敏的传感器时刻监测车辆的行驶状态，并通过计算分析，能够在几毫秒的时间内，判定车辆行驶方向是否偏离驾驶员的操作意图，识别出危险情况，并提前裁决出可行的干预措施使车辆恢复到稳定行驶状态。比如，高速行驶的车辆遇到前方突然出现的障碍物，很可能会进入不稳定的行驶状态，而出现偏离预定行驶路线或翻转趋势等危险。ESP 系统通过智能化的电子控制方案，让汽车传动或制动系统产生所期望的准确响应，从而及时恰当地消除这些不稳定行驶趋势，使汽车保持在所期望的行驶路线上。

带 ESP 系统与不带 ESP 系统的轿车在地面附着力不同的路面行驶会有很大差异，ESP 能够自动纠正驾驶员的转向不足和转向过度，如图 3-24 所示。

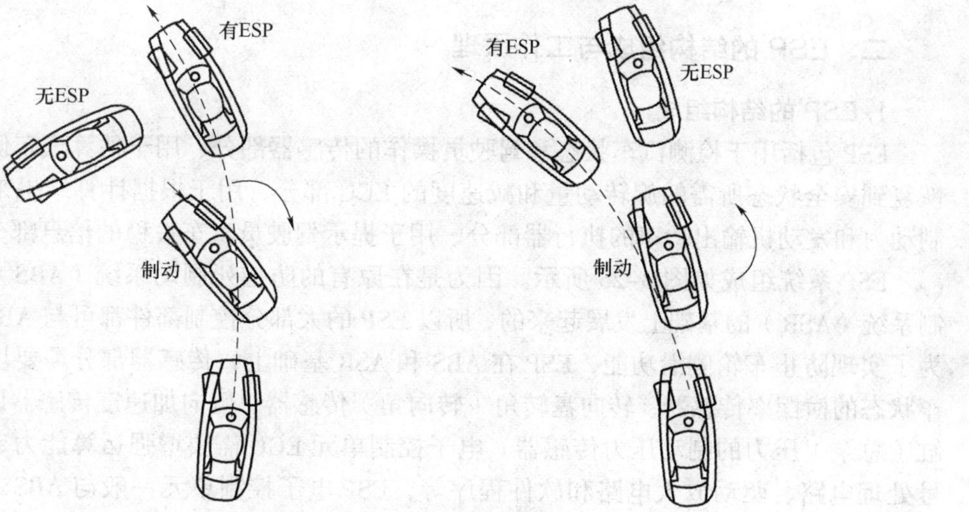

图 3–24　有无 ESP 的行驶情况对比

（a）过度转向；（b）转向不足

3. ESP 的类型

ESP 能自动地向一个或多个车轮施加制动力，在某些情况下可进行 150 次 /s 的制动，以确保汽车行驶在选定的车道内。

当前 ESP 有 3 种类型：

1）四通道或四轮系统。四通道或四轮系统能自动地向四个车轮独立施加制动力。

2）二通道系统。二通道系统只能对两个前轮独立施加制动力。

3）三通道系统。三通道系统对两个前轮独立施加制动力，对后轮一同施加制动力。

4. ESP 的特点

ESP是一项综合控制技术，整合了多项电子制动技术，通过对制动系统、发动机管理系统和自动变速器施加控制来防止车辆滑移。装备 ESP，则同时具有 ABS、EDS、ASR 功能，当 ESP 系统出现故障而不能正常工作时，ABS 和 ASR 系统能照样工作，以保证汽车正常行驶和制动。但 ESP 系统的功能不简单是 ABS、EDS 和 ASR 三者功能之和，甚至可以说 ESP 系统的功能是上述三者功能的平方。

实时监控：ESP能够实时监控驾驶员的操控动作、路面反应、汽车运动状态，并不断向发动机和制动系统发出指令。

主动干预：ABS 等安全技术主要是对驾驶员的动作起干预作用，但不能调控发动机。ESP 则可以通过主动调控发动机的转速，并调整每个车轮的驱动力和制动力，来修正汽车的过度转向和转向不足。

事先提醒：当驾驶员操作不当或路面异常而致使车轮出现滑转时，ESP 会用警报灯警示驾驶员，提示驾驶员不要猛踩加速踏板，控制好转向盘的操作，以确保行车安全。

而且 ESP 扩大了汽车行驶稳定性范围。在汽车的各种行驶状况下，如全制动、部分制动、车轮空转、加速、滑行和负载变化，仍可保持汽车在既定车道内行驶。扩大了汽车在极端情况下的行驶稳定性。如在恐惧和惊恐时要求特别的转向技巧，从而降低了汽车横甩的危险。

在各种路况下，通过 ABS、ASR 系统和控制发动机输出转矩可提高操纵稳定性，还可进一步利用轮胎与路面间的附着力，缩短制动距离、提高牵引力、改善汽车的操控性和行驶稳定性。

二、ESP的结构组成与工作原理

1. ESP的结构组成

ESP包括用于检测汽车状态和驾驶员操作的传感器部分、用于估算汽车侧滑状态和计算恢复到安全状态所需的旋转动量和减速度的ECU部分、用于根据计算结果来控制每个车轮制动力和发动机输出功率的执行器部分、用于提示驾驶员汽车失稳的信息部分共四部分。

ESP系统组成如图3-25所示。因为是在原有的防抱死制动系统（ABS）和驱动防滑控制系统（ASR）的基础上发展起来的，所以ESP的大部分控制部件都可与ABS和ASR共用。为了实现防止车轮侧滑功能，ESP在ABS和ASR基础上，传感器部分需要增设用于检测汽车状态的横摆率传感器、转向盘转角（转向角）传感器、侧向加速度传感器以及检测制动主缸（总泵）压力的制动压力传感器。电子控制单元ECU需要增强运算能力、增加相应的信号处理电路、驱动放大电路和软件程序等，ESP电子控制单元一般与ABS、ASR的电子控制单元组合为一体称为ABS/ASR/ESP电子控制单元。执行器部分既可像ABS或ASR那样单独设置压力调节器和发动机输出功率调节器（副节气门），也可以对液压通道进行适当改进，直接利用ABS和ASR已有的调节装置对制动力和发动机输出转矩进行调节。除此之外，还需要设置ESP故障指示灯、ESP蜂鸣器等指示报警装置。

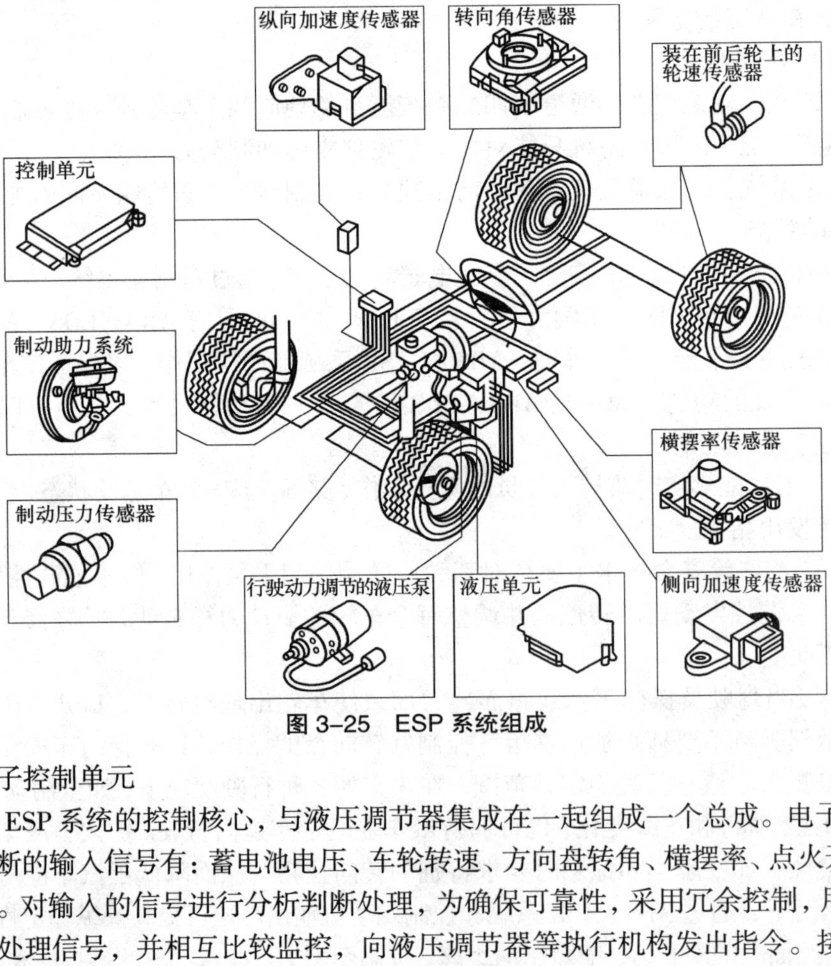

图3-25 ESP系统组成

（1）电子控制单元

ECU是ESP系统的控制核心，与液压调节器集成在一起组成一个总成。电子控制单元持续监测并判断的输入信号有：蓄电池电压、车轮转速、方向盘转角、横摆率、点火开关、停车灯开关等信号。对输入的信号进行分析判断处理，为确保可靠性，采用冗余控制，用2个相同的处理器同时处理信号，并相互比较监控，向液压调节器等执行机构发出指令。接通点火开关后，系统进入自检，连续监控所有电气连接，并周期性检查电磁阀的功能。若 ECU 出现故障，则退出工作，进入失效保护状态，但常规制动系统仍可正常工作。

（2）转向盘转角传感器

转向盘转角传感器位于方向盘下面，一般与安全气囊的线圈做在一起，用来探测驾驶员欲操控汽车的方向。原则上，各种角度传感器都可以用于检测转向盘转角，但常用的角度传感器测量范围不超过 360°，而轿车转向盘的转角范围为 ±720°，总的转动量为 4 圈。

（3）车轮转速传感器

车轮转速传感器多为电磁式，安装于四个车轮的轮毂上，ESP 与 ABS/ASR 系统共用车轮转速传感器，获得车轮转速信号。如无此信号，则 ABS、ASR、ESP 均将退出工作，并点亮警报灯。

（4）纵向和侧向加速度传感器

ESP 中的加速度传感器有沿汽车前进方向的纵向加速度传感器和垂直于前进方向的侧向加速度传感器，基本原理相同，只是成 90° 夹角，安装在汽车质心附近地板下方的中间位置，用来测量汽车纵向和侧向的加速度，判定汽车的运动状态。如无此信号，ESP 电子控制单元就无法获得汽车实际运动状态，系统就退出工作并点亮警报灯。

（5）横摆率传感器

横摆率传感器用来检测汽车绕垂直轴线摆动的角度值（侧滑量），即车辆后部因侧滑引起的甩尾，安装于汽车行李箱的前部，与汽车的垂直旋转轴线一致。横摆率的大小代表汽车的稳定程度，如果横摆率达到一个阈值，说明汽车处于发生侧滑或者甩尾的危险情况，则触发 ESP 控制。横摆率传感器如图 3-26 所示，多为霍尔式，灵敏度极高，没有横摆时（侧滑），霍尔电压为常数，当车绕垂直方向轴线偏转时，永久磁铁左右运动，引起霍尔电压的变化，电压值与横摆率的大小呈线性关系。若无此信号，计算机无法了解汽车是否发生横向摆动，ESP 系统则退出工作并点亮警报灯。

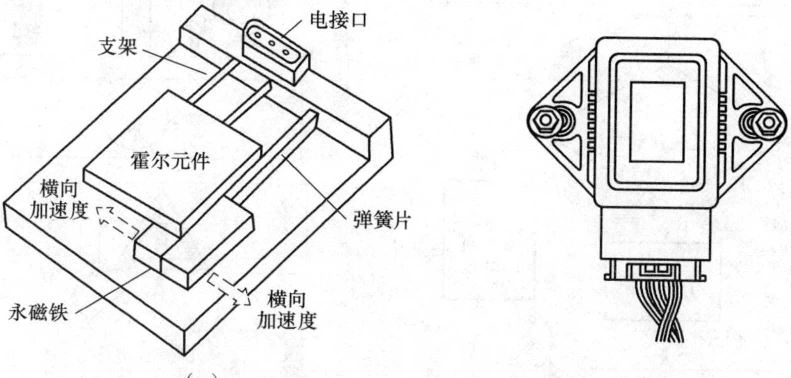

（a）　　　　（b）

图 3-26　横摆率传感器

（a）横摆率传感器内部结构；（b）横摆率传感器外形

（6）制动压力传感器

制动压力传感器多为压电元件，安装于制动管路上，用来检测操控时制动油压的高低。ECU 据此计算出制动力的大小，以便推算出克服侧向力的操控值，对汽车不正常行驶进行调节。如无此信号，ESP 则不工作而点亮警报灯。

此外还有制动开关信号传感器和 ESP 开关信号传感器。

2. ESP 的工作原理

ESP 的工作原理是利用汽车上的制动系统使汽车能转向。在允许的物理极限范围内，ESP 系统通过控制车轮制动器工作，使汽车在各种行驶状况下都能在车道内保持稳定行驶。

当汽车处在非常极端的操控状态，如高速躲闪障碍物的情况下，ESP 系统会在极短的时间内收集包括 ABS、ASR 等系统的庞大数据，并接收转向盘转向角度、车速、横向加速度以及车身状态，再与电子控制单元 ECU 中存储的目标值相比较，控制 ABS、ASR 等有关系统做出适当应变动作，从而使汽车按照驾驶员的意愿方向行驶。这时，即使驾驶员不断改变行驶路径，ECU 也能持续运算，并通过对个别车轮增加或降低制动力的方式维持车身动态平衡。ESP 系统根据转向角、速度、侧向力和车轮转速差异等信号，来判断汽车失去控制的时刻。不管驾驶员如何操作，通过对单个车轮施加制动和控制发动机的输出功率，来保持车辆的稳定性。

汽车的不平稳行驶状态来自于两个方面：一是路面附着力变化异常，二是操控不当。相应地产生两种不平稳现象：一是实际转向不足或转向过度，二是出现侧滑。

（1）ESP 抑制车辆转向不足或转向过度

ESP 抑制车辆转向不足或转向过度，工作原理如图 3–27 所示。

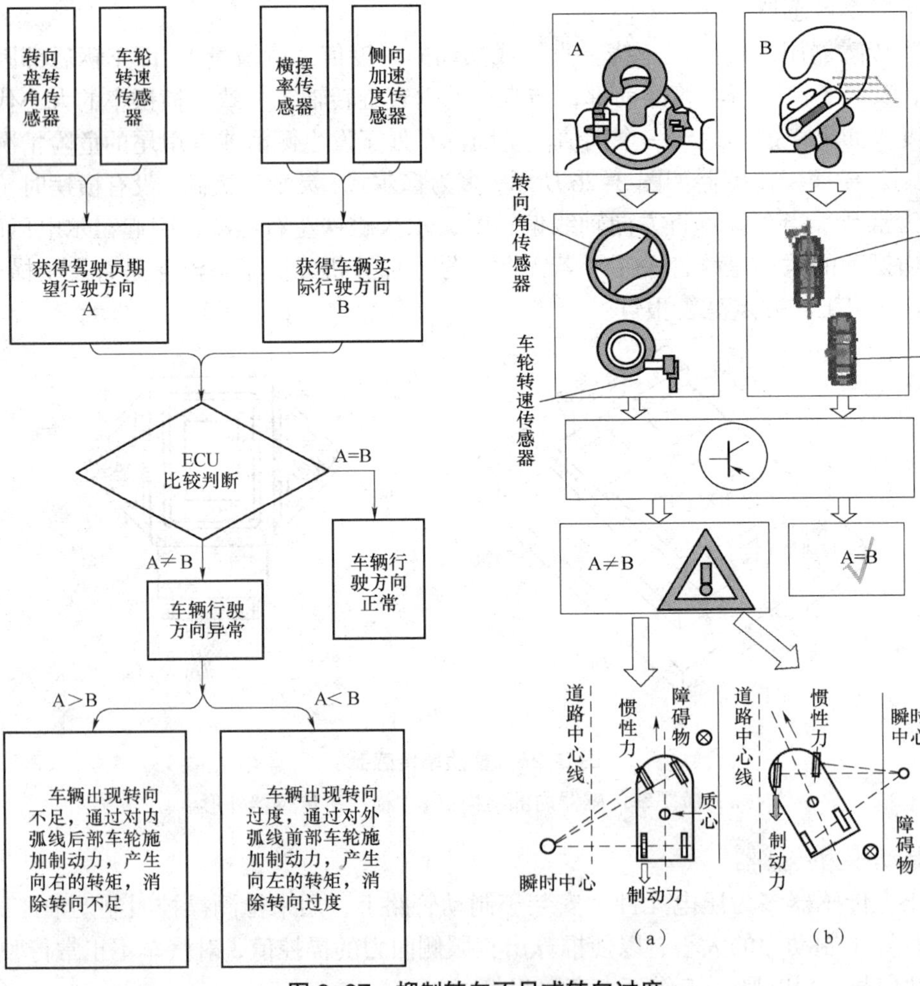

图 3–27　抑制转向不足或转向过度

（a）抑制转向不足；（b）抑制转向过度

当在高速行驶的汽车前方出现障碍物时，驾驶员将向左急转向，以期绕过障碍物。但在惯性力作用下，车身行驶的方向保持正前方，与转向轮行驶的方向不一致，出现转向不足现象。当ESP判定为出现转向不足时，将制动左侧后轮，产生向左的转矩，使车辆进一步沿驾驶员转弯方向偏转，消除转向不足现象，从而稳定车辆，如图 3–27（a）所示。当汽车向左急转向绕过障碍物后，需急速向右转向恢复直线行驶，ESP 立即制动右前轮，恢复直行状态。当惯性分力较大时，惯性分力会使汽车产生转向过度，严重时会造成向左甩尾现象，ESP 又立即制动左前轮，产生向左的转矩，消除转向过度，使汽车平稳地回到直线行驶状态，抑制了转向过度，如图 3–27（b）所示。

（2）抑制车轮侧滑

当汽车在弯道上或湿滑的路面上高速行驶时，因地面的原因，附着力变化无常，后轮会产生侧滑，使汽车横向甩尾。ESP 立即把制动力施加到转弯的外前轮上，使汽车产生相反的稳定力矩，恢复直线行驶，如图 3–28（a）所示。同理，前轮也会产生侧滑，使汽车横向漂出。ESP 立即把制动力施加到两个非驱动的后轮上，使汽车产生相反的稳定力矩，恢复直线行驶，如图 3–28（b）所示。

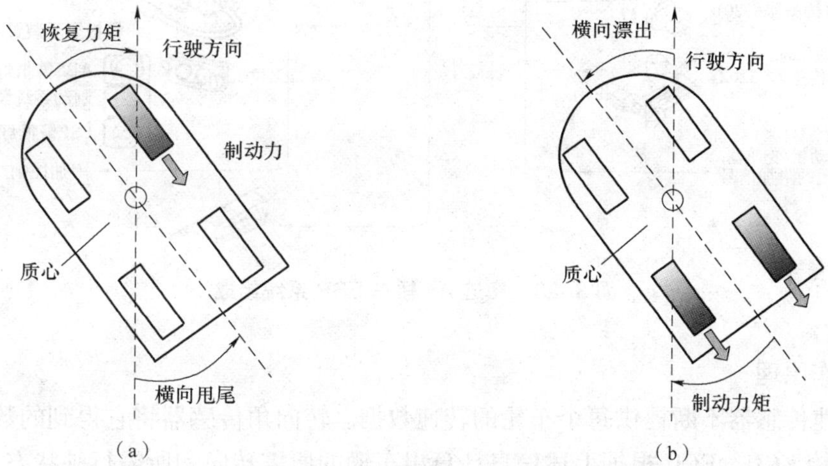

图 3–28　抑制后轮和前轮侧滑

（a）抑制后轮侧滑；（b）抑制前轮侧滑

3. ESP 典型控制系统故障诊断实例——奥迪 A4 轿车 ESP 系统

奥迪高级版本的 ESP 系统 BOSCH 8.0 在国产全新奥迪 A4 上首次得到应用，这一系统通过防抱死制动和驱动防滑控制限制轮胎滑动，极大地提升了行车的安全性。ESP 系统是先进的安全系统，它集中了车辆防抱死制动系统（ABS）、电子制动力分配装置（EBD）、驱动防滑控制系统（ASR）等主动安全装置，而其最突出的优点是：当车辆转向时，如果发生转向不足或转向过度或是车辆实际运行轨迹偏离驾驶员操作轨迹时，ESP 就会发挥作用，纠正车辆运行轨迹偏差。ESP 能够保证车辆在减速、制动、转向工作状态下有效稳定地操控安全性。

（1）系统组成

奥迪 A4 轿车 ESP 系统由传感器、电子控制单元和执行部件等组成，其组成如图 3–29 所示。

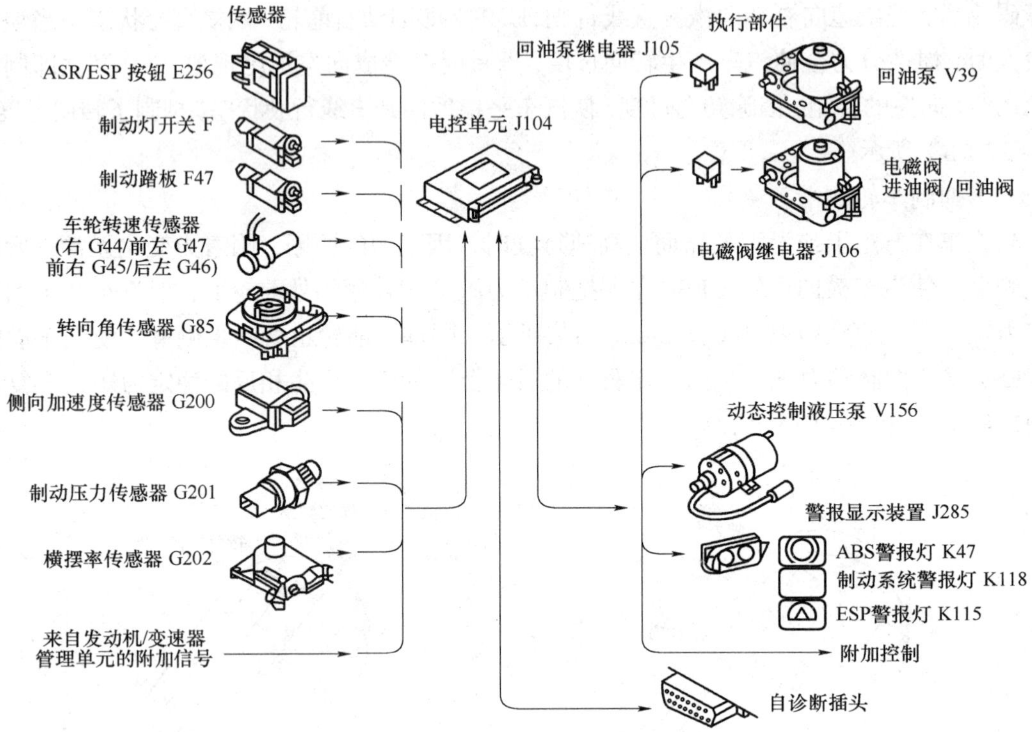

图 3–29　奥迪 A4 轿车 ESP 系统组成

（2）工作原理

车轮转速传感器不断提供每个车轮的转速数据。转向角传感器将它得到的数据直接通过 CAN 总线传给 ECU，ECU 根据上述信息计算出车辆的所需转向和所需行驶状态。

侧向加速度传感器向 ECU 传送侧向偏转信息，横摆率传感器传送车辆的离心趋势，ECU 根据该信息算出车辆实际状态。若计算出的所需值和实际值有偏差，控制系统进行调节：确定哪只车轮应制动或加速，发动机输出转矩是否该减小，在装有自动变速器的车辆上是否需要使用自动变速器 ECU，然后根据传感器传输的数据，系统检查调节作用是否有效。如果有效，则 ESP 停止工作，并继续观察车辆的运行状态。如果没有成效，则调节系统重新工作。调节系统工作时，ESP 指示灯亮，提示驾驶员注意。

（3）主要部件结构原理与诊断

1）转向角传感器 G85。转向角传感器 G85 安装在转向柱开关和转向盘之间的转向柱上，滑环式复位环（安全气囊用）和转向角传感器构成一个整体并装在传感器的下面。工作原理如图 3–30 所示，将带孔的增量模板 1 和绝对模板 2 平行放置，以简化结构。在上述两个模板之间旋转光源 3，此外还有光敏组件 4 和 5，如图 3–30（a）所示。光通过缝隙照到传感器上，则产生一个信号电压；若光源被遮掉，则无信号电压。移动模板，会产生两种不同的信号电压，增量传感器传递的信号是均匀的，因为带孔增量模板上的孔排列均匀。绝对传感器传递的信号不均匀，因为绝对模板上的孔排列不均匀。比较这两种信号，系统就能算出带孔模板移动的距离，移动的起始位置由绝对模板决定，如图 3–30（b）所示。转向时，转向角传感器根据上述原理工作，将信号输出到控制单元 ECU，如图 3–30（c）所示。

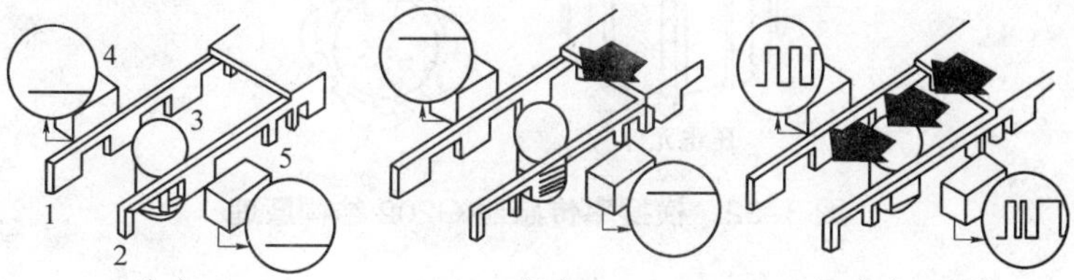

（a）　　（b）　　（c）

图 3–30　转向角传感器工作原理

（a）转向角传感器 G85 结构；（b）转向角传感器 G85 工作原理；（c）转向角传感器 G85 信号输出
1—增量模板；2—绝对模板；3—光源；4，5—光敏组件

2）侧向加速度传感器 G200。由于物理原因，侧向加速度传感器应尽可能靠近车辆质心，所以它安装在驾驶员座椅下的放脚空间。工作原理如图 3–31 所示，侧向加速度作用到车辆上，由于惯性，永久磁铁稍晚一些才会随之运动，即刚开始时，永久磁铁保持静止，而减振板跟着传感器机体和整个车辆一起运动，如图 3–31（a）所示。通过移动，在减振板上产生电子涡流，形成了一个与永久磁铁相反的磁场，从而减小了总磁场的强度，引起霍尔压力的变化。该变化与侧向加速度的大小成比例，如图 3–31（b）所示。减振板和磁铁间摆动越大，磁场强度就越减弱，霍尔压力变化就越明显。没有侧向加速度时霍尔压力是一个常数，如图 3–31（c）所示。

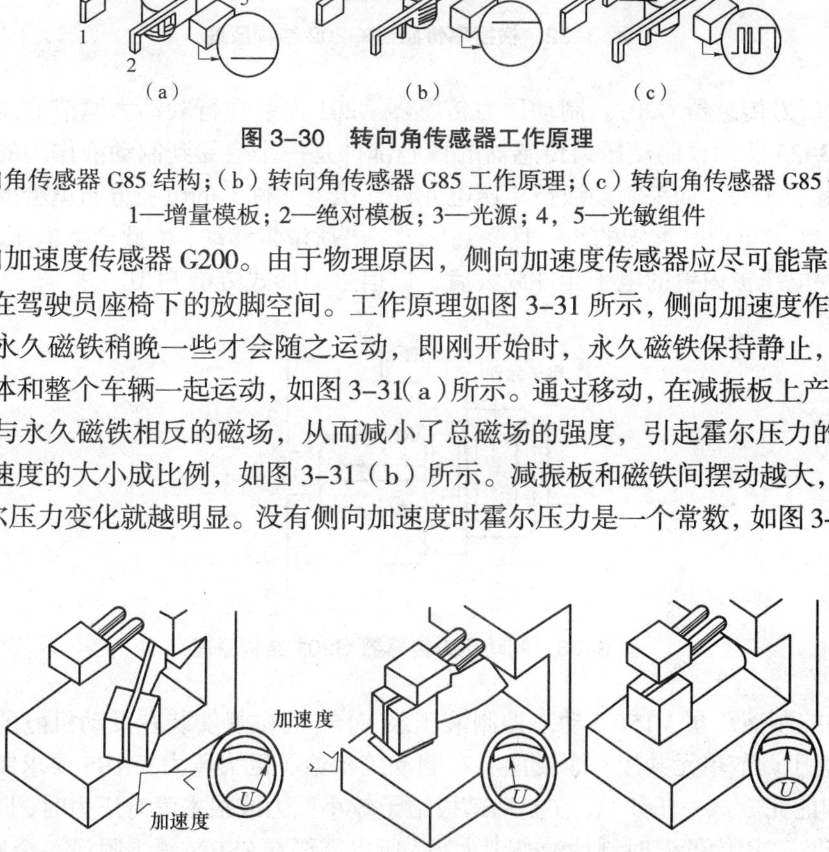

（a）　　（b）　　（c）

图 3–31　侧向加速度传感器工作原理

（a）侧向加速度刚作用在车辆上；（b）霍尔压力与侧向加速度成比例；（c）没有侧向加速度

3）横摆率传感器 G202。横摆率传感器 G202 应尽可能靠近车辆质心的位置。在帕萨特轿车上，它安装在放脚空间的左前方。其结构原理如图 3–32 所示，横摆率传感器的基本部件是一个小的金属空心圆柱体，其表面有 8 只压电元件，其中 4 只压电元件使空心圆柱处于谐振状态，另外 4 只元件检测所在圆筒的振荡波是否改变。当有转矩作用在这个空心圆柱体上时，振荡波节就完全改变。压电元件检测出振荡波节在移动，并将信息送给 ECU。ECU 由此计算

出车辆的横摆率。

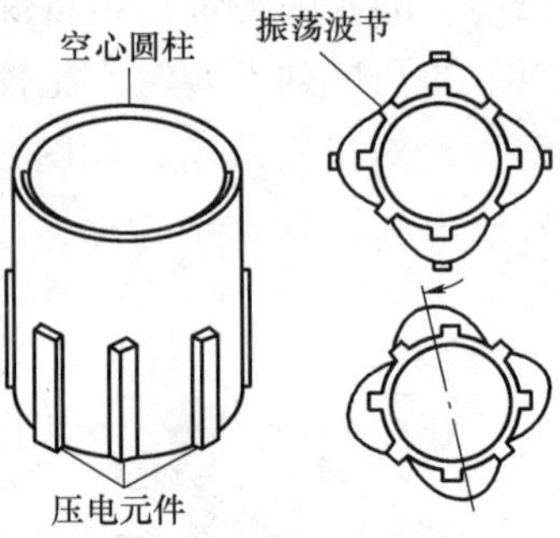

图 3–32 横摆率传感器 G202 结构原理

4）制动压力传感器 G201。制动压力传感器 G201 安装在行驶动力调节液压泵中。其结构原理如图 3–33 所示，制动压力传感器的核心部件是一个会受到制动液作用的压电元件和一个传感器电子元件。如果制动液挤压压电元件，压电元件上的电荷分布就会变化。未受到制动液的压力时，电荷是均匀的。一旦受到压力，电荷位置移动，由此产生电压。压力越大，电压就越大。电压被内置的电子元件放大后，以信号的形式传给 ECU。

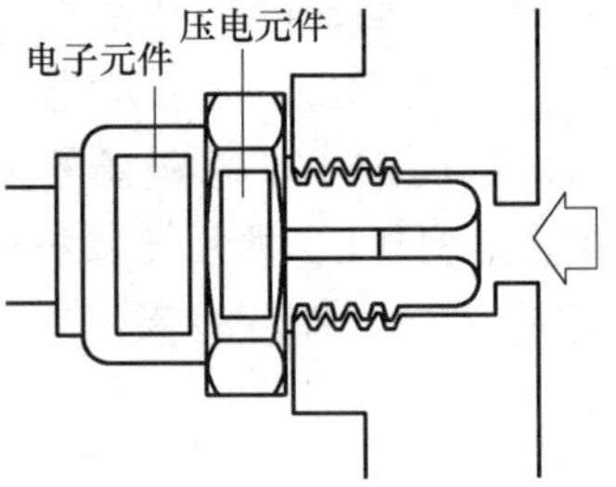

图 3–33 制动压力传感器 G201 结构原理

5）动态控制液压泵 V156。动态控制液压泵 V156 的位置安装在发动机舱的液压调节单元下面，和液压调节单元共用一个支座。在制动踏板给予巨大压力，ABS 要求制动液量很少时，回油泵即能完成这一任务。但在制动踏板给予较小压力或根本没有压力时，回油泵不能给予大量的制动液，因为低温时制动油黏度太高，所以需要在ESP装置上附设一个液压泵，给加油泵吸入端提供所需的初压力，该压力在经过主缸上的节流阀时受到限制，动态控制液压泵自身无法调节。

6）液压调节单元。液压调节单元安装在发动机舱的支架上，它在各车型上的安装位置不尽相同。在帕萨特轿车上安装在驾驶座一侧，靠近减振板。液压调节单元的工作原理如图 3–34 所示，制动总管（以一个车轮为例）由图 3–34（a）所示的各部件构成。增加压力：助力器建立预压力使回流泵吸入制动液。N225 关闭，N227 打开，进油阀保持开启，直到车轮被制动到所需要的制动强度，如图 3–34（b）所示。保持压力：此时，ESP 的分配阀 N225 仍正向接通，即关闭，但高压阀 N227 处于关闭状态，回油泵停止工作。ABS 的进油阀关闭，回油阀仍关闭，压力不会从车轮制动缸泄漏出去，系统处于保压状态，如图 3–34（c）所示。

减小压力：出油阀打开，N225 视压力大小打开或关闭，N227 和进油阀关闭。制动液经 N225 和主缸回到储液罐，如图 3–34（d）所示。

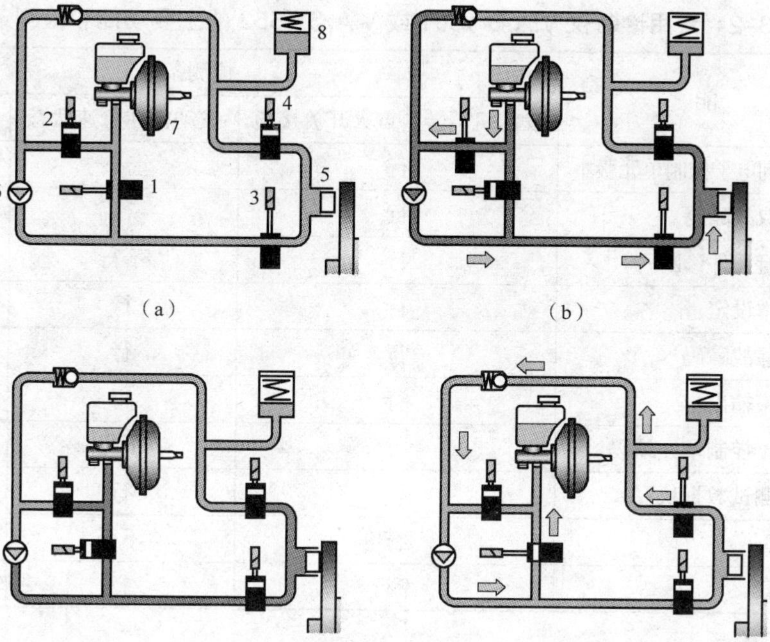

（a）（b）（c）（d）

图 3–34　液压调节单元的工作原理

（a）液压调节单元构成；（b）液压调节单元处于增压状态；（c）液压调节单元处于保压状态；（d）液压调节单元处于减压状态

1—分配阀 N225；2—动态控制高压阀 N227；3—进油阀；4—出油阀；5—制动缸；6—回流泵；7—主动伺服器；8—低压蓄能器

任务实施

一、故障诊断方法

BOSCH ESP 的警报指示灯有 3 个，即制动装置指示灯 K118、ABS 指示灯 K47 和 ESP/ASR 指示灯 K155，如图 3–35 所示。

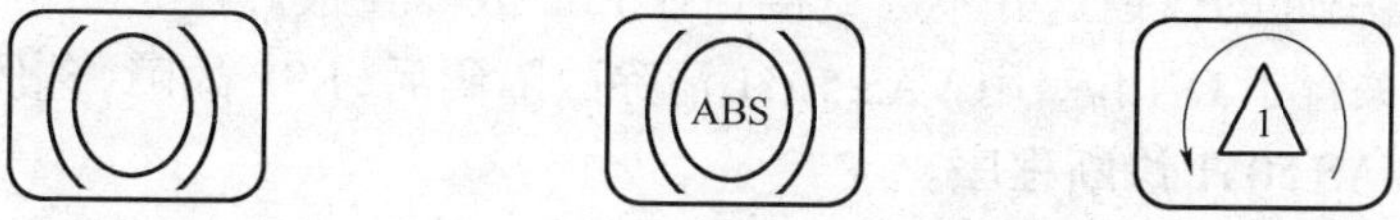

（a）（b）（c）

图 3–35　BOSCH ESP 警报指示灯

（a）制动装置指示灯 K118；（b）ABS 指示灯 K47；（c）ESP/ASR 指示灯 K155

系统发生故障时，警报指示灯启动。已出现的故障和警报指示灯功能都被封存放在故障存储器中，按 ESP/ASR 控制键可断开 ESP 功能。

BOSCH ESP 的故障诊断需要用专用诊断仪 V.A.G 1551 或 V.A.G 1552 来完成，按表 3–2 所示的功能进行选择。

表 3–2 专用诊断仪 V.A.G 1551 或 V.A.G 1552 的主要功能和检测条件

功能		检测条件		
		发动机不转，点火开关接通	发动机在怠速状态	车辆在运行状态
1	查询电子控制单元版本	行	行	行
2	读取故障码	行	行	行
3	执行元件诊断	行	不行	不行
4	基本设定	行	行	不行
5	清除故障码	行	行	行
6	结束输出	行	行	行
7	电子控制单元编码	行	不行	不行
8	读测试数据块	行	行	行
9	匹配	行	不行	不行
10	登录	不行	行	不行

二、故障排除具体实施方法

1. 准备工作

1）详细询问客户该车故障现象，产生故障的环境，最近维修、保养情况。

2）查阅奥迪 A4 轿车电路图、使用手册和维修手册等原车资料，了解 ESP 系统构成、组成部件位置分布。

3）准备电脑故障诊断仪、万用表等维修诊断工具。

4）对车辆进行初步检查，根据维修手册，查找ESP系统电子控制单元、传感器、液压调节器等组成部件。观察液压管路有无滴漏现象，线路有无破损、断裂、搭铁现象。

5）检查仪器是否正常。

6）准备作业单。

2. 操作步骤

根据以上情况分析，该车的众多偶发性故障码是由断开过蓄电池负极电缆和车载网络控制单元导线连接器引起的，但这并不会直接导致 ESP 故障警报灯常亮。

1）将点火开关置于 ON 位，用 VAS 5051 清除故障码后，ESP 故障警报灯熄灭，接着断开点火开关，退出 VAS 5051 诊断程序。

2）对该车再次进行路试，当行驶了一段路程后 ESP 故障警报灯点亮。再次用 VAS 5051 进行检测，发现 ABS 控制单元内有一个永久性的故障码无法清除，故障码是 00493，含义是 ESP 传感器单元（G419）无信号 / 通信。

G419 传感器单元内部集成安装了 G200（侧向加速度传感器）和 G202（横摆率传感器），根据故障码的提示进行分析，首先怀疑故障码是由于传感器单元的导线侧连接器没有接触好而发生的。

3）拆下前乘员座椅（G419 传感器单元装在该座椅下），仔细检查 G419 传感器单元导线侧连接器，连接状况良好，没有发现任何疑点，重新安装好该导线侧连接器。

4）在不安装前乘员座椅的情况下进行试验。接通点火开关，仪表盘上的 ESP 故障警报灯经过几秒钟的自检后就熄灭了，用 VAS 5051 检测，发现故障码 00493 变为偶发性故障了，将其清除后，反复试车，ESP 故障警报灯没有亮起，一切正常。

但当安装好前乘员座椅和其他部件，准备交车前最后试车时，在行驶中 ESP 故障警报灯又点亮了。

5）再次用 VAS 5051 检测，发现故障码 00493 又变为永久性故障了。于是将疑点转移到前乘员座椅与 G419 传感器单元的关系上。

前乘员座椅的调节为机械式的，再次拆下该座椅作进一步检查。发现 G419 传感器单元的线束是从该座椅下面的地胶走过的，而且该车的地胶是用户买车后加装的，扒开地胶仔细检查 G419 连接线束，发现该线束在拐弯处有被挤压的现象，而且原车的线束固定卡子已被人为破坏，刨开线束的外皮发现有一根绿 / 黄色导线的绝缘皮已被磨破。

6）将其包扎固定后，重新安装好地胶和前乘员座椅，并用 VAS 5051 清除故障码，经过长时间试车，上述现象一直没再出现。

3. 总结

根据以上的检查过程和诊断结果，认为该车 ESP 故障警报灯常亮的原因是在更换地胶时，工作人员破坏了 G419 传感器单元连接线束的固定卡子，以致该线束的走向发生改变，被前乘员座椅挤坏了绝缘层而出现对地短路。

任务 3-3

电子制动力分配系统（EBD）的检测

任务目标

1）了解 EBD 的发展及应用。
2）了解 EBD 与 ABS 的联系和区别。
3）熟悉 EBD 系统的结构与工作原理。
4）能够正确分析判断 EBD 系统故障。

任务引入

EBD 是电子制动力分配系统，配置有 EBD 系统的车辆，会自动监测各个车轮与地面间的抓地力状况，将制动系统所产生的力量，适当地分配至四个车轮。在 EBD 系统的辅助之下，制动力可以得到最佳的效果，使制动距离明显地缩短，并在制动的时候保持车辆的平稳，提高行车的安全。而 EBD 系统在弯道之中进行刹车的操作亦具有维持车辆稳定的功能，增加弯道行驶的安全。EBD 实际上是 ABS 的辅助功能，它可以提高 ABS 的功效。所以在安全指标上，汽车的性能又多了“ABS+EBD”，需要了解和掌握 EBD 电子控制过程和检测方法。

相关知识

一、简介

EBD 是 Electronic Brake-Force Distribution 的缩写，也可称为 EBV、CBC，中文全名为电子制动力分配系统。EBD 能够根据汽车制动时产生轴荷转移的不同，而自动调节前、后轴的制动力分配比例，提高制动效能，并配合 ABS 提高制动稳定性。汽车在制动时，四只轮胎附着的地面条件往往不一样。比如，有时左前轮和右后轮附着在干燥的水泥地面上，而右前轮和左后轮却附着在水中或泥水中，这种情况会导致在汽车制动时四只轮子与地面的摩擦力不一样，制动时容易造成打滑、倾斜和车辆侧翻事故。当汽车制动时产生汽车重心的移动，为了发挥最佳制动效果，各车轮根据载重需要有效地分配制动力。前后轮同时抱死的制动力分配叫作理想制动力分配。而当车轮抱死滑移时，车轮与路面间的侧向附着力完全消失。如果只是前轮（转向轮）制动到抱死滑移而后轮还在滚动，汽车将失去转向能力；如果只是后轮制动到抱死滑移而前轮还在滚动，即使受到侧向干扰力，汽车也将产生侧滑（甩尾）现象。这些都极易造成严重的交通事故。为了避免此类现象的发生，根据重心的移动需要自动分配每个车轮的制动力。在一些车型中采用机械式分配阀（Proportionig Valve，又叫 P 阀）来完成这个作用。P 阀是为了在急制动时提高前后轮的制动均衡力，在发生高压时，减少后轮制动油压上升速度。但机械式分配阀不能实现理想的制动力分配，它在轻微制动时不起作用。EBD 用高速计算机在汽车制动的瞬间，分别对四只轮胎附着的不同地面进行感应、计算，得出不同的摩擦力数值，使四只轮胎的制动装置根据不同的情况用不同的方式和力量制动，并在运动中不断高速调整，从而保证车辆的平稳安全。

1. 电子制动力分配系统 EBD 的作用

1）当车辆紧急制动时，防止因后轮先被抱死造成汽车侧滑及甩尾。

2）可分别控制四轮的制动。

3）取代 P 阀即比例阀的功能，比机械式分配阀提高后轮制动力，缩短制动距离。

4）实现后轮制动力左右独立控制，确保转向制动时的安全性。

5）确保 ABS 工作时的制动安全性。

6）提高后轮的制动效果，减少前轮制动摩擦片的磨损量及温度的上升。一般轿车把前、后轮制动力比例分配为 30∶70。

2. 电子制动力分配系统 EBD 的优点

1）在各种载荷状况下，在弯道、在上山和下山时的侧向力以及动力传动系统变化（如离合器接合、离合器分离、自动变速）时都能得到最佳的行驶稳定性。

2）取消了常规的制动压力缓减器或制动压力限制器。

3）降低前轮制动器的热负荷。

4）前、后摩擦制动衬片磨损均匀。

5）在相同的制动踏板作用时有较大的汽车减速度。

6）在汽车寿命期内制动力分配不变。

7）只需对原来的 ABS 系统中的一些部件做微小改变。

二、制动力分配

1. 前后轮制动力分配

因前后轮荷重不同，所需的制动力不同，在车辆后部无负荷时，适当增大车辆前轮的制动力。如图 3–36 所示，随着车辆后部的负荷重量加大时，就要加大后轮的制动力。

2. 左右轮制动力分配

转弯时车辆重心外移，为减少外侧车轮的侧滑，如图 3–37 所示。制动时外侧车轮要施加较大的制动力。

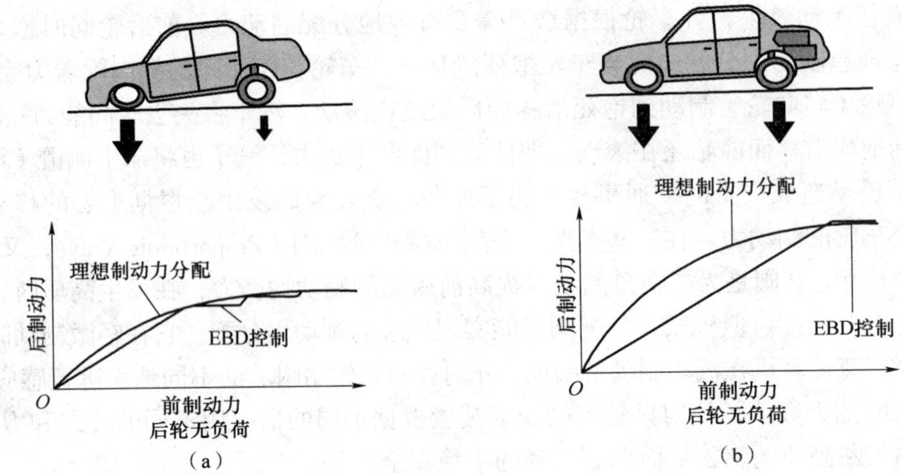

图 3-36 前后轮的制动力分配

(a) 车辆后部无负荷时；(b) 车辆后部负荷加大

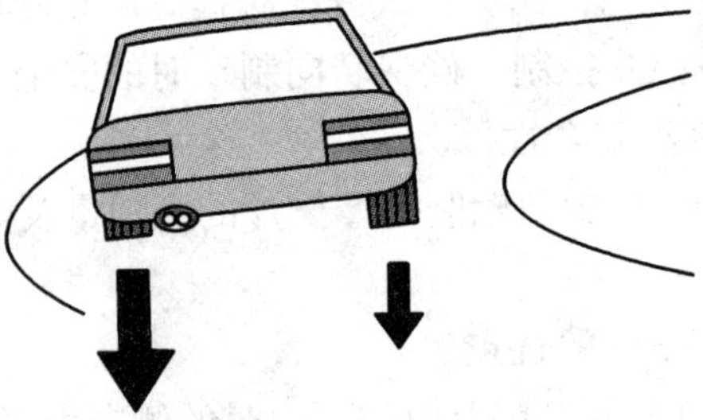

图 3-37 左右轮制动力分配

三、EBD 的组成及控制原理

电子制动力分配系统（EBD）并没有增加新的元件，而是通过软件即升级或改变电脑的程序来实现制动力的合理分配，降低了成本。ABS 和 EBD 系统示意图如图 3-38 所示。

制动时根据各轮速传感器的信号运算滑移率，通过控制后轮制动力，使后轮滑移始终保持小于或等于前轮滑移率，取代机械式分配阀对后轮的控制，实现了接近于理想制动力分配曲线的制动效果。

在车轮部分制动时，电子制动力分配系统（EBD）功能就起作用，转弯时尤其如此，速度传感器发出四个车轮的转速信号，电子控制单元根据这些信号计算车轮的转速及滑移率。如果后轮滑移率大于某个设定值，则由液压控制单元调节后轮制动压力，使后轮制动力降低，以保证后轮不会先于前轮抱死。

同传统的制动力分配方式相比，例如比较比例阀，电子制动力分配系统（EBD）功能保证了较高的车轮附着力以及合理的制动力分配。当 ABS 起作用时，电子制动力分配系统（EBD）即停止工作。EBD 降压工作图如图 3-39 所示。

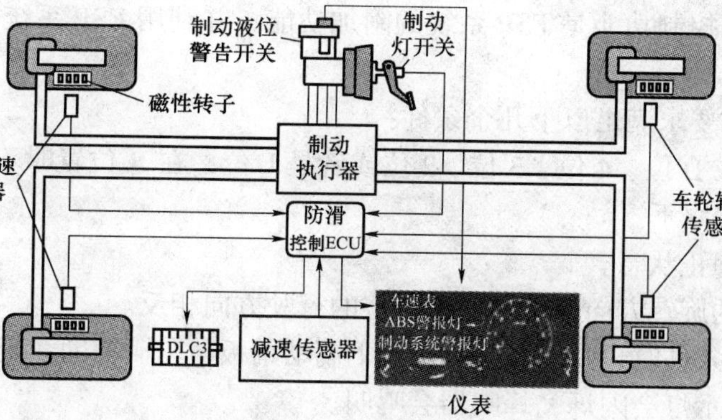

图 3-38　ABS 和 EBD 系统示意图

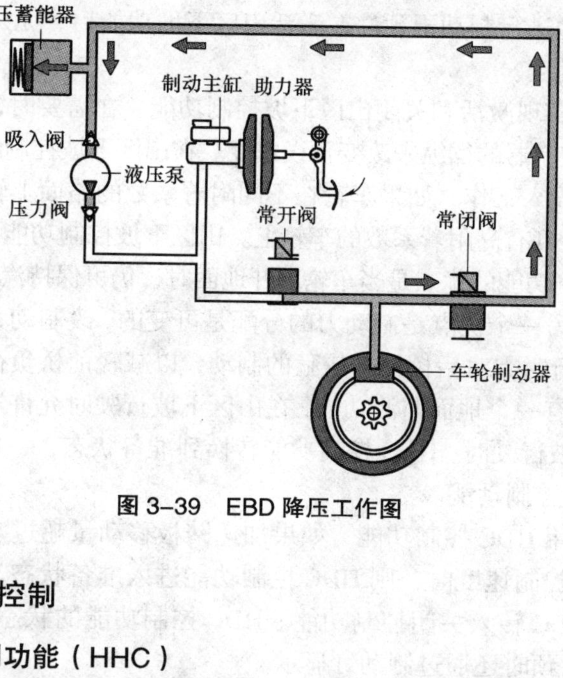

图 3-39　EBD 降压工作图

四、车辆上坡下坡控制

1. 山区上坡起步控制功能（HHC）

山区上坡起步控制功能，它是汽车行驶的舒适功能，并可防止在上坡时汽车下溜。用倾斜传感器（纵向加速传感器）可以检测坡度。在停车时，踩制动踏板建立的制动力是汽车上坡起动所必需的。

在确认汽车已停下来，且没有踩制动踏板时，在液力制动系统中仍保持驾驶员在停车过程间预设的制动力。制动时间长达 2 s，以后制动力下降。在这段时间内驾驶员可踩加速踏板使汽车起步，在确认汽车起步后制动力下降。

如果汽车发动机转矩足够，则汽车起步行驶。汽车起步可由驾驶员踩踏加速踏板或接合离合器，也可以由变速器输出发动机转矩（如自动变速器）来实现。

若汽车在静止状态时已有足够转矩（如制动变速转矩），则液压制动系统中的制动压力不再保持。如果在汽车设定的制动压力保持时间内踩踏加速踏板，则制动力保持时间要延长到有足够的发动转矩，以使汽车起步。

若不踩加速踏板以及制动踏板，则山区上坡起步控制功能（HHC）最晚在 2 s 以后失效，汽车就下溜。HHC 控制功能是 ESP 系统的附加功能，并利用 ESP 系统中的部件。这个控制过程是自动完成的。

HHC 系统工作要求满足以下几个条件：

1）挡位要求在 D 位、4 位、3 位、2 位或者是 L 位，在 R 位置时不工作。

2）油门踏板未踩下。

3）车辆处于静止状态。

4）每个车轮的旋转方向和车辆所在挡位的行驶方向相反。

满足以上这些条件时，操控者进一步踩下制动踏板，车辆辅助系统便会自动启动。HHC 系统工作时防滑指示灯会闪烁，蜂鸣器会鸣叫。

2. 山区下坡控制功能（HDC）

山区下坡控制功能也是汽车的一个舒适功能。当汽车在下坡（坡度 50 %）行驶时，该功能帮助驾驶员自动地进行制动干预。在激活山区下坡功能后，无须驾驶员的帮助而能细微调节预先设定的汽车速度。

操纵 HDC 键就可实现激活和关闭山区下坡控制功能。在需要时，驾驶员可通过踩制动踏板和加速踏板或速度控制器的操纵来改变预设速度。在山区下坡控制时，如果车轮在高的制动滑转率滑转，则 ABS 投入工作。如果车轮在不同附着系数的路面上转动滑转，则车轮上的制动转矩就会自动地分配到有高附着系数的车轮上。山区下坡控制功能可自动地、充分地利用发动机的转矩。HDC 控制功能的优点是当车轮离开地面时，仍可保持汽车的速度不会突然加速。

HDC 控制功能的另一个优点是制动力的分配是可变的，改制动力与自动的行驶方向识别连接在一起。在车倒行时需对后桥进行较猛的制动，以减轻前桥负荷和得到最佳的汽车操纵性。HDC 控制功能中有一个地面监测功能，在山区下坡行驶时允许进行制动干预。如汽车在平路上或者在山区上坡行驶时，HDC 控制功能转换到准备状态，一旦识别出汽车是下坡行驶就再次自动激活 HDC 控制动能。

为预防驾驶员误用 HDC 控制功能。如果加速踏板移动量超过它的规定值而继续往下踩或汽车超过它的最大控制速度时，则 HDC 控制功能进入准备状态。如果汽车进一步加速而超过切断速度，则 HDC 转入关闭控制功能。HDC 控制功能的状态由 HDC 指示灯显示。在通过 HDC 进行制动干预时还通过制动灯显示。

HDC 的工作条件如下所示：

1）HDC 开关接通，HDC 指示灯点亮。

2）车速大于 5 km/h，小于 25 km/h。

3）加速踏板和制动踏板均未踩下。

4）车轮转速升高。

任务实施

一、电子制动力分配系统（EBD）的检测

1.EBD 的常规检查

电子制动力分配系统（EBD）的常规检查与防抱死制动系统（ABS）的常规检查基本相

同，主要包括以下几个方面：

1）检查蓄电池电压是否在规定范围内。

2）检查传感头与齿圈间隙是否符合规定，传感头有无脏污。

3）检查制动液面是否在规定范围内。

4）检查所有继电器、保险丝是否完好，插接是否牢固。

5）检查电子控制装置导线插头、插座是否连接良好，有无损坏，搭铁是否良好。

6）检查液压单元、四个车轮转速传感器、制动液面指示灯开关的导线插头、插座和导线的连接是否良好。

7）检查驻车制动器是否完全释放。

8）检查轮胎花纹高度是否符合要求。

2. 减速度传感器的检查

减速度传感器用来判断制动时车辆的减速度，调整制动性能，提高ABS的工作准确度，损坏后无明显故障，但ABS灯会点亮。减速度传感器主要有光电式、水银式、差压阀式三种形式。

主要检测内容包括：ECU输出电压范围为0~5.0 V；ECU输入电压范围为0.5~4.5 V。传感器一般采用三条导线，其中电源线电压为+5 V，搭铁线和信号线电压为1~4 V。

3. 警报灯的控制检查

（1）EBD警报灯

当点火开关打到ON位置时，EBD警报灯亮3 s；当不能进行EBD控制时，EBD警报灯也会点亮。EBD警报灯位置如图3-40所示。

（2）ABS警报灯

在下列情况中，ABS警报灯会亮。

1）当点火开关打到ON时，ABS警报灯亮3 s。

2）ABS系统发生异常时亮。

3）自诊断时亮。

4）拆下ECU连接器时亮。

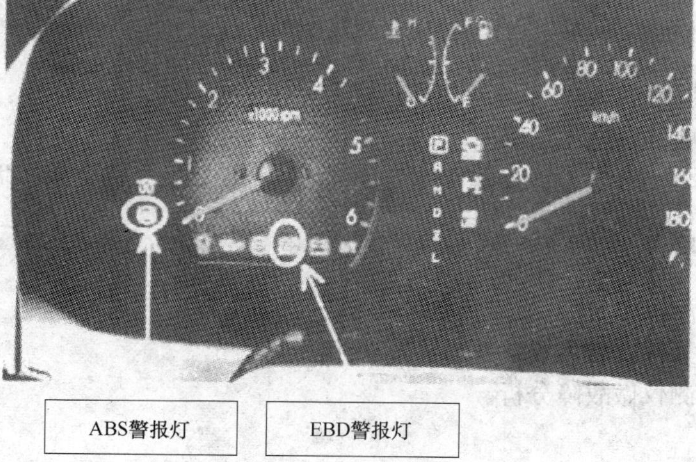

图3-40 EBD警报灯位置

二、系统故障诊断

1.EBD 在 ABS 出现下列故障情况下能确保稳定地工作

EBD 在 ABS 出现 1 个轮速传感器故障、电动泵故障、低电压三种情况时，仍能稳定地工作。

机械式分配阀故障时，因没有警示装置驾驶员无法判断故障，所以急制动时容易造成甩尾现象；EBD 故障时，及时点亮警报灯确保得到有效的故障排除。

2. 制动系统失效模式

如果车轮转速传感器出现故障，ABS 警报灯、IRC/ESP 警报灯将亮起，ABS、IRC、ESP 系统均停止工作，但 EBD 系统仍工作。制动系统失效模式数据表见表 3-3。

表 3-3　制动系统失效模式数据表

故障原因	系　统		警报灯	
	ABS	EBD	ABS	EBD
无故障	不工作	工作	熄灭	熄灭
1 个车轮转速传感器故障	不工作	工作	点亮	熄灭
电动泵故障	不工作	工作	点亮	熄灭
低电压	不工作	工作	点亮	熄灭
• 2 个以上车轮转速传感器故障； • 电磁阀故障； • ABS ECU 故障； • 其他故障	不工作	不工作	点亮	点亮

技能考核

一、准备工作

1）准备好试验用的 ASR 系统检测项目。

2）强调实训中的安全注意事项。

注意：在操作过程中，注意操作程序与规范，注意设备的正确使用，防止出现实训事故。

二、实训内容及要求

1）认识 ASR/EBD/ESP 系统的基本组成。

2）找出各个元件安装位置，并描述其功能。

3）用故障检测仪做故障分析。

三、场景设计

学生根据课堂讲解内容可对凌志 LS400 驱动防滑系统和奥迪 A4 轿车 ESP 系统的常见故

障如 ASR 工作异常、各传感器工作不良、电子控制单元接头松动等做出诊断与排除。实习教师可根据实训条件设置驱动防滑控制系统（ASR）、奥迪 A4 轿车 ESP 系统的故障。比如拔下电子控制单元某插头端子、拔下车轮转速传感器的接头等。然后在实习教师的监督下，由学生独立完成故障的诊断与排除；或者由教师充当客户模拟一个或几个场景，让学生分组完成故障排除。最后在实习教师的指导下，由学生分组完成相关数据、波形的分析，同时完成任务单。

注意：在操作过程中，注意操作程序与规范，注意设备的正确使用，防止出现事故。

四、完成任务单

1）将基本信息填写在表 3–4 中。

表 3–4　基本信息

日　期		同组人员	
车　型		发动机型号	
VIN 码		行驶里程	
年　款		故障现象	

2）找出实习车辆所有传感器，描述凌志 LS400 驱动防滑系统和奥迪 A4 轿车 ESP 系统各个传感器的安装位置并填写表 3–5。

表 3–5　传感器安装位置

传感器名称	安装位置的描述

3）描述凌志 LS400 电控驱动防滑系统和奥迪 A4 轿车 ESP 系统中各个执行器的安装位置并填写表 3–6。

表 3–6　执行器安装位置

执行器名称	安装位置的描述

4）描述下面操作时的相关变化并填写表 3-7。

表 3-7 ASR/EBD/ESP 运行描述

操作描述	ASR/EBD/ESP 运行描述	相关数据记录
制动液过多或过少		
拔掉车速传感器插头		
拔掉转向角传感器 G85 插头		
设置 G419 传感器单元导线故障		

5）分析内容 4）对 ASR/EBD/ESP 系统运行的影响。

___

6）本次实训中存在的疑问有哪些？最大的难点是什么？

___

项目小结

本项目着重介绍了驱动防滑控制系统（ASR）、车辆行驶稳定性控制系统（ESP）以及电子制动力分配系统（EBD）的工作原理。从某种意义上说，ESP 与 ASR 以及 ABS 很多结构元件共用共享，EBD、ABS、ASR、ESP 在功能上依次层级升高。阐述了典型车辆凌志 LS400 驱动防滑系统液压部件的拆装、故障诊断与排除、故障码的读取与消除方法；奥迪 A4 轿车 ESP 系统的故障诊断方法。在实训过程中按照维修站的维修标准，对相关系统进行系统自诊断检测、主要元件的基本检查与调整等内容进行了技能训练，通过实践学习学生应能达到对车辆驱动防滑与行驶稳定性控制系统常见故障进行诊断和维修能力。

思考与练习

1）简述 ESP、ASR、ABS 以及 EBD 之间的关系。，
2）简述汽车驱动防滑控制系统（ASR）的组成及各个元件的功能。
3）简述 ESP 系统的组成和控制原理。
4）简述凌志 LS400 驱动防滑系统故障码的读取与消除方法。
5）简述奥迪 A4 轿车 ESP 系统的基本组成和诊断方法。
6）简述转向角传感器的工作原理。

项目四

电控动力转向系统与四轮驱动系统检修

项目概述

汽车转向系统可按转向的能源不同，分为机械转向系统和动力转向系统两类。机械转向系统是依靠驾驶员操纵转向盘的转向力来实现车轮转向的；动力转向系统则是在驾驶员的控制下，借助于汽车发动机产生的液体压力或电动机驱动力来实现车轮转向的。传统动力转向系统具有转向操纵灵活、轻便等优点，但当汽车以高速行驶时，转动转向盘的力显得太小，不利于对高速行驶的汽车进行方向控制。而电子控制技术在汽车动力转向系统中的应用，则大大提高了汽车的驾驶性能，使汽车具有更好的操纵稳定性。

现代轿车的马力都比较大，加速时重心后移，全车重量就会向后轴移动，造成前轴轻飘，这对前轮驱动的轿车来讲，即使在良好的路面上也会发生打滑，四轮驱动系统可以防止这种现象的发生。轿车应用四轮驱动系统，主要作用是提高汽车的加速性能。四轮驱动的目的就在于可按行驶路面状态不同而将发动机输出扭矩按不同比例分布在前后轮上，结合了前轮驱动和后轮驱动的优点，“牵引”与“推进”并行。不论是加减速或负重，所产生的影响均最小，既避免了前轮驱动的转向不足，又防止了后轮驱动的转向过度，尤其在高速转弯和恶劣路面上加速或爬坡时，其附着力强，通过性好，而且安全系数高。

任务 4-1

液压式电控动力转向系统的检测与维修

任务目标

1）掌握液压式电控动力转向系统的结构及工作原理。

2）了解液压式电控动力转向系统的主要组成、部件位置及功能。

3）掌握凌志电控动力转向系统的常见故障及检测方法。

任务引入

某汽车维修有限公司承接一辆凌志 LS400 轿车的维修任务。车主自述，当汽车停车或低速行驶时，转动转向盘就非常吃力，车主要求对车辆进行检测并维修。如要对车辆进行检测和维修，就必须熟悉凌志液压动力转向系统。要完成维修任务，应掌握以下内容：

1）液压式电控动力转向系统的基本构造。

2）液压式电控动力转向系统的常规检测。

3）凌志电控动力转向系统的常见故障及检测方法。

相关知识

一、对转向系统的要求

1）优越的操纵性。当汽车行驶在狭窄弯曲的道路上要转弯时，转向系统必须保证灵活、平顺。

2）合适的转向力。如果没有其他的障碍物，转向力在汽车停止时应较大，随汽车行驶速度的增加而减小，为了有更加好的“路感”，要求在低速行驶时应有较小的转向力，而在高速时转向力要加大。

3）平顺的回转性能。要求在转向结束时，转向盘能自动回正，即车轮回到直线行驶的位置上。当驾驶员放松转向盘之后，这个回位动作必须平顺地进行。

4）要有随动作用。转向车轮的偏转角和驾驶员转动转向盘的转角要保持一定的关系，并能使转向车轮保持在任一偏转角位置上。

5）减小从道路表面传来的冲击。要求转向装置决不可以因道路表面不平坦而使转向盘失去控制或造成反转的情况。

6）工作可靠。当动力转向系统发生故障时，应能保证通过人力进行转向操作。

二、动力转向系统的种类

汽车转向系统可按转向的能源不同，分为机械转向系统和动力转向系统两类。机械转向系统是依靠驾驶员操纵转向盘的转向力来实现车轮转向的；动力转向系统则是在驾驶员的控制下，借助于汽车发动机产生的液体压力或电动机驱动力来实现车轮转向的。所以，动力转向系统也称为转向动力放大装置。动力转向系统可使转向操纵灵活、轻便，能吸收路面对前轮产生的冲击。在设计汽车时转向器的结构形式可灵活选择，因此动力转向系统被很多国家采用。按控制方式的不同，可分为传统动力转向系统和电子控制动力转向系统。传统动力转向系统在设计时存在着一些矛盾：如果所设计的固定放大倍率是为了减小汽车在停车或低速行驶状态下转动转向盘的力，则当汽车以高速行驶时，会使转动转向盘的力显得太小，不利于对高速行驶的汽车进行方向控制；反之，如果所设计的固定放大倍率是为了增加汽车在高速行驶时的转向力，则当汽车停车或低速行驶时，转动转向盘就会显得非常吃力。

电控动力转向系统（Electronic Control Power Steering），根据动力源不同又可分为液压式电控动力转向系统（液压式 EPS）和电动式电控动力转向系统（电动式 EPS）。液压式 EPS 是在传统的液压动力转向系统的基础上增设了控制液体流量的电磁阀、车速传感器和电子控制单元等。电子控制单元根据检测到的车速信号控制电磁阀，使转向动力放大倍率实现连续可调，从而满足高、低速时的转向动力要求。电动式 EPS 是利用直流电动机作为动力源，电子控制单元根据转向参数和车速信号等，控制电动机转矩的大小和方向。电动机的转矩由电磁离合器通过减速机构增大转矩后，加在汽车的转向机构上，使得到一个与工况相适应的转向作用力。通过电控动力转向系统，可使驾驶员在汽车低速行驶时操纵转向轻便、灵活；而在中、高速行驶时可以增加转向操纵力，使驾驶员的手感增强，从而可获得良好的转向路感和提高转向操纵的稳定性。

三、液压式 EPS

液压式 EPS 根据控制方式的不同，可分为流量控制式、反作用力控制式和阀灵敏度控制式。

1. 流量控制式 EPS

流量控制式 EPS 是根据车速传感器信号，调节液压动力转向装置中油液的输入、输出流量和压力，来控制液压动力的大小的。一般是在液压式电控动力转向系统上增加流量控制电磁阀、车速传感器、电子控制单元和控制开关等元件，如图 4–1 所示。

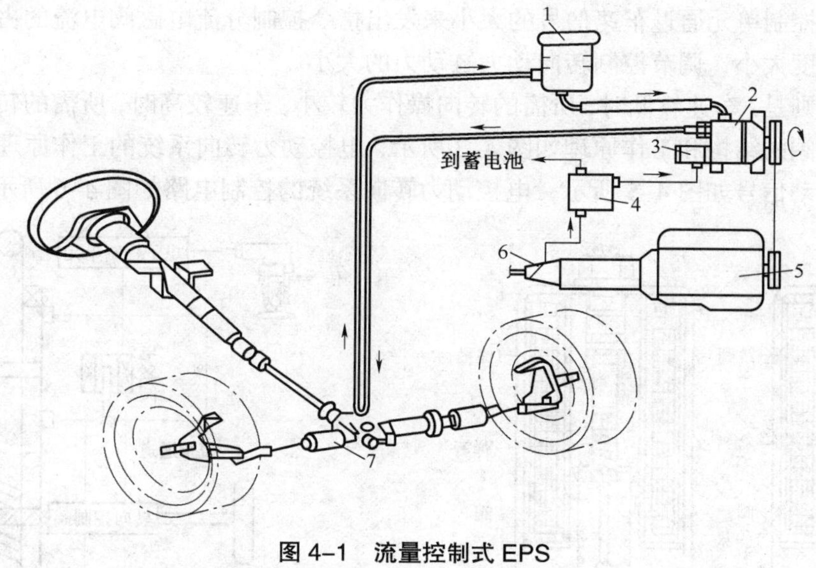

图 4-1　流量控制式 EPS

1—储液罐；2—转向油泵；3—流量控制电磁阀；4—电子控制单元；
5—发动机；6—车速传感器；7—齿轮齿条转向器及动力缸

凌志轿车液压式电控动力转向系统的原理如图 4-2 所示，发动机驱动液压泵产生的液压油被送到控制阀。汽车直线行驶时，控制阀处于中间位置，液压油将流过控制阀进入泄油孔并返回储液罐中。此时，动力缸活塞两边的压力相等，活塞不会向某一方向移动；而当汽车转向时，主轴转向任意方向时，控制阀都会随之转动，并关闭一个液压通道，使另一个液压通道开得更大，液压油被送到活塞一侧，在活塞两侧形成压力差，把活塞推向压力小的一侧，起到转向动力的作用。

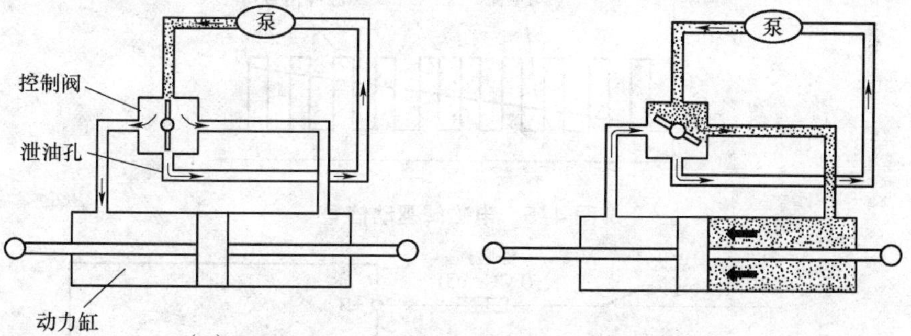

图 4-2　凌志轿车液压式电控动力转向系统的原理

（a）汽车直线行驶时；（b）汽车转弯时

凌志轿车液压式电控动力转向系统在动力转向的基础上增加了分流电磁阀、电子控制单元、车速传感器等部件。在转向动力缸两侧的油道上设置了一条连通动力缸两腔的分流油道，油道流量受分流电磁阀控制。当电磁阀根据汽车行驶车速升高而激励分流油道逐渐打开时，转向动力缸高压侧的高压油有一部分被分流到动力缸低压油室中去，同时返回到储油罐中，使转向动力缸中的活塞两侧油压差减小，动力转向的动力减弱，此时汽车转向，就需要驾驶员施加较大的转向操作力，使转向灵敏性和轻便性得到很好的兼顾，得到良好的路感。

主要工作过程是：汽车行驶时由车速传感器检测汽车速度，并转化为电信号送给电子控制单元，电子控制单元通过车速信号的大小来发出指令控制分流电磁阀电流的占空比，进而控制油道的开度大小，调节控制转向动力缸动力的大小。

控制的原则是：车速较低时，所需的转向操作力较小；车速较高时，所需的转向操作力适当增大。分流阀的结构和工作原理如图 4–3 所示，电控动力转向系统的工作原理如图 4–4 所示，电磁阀驱动信号如图 4–5 所示，电控动力转向系统的控制电路如图 4–6 所示。

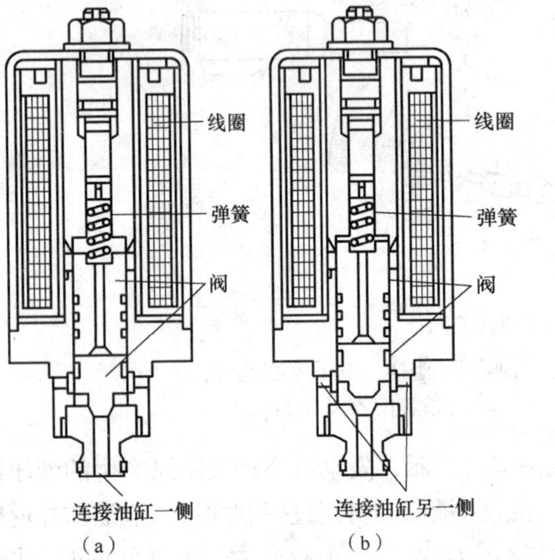

图 4–3　分流阀的结构和工作原理

（a）低速时；（b）高速时

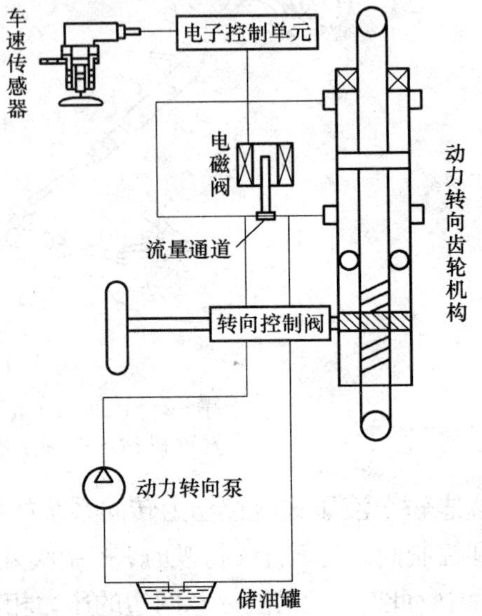

图 4–4　电控动力转向系统的工作原理

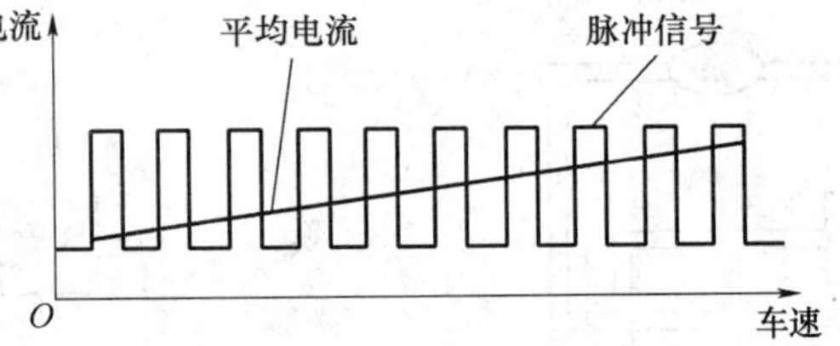

图 4–5　电磁阀驱动信号

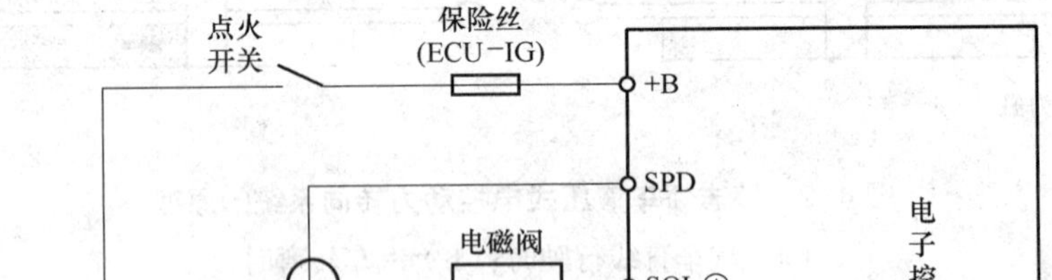

图 4–6　电控动力转向系统的控制电路

2. 反作用力控制式 EPS

（1）反作用力控制式 EPS 的工作原理

反作用力控制式EPS主要由转向控制阀、分流阀、电磁阀、转向动力缸、转向液压泵、储油箱、车速传感器（图 4–7 中未标出）及电子控制单元（ECU）等组成，如图 4–7 所示。其中转向控制阀是在传统的整体转阀式动力转向控制阀的基础上增设了油压反作用力室而构成。扭力杆的上端通过销子与转阀阀杆相连，下端与小齿轮轴用销子连接。小齿轮轴的上端部通过销子与控制阀阀体相连。转向时，转向盘上的转向力通过扭力杆传递给小齿轮轴。当转向力增大，扭力杆发生扭转变形时，控制阀阀体和转阀阀杆之间将发生相对转动。于是就改变了阀体和阀杆之间油道的通、断关系和工作油液的流动方向，从而实现转向动力作用。分流阀的作用是将来自转向液压泵的油液向控制阀一侧和电磁阀一侧分流，按照车速和转向要求，改变控制阀一侧与电磁阀一侧的油压。确保电磁阀一侧具有稳定的油液流量。固定小孔的作用是把供给转向控制阀的一部分流量分配到油压反作用力室一侧。电磁阀根据需要开启适当的开度，使油压反作用力室一侧的油液流回储油罐。

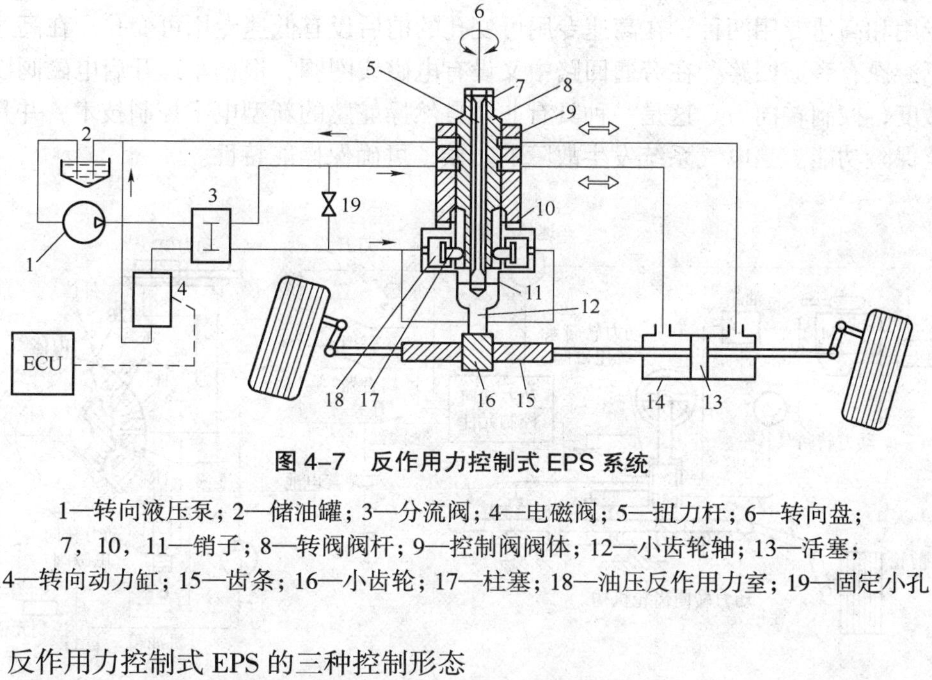

图 4–7　反作用力控制式 EPS 系统

1—转向液压泵；2—储油罐；3—分流阀；4—电磁阀；5—扭力杆；6—转向盘；
7，10，11—销子；8—转阀阀杆；9—控制阀阀体；12—小齿轮轴；13—活塞；
14—转向动力缸；15—齿条；16—小齿轮；17—柱塞；18—油压反作用力室；19—固定小孔

（2）反作用力控制式 EPS 的三种控制形态

1）当汽车处于停车与低速状态时。车速传感器将反映停车与低速状态的速度信号输送给 ECU，ECU 向电磁阀提供大的通电电流，导致电磁阀的导通面积变大，从而经分流阀分流的压力油重新回到储油罐。所以作用于柱塞的背压（油压反作用力室压力）降低，于是柱塞推动控制阀轴的力变小，转向盘回程力可在扭力杆上产生较大扭矩。回转阀被固定在小齿轮轴上，控制阀随扭力杆扭转作用相应回转，使两阀油孔连通。转向油泵油压作用于动力缸的右室（或左室），动力活塞向左（或向右）运动从而增加了转向操纵力。

2）当汽车处于中高速直线行驶状态时。直线行驶转向角小，扭力杆的相对扭力也比较小，回转阀与控制阀的连通通道的开度相应减小，使回转阀一侧的油压升高。由于分流阀的作用，电磁阀一侧的油量增加。同时随着车速的增加，ECU 向电磁阀提供的通电电流减小，导致电磁阀的导通面积变小，而作用于油压反作用力室的反压力增加，柱塞推压控制阀轴的压力也变大，增加了驾驶员手的操纵力，具有良好的转向手感。

3）当汽车中高速转向行驶时。扭力杆扭转角变得更小，回转阀与控制阀的连通通道开度也变得更小，在回转阀一侧的油压进一步升高。随着油压上升，压力油从固定阻尼孔侧向油压反作用力室供油，这时油压反作用力室除了具有向分流阀提供压力油之外，还具有从固定阻尼孔流出的压力油，从而导致柱塞的背压增大，柱塞推压控制阀轴的压力也增大，转向盘操纵力随着转向角的增大而增大，所以在高速时能获得稳定的转向手感。

3. 阀灵敏度控制式 EPS

阀灵敏度控制式 EPS 是根据车速控制电磁阀，直接改变动力转向控制阀的油压增益（阀灵敏度）来控制油压。这种转向系统结构简单、部件少、价格便宜，而且具有较大的选择转向力的自由度。

如图 4-8 所示为 89 型地平线牌轿车所采用的阀灵敏度控制式动力转向系统。转向控制阀的转子阀做了局部改进并增加了电磁线圈阀、控制元件、车速传感器。转子阀的可变孔分为低速专用和高速专用两种，在高速专用可变孔的前后设有低速专用可变孔。在高速专用可变孔的下游设有旁通回路，在旁通回路中又设有电磁线圈阀，根据车速开启电磁阀以改变电磁阀灵敏度，控制转向力。这是一种具有非常自然操舵感的新型电子控制技术，并具有有效保障安全保险功能。当电气系统发生故障的时候，可确保操舵特性。

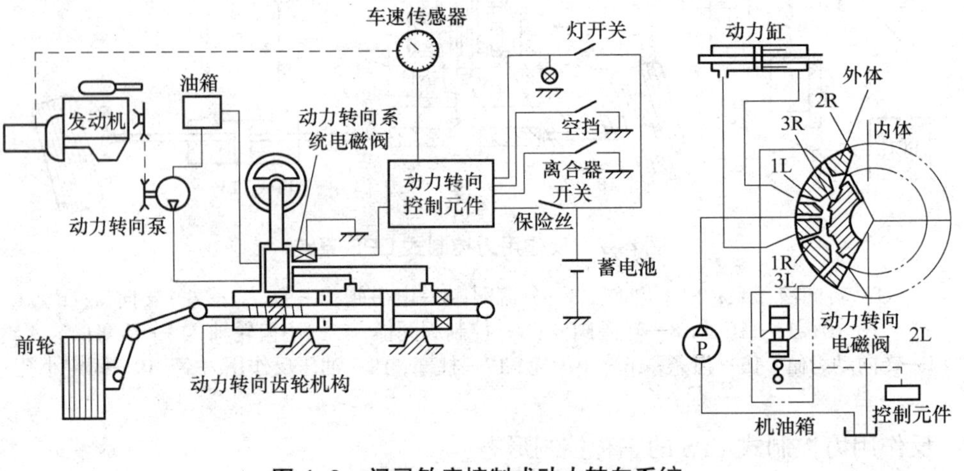

图 4-8　阀灵敏度控制式动力转向系统

（1）转子阀

转子阀的圆周上有 6 条或 8 条沟槽，各沟槽利用阀体外部与泵、动力缸、电磁阀及油箱连接。如图 4-9 所示为转子阀、电磁阀结构剖面图。

阀部的等效液压回路图如图 4-10 所示。在动力缸与回转端口直接配置两个可变孔，在这两个可变孔之间有电磁线圈控制阀的油压回路。可变小孔 1R、1L、2R、2L 是能以较小转向扭矩关闭的低速专用可变小孔；3R、3L 是能以较大转向扭矩关闭的高速专用可变小孔。

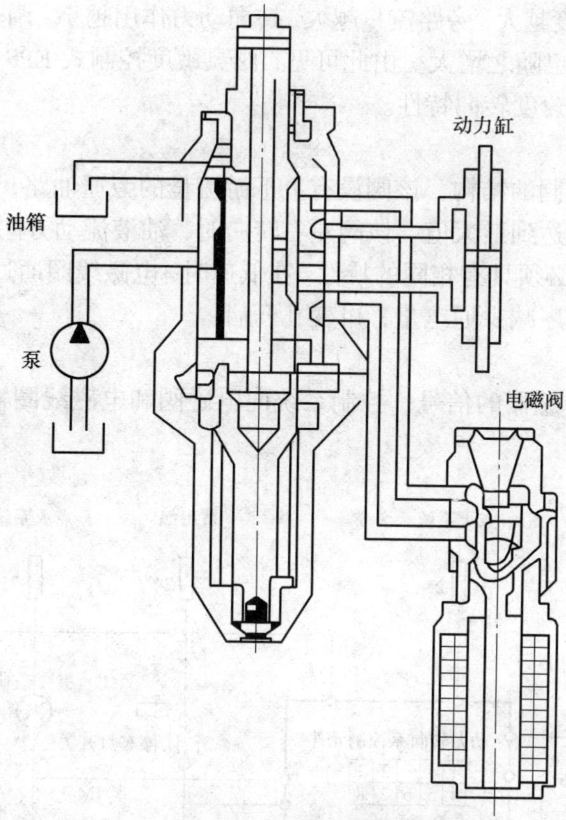

图 4-9　转子阀、电磁阀结构剖面图

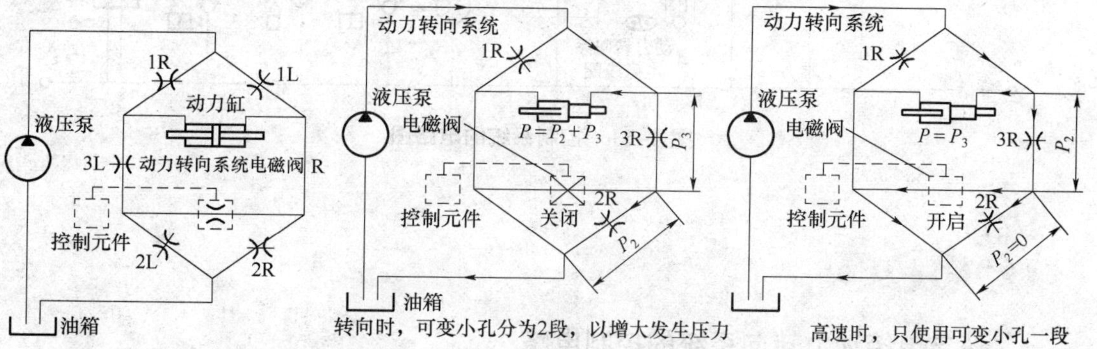

转向时，可变小孔分为2段，以增大发生压力　　高速时，只使用可变小孔一段

图 4-10　阀部的等效液压回路图

其工作原理是：当车辆静止时，电磁阀完全关闭，如果此时向右转动转向盘，则高灵敏度低速专用小孔 1R 和 2R 在较小的转向扭矩作用下即可关闭，转向液压泵的高压油液经 1L 流回转向动力缸右腔室，其左腔室的油液经 3L、2L 流回油箱，所以，此时具有轻便的转向特性。而且施加在转向盘上的转向力矩越大，可变小孔 1L、2L 的开口面积越大，节流作用就越小，转向动力作用越明显。

随着车辆行驶速度的提高，在 ECU 的作用下，电磁阀的开度也线性增加，如果向右转动转向盘，则转向液压泵的高压油液经 1L、3R 旁通电磁阀流回油箱。此时，转向动力缸右腔室的转向动力油压就取决于旁通电磁阀和灵敏度低的高速专用孔 3R 的开度。车速越高，在 ECU

的控制下，电磁阀的开度越大，旁路流量越大，转向动力作用越小，调整专用小孔3R的开度逐渐减小，转向动力作用也随之增大。由此可见，阀灵敏度控制式EPS可使驾驶员获得非常自然的转向手感和良好的速度转向特性。

（2）电磁阀

如图4-9所示电磁阀的结构，该阀设有上下游流量的旁通油路，是可变节流阀。

在高速时开启面积达到最大值。该阀左右转向时，油液流动方向可以逆转，所以在F下流动方向中，可变小孔必须具有相同的特性。在低速时，电磁线圈通过最大电流，可变孔被关闭，随着车速提高，顺序减少通电量，可变孔开启。

（3）控制系统

当接受来自车速传感器的信号，控制系统向电磁阀和电磁线圈输出电流。如图4-11所示为控制系统的电路图。

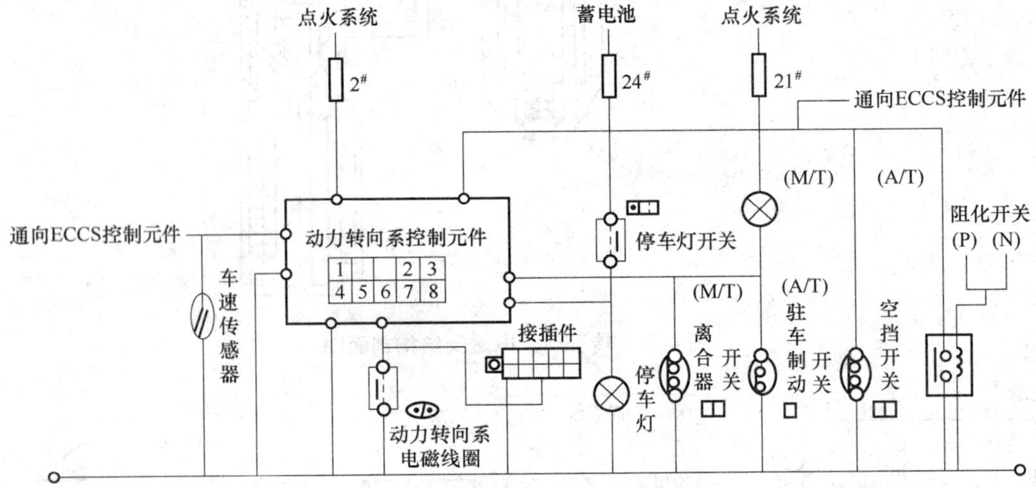

图4-11 控制系统的电路图

任务实施

一、凌志电控动力转向系统的控制电路

电控动力转向系统的控制电路如图4-6所示。当点火开关接通时，蓄电池通过动力转向ECU的+B端子向动力转向ECU提供12 V电压。当汽车正常行驶时，车速传感器通过动力转向ECU的SPD端子向动力转向ECU发送车速信号。在不同车速条件下转向时，动力转向ECU给SOL ⊕端子和SOL ⊖端子之间施加不同的电压，电磁阀打开的程度不同，以使驾驶员有不同的转向操作。

二、凌志电控动力转向系统的常见故障及检测方法

凌志电控动力转向系统的常见故障是：怠速或低速行驶时转向困难；高速行驶时转向太灵敏。电控动力转向系统的作用就是使怠速和低速时转向轻便，而使高速转向时转向盘转向

力大。该作用是通过动力转向 ECU 接收车速传感器的信号，控制电磁阀的开度来实现的。所以出现上述故障现象，应从动力转向 ECU、电磁阀及车速传感器上找原因。

具体方法是：首先在静态下检测动力转向 ECU 的各端子，判断动力转向 ECU 是否正常及车速传感器和电磁阀的工作是否正常，然后再进行电磁阀检测和在动态下对动力转向 ECU 进行检测。动力转向 ECU 连接器的各端子如图 4–12 所示。

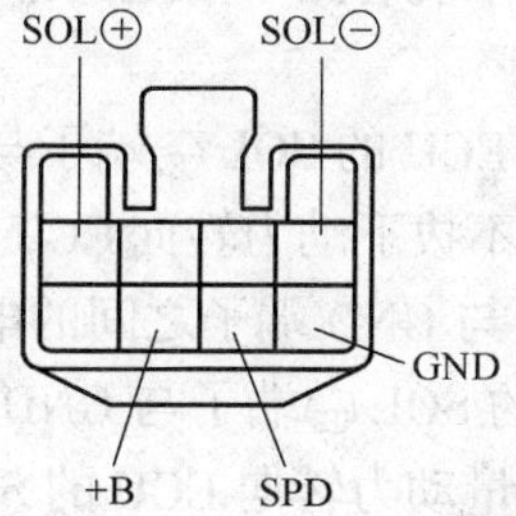

图 4–12 动力转向 ECU 连接器的各端子

1. 静态下动力转向 ECU 的检测

1）将点火开关接通（ON）。

2）检测保险丝（ECU–IG）是否正常。检查保险丝（ECU–IG）时，通常是用 1 个新保险丝换上，看是否还有上述故障现象，若故障现象消除，即为保险丝损坏了。若保险丝正常，则是保险丝与动力转向 ECU 的 +B 端子间的线束有短路故障。

3）检测动力转向 ECU 的 +B 端子与车身搭铁是否有蓄电池电压（10~14 V）。脱开动力转向 ECU 连接器，将数字式万用表（V 挡）的正表笔插入动力转向 ECU 的 +B 端子，负表笔与车身搭铁。若万用表显示的电压不为 10~14 V，则为保险丝到动力转向 ECU 的 +B 端子之间的线束开路。若为 10~14 V，则保险丝到动力转向 ECU 的 +B 端子之间的线束无问题。

4）检测动力转向 ECU 的 GND 端子与车身搭铁之间是否相通。将数字式万用表（Ω 挡）的正表笔插入动力转向 ECU 的 GND 端子，负表笔与车身搭铁。若其电阻不为 0，则动力转向 ECU 的 GND 端子与车身搭铁之间的线束接地不良或开路。若其电阻为 0，则动力转向 ECU 的 GND 端子接地良好。

5）检测动力转向 ECU 的 SPD 端子。顶起一侧前轮，将数字式万用表（Ω 挡）的正表笔插入动力转向 ECU 的 SPD 端子，负表笔插入 GND 端子。转动前轮，检查电阻应在 0 → ∞ → 0 间变化，且显示变化频繁。若其电阻不是这样频繁变化，则是车速传感器出现故障，或动力转向 ECU 的 SPD 端子与车速传感器之间的线束短路或断路。

6）检测动力转向 ECU 的 SOL ⊕端子和 SOL ⊖端子。用数字式万用表 Ω 挡，测量动力转向 ECU 的 SOL ⊕端子或 SOL ⊖端子与 GND 端子之间的电阻，其电阻值应为∞。否则，说明电磁阀出故障或动力转向 ECU 的 SOL ⊕端子与 SOL ⊖端子之间的线束短路。

7）测量动力转向 ECU 的 SOL ⊕端子和 SOL ⊖端子之间的电阻。用数字式万用表 Ω 挡，测量动力转向 ECU 的 SOL ⊕端子与 SOL ⊖端子之间的电阻，其电阻值应为 6~11 Ω。若不在该范围，则是电磁阀出故障或动力转向 ECU 的 SOL ⊕端子与 SOL ⊖端子之间的线束断路。

2. 电磁阀的检测

1）测量电磁阀的电阻。拆下电磁阀的电线接头，测量其 SOL ⊕端子与 SOL ⊖端子之间的电阻，其电阻值应为 6~11 Ω。若不在该范围，则电磁阀出故障，更换电磁阀。若其电阻值为 6~11 Ω，则检查电磁阀的空心滑阀是否卡滞，即检查电磁阀的动作。

2）检查电磁阀的动作。将电磁阀从转向齿轮箱上拆下，将蓄电池的负极接电磁阀的 SOL ⊖端子。此时，电磁阀的空心滑阀应缩进大约 2 mm，并能听到咔嗒声。若不正确，则是电磁阀的空心滑阀卡滞，应更换电磁阀。

3）装上电磁阀后，将动力转向系统管路中的空气排净。

3. 动态下动力转向 ECU 的检测

1）怠速工况下，测量动力转向 ECU 的 SOL ⊖端子与 GND 端子之间的电压。支起汽车，起动发动机，使发动机怠速运转，在不拔下动力转向ECU连接器的情况下，用数字式万用表V挡测量动力转向 ECU 的 SOL ⊖端子与 GND 端子之间的电压值并记录。

2）中速时测量动力转向 ECU 的 SOL ⊖端子与 GND 端子之间的电压。挂上挡，使汽车的车轮以 60 km/h 的速度运转，再测量动力转向 ECU 的 SOL ⊖端子与 GND 端子之间的电压，并记录。标准电压值应在 0.07~0.2 V。若电压值不在该范围，则是动力转向 ECU 出故障，应更换动力转向 ECU。

任务 4-2

三菱电控动力转向系统的检测与维修

任务目标

1）掌握三菱电控动力转向系统的结构及工作原理。
2）了解三菱电控动力转向系统的主要组成、部件位置及功能。
3）掌握三菱电控动力转向系统的诊断。

任务引入

某汽车维修有限公司承接一辆三菱轿车的故障诊断和维修任务。车主自述，当汽车停驶或低速行驶时，转动转向盘非常吃力，车主要求对车辆进行检测并维修。如要对车辆进行检测和维修，就必须熟悉三菱轿车电控动力转向系统。

相关知识

一、电动式 EPS 的组成

电动式 EPS 主要由 EPS ECU、电动机、转矩传感器、车速传感器（一般安装在变速器输出轴上）等组成，如图 4-13 所示。系统中，电动机通过电磁离合器与转向小齿轮相连，直接驱动转向小齿轮实现转向动力。

二、电动式 EPS 的优点

1）将电动机、离合器、减速装置、转向杆等各部件装配成一个整体。这既无管道也无控制阀，使其结构紧凑、质量减小。一般电动式 EPS 的质量比液压式 EPS 的质量轻 25% 左右。

2）没有液压式动力转向系统所必需的常运转转向油泵，电动机只是在需要转向时才接通电源，所以动力消耗和燃油消耗均可降到最低。

3）省去了油压系统，所以不需要给转向油泵补充油，也不必担心漏油。

4）可以比较容易地按照汽车性能的需要设置、修改转向动力特性。

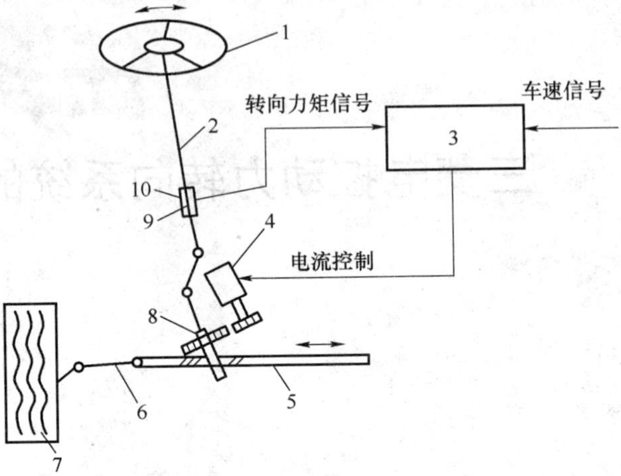

图 4-13　电动式 EPS 的组成

1—转向盘；2—转向轴；3—EPS ECU；4—电动机；5—齿条；
6—横拉杆；7—转向轮；8—转向小齿轮；9—扭杆；10—转矩传感器

三、三菱电动式 EPS

如图 4-14 所示为三菱汽车用齿轮动力式 EPS 结构。系统中的电子控制装置可根据车速和转向盘上的操纵力，控制转向动力机构内的电动机，实现转向动力控制。

该系统在其设定的车速以上转向时，就变成了普通的转向系统。如果系统出现故障，自我修正功能就会发挥作用，断开电动机的输出电流，使其变成普通的转向系统。同时，速度表内的警报灯亮，以通知驾驶员系统发生故障。

齿轮动力式 EPS 主要部件的结构及工作原理：

1）电动机、离合器和减速机构动力电动机、离合器与转向传感器均安装在转向器内。电子控制装置根据车速和转向盘的转动状况，向电动机和离合器输出控制电流，电动机的旋转力矩经减速机构传给转向小齿轮，实现转向动力。直流电动机最大的通过电流为 30 A，在发动机不起动时，EPS 由蓄电池供电；怠速时由发电机供电。因此 EPS 工作时，发动机处于高怠速工作状态。电动机与行星齿轮间的传动关系如图 4-15 所示。

行星齿轮减速机构的动力传动路线是：转向器转矩杆 3 →输入轴 4 →行星齿轮转速器的内齿圈 B →行星小齿轮 6 →行星小齿轮 6 的轴→从动齿轮 10（太阳轮运动受约束）。驾驶员在转动盘上的转矩由行星齿轮减速器内齿圈输入，从行星齿轮轴输出。此种传动的传动比 i 大于 1，即减速增矩转动，i 为驾驶员作用在转向盘上的转矩经行星齿轮减速机构后增大的倍数。

电动机电动助力的转矩由电动机轴上的驱动齿轮传给主动齿轮 A，再由主动齿轮 A 传给从动齿轮 10，使从动齿轮 10 转矩增大。

驾驶员的转矩经行星齿轮减速器扩大后，作用在从动齿轮 10 上，而电动机助力转矩也作用在从动齿轮 10 上，最后共同作用在齿轮齿条转向机小齿轮 9 上，小齿轮 9 使齿条往复运动，使左右转向轮克服地面转向阻力矩而转向。

2）转矩传感器：通过扭杆将转动转向盘时的转矩变为转角信号输送给电子控制装置。一般扭杆的扭转角度设定为 46° 左右，而且由于采用行星齿轮机构，使转矩传感器的检测精度提高。

3）车速传感器。车速传感器的结构如图 4–16 所示，电磁感应式车速传感器安装在变速器上。传感器根据车速的变化，把两个系统（主、副）的脉冲信号输送给 ECU。传感器每转动一圈将产生 8 个脉冲信号，由于是两个系统，故信号的可靠性提高了。

当车速传感器有故障时，由于没有车速信号输送给电子控制系统，则系统变为普通转向系统的工作状态。

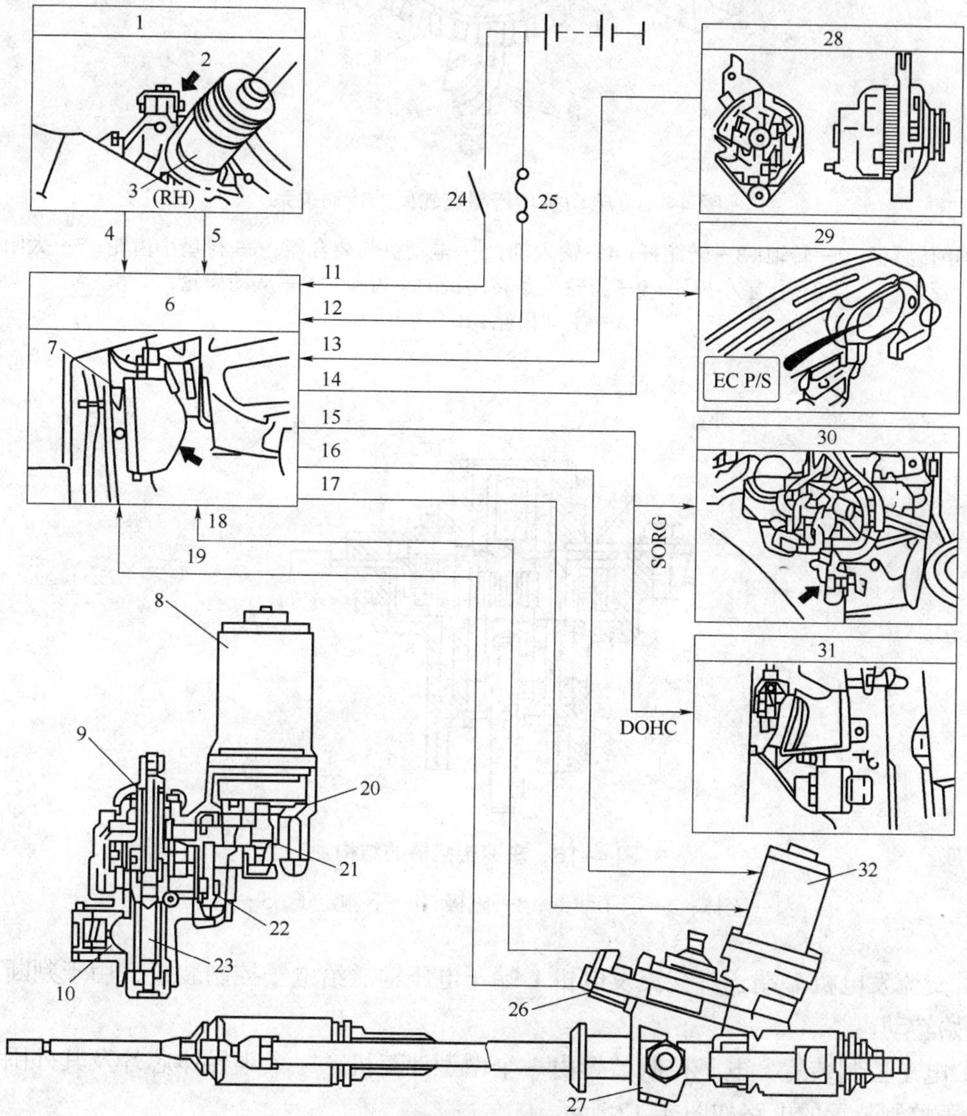

图 4–14　三菱汽车用齿轮动力式 EPS 结构

1—车速传感器；2—速度表引出电缆的部位；3—主动轴；4—车速信号（主）；5—车速信号（副）；6—电子控制装置；7—副驾驶员脚下部位；8—电动机；9—扭杆；10—齿条；11—点火电源；12—蓄电池；13—发电机信号；14—指示灯电流；15—提高怠速电流；16—电动机电流；17—离合器电流；18—转矩信号（主）；19—转矩信号（副）；20—离合器；21—电动机齿轮；22—传动齿轮；23—小齿轮；24—点火开关；25—保险丝；26—转矩传感器；27—转向器齿轮总成；28—交流发电机；29—指示灯；30—怠速提高电磁阀；31—发动机控制组件；32—电动机与离合器

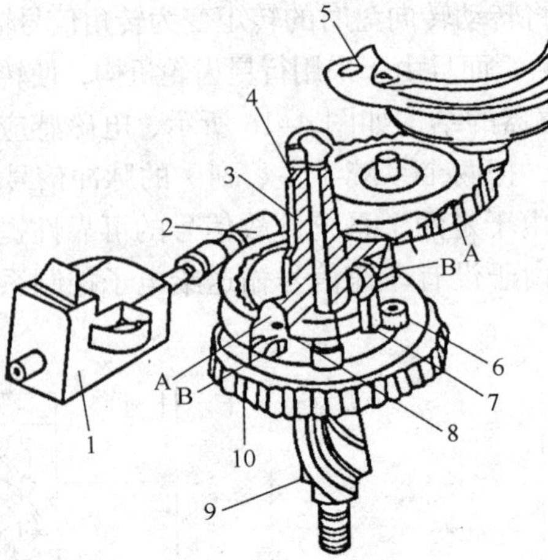

图 4–15　电动机与行星齿轮间的传动关系

1—转矩传感器；2—转轴；3—转矩杆；4—输入轴；5—电动机与离合器；6—行星小齿轮；7—太阳轮；
8—行星小齿轮；9—齿轮齿条转向机的小齿轮；10—从动齿轮；
A—主动齿轮；B—内齿圈

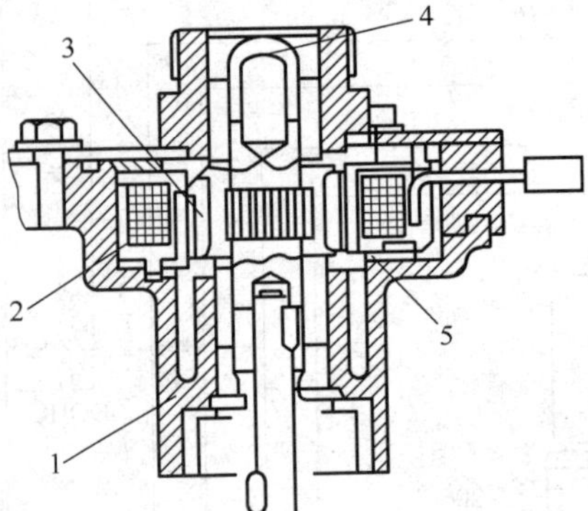

图 4–16　车速传感器的结构

1—壳体；2—定子线圈；3—磁极；4—下侧定子；5—定子

4）交流发电机 L 端子。交流发电机 L 端子电压输送给电子控制装置，用于判断发电机是否开始转动。

5）电子控制装置。电子控制装置由一个微型计算机、一个半导体芯片及其外围电路组成。电子控制装置的电路如图 4–17 所示。

三菱汽车电动式 EPS 电子控制系统如图 4–18 所示。具体工作情况为：

1）点火开关接通（ON）时，给电子控制装置加上电源（即接通电子控制装置与蓄电池），电动转向系统开始工作。

2）在发动机起动的同时，交流发电机 L 端子电压输送给电子控制装置感知发动机的起动状态，使电动转向系统变为工作状态。

3）在汽车行驶过程中，电子控制装置根据车速传感器和转矩传感器送来的电信号，经过对比运算后，向电动机和电磁离合器发出控制指令（电信号），给电动机通以相应的电流而转动，电动机输出轴经减速机构对转向小齿轮助力。

电动机控制电流值分为 6 种，如图 4–19 所示。当车速在 30 km/h 以上时，电子控制装置切断离合器和电动机电流，使离合器分离，电动机停止工作，电动转向系统变为普通转向系统；当车速在 27 km/h 以下时，电子控制装置使离合器通电接合，电动机通电运转，系统变为电动式动力转向系统。

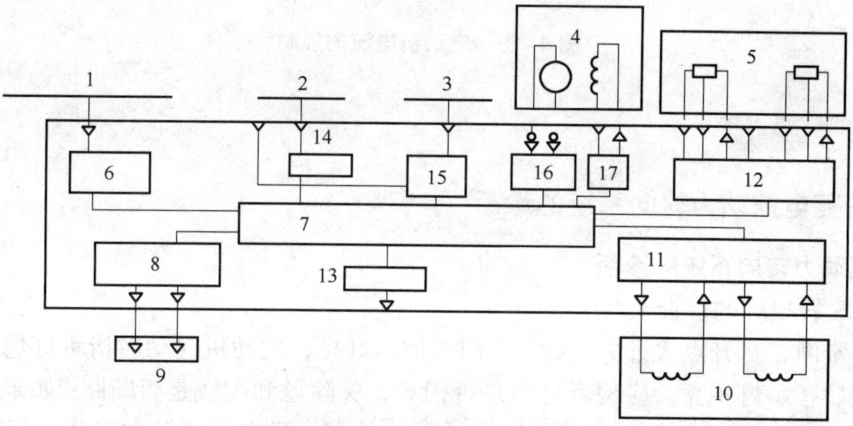

图 4–17　电子控制装置的电路

1—点火开关；2—交流发电机 L 端子；3—保险丝；4—电动机和离合器总成；5—转矩传感器（主、副）；6—保险控制；7—半导体芯片；8—传感器传动装置；9—诊断用端子；10—车速传感器；11—车速的增减与基准车速比较电路；12—转向盘转矩与转角信号处理电路；13—电动机工作监测电路；14—发电机工作状态检测电路；15—电源；16—电动机正反转控制电路；17—电磁离合器驱动电路

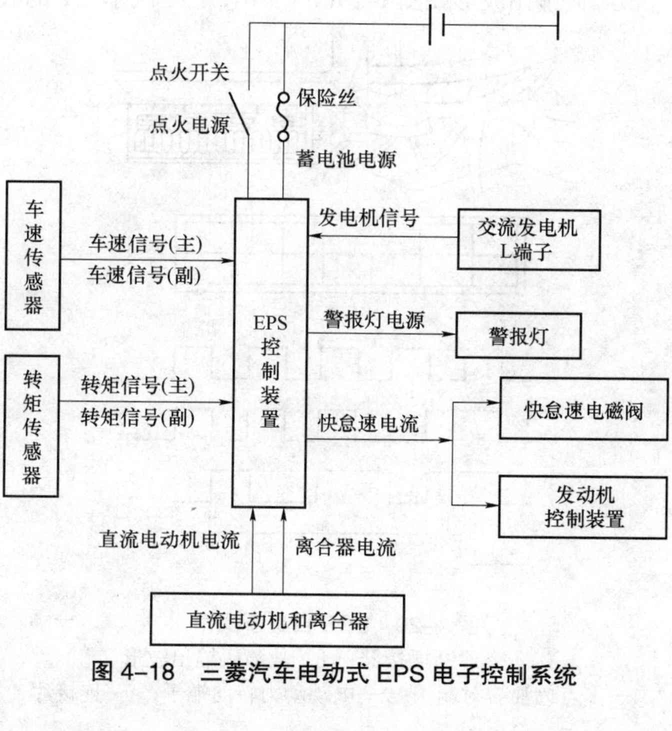

图 4–18　三菱汽车电动式 EPS 电子控制系统

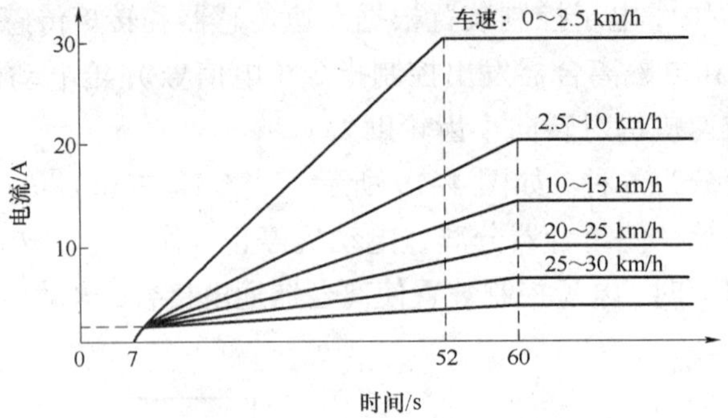

图 4-19 电动机电流的控制

任务实施

一、三菱电控动力转向系统的诊断

1. 电控动力转向系统的诊断

（1）EPS 警报灯的检查

系统正常时，打开点火开关（ON），EPS 指示灯亮，发动机起动后指示灯熄灭。如果打开点火开关后指示灯不亮，应检查灯泡是否损坏，保险丝和配线是否断路；如果发动机起动后，指示灯仍亮，应考虑系统是否处于失效保护状态（只有常规转向工作，无转向动力），然后进行自诊断操作。

（2）EPS 自诊断操作

将万用表直流电压挡的正表笔接自诊断插接器的 2 号端子，负表笔搭铁，如图 4-20（a）所示。打开点火开关（ON），观察万用表指针的摆动，读取故障码。如果有多个故障码，故障码将由小到大顺序显示。故障码输出波形如图 4-20（b）所示，三菱汽车 EPS 的故障码含义见表 4-1。

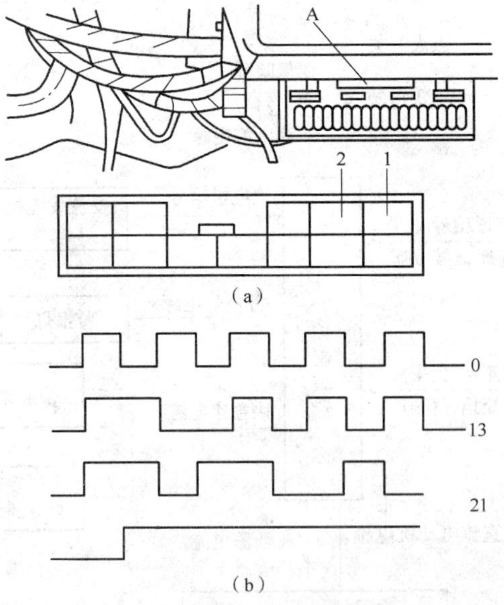

图 4-20 EPS 自诊断操作

（a）自诊断插接器；（b）故障码输出波形

1—多点燃油喷射端子；2—电动动力转向端子；A—连接片

表 4-1　三菱汽车 EPS 的故障码含义

故障码	检查诊断项目
0	正常
11	转矩传感器（主）
12	转矩传感器（副）
13	转矩传感器（主、副侧电压差过大）
21	车速传感器（主）
22	车速传感器（主、副侧电压差过大）
23	车速传感器（主）电压急减
31	交流发电机 L 端子
41	直流电动机
42	直流电动机电流
43	直流电动机过电流
44	直流电动机锁止
51	电磁离合器
54	EPS 控制装置
55	转矩传感器 E/F 回路不良
–	EPS 控制装置（ECU）不良

2. 电控动力转向系统故障码分析

（1）故障码 41 的检查

1）起动发动机，不转动转向盘，观察故障码是否再现。如果再现，则按照故障码表检查有关部件；否则，按下述第 4）项检查。

2）拆下电动机配线插接器，用万用表测量电动机的两接线端子之间和端子与搭铁（外壳）之间的电阻，检查其导通状态。正常情况下，电动机两接线端子之间应导通，若不导通，则表明内部断路；电动机接线端子与搭铁（外壳）之间应不导通，否则，表明两接线端子与外壳之间短路。

3）若电动机及其接线端子均正常，应检查转向器总成到 ECU 之间的配线是否良好（用手晃动配线插接器，检查是否松动）。若配线正常，则表明 ECU 不良。

4）检查导线无异常时，进行行驶试验。若故障码不再出现，转动转向盘，检查电动机的工作状态。

（2）故障码 42 的检查

1）起动发动机，用 1 rad/s 以下的速度转动转向盘，观察故障码是否再现，如果不再现，按（1）中所述检查配线无异常时，通过行驶进行再现试验。

2）通过诊断，若故障码 42 再现，而且又出现故障码 11、13 时，可考虑是由转角传感器的配线或者转向机总成异常造成的。

（3）故障码 43 的检查

起动发动机，不转动转向盘，检查故障码是否再现。如果再现，则表示ECU不良；否则，试转动转向盘，若此时故障码再现，应检查配线。

（4）故障码44的检查

起动发动机，不转动转向盘观察故障码是否再现。如果再现，应检查与电动机有关的配线。若配线没有异常，用良好的ECU将原车上的ECU换下，进行对比检查判断。若故障码不再出现时，将点火开关重复接通、关断6次，并使点火开关在OFF位置时的时间在5 s以上。如此反复检查就能把某种故障的部位查清楚。

二、主要部件的检查

1. 转矩传感器的检查

（1）检测转矩传感器的线圈电阻

从转向器总成上拔开转矩传感器配线插接器，其端子排列如图4–21（b）所示。测量转矩传感器3与5端子之间、8与10端子之间的电阻，其标准值应为（2.18 ± 0.66）kΩ。若不符合要求，则为转矩传感器异常。

（2）检测转矩传感器的电压

用万用表直流电压挡测量上述各端子之间的电压，用以判定转矩传感器是否良好。将转向盘置于中间位置，测得电压约2.5 V为良好，4.7 V以上为断路，0.3 V以下为短路。

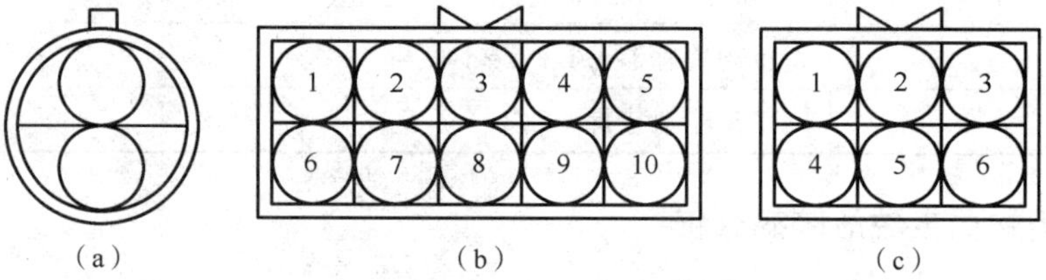

图4–21　三菱轿车EPS配线插接器

（a）直流电动机配线插接器；（b）转矩传感器配线插接器；（c）车速传感器配线插接器

2. 电磁离合器的检查

从转向器上断开电磁离合器配线插接器，其端子排列如图4–21（b）所示。将蓄电池的正极接到1端子上，蓄电池的负极与6端子相接，在接通与断开6端子的瞬间，离合器应有声音；若没有声音，表明电磁离合器有故障，应更换转向器总成。

3. 直流电动机的检查

从转向器上断开电动机配线插接器，其端子排列如图4–21（a）所示。给电动机加上电池电压时，电动机应有转动声音。若没有声音，应更换转向器总成。

4. 车速传感器的检查

1）检查车速传感器转动情况。从变速器上拆下传感器，用手转动车速传感器的转子检查其能否顺利运转。若有卡滞，应予以更换。

2）检测车速传感器电阻。拔开车速传感器配线插接器，其端子排列如图4–21（c）所示。测量车速传感器插接器1与2端子之间、4与5端子之间的电阻，其值等于（165 ± 20）Ω为良好。若与上述不符，则必须更换车速传感器。

任务 4-3

四轮驱动系统的检测与维修

任务目标

1）掌握四轮驱动分动器系统的结构、原理和拆装方法。

2）掌握分动器系统常见故障的分析流程。

3）掌握四轮驱动电控系统的自诊断检测方法。

任务引入

四轮驱动系统（4 Wheel Drive system，4WD），就是使汽车四个车轮都能得到驱动力。发动机的动力被分配给四个车轮，遇到路况不好时不易出现车轮打滑，使汽车的通过能力得到相当大的改善。四轮驱动汽车与两轮驱动汽车的最大差别在于：FF 车型会因为轮子的空转而转向不足，偏离了弯道，而 FR 车型则会甩尾，而四轮驱动则由于各个轮子的动力分配是自动的，就不会存在上面这种问题，体现了汽车的循迹性能。当四轮驱动系统出现故障时，维修人员进行诊断与维修，应进行以下内容的学习（本任务单元以长城哈弗为主要研究车型）：

1）四轮驱动系统的构造和工作原理。

2）四轮驱动分动器系统的结构、原理和拆装方法。

3）四轮驱动电控系统的自诊断检测方法。

4）四轮驱动维修案例分析。

相关知识

一、四轮驱动系统概述

4WD 是 4 轮驱动的缩写，即用分动器等驱动 4 个轮胎。根据驱动类型和控制的不同，4WD 分为以下 3 种类型，如图 4-22 所示。

1. 临时 4WD

采用此类 4WD 系统，驾驶员根据路面情况用分动器在 2WD 和 4WD 之间进行转换。通常，汽车用 2WD 驱动，4WD 用于凹凸不平和雪封的路面等。但由于临时 4WD 系统装有直接连接在一起的前部和后部传动系统，转弯时会出现急转弯刹车现象，以及汽车不能平稳转向。为此，当在一般的路面上行驶时，需从 4WD 转换到 2WD。

2. 全时 4WD

始终可在所有路况和行驶条件、从一般路面到凹凸不平的路面再到低系数摩擦路面上行驶的汽车是全时 4WD 的汽车。同时，全时 4WD 汽车配备中央差速器。

3. V-Flex 全时 4WD

正常行驶期间当前轮和后轮之间几乎无转差时，V-Flex 全时 4WD 系统能使汽车实际以 2WD 方式行驶。当在前轮和后轮之间产生转差时，诸如转弯或在雪封路面上行驶期间，该系统将驱动力传送到后轮。因此，在各种路面和行驶条件下行驶时要保证稳定的机动可控性。

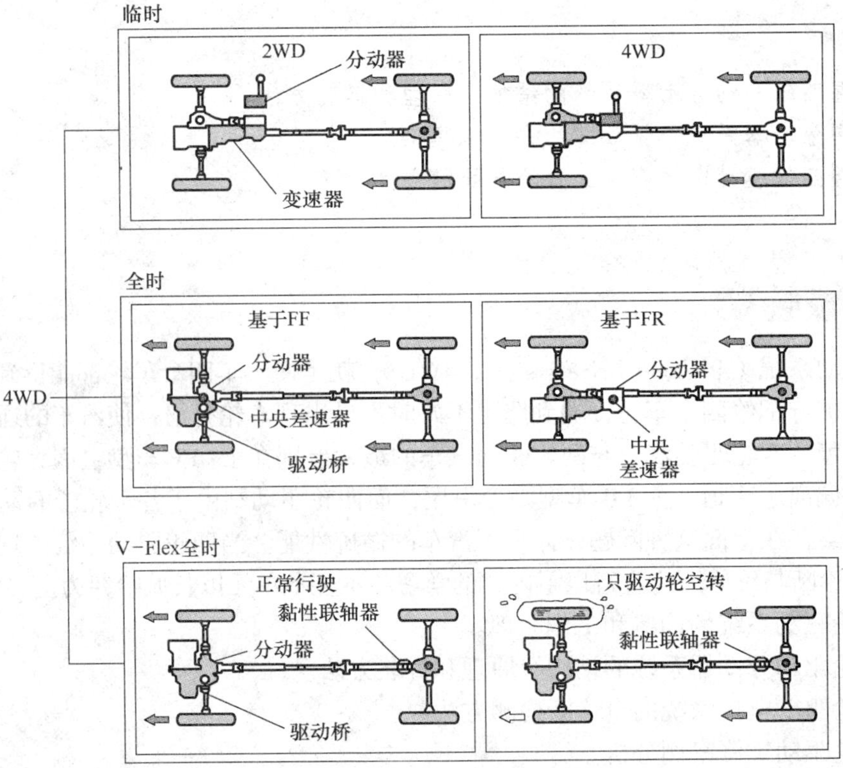

图 4-22 4WD 类型

二、4WD 的性能分析

1.4WD 的性能分析

4WD 的性能分析。如图 4-23 所示。

1）转弯稳定性。由于要用 4 只而不是仅用 2 只轮胎均匀地传送动力，每只轮胎上的负荷便得到减少，并且能有效地利用轮胎的转弯力，条件是要有极稳定的转弯。

2）直线稳定性。采用 4WD 时，由于轮胎对地面的过剩附着力量增加，外部扰动对汽车无影响，因而达到了直线稳定性。

3）起动和加速性能。用 4WD 时，轮胎对地面的附着力大约是 2WD 汽车的两倍，因此即使汽车配备高输出发动机，当汽车发动或加速期间，轮胎不滑转，这极大地改进了起动和加速性能。

4）爬坡性能。由于可用动力大约是 2WD 汽车的 2 倍，4WD 汽车能爬上 2WD 汽车不能爬上的坡。

5）在雪封、凹凸不平的路面上行驶。在 4WD 中，由于所有 4 只轮胎都能传输动力，施加给路面的力可以是2WD汽车在雪封路面上提供的2倍，在低摩擦系数的路面驶过性能卓越。

在砂质、泥泞或特别凹凸不平的路面上行驶时需要较大的动力。由于所有 4 只轮胎用 4WD 传输动力，前轮和后轮互助从而获得高驶过性能。

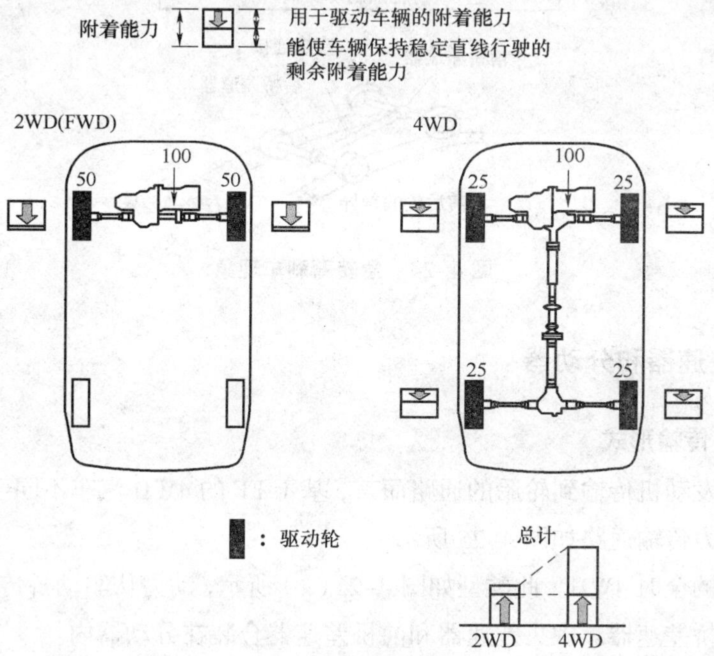

图 4-23　4WD 的性能分析

2.4WD 的缺点

1）急转弯刹车现象。当前桥轴和后桥轴之间的传动轴直接连接时，不能吸收前桥轴和后桥轴之间的旋转差。这导致传动系统承受不当的力。在低摩擦系数的路面上，如果任一轮胎滑移，可吸收前桥轴和后桥轴之间的旋转差；但在高摩擦系数的路面上，难以发生打滑现象，从而导致状况非常类似刹车，这称为急转弯刹车现象，如图 4-24 所示。

2）重量增加。零件数量增加，因而重量增加。

3）成本增加。结构更为复杂以及增加的零件数量导致汽车成本的增加。

4）结构复杂。为了将动力分配给前后轮而需要安装分动器、传动轴和差速器等，从而使结构复杂化。

5）振动和噪声增大。旋转件（分动器、传动轴等）数量的增加导致可能的振动和噪声增大。

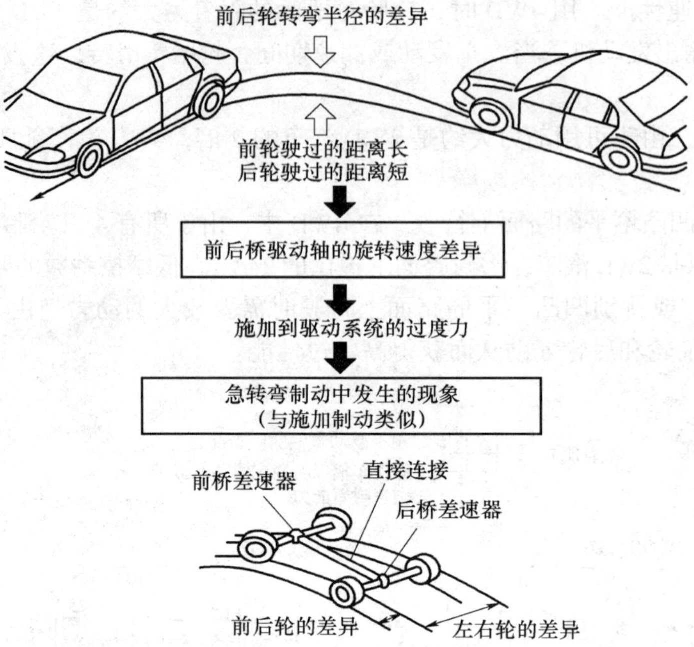

图 4–24　急转弯刹车现象

三、中央差速器和分动器

1.4WD 动力传输形式

针对动力从发动机传输到轮胎的通路而言，基于 FF 的 4WD 汽车不同于基于 FR 的 4WD 汽车，各类型动力传输通路如图 4–25 所示。

1）基于 FF 的全时 4WD。此类型如图 4–25（a）所示，动力从驱动桥传输到中央差速器、前桥差速器及后桥差速器。中央差速器和前桥差速器合装在分动器内。

2）基于 FR 的全时 4WD。此类型如图 4–25（b）所示，动力从变速器传输到中央差速器、前桥差速器及后桥差速器。

3）基于 FR 的临时 4WD。此类型如图 4–25（c）所示，分动器断开时，动力从变速器传输到后桥差速器。接通分动器时，动力传输到前桥和后桥差速器。

2. 齿轮型中央差速器

转弯时，中央差速器起吸收前轮和后轮之间产生的任何旋转差。下列齿轮中央差速器用来吸收旋转差。

1）锥形齿轮式（见图 4–26）。锥形齿轮式中央差速器按 1 ：1 的比例把转矩分配给前部和后部。

2）行星齿轮式（见图 4–26）。行星齿轮式中央差速器按 1 ：1 的比例把转矩分配给前部和后部，但行星齿轮式可更改分配比例。

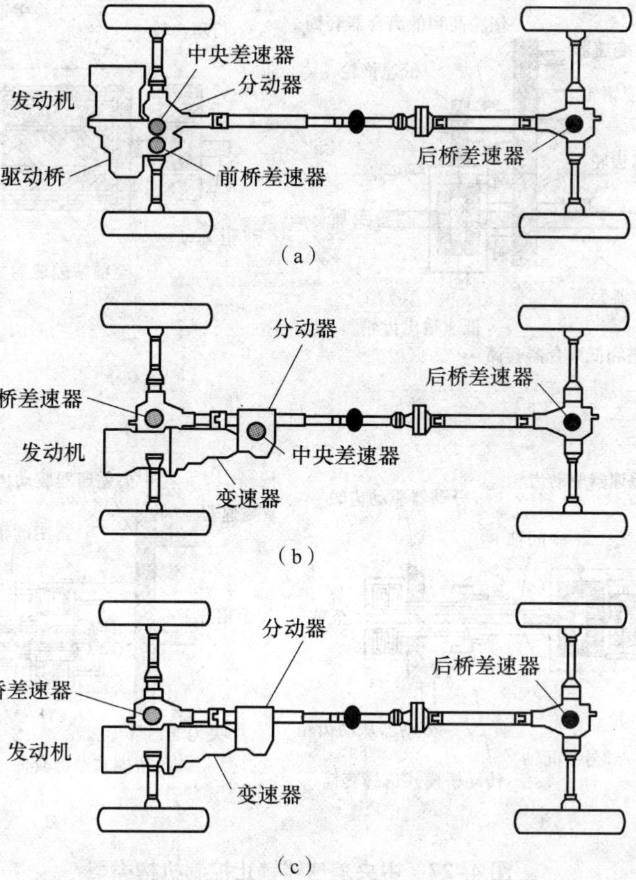

图 4–25　各类型动力传输通路

（a）基于 FF 的全时 4WD；（b）基于 FR 的全时 4WD；（c）基于 FR 的临时 4WD

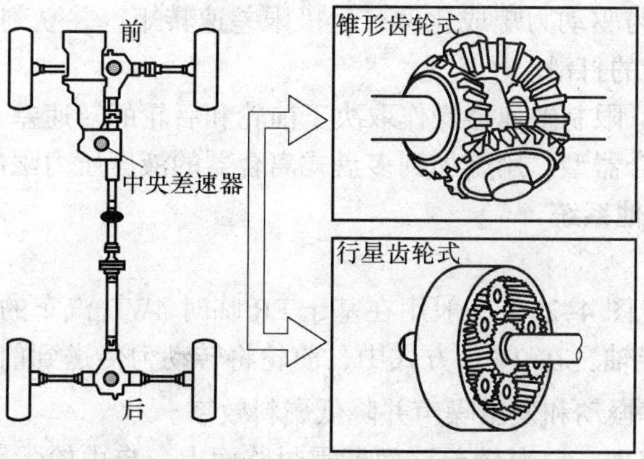

图 4–26　齿轮型中央差速器

3. 中央差速器锁止控制机构类型

当试图脱离深雪或离开泥坑时，需限制中央差速器的差速作用。按轴向差速器极限控制机构的不同，中央差速器锁止控制机构有以下几种类型，如图 4–27 所示。

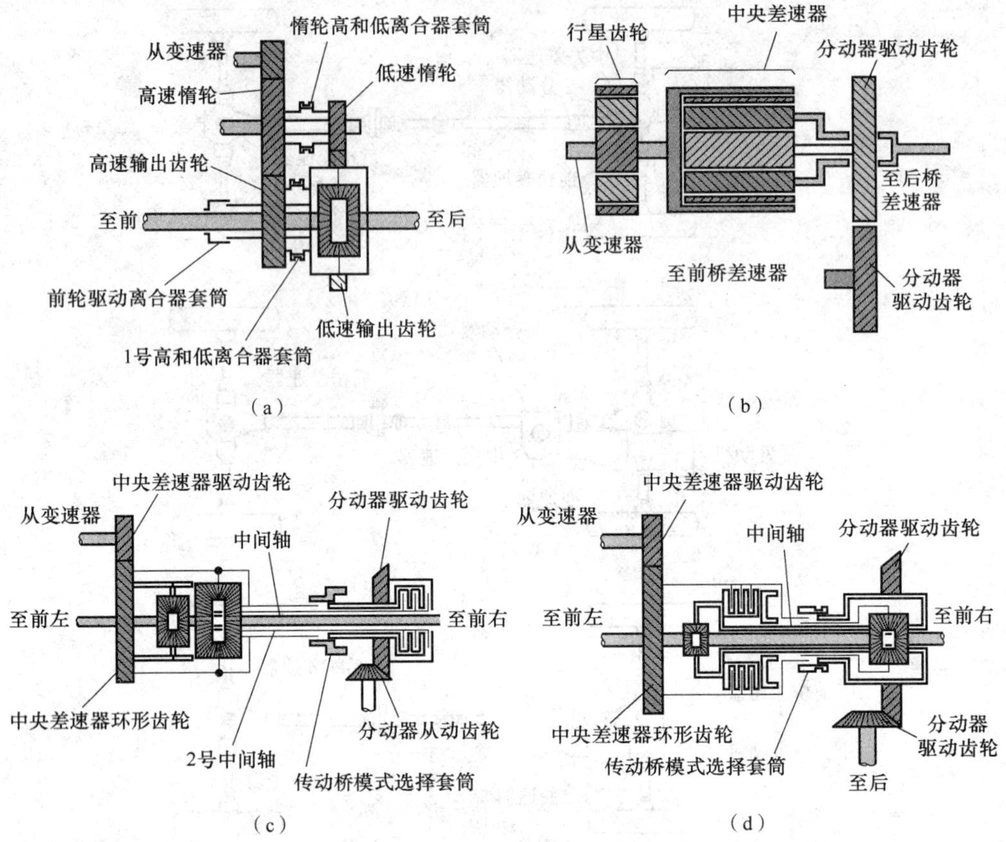

图 4–27　中央差速器锁止控制机构类型

（a）机械锁止型；（b）扭矩传感型；（c）黏液耦合器型；（d）液压多片式离合器型

1）机械锁止型。手动完成“FREE（自由）”和“LOCK（锁定）”间的转换。

2）扭矩传感型。与驱动力矩成比例产生极限差速转矩，并立刻更改前部和后部转矩分配，以便制止前、后轮的打滑。

3）黏液耦合器型。限制差速器操作取决于前轮和后轮的转速差。

4）液压多片式离合器型。用施加到多盘式离合器的液压压力限制差速器。

4. 供 4WD 用的其他系统

（1）自由轮毂

这些自由轮毂（见图 4–28）一般用在基于 FR 临时 4WD 汽车的前轮上。该系统使用离合器机构连接轮子和半轴。在 2WD 方式中，前轮将转动力传送到前轴、前桥差速器和传动轴上。这样便导致汽车振动和发出噪声并降低燃料效率。

因此，在未铺的路面、路况较差路面及雪封路面上，自由轮毂用 4WD 方式锁定，但在正常路面和高速路面上，自由轮毂用 2WD 方式是自由的。

“LOCK”（“锁定”）和“FREE”（“自由”）之间的状态转换有两种方式：手动型和自动型，手动型必须从汽车外部操作，也有将手动型和自动型结合在一起的双重型转换方式。

当分动器处在 4WD 中时，轮毂不能为“FREE”。应注意：只有在向正前方行驶时才能换自动型。转换之前，需仔细查看车主的使用手册。

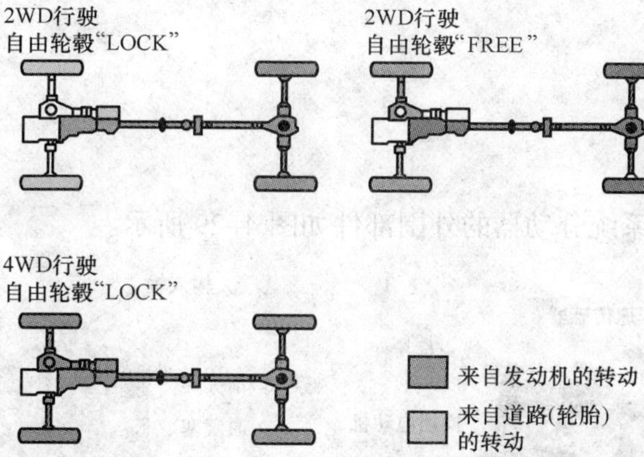

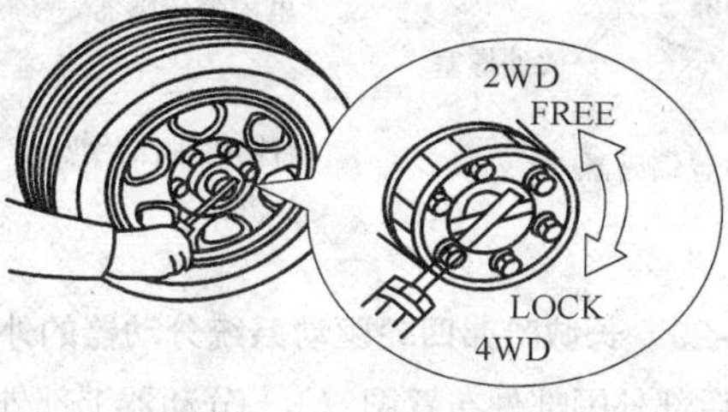

图 4-28　自由轮毂

（2）分动器

分动器是四轮驱动汽车上将动力分配到前后轴的装置。

典型的分时四轮驱动分动器，可以结合行星齿轮减速器提供低范围传动比。当差速器处理内外车轮间的速度差时，全轮驱动系统中的分动器包含一种允许前后车轮之间存在速度差的装置。这种装置可以是黏性耦合器、中央差速器或其他类型的齿轮组，这些装置使全轮驱动系统在任何路面上均可正常工作。

分时四轮驱动系统上的分动器将前轴驱动轴锁定到后轴驱动轴，因此可以强制车轮以相同的速度旋转，这要求轮胎在汽车转弯时必须打滑。这种分时系统只能用于轮胎相对容易打滑的低牵引力条件下。在干燥的水泥路面上，轮胎不易打滑，因此应停止使用四轮驱动，以避免急转弯以及轮胎和动力传动系统的过度磨损。

有些分动器（更常见于分时系统中）还包含一组附加齿轮，可以为车辆提供低挡区。这一附加的传动比为车辆提供了额外的扭矩和超慢速的输出速度。汽车挂低挡区的一挡时，最高速度大约是 8 km/h，但车轮产生的扭矩极高，这使得驾驶员能够缓慢平稳地爬上很陡的山坡。

（3）高级电子装置

在许多现代四轮和全轮驱动车辆上，高级电子装置都起着重要的作用。有些汽车使用 ABS 系统选择性地将制动力作用于开始打滑的车轮，这称为制动牵引力控制。例如悍马配备了制动牵引力控制系统。当一个轮胎开始打滑时，制动牵引力控制装置将制动该车轮。避免轮胎打滑，最大限度地利用可用牵引力，允许另一车轮施加更大的扭矩，使制动牵引力控制系统对将要打滑的车轮施加显著的扭矩，Torsen 差速器对另一车轮增加两到四倍的扭矩，从而为每个轮胎提供其能够承受的最大扭矩。

另外一些则具有高级的电子控制离合器，也能够更好地控制车轮间的扭矩传递。

任务实施

一、外围部件

长城哈弗四轮驱动系统分动器的外围部件如图 4-29 所示。

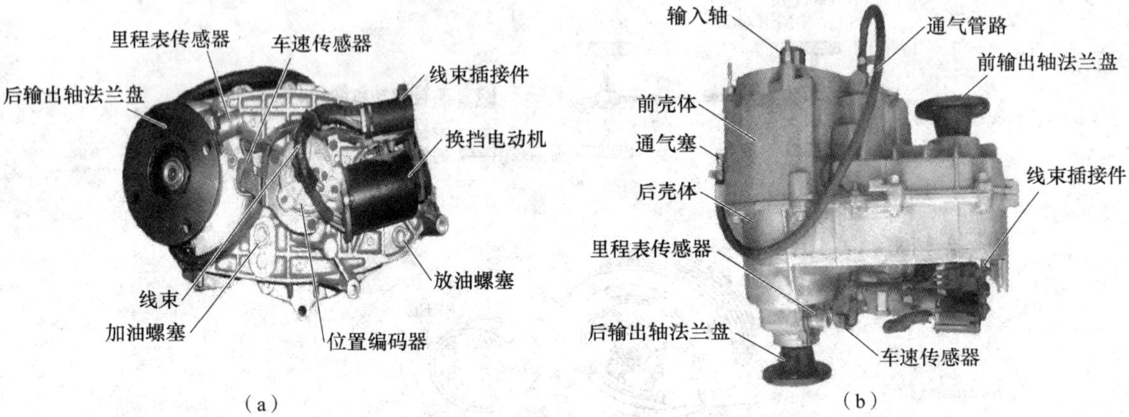

图 4-29 长城哈弗四轮驱动系统分动器的外围部件

（a）分动器后部外围部件布置图；（b）分动器上部外围部件布置图

二、换挡传动过程

1. 2H 工作过程

分动器输入轴与变速器输出轴通过花键连接，输入轴和后输出轴通过减速齿毂的内花键连接。行星架空转，锁止套、啮合套和离合器线圈壳体分离，主动链轮与后输出轴分离。如图 4-30 所示为 2H 工作过程。

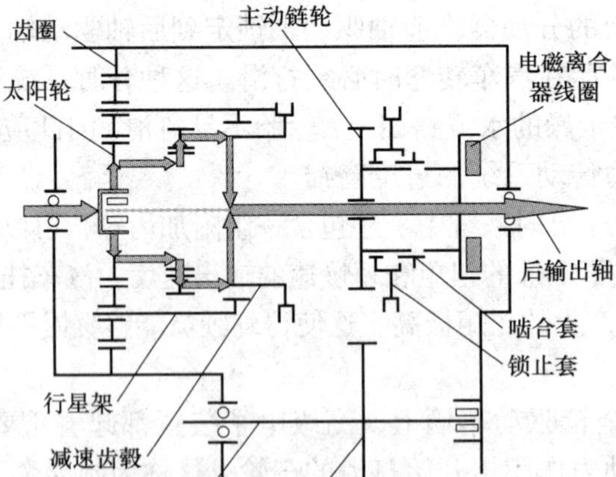

图 4-30 2H 工作过程

2. 2H → 4H 工作过程

换挡电动机驱动拨叉使锁止套、啮合套向右移动，电磁离合器吸合使锁止套与离合器线圈壳体同步，从而将主动链轮与后输出轴通过啮合套连接，通过链条将动力传递给从动链轮，从而带动前输出轴转动，实现动力输出。如图 4–31 所示为 2H → 4H 工作过程。

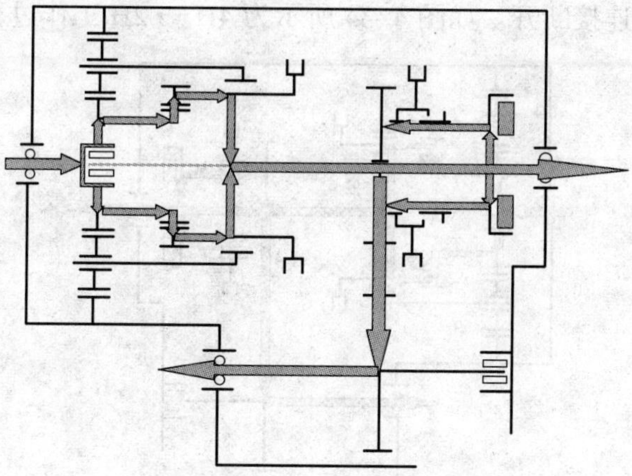

图 4–31　2H → 4H 工作过程

3. 4H → 4L 工作过程

通过行星齿轮机构实现减速挡，减速换挡叉驱动减速齿毂向右移动，使后输出轴和行星架通过花键连接，形成减速挡。如图 4–32 所示为 4H → 4L 工作过程。

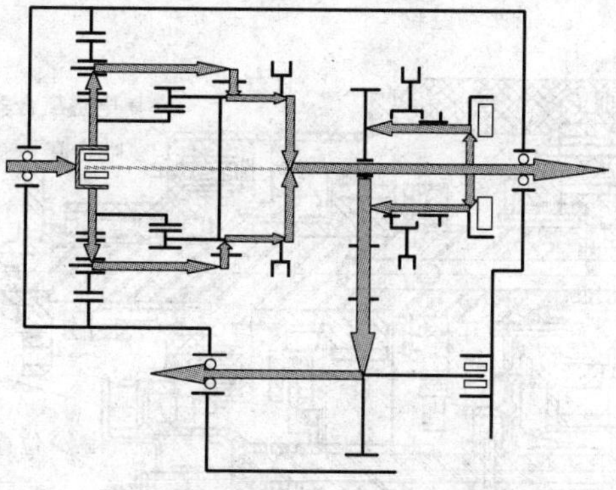

图 4–32　4H → 4L 工作过程

4. 4L → 4H 工作过程

减速换挡叉驱动减速齿毂向左移动，使后输出轴和行星架通过花键连接，形成高速挡。如图 4–33 所示为 4L → 4H 工作过程。

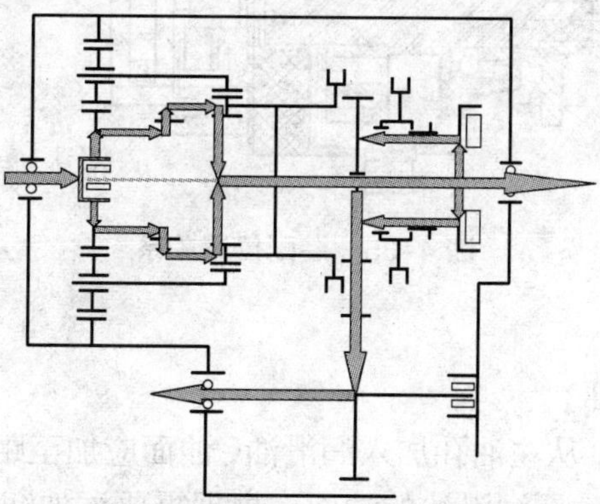

图 4–33　4L → 4H 工作过程

5. 4H → 2H 工作过程

换挡电动机驱动拨叉使锁止套、啮合套向左移动，使其与离合器线圈壳体分离，从而将主动链轮与后输出轴的连接断开。如图 4-34 所示为 4H → 2H 工作过程。

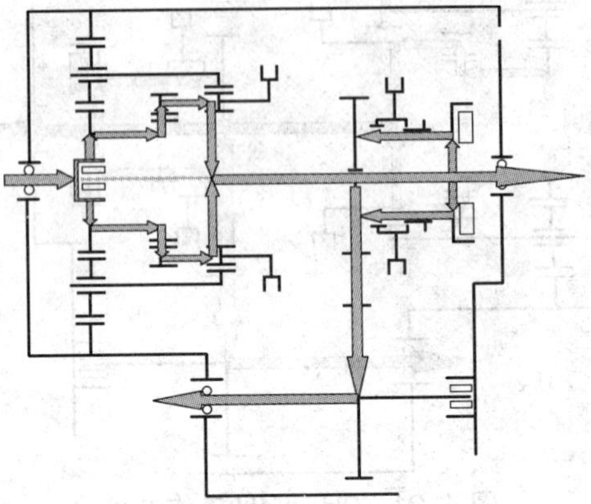

图 4-34　4H → 2H 工作过程

6. 装配位置关系

装配位置关系如图 4-35 所示。

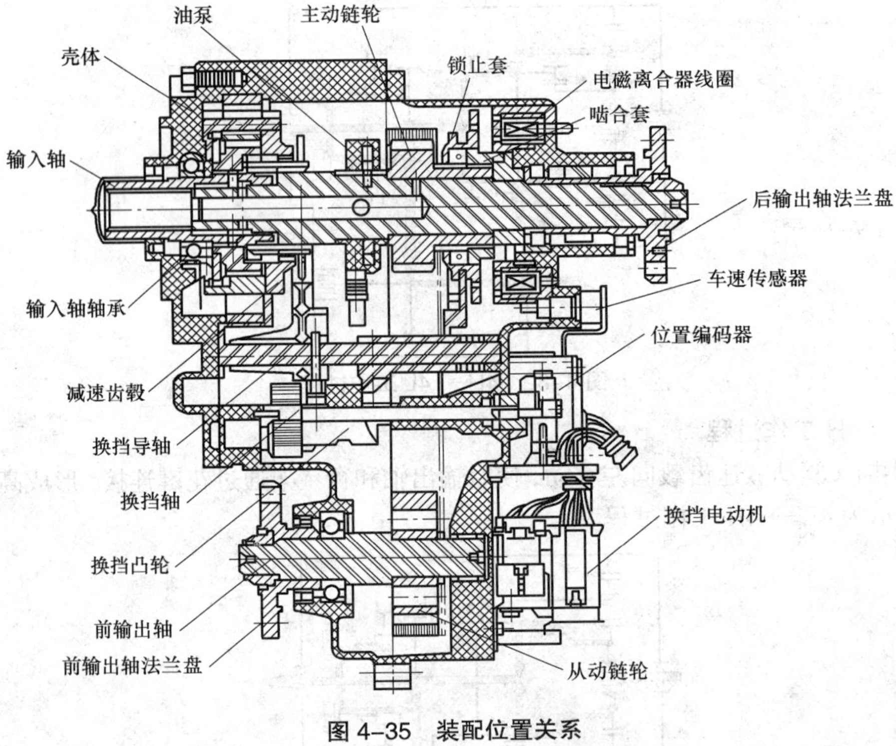

图 4-35　装配位置关系

7. 使用与保养注意事项

1）齿轮油型号：ATF-Ⅲ。

2）齿轮油加油量：1.2 L，从注油孔加入润滑油，油面应加至距分动器注油孔下缘 0~5 mm。

3）8 000 公里后检查分动器润滑油的油面，根据需要添加润滑油。

4）每年或每行驶 48 000 公里后更换指定的润滑油。

5）四驱时不允许急转弯。

三、分动器拆装注意事项

1. 拆卸步骤

（1）从车上拆装分动器

1）断开连接线束；

2）放净润滑油；

3）拆下前后两传动轴；

4）用立式千斤顶顶起分动器；

5）拆下分动器与变速器连接螺栓，拆下分动器。

（2）注意事项

分动器换到 2H 挡位。

1）在拆卸连接线束之前断开电池负电极；

2）拆下连接分动器和变速器的螺栓或螺母之前，确保分动器完全被举升器支撑。不允许分动器通过花键轴直接挂在变速器上，这样会导致分动器零件及变速器输出轴损坏。清理分动器前体和变速器后体结合面上的垫片材料和密封胶，不要损坏结合面。

（3）安装时注意事项

1）给变速器输出轴花键涂润滑脂。

2）在分动器与变速器结合面涂抹密封胶。

3）在安装好变速器壳体与分动器壳体连接螺栓之后松开千斤顶。

4）按规定型号和数量加入润滑油后才能起动车辆。

2. 壳体拆卸及安装注意事项

1）拆下换挡电动机、位置编码器、车速传感器等外围部件。

2）拆卸前后输出轴法兰盘。

3）拆下壳体连接螺栓，分离壳体。分动器零件图如图 4-36 所示。

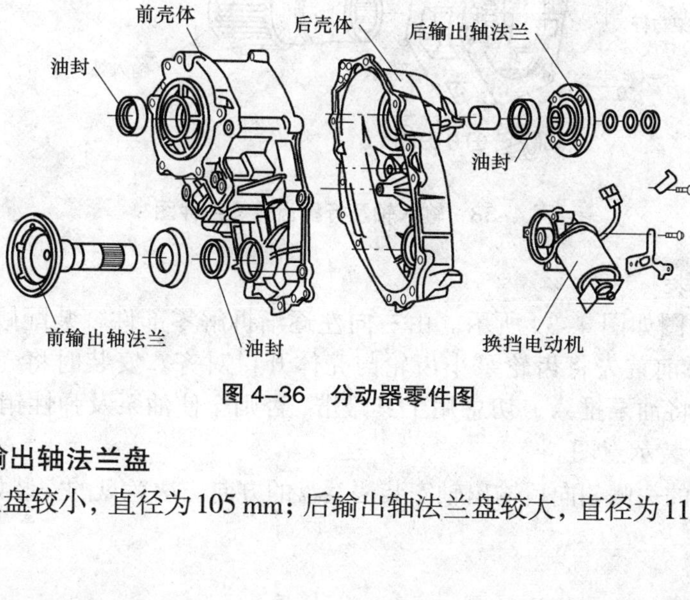

图 4-36　分动器零件图

3. 区分前后输出轴法兰盘

前输出轴法兰盘较小，直径为 105 mm；后输出轴法兰盘较大，直径为 115 mm（见图 4-37）。

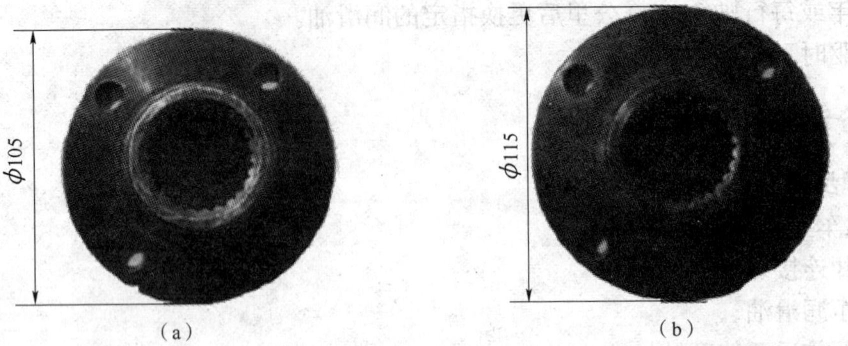

图 4-37　前后输出轴法兰盘

（a）前输出轴法兰盘；（b）后输出轴法兰盘

4. 输入轴及行星齿轮系拆装

1）拆下输入轴油封，拆下轴承与输入轴卡环；

2）将输入轴带行星齿轮整体拆下；

3）拆解输入轴带行星轮总成。

为保证行星轮的安装精度，行星架上的行星轮不允许拆卸。输入轴及行星齿轮零部件图如图 4-38 所示。

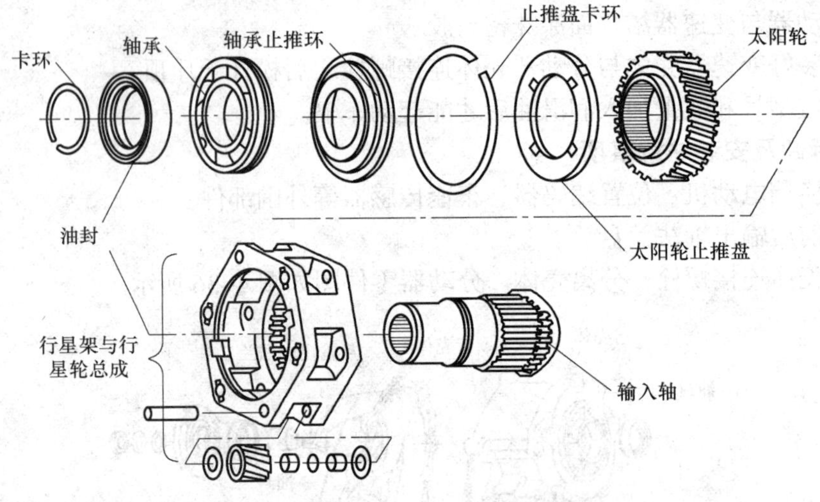

图 4-38　输入轴及行星齿轮零部件图

5. 输出轴的拆装

输出轴零部件图如图 4-39 所示。由右向左逐渐拆解零部件，装配顺序与拆解过程相反。在安装齿轮泵前首先将齿轮泵小齿轮与壳体开口对齐。安装时将壳体对准后输出轴上的弹性销，用手将油泵推入。切忌用工具敲击，否则会使油泵及弹性销损坏。如图 4-40 所示为齿轮泵的安装示意图。

壳体上有挡板的一侧朝向后输出轴安装法兰盘的方向。法兰盘的安装如图 4-41 所示。

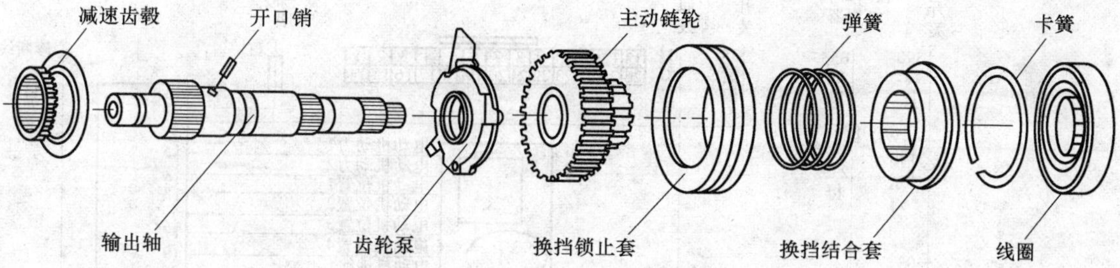

图 4–39　输出轴零部件图

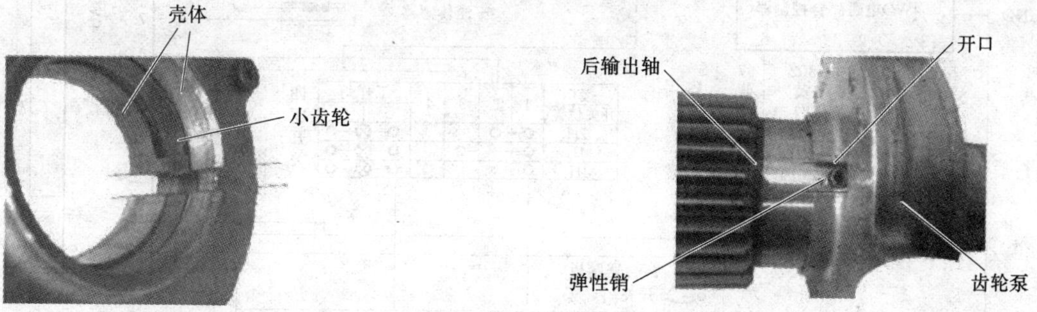

图 4–40　齿轮泵的安装示意图

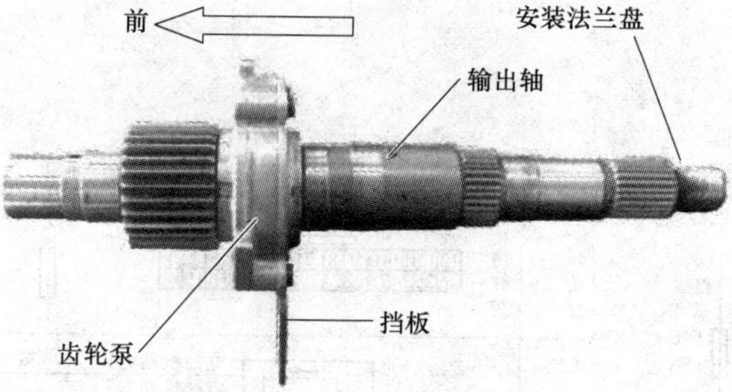

图 4–41　法兰盘的安装

四、电子控制部分

1. 换挡原理

换挡原理如图 4–42 所示。

（1）2H 工作过程（哈弗车）

如图 4–43 所示，4WD ECU 4 号针脚通过四驱开关搭铁，ECU 根据电动机位置编码器信号确定电动机位置即分动器拨叉位置。若在两驱位置则不发生动作，若在其他位置驱动电动机顺时针转动使分动器拨叉回到 2H 位置。

（2）2H → 4H 工作过程

如图 4–44 所示，4WD ECU 4 号针脚搭铁断开，ECU 11 号针脚输出 12 V 电压，控制电磁离合器动作，同时驱动电动机转动到合适位置。对 22 号针脚搭铁以控制前桥离合器的接合（哈弗车）。

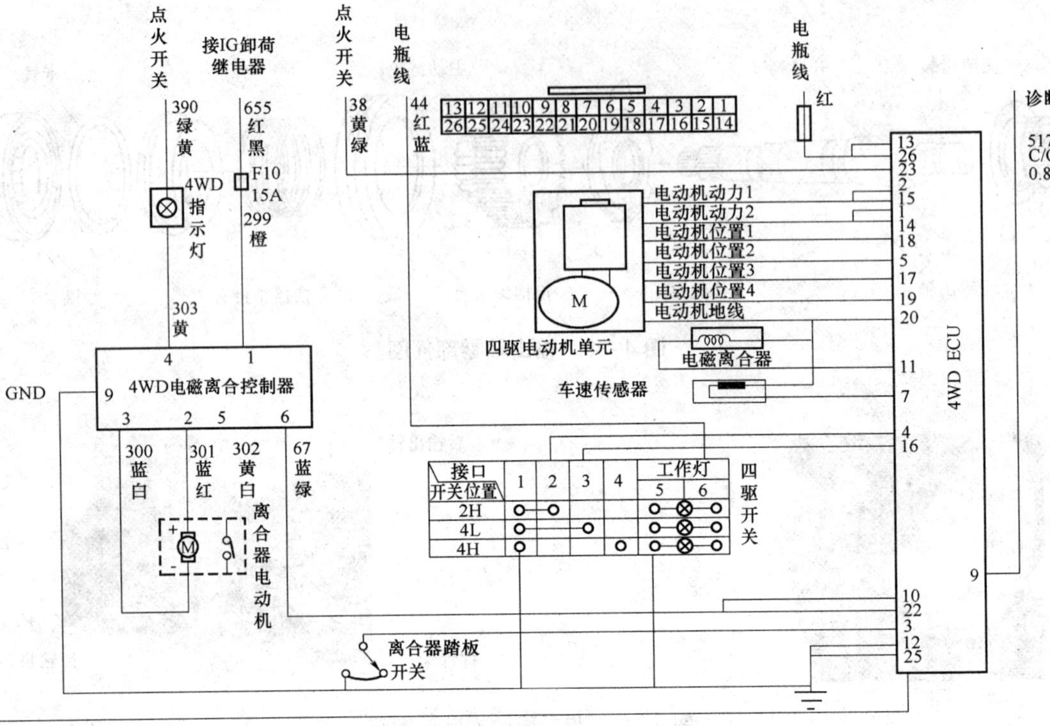

图 4-42 换挡原理

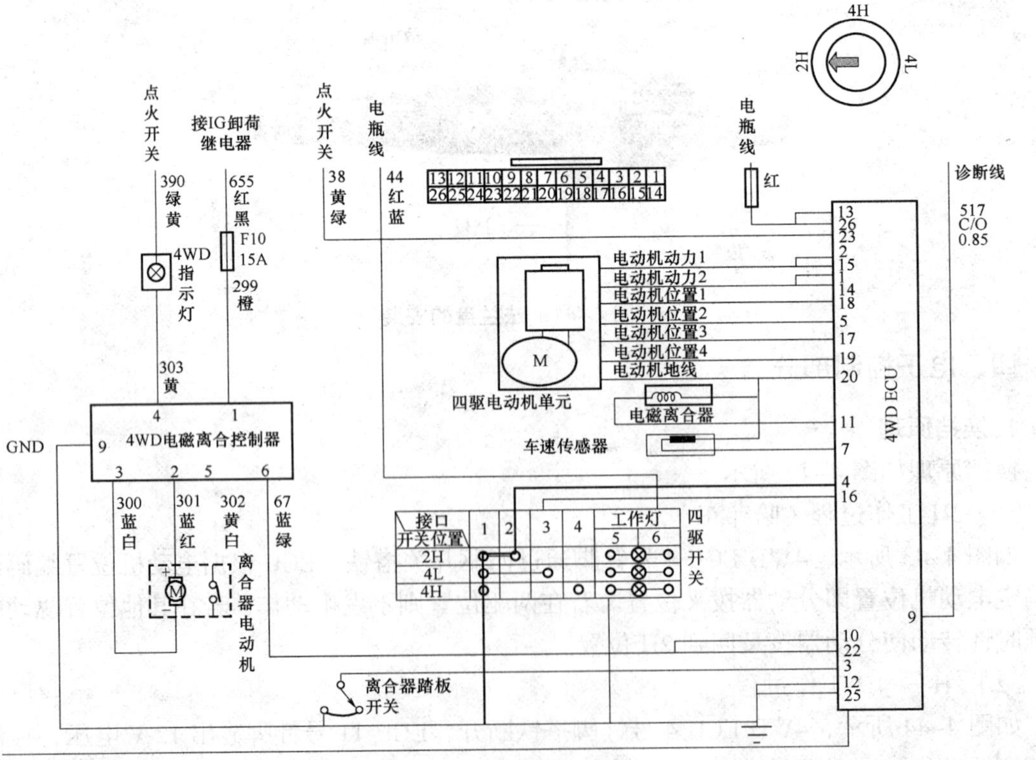

图 4-43 2H 工作过程

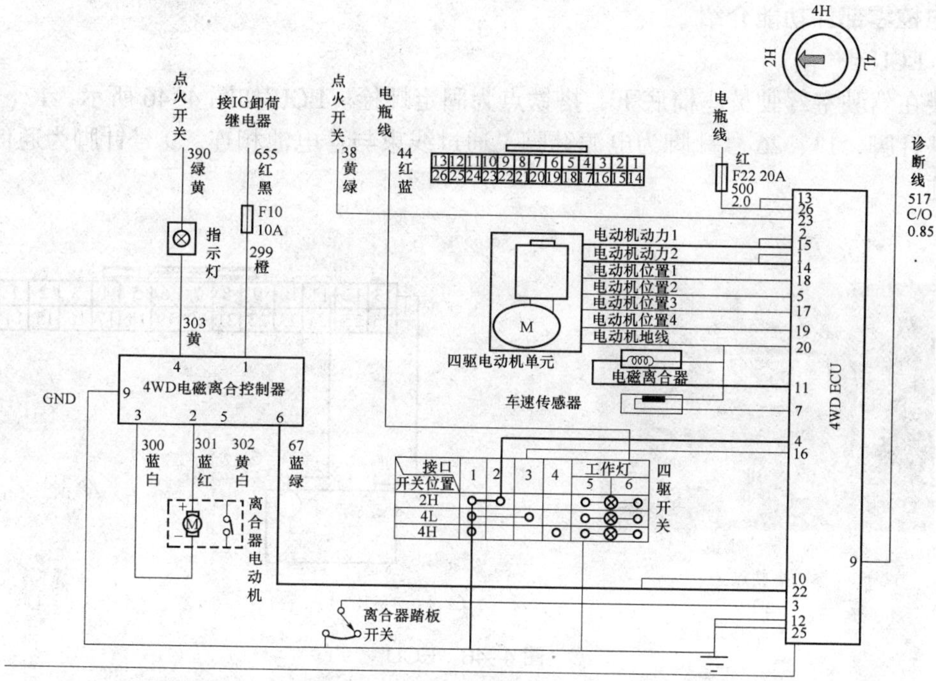

图 4-44　2H → 4H 工作过程

（3）4H → 4L 工作过程

如图 4-45 所示，16 号针脚通过四驱开关搭铁，ECU 根据车速信号、离合踏板开关信号（3 号针脚搭铁）控制电动机逆时针转动到合适位置。此时 10 号针脚搭铁信号控制前桥离合器（哈弗车）。

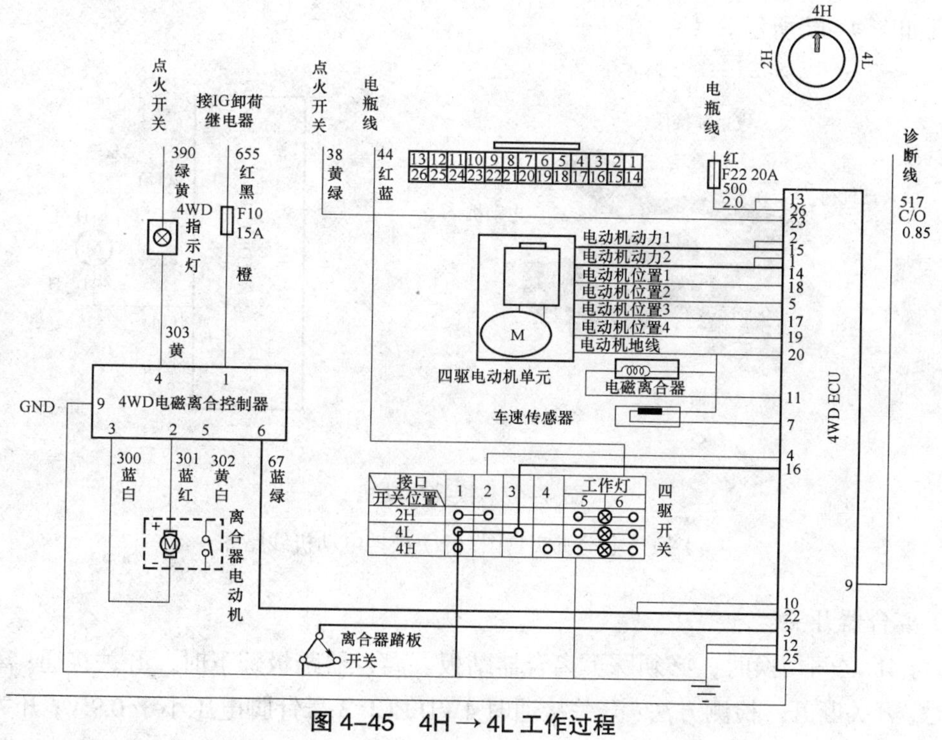

图 4-45　4H → 4L 工作过程

2. 电控零部件功能介绍

（1）ECU

安装在驾驶室驾驶员座椅底下，搭铁点为固定螺栓。ECU 如图 4–46 所示，12、25 号针脚为搭铁针脚，13、26 号针脚为电源针脚，通过线束与蓄电池相连。9 号针脚为通信线与诊断口相连。

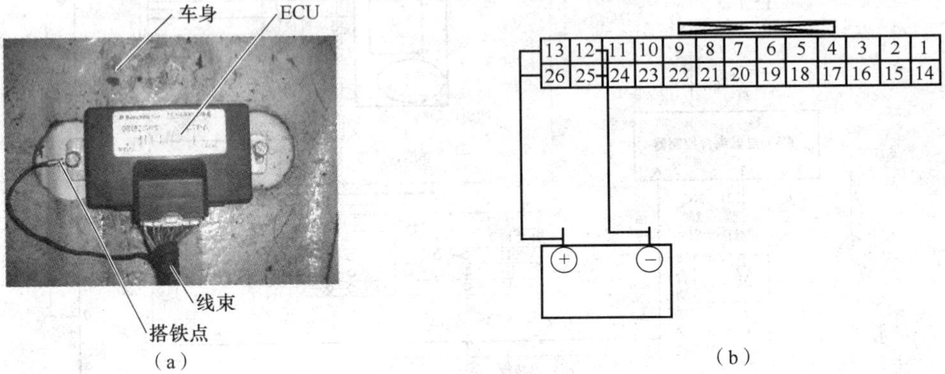

图 4–46　ECU

（a）ECU 实物图；（b）ECU 线路图

（2）换挡电动机

电动机根据 ECU 提供的电源正负极来实现正反转，经过减速机构由输出轴输出给分动器内部换挡机构。其工作过程是：当 H–L 端为蓄电池电压、L–H 端搭铁时，换挡电动机逆时针转动，分动器换挡方向为 2H → 4H → 4L；最大电流为 20 A，最长持续时间为 5 s。换挡电动机如图 4–47 所示。

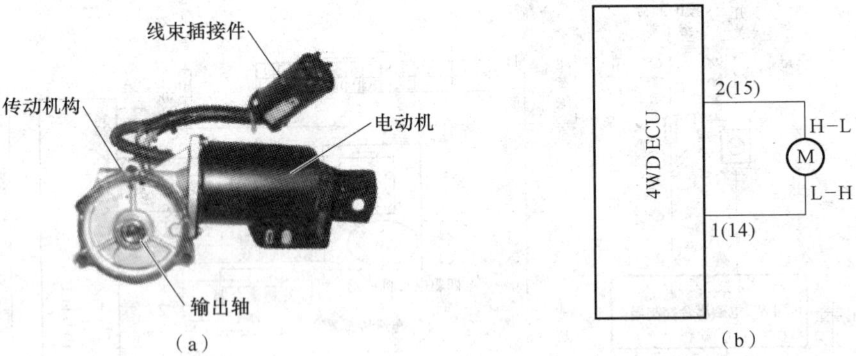

图 4–47　换挡电动机

（a）换挡电动机实物图；（b）换挡电动机线路图

（3）离合器开关

4H 与 4L 之间切换时，必须踩下离合器踏板。离合器踏板踩下时，开关接通；离合器踏板松开时，开关断开。检测方法：开关接通时 4WD ECU 3 号针脚电压小于 0.9 V；开关断开时

ECU 3 号针脚电压大于 4 V。离合器开关如图 4–48 所示。

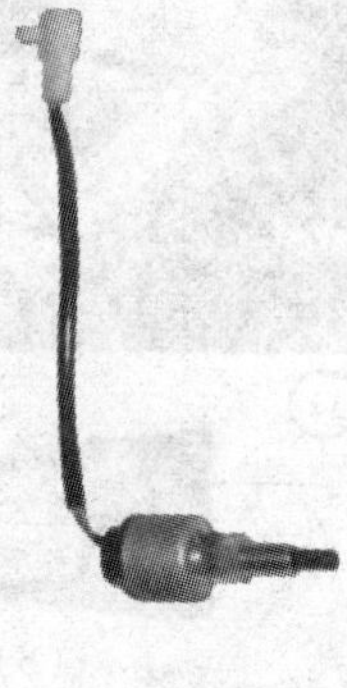

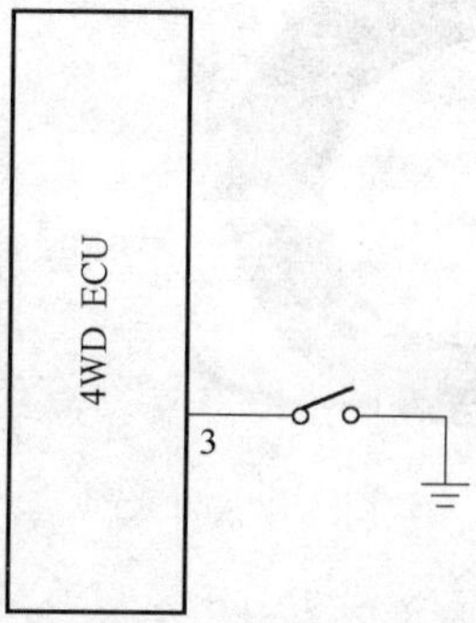

图 4–48　离合器开关

（a）离合器开关实物图;（b）离合器开关线路图

（4）车速传感器

该车速传感器为磁感应式传感器，通过测量输出轴转速，将转速信号传给 ECU 通过计算得出车速。检测方法：使用万用表测量速度传感器上的蓝、绿线针脚，查看车速传感器阻值约为 300 Ω。车速传感器如图 4–49 所示。

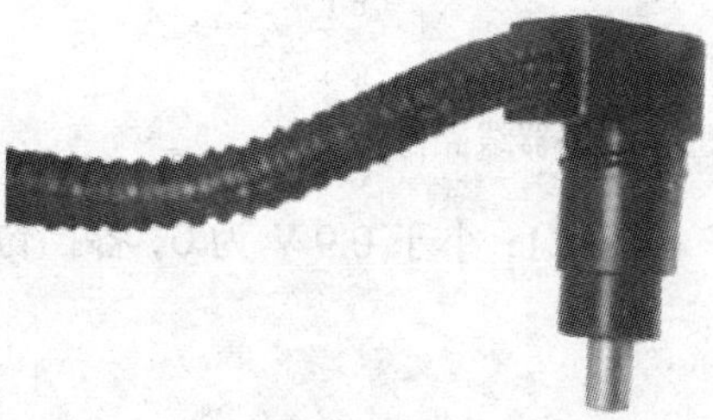

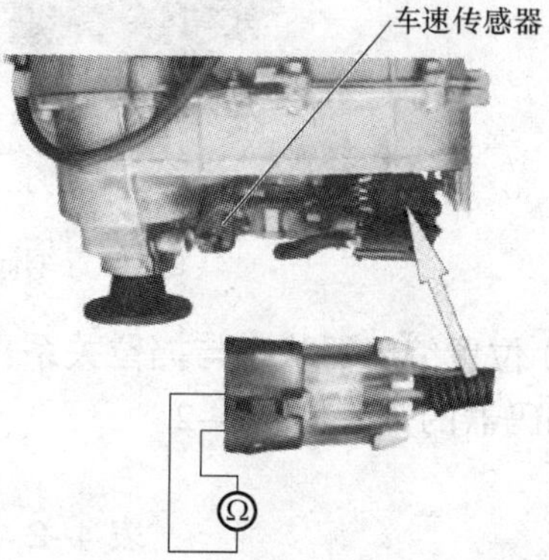

图 4–49　车速传感器

（a）车速传感器实物图;（b）车速传感器线圈电阻测量

（5）电磁离合器

安装在分动器后盖后端，在 2H 切换到 4H 时通电。工作电压为蓄电池电压，通过自身与壳体搭铁，最大电流 9 A，ECU 具有过载保护作用。检测方法：测量电磁离合器正极线与分动器壳体之间电阻值，正常状态时的电阻值约 30 Ω。电磁离合器如图 4–50 所示。

（6）位置编码器

1）位置编码器如图 4–51 所示。

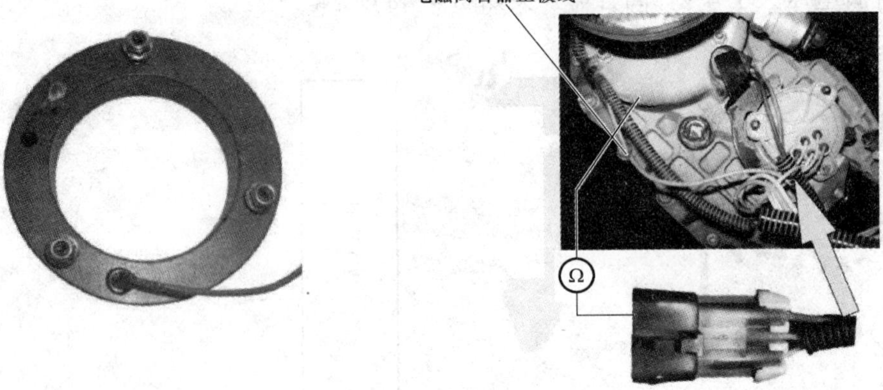

（a）　　（b）

图 4–50　电磁离合器

（a）电磁离合器实物图；（b）电磁离合器线圈电阻测量

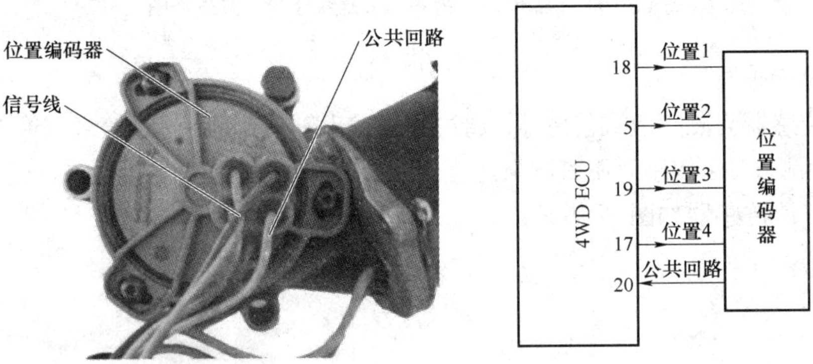

（a）　　（b）

图 4–51　位置编码器

（a）位置编码器实物图；（b）位置编码器线路图

2）位置编码器状态与挡位关系。针脚电压大于 4 V 为 1；小于 0.9 V 为 0，各挡位编码与位置编码器的关系见表 4–2。

表 4–2　位置编码器状态与挡位关系

位置 1	位置 2	位置 3	位置 4	挡位
1	0	1	0	2H
0	0	1	1	4H
1	1	0	0	4L

（7）2H 与 4H 中间位置

4WD ECU 检测到换挡电动机在该位置时，根据四驱开关信号控制电动机转动到四驱开关所指示的位置。若四驱开关在 4L 位置，则 ECU 控制换挡电动机先转动到 4H 位置再转动到 4L。2H 与 4H 中间位置见表 4–3。

表 4-3　2H 与 4H 中间位置

位置 1	位置 2	位置 3	位置 4	挡位
0	0	1	0	Zone 1
0	1	1	0	Zone 2
0	0	1	0	Zone 3

（8）4H 与 4L 中间位置

4WD ECU 检测到换挡电动机在该位置时，根据四驱开关信号控制电动机转动到四驱开关所指示的位置。若四驱开关在 2H 位置则 ECU 控制换挡电动机先转动到 4H 位置再转动到 2H。4H 与 4L 中间位置见表 4-4。

表 4-4　4H 与 4L 中间位置

位置 1	位置 2	位置 3	位置 4	挡位
0	0	0	1	Zone 4
1	0	0	1	Zone 5
1	0	0	0	Zone 6

五、电控系统自诊断

1. 手动读码过程

1）4WD ECU 9 号针脚为分动器通信线与诊断接口 8 号针脚相连。取下 16 号针脚诊断接口，通过 8 号针脚读取故障码。如图 4-52 所示为手动读取故障码。

2）用一功率为 1.4 W 的试灯，一端接诊断口 8 号针脚（或 4WD ECU 9 号针脚），另一端接 12 V 电源。

3）将点火开关由 OFF 挡打到 ON 挡，观察试灯闪烁情况。闪码过程如下：

① ECU 故障指示灯亮 0.6 s；

② 熄灭 3.0 s；

③ 闪烁故障码，长亮（1 s）为 1，短亮（0.5 s）为 0，同一故障码闪烁三次；

④ 依次闪烁其他故障码。

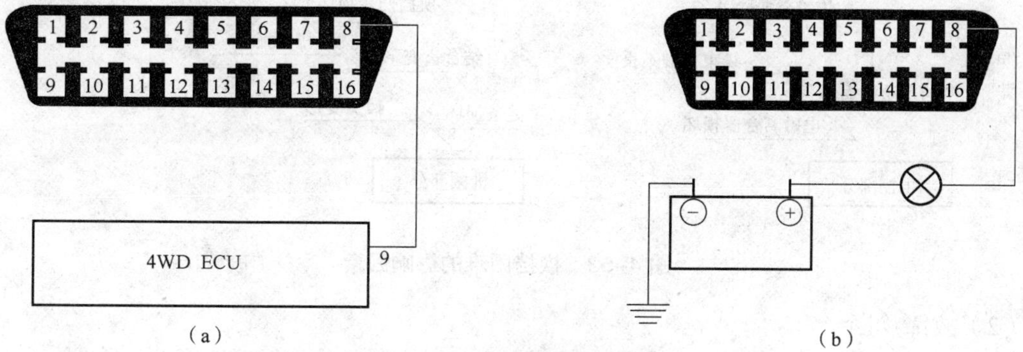

图 4-52　手动读取故障码
（a）电控分动器通信线路图；（b）试灯读取故障码

2. 故障码分析

故障码分析见表 4-5。注：任何传感器或执行器出现故障都会出现 001 故障码。

表 4-5　故障码分析

故障码	故障原因
001	ECU 硬件故障
010	换挡电动机
011	电磁离合器
100	车速传感器
110	四驱转换开关
111	位置编码器

3. 故障码的清除

将 ECU 诊断针脚（ECU 9 号针脚或诊断接口 8 号针脚）接地，点火开关旋转到“ON”位置多于 5 s，故障码将被清除（在此期间 ECU 诊断针脚必须保持接地状态）。

六、常见故障分析

1. 换挡困难

（1）故障分析

换挡困难的影响因素如图 4-53 所示。

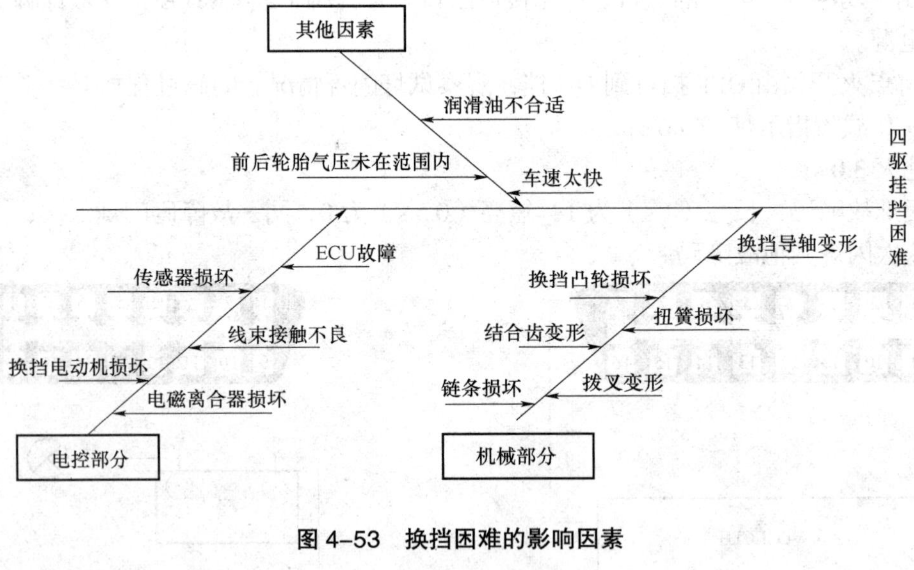

图 4-53　换挡困难的影响因素

（2）故障诊断

换挡困难故障诊断流程如图 4-54 所示。

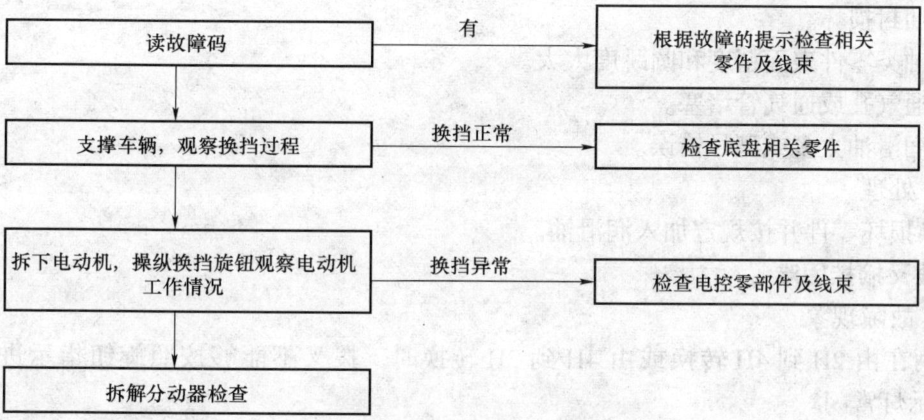

图 4-54　换挡困难故障诊断流程

2. 不正常噪声

换挡过程异响及处理方法如图 4-55 所示。

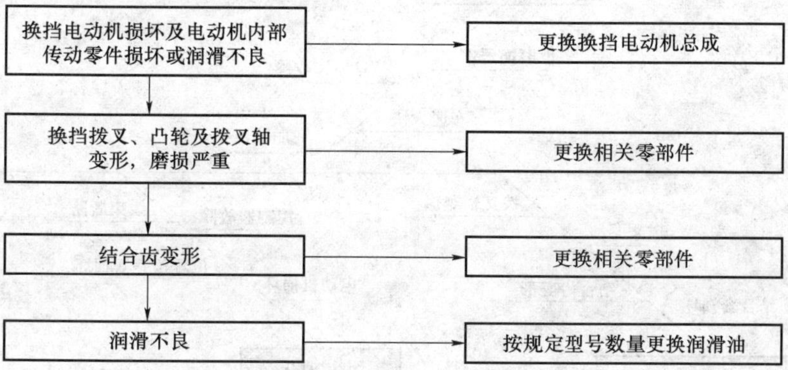

图 4-55　换挡过程异响及处理方法

3. 行驶过程异响

行驶过程异响及处理方法如图 4-56 所示。

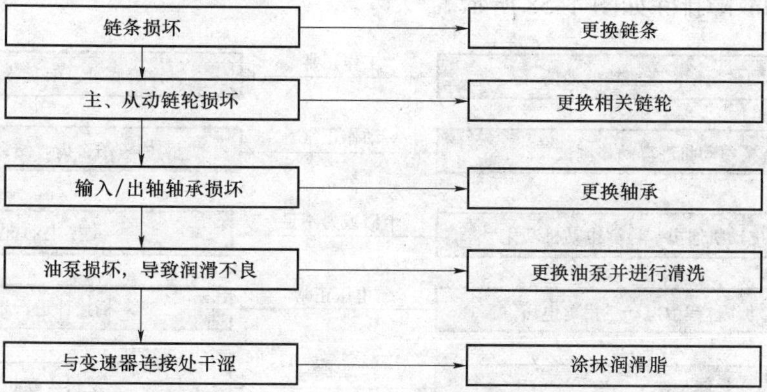

图 4-56　行驶过程异响及处理方法

4. 漏油

（1）主要原因

1）端面未涂胶或密封胶材质不合格。

2）油封损坏。

3）轴类零件表面精度和圆跳度太大。

4）通气孔或通气管堵塞。

5）润滑油太多或型号错误。

（2）处理

更换损坏零件并按规定加入润滑油。

5. 拨叉摘挂困难

（1）故障现象

车辆在由2H到4H转换或由4H到2H转换时，拨叉不能够按照旋钮指示进行动作，4WD指示灯常闪。

（2）故障分析

拨叉摘挂困难的影响因素如图4–57所示。

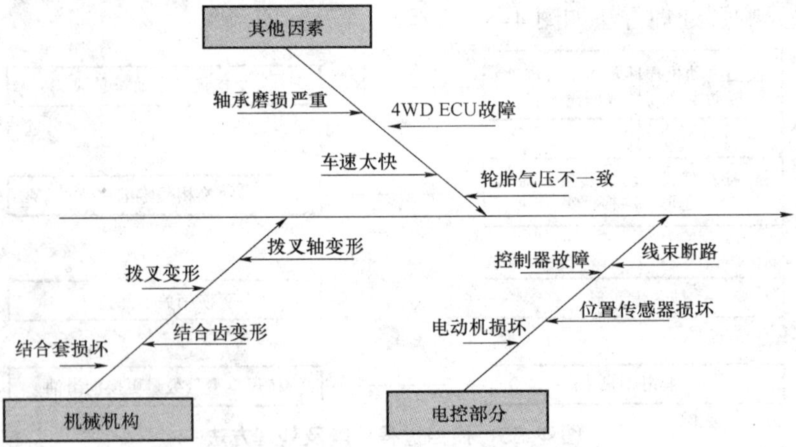

图4–57 拨叉摘挂困难的影响因素

6. 四驱难挂

四驱难挂的故障排除如图4–58所示。

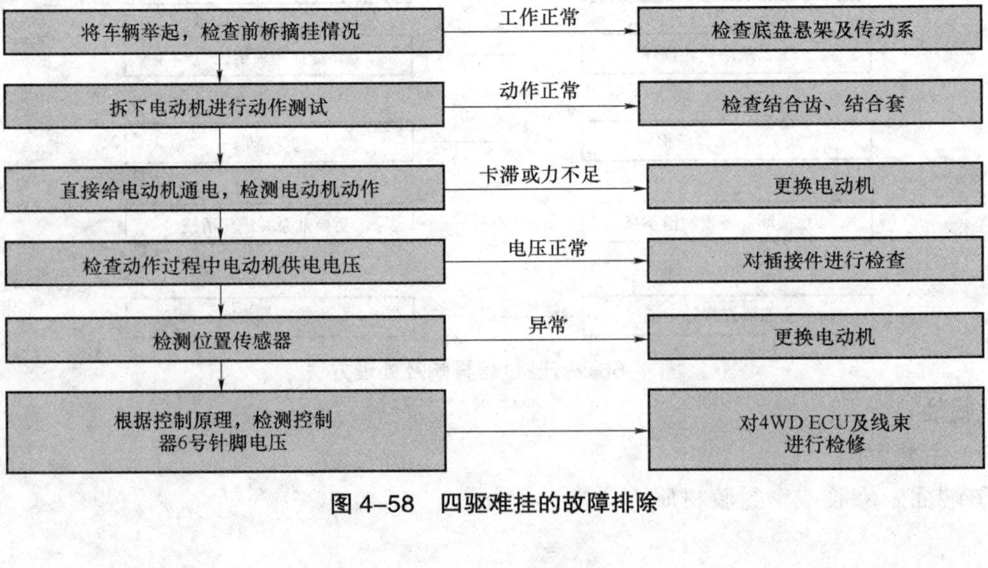

图4–58 四驱难挂的故障排除

七、电控前桥离合器

1. 机械控制原理

左前轮驱动轴中间断开，车轮端与差速器端通过轴承连接，在两驱状态时两轴之间无动力传递；挂上四驱后通过结合套将两轴刚性地连接在一起，实现动力传递。机械控制原理如图 4–59 所示。

安装结合套时注意事项：倒角较大一端朝向车轮的方向，否则会造成四驱时结合不上的故障现象。安装结合套如图 4–60 所示。

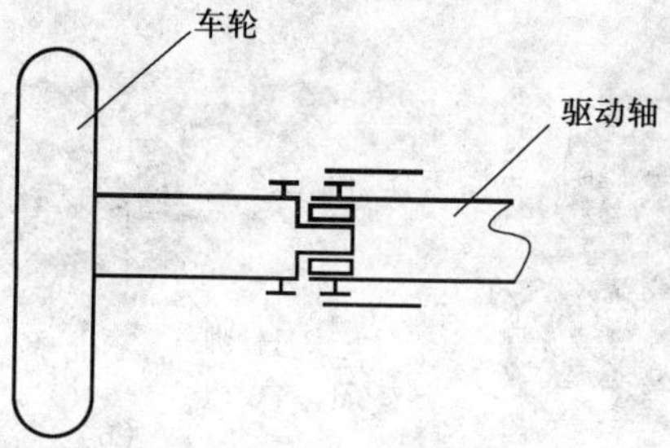

图 4–59　机械控制原理

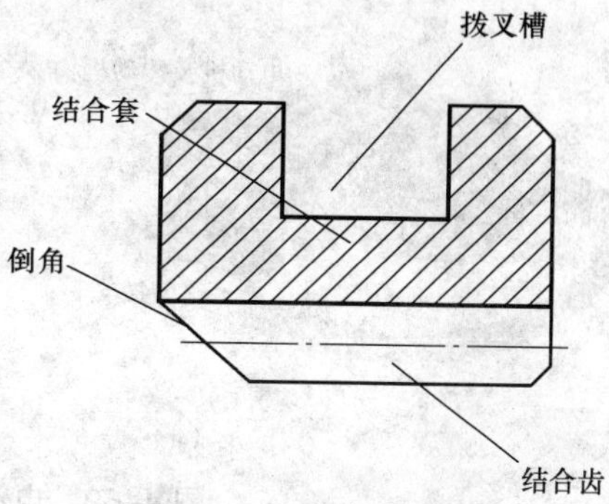

图 4–60　安装结合套

2. 电控前桥离合器控制工作原理

前桥离合器控制器根据 6 号针脚电压信号和拨叉位置传感器信号来控制电动机的转动。两驱状态时，6 号针脚搭铁断开；四驱状态时，分动器 ECU 控制前桥离合器控制模块。6 号针脚通过内驱控制单元搭铁，且 6 号针脚电压小于 0.2 V，控制模块接收到电压信号后根据拨叉位置传感器控制电动机转动从而控制拨叉移动。

6 号针脚接收到搭铁信号 0.5 s 后电控拨叉的电动机开始起动，电动机的起动时间为 3 s，同时 4WD 指示灯连续闪动。当拨叉达到四驱状态时，拨叉位置传感器闭合对前桥控制器 5 号针脚搭铁，前桥控制器接到信号后，指示灯停止闪动，表现为常亮。如果没有到达四驱状态，延时 2.5 s 后，电动机再次驱动 2 s，同时指示灯连续闪动。即如果离合器没有达到状态，则多加一次驱动。如果仍没有达到四驱状态，则指示灯每隔 1 s 连续闪动两次，进入异常状态。电控前桥离合器的控制工作原理如图 4–61 所示。

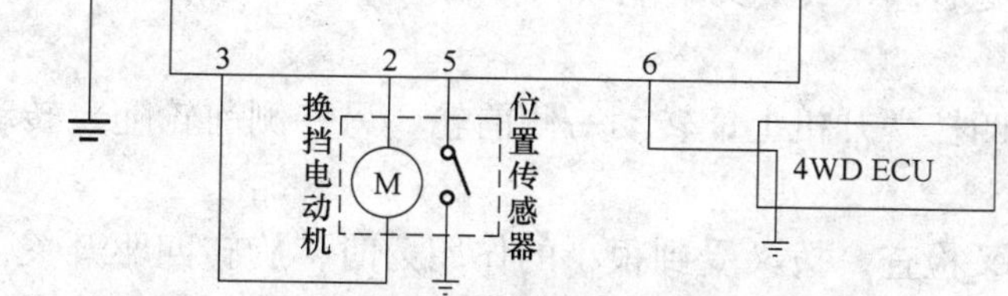

图 4–61　电控前桥离合器的控制工作原理

3. 电控拨叉

电控拨叉安装在前桥驱动轴壳体上，根据控制器提供的正负极电压，电动机实现正转与反转从而控制拨叉的前后移动，实现结合套的移动。

1）电动机检测：在拨叉上垂直悬挂 10 kg 左右的重物（给拨叉加负载），再驱动拨叉运动，观察拨叉是否可以在负载情况下正常运动。如图 4-62（a）所示为电动机检测。

2）拨叉位置传感器检测：用万用表检测电控电动机线束插头，电控拨叉在四驱位置时，图中 3、4 号针脚为通路；在两驱位置时，图中 3、4 号针脚为断路。如图 4-62（b）所示为拨叉位置传感器检测。

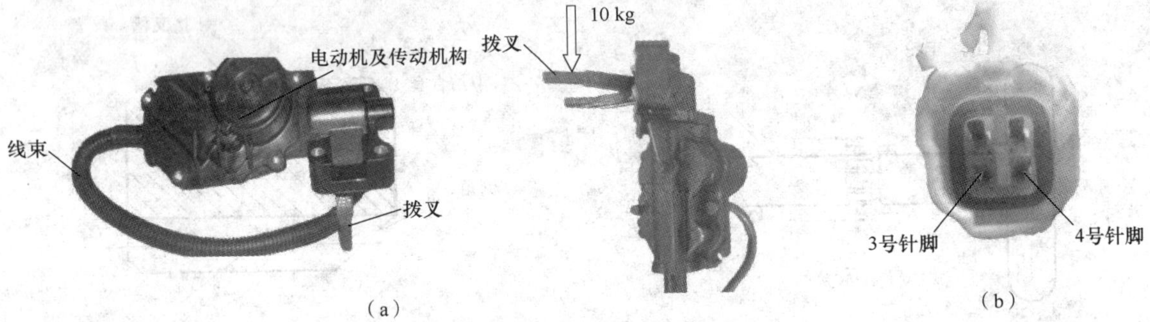

图 4-62　电动机、拨叉位置传感器检测

（a）电动机检测；（b）拨叉位置传感器检测

八、维修案例分析

1. 案例一

（1）故障现象

车辆在摘四驱时，4WD 指示灯常闪。

（2）车辆信息

车辆型号：CC6460KM60（柴油哈弗）；

车辆 VIN 号：7B001360；

发动机号：0705408545；

行驶里程：10 000 公里。

（3）故障分析

1）四驱灯故障。安装松动，在振动时有接触不良现象。

2）仪表线路故障。线束磨损或插接件有虚接，时断时接触。

3）电控拨叉故障。拨叉不能退出四驱位置时，进入异常工作状态，电控拨叉控制盒发出信号使四驱灯常闪报警。

4）结合齿发生变形，导致拨叉不能顺利移动。

（4）故障排除

1）将车辆开至四柱举升机上，转动一侧前轮，另一侧前轮随着转动，说明前桥没有断开，四驱灯会报警。

2）拆下电控拨叉检查，拨叉受到很小的作用力时，旋转四驱开关，拨叉不能移动，内部有齿轮打滑的声响。

3）按照拨叉驱动力判定方法检查，拨叉驱动力不足。更换电控拨叉，再次试车四驱灯熄灭且两驱四驱切换正常，故障排除。

（5）故障总结

换挡电动机内部装有电动机、减速传动机构及缓冲蓄能机构。由于换挡拨叉内部减速传动机构磨损严重使齿轮之间啮合不正常，在受到较大的阻力时无法传递动力，不能正常的驱动拨叉移动。换挡拨叉损坏如图 4-63 所示。

图 4-63　换挡拨叉损坏

2. 案例二

（1）故障现象

旋钮在两驱的情况下，车辆行驶速度低，摘不下四驱低速挡位，4WD 指示灯常亮。

（2）车辆信息

车辆型号：CC6460KM60（柴油哈弗）；

发动机号：0705408436；

车辆 VIN 号：7B001379；

行驶里程：27 000 公里。

（3）故障原因分析

1）四驱旋钮故障。

2）4WD ECU 故障。

3）电控换挡电动机损坏。

4）线束及插接件短路。

5）车速传感器或位置编码器失效。

6）分动器内部换挡凸轮或拨叉损坏。

（4）故障排除

1）检查四驱旋钮，用替换方法检查，四驱低速照常摘不下来，排除四驱旋钮的问题。

2）前期由于四驱灯亮的问题更换过四驱控制模块，排除四驱控制模块的问题。

3）将电控前桥离合器拆下，在前桥电控拨叉无负荷的情况下，旋转四驱开关，前桥电控拨叉无动作，直接给电控拨叉通电，动作正常。检查前桥控制模块到电控离合器的线路无问题。排除因为电控前桥离合器的问题导致 4WD 指示灯常亮。

4）检查控制四驱模块到分动器的线路，经测量线路均没问题，排除线路方面的问题。

5）将电动机拆下旋转四驱旋钮，电动机无动作，确定是电控电动机内部损坏造成四驱摘不下来。

6）更换四驱电控电动机后故障排除。

7）因电控电动机无动作使分动器上的位置编码器没有测得电动机的位置，没有反馈给控制模块信号，所以电控前桥离合器无动作。

3. 案例三

（1）故障现象

电控四驱指示灯常亮，前桥四驱无法摘下。

（2）车辆信息

车型：CC6460KM40（柴油哈弗）；

行驶里程：18 000 公里；

底盘号：LGWEF3A507B006662。

（3）故障原因分析

1）前桥控制盒损坏。

2）四驱开关损坏，导致分动器无法进入 2H 状态。

3）4WD ECU 损坏使前桥离合器始终处在四驱位置。

4）分动器传感器或换挡电动机故障。

（4）故障排除

1）检查电动四驱开关，工作正常。

2）检查控制盒与电控拨叉，工作正常。

3）控制盒到电控拨叉的线路正常。

4）四驱开关调至 2H 挡，控制盒 6 号针脚仍有搭铁信号，证明故障在分动器部分或 4WD ECU 到控制盒线束上。

5）检查速度传感器与电磁离合器电阻，发现速度传感器电阻无穷大，内部断路。

（5）故障总结

更换速度传感器故障排除。速度传感器内部断路（阻值增大），4WD ECU 检测到速度传感器故障后，10 号与 22 号针脚输出搭铁信号以控制前桥离合器接合并点亮故障指示灯以提醒驾驶员。

4. 案例四

（1）故障现象

电控四驱不能正常工作。仪表上四驱指示灯常亮。

（2）车辆信息

车型：CC6460DY-3（赛弗）；

行驶里程：57 000 公里；

发动机号：D060351566；

底盘号：LGWFF2G506A000113。

（3）故障原因分析

换挡电动机不能正常工作。

（4）故障排除

1）首先将车举起，起动车辆。将四驱开关调在 4H 位置。这时可以看到开关上 4WD 灯点亮，这时挂入一挡松开离合器观察，发现分动器前输出轴并没有转动，转动两前轮发现前输出轴可以转动，这就说明前桥离合器已经接合，分动器处于两驱位置。

2）拆下右边杂物箱，检查了两个前桥控制器与 4WD ECU 的电源和搭铁，均正常。

3）拆下分动器上的换挡电动机，这时从分动器上面可以清楚地看到现在分动器实际就在 2H 位置。旋转四驱开关，电动机并无动作。

4）在车下直接用电瓶测试换挡电动机，工作正常。

5）测量换挡电动机到电动控制器的所有线束。发现换挡电动机电源线（橙色线和黄色线）断路，拆下右前叶子板内衬发现线束和车身有摩擦的痕迹，并且这两根线束已经被磨断。将断开的线束重新连接并进行固定，装车后试车，故障排除。

（5）故障总结

电控电动机电源线断路导致电动机无法进行换挡动作。当 4WD ECU 检测到故障后，10 号与 22 号针脚输出搭铁信号以控制前桥离合器接合并点亮故障指示灯以提醒驾驶员。

技能考核

一、准备工作

1）准备好试验用的 EPS 系统和 4WD 系统的检测项目。

2）强调实训中的安全注意事项。

二、实训内容及要求

1）认识 EPS 系统和 4WD 系统的基本内容。

2）找出各个元件安装位置，并描述其功能。

3）用故障检测仪做故障分析。

三、场景设计

电控动力转向系统（EPS）和 4WD 系统常见的故障主要有：EPS/4WD 系统工作异常、传感器工作不良、电子控制单元接头松动等。实习教师可根据实训条件设置电子控制动力转向系统（EPS）/4WD 系统故障。比如拔下电子控制单元某插头端子或拔下相关传感器的接头。然后在实习教师的监督下，由学生独立完成故障的诊断与排除；或者由教师充当客户模拟一个或几个场景，让学生分组完成故障排除。

注意：在操作过程中，注意操作程序与规范，注意设备的正确使用，防止出现实训事故。

四、完成任务单

1）将基本信息填写在表 4–6 中。

表 4–6　基本信息

日　期		同组人员	
车　型		发动机型号	
VIN 码		行驶里程	
年　款		故障现象	

2）找出实习车辆相关系统中的传感器，描述 EPS/4WD 系统中各个传感器的安装位置并填写表 4–7。

表 4–7　传感器安装位置

传感器名称	安装位置的描述

3）描述 EPS/4WD 系统各个执行器的安装位置并填写表 4–8。

表 4–8　执行器安装位置

执行器名称	安装位置的描述

4）描述下面操作时的相关变化并填写表 4–9。

表 4–9　EPS/4WD 系统运行描述

操作描述	EPS/4WD 系统运行描述	相关数据记录
EPS 电源故障		
转向柱总成中的扭转传感器故障		
EPS 电子控制单元内部故障		
设置换挡电动机电源线故障		
设置 4WD 系统中车速传感器故障		
设置电控前桥离合器故障		

5）分析内容 4）对 EPS/4WD 系统运行的影响。

6）本次实训中存在的疑问有哪些？最大的难点是什么？

项目小结

本项目主要介绍了电控动力转向系统的组成、结构、工作原理以及常见故障的检测和维修方法。阐述了典型车辆凌志、三菱汽车电控动力转向系统常见故障诊断、检测方法和长城哈弗四轮驱动系统的检测与维修。在实训过程中按照维修站的维修标准，对相关系统进行系统自诊断检测、主要元件的基本检查与调整等内容进行了技能训练，通过实践学习学生应能达到对车辆电控动力转向系统、四轮驱动系统常见故障进行诊断和维修能力。

思考与练习

1）简述电子控制动力转向系统的优点。
2）简述液压式 EPS 的控制方式。
3）简述方向盘转角传感器的组成和工作原理。
4）简述反力控制式动力转向系统的工作原理。
5）简述三菱电动 EPS 的组成、工作原理和特点。
6）简述四轮驱动电控系统的检测与维修方法。

项目五

电控悬架系统模块

项目概述

汽车电控悬架系统（Electronic Controlled Suspension System，ECSS）又称为电子调节悬架系统（Electronic Modulated Suspension System，EMS）。

传统的悬架只能用来保证在一种特定的道路和速度下达到最优的性能，在汽车行驶中不能主动地适应不断变化的路面要求，使悬架性能的进一步提高受到限制。随着人们对操纵性和舒适性的要求不断提高，以及汽车电子技术的飞速发展，以微型计算机为核心的电子控制技术已被广泛应用到现代汽车悬架系统中了，使对汽车悬架系统实行控制成为现实。各种形式的电控悬架系统相继在一些高级轿车上采用，它不仅使汽车的乘坐舒适性达到令人满意的效果，而且使操纵稳定性也达到最佳的状态。

任务目标

1）了解电控悬架系统的基本功能。
2）学习电控悬架系统的优点、控制内容等。
3）熟悉电控悬架系统的组成及控制形式。
4）能正确拆装电控悬架系统，并进行正确的调整。
5）能正确使用检测设备对传感器性能和控制电路进行检查。
6）能正确检查电控悬架系统的基本故障，并能对常见故障进行检修。

任务引入

传统的汽车悬架系统主要由弹簧、减振器、稳定杆等组成，其悬架的高度和弹性是不可调的，弹性的阻尼不能随外部工况变化，导致乘驾舒适性变差。而电控悬架系统能对减振器的阻尼、弹性元件刚度、车身高度和姿态进行控制，从而极大改善了车辆乘坐舒适性和操纵稳定性。目前电控悬架系统有哪些控制功能呢？如何增强汽车的乘坐舒适及操纵稳定性呢？如果该系统出现故障，维修与诊断方法是什么？究竟对哪些部件进行检修？如何正确分析电控悬架系统的电路图及故障原因并排除故障呢？以凌志 LS400 型轿车电控悬架系统为例，要回答上述疑问，应完成下面的学习任务：

1）电控悬架系统的组成及控制形式。
2）电控悬架系统的基本功能。
3）了解凌志 LS400 型轿车电控悬架系统的基本组成。
4）掌握凌志 LS400 型轿车电控悬架系统的一般诊断方法。
5）掌握凌志 LS400 型轿车电控悬架系统的检修。
6）能够对电控悬架系统常见故障进行分析。

相关知识

一、电控悬架系统的组成和工作原理

1. 电控悬架系统的组成

汽车电控悬架系统主要由传感器（车高、转向角、加速度、路况预测）、电子控制单元、悬架控制的执行器等组成。

（1）传感器

传感器是电控系统中的信号输入装置，其功能是采集控制系统所需的信息，并将其转换

成电信号通过线路输送给 ECU。

（2）电子控制单元

电子控制单元是一种综合控制电子装置，其功用是存储该车型的特征参数和运算中所需的有关数据信息；给各传感器提供参考（基准）电压，接收传感器或其他装置输入的电信号，并对所接收的信号进行存储、计算和分析处理，根据计算和分析的结果向执行元件发出指令，或根据指令输出自身已存储的信息；有自我修正功能等。

（3）执行器

执行器是电控系统中的执行机构，其功能是接收电子控制单元的指令，完成具体的控制动作。

2. 典型电控悬架系统的工作原理

凌志 LS400 轿车电控悬架系统主要由车辆高度控制阀、悬架高度传感器、汽车转角传感器、压缩空气排气阀、悬架控制 ECU、悬架控制执行器、各种手动控制开关和汽车仪表板上的各种指示灯及显示仪表等组成。其工作原理如图 5-1 所示。

二、电控悬架系统的分类和功能

1. 电控悬架系统的分类

电控悬架系统根据控制目的不同，分为车高控制系统、刚度控制系统、阻尼控制系统、综合控制系统；根据刚度和阻尼系数是否可调，分为主动悬架系统和被动悬架系统；根据传力介质的不同，分为电控液压悬架系统和空气控制悬架系统；根据控制系统有源或无源，分为半主动悬架和全主动悬架。

2. 电控悬架系统的功能

1）车高调整。当汽车在起伏不平的路面上行驶时，可以使车身抬高，以便于通过；而在良好的路面上高速行驶时，可以降低车身，以减少空气阻力，提高操纵的稳定性。

2）阻尼力控制。阻尼力控制用来提高汽车的操纵稳定性，在急转弯、急加速和紧急制动情况下，可以抵制车身姿势的变化。

3）弹簧刚度控制。改变弹簧的刚度，使悬架满足运动或舒适的要求。采用主动式悬架后，汽车对侧倾、俯仰、车身和横摆跳动都能更加迅速、精确地控制，汽车高速行驶和转弯的稳定性提高，车身侧倾减少。制动时车身的前俯小，起动和急加速可减少后仰。即使在不好的路面，车身的跳动也比较少，轮胎对地面的附着力提高。

弹簧刚度和减振器阻尼力控制功能如下：

① 防侧倾控制。使弹簧刚度和减振器阻尼力变成“坚硬”状态。该项控制能抑制侧倾而使汽车的姿势变化减至最小，从而改善操纵性。

② 防点头控制。使弹簧刚度和减振器阻尼力变成“坚硬”状态。该项控制能抑制汽车制动时点头，从而使汽车的姿势变化减至最小。

③ 防下坐控制。使弹簧刚度和减振器阻尼力变成“坚硬”状态。该项控制能抑制汽车加速时后部下坐，从而使汽车的姿势变化减至最小。

④ 高车速控制。使弹簧刚度变成“坚硬”状态和使减振器阻尼力变成“中等”状态。该项控制能改善汽车高车速时的行驶稳定性和操纵性。

⑤ 不平整道路控制。使弹簧刚度和减振器阻尼力视需要变成“中等”或“坚硬”状态，

该项控制能抑制汽车车身在悬架上下垂，从而改善汽车在不平坦道路上行驶时的乘坐舒适性。

⑥ 颠动控制。使弹簧刚度和减振器阻尼力变成“中等”或“坚硬”状态。该项控制能抑制汽车在不平坦道路上行驶时的颠动。

⑦ 跳动控制。使弹簧刚度和减振器阻尼力变成“中等”或“坚硬”状态。该项控制能抑制汽车在不平坦道路上行驶时的上下跳动。

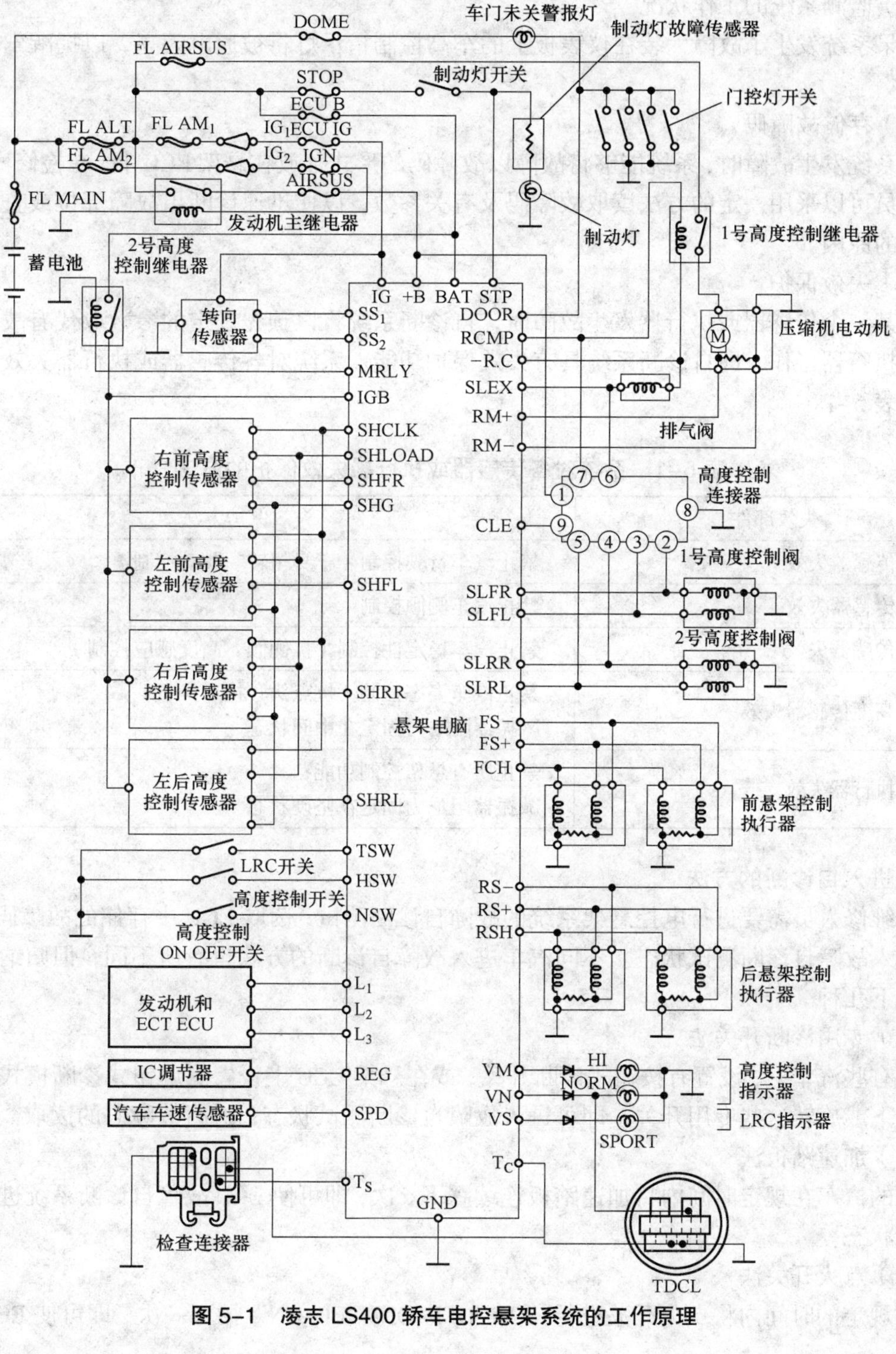

图 5–1　凌志 LS400 轿车电控悬架系统的工作原理

任务实施

一、电控悬架系统故障的一般诊断方法

1. 自诊断系统的功能

（1）监测系统的工作状况

如果系统发生了故障，装在仪表板上的车高控制指示灯将被通电闪亮，以提醒驾驶员立即检修。

（2）存储故障码

当系统发生故障时，系统能够将故障以故障码的形式存放在悬架ECU中。在检修汽车时，维修人员可以采用一定的方法读取故障码及有关参数，以便迅速诊断出故障部位或查找出产生故障的原因。

（3）失效保护

当某一个传感器或执行器发生故障时，自诊断系统将以预先设定的参数取代有故障的传感器或执行器工作，即自诊断系统具有失效保护功能。系统对各传感器或执行器失效保护的方法见表5–1。

表5–1　系统对各传感器或执行器失效保护的方法

失效部件	失效保护方法
加速传感器失效	禁止汽车行驶控制（车身扭转、跳动控制）
转向传感器失效	禁止汽车侧倾控制
车速传感器失效	禁止汽车稳定性控制（抗侧倾、高度感应控制）
车身高度传感器失效	禁止汽车姿态控制（抗点头、抗后坐）； 减振器阻尼力固定在中间状态
悬架执行器失效	禁止所有悬架控制功能； 减振器阻尼力固定在坚硬状态

2. 进入自诊断的方法

当维修人员需要进行电控悬架系统的故障自诊断测试，读取ECU中存储的故障码时，首先要进入故障自诊断测试状态。不同汽车进入故障自诊断的方法也有所不同，但归纳起来主要有以下几种。

（1）专用诊断开关法

在有些汽车上，设置有按钮式诊断开关，或在悬架ECU上设置有旋钮式诊断模式选择开关，按下或旋转这些专用开关，即可进入故障自诊断测试状态，进行故障码的读取。

（2）加速踏板法

有的汽车在规定时间内将加速踏板连续踩下5次，即可使ECU故障自诊断系统进入故障自诊断状态。

（3）点火开关法

在规定的时间内将点火开关进行“ON–OFF–ON–OFF–ON”循环一次，即可使ECU故障

自诊断系统进入故障自诊断状态。如美国克莱斯勒汽车公司生产的电控悬架系统就采用了这种方法。

（4）跨接导线法

利用ECU故障自诊断系统读取故障码时，需要用跨接导线将高度控制连接器和发动机室的检查插接器的“诊断输入端子”和“搭铁端子”进行跨接，方可进入故障自诊断状态和读取存储的故障码。如丰田汽车电控悬架系统即采用该方法调取故障码。

（5）解码器诊断法

利用解码器与汽车电控系统故障检查插接器相连接，便可以直接进入故障自诊断测试状态和读取故障码。

二、凌志 LS400 轿车电控悬架系统的检修

1. 一般检查

电控悬架系统的一般检查是对悬架的一些功能、状态进行检查和调整，以便及时发现问题，确保电控悬架系统正常工作。

（1）汽车高度调整功能的检查

1）初步检查。拨动手动车身高度控制开关，看汽车高度变化是否正常。

2）车身升高检查。检查轮胎气压，气压应符合要求（前轮为 230 kPa，后轮为 250 kPa）；起动发动机，将车身高度控制开关从 NORM 转到 HIGH，检查车身高度的变化情况及所需时间。如果不符合要求，应对车身高度调节系统进行检查。

从高度控制开关拨到高位置到压缩机起动约需 2 s；从压缩机开始工作到完成车身高度调整需 20~40 s；车身高度变化量应为 10~30 mm。

3）车身降低检查。在车身处于高状态下起动发动机，将车身高度控制开关从高位置拨到常规位置，检查车身高度的变化和所需的时间；如果不符合要求，则对车身高度调节系统进行检查。

（2）溢流阀工作的检查

强制压缩机工作，检查溢流阀能否动作：用导线将高度控制连接器的 1 号和 7 号端子连接，如图 5-2 所示，将点火开关转到 ON，压缩机开始工作；待压缩机工作一段时间后，检查溢流阀是否放气，如图 5-3 所示；关闭点火开关，并清除故障码。

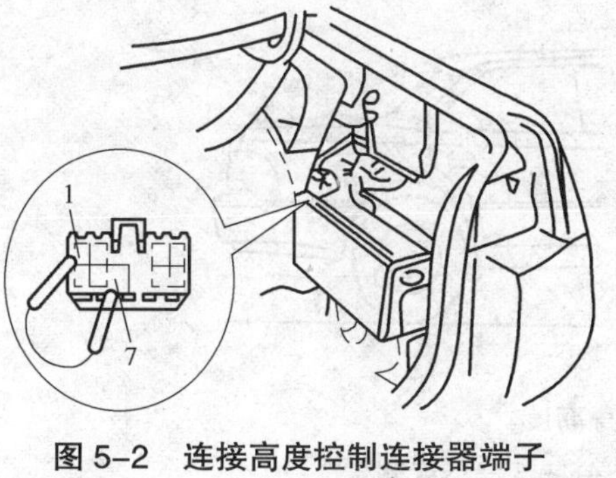

图 5-2　连接高度控制连接器端子

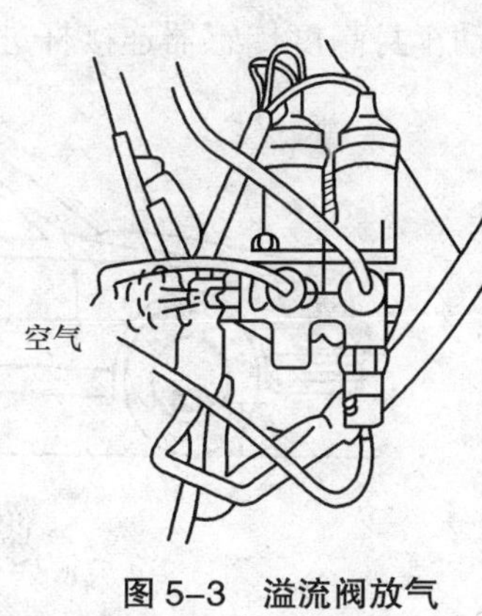

图 5-3　溢流阀放气

如果不能放气，则检查管路中有无漏气、压缩机工作是否正常、溢流阀是否堵塞等。

上述故障都将引起悬架气室压力不正常，造成悬架刚度和车身高度调整不正常；用导线连接高度控制连接器1号与7号端子使压缩机工作，悬架ECU会认为有故障而记录下故障码，因此，检查完后应进行故障码的清除工作。

（3）空气管路漏气检查

管路漏气将直接影响悬架正常的调节功能。起动发动机，将手动高度控制开关拨到高位置，使车身升高；待车身升高后，关闭点火开关，在管子的接头处涂上肥皂水，检查有无漏气，如图 5-4 所示。

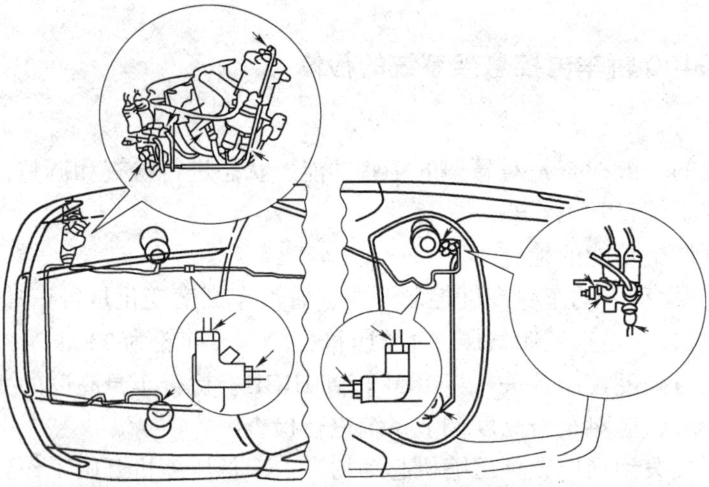

图 5-4　空气管路漏气检查

（4）车身高度的检查与调整

1）车身高度的检查。将 LRC 开关拨到 NORM 位置，使车身上下跳振几次，以使悬架处于稳定状态；前、后推动汽车，以使车轮处于稳定状态；将变速器操纵杆置于N挡位，松开停车制动器（应挡住车轮不让它转动），起动发动机；将车身高度控制开关拨到HIGH位置，车身升高后，等待60 s，然后再将车身高度控制开关拨到NORM位置，使车身下降，待车身下降后再过50 s，重复上述操作，以使悬架各部件稳定下来；测量车身高度如图5-5所示，前端为地面到下悬架臂安装螺栓中心；后端为地面到2号下悬架臂安装螺栓中心，应符合表5-2的要求，否则应通过转动车身高度传感器连接杆进行高度调整。

图 5-5　测量车身高度

（a）车身前端高度测量；（b）车身后端高度测量

表 5–2　车身的正常高度（NORM 位置）

部位	车前端	车后端	左右误差	前后误差
高度 /mm	228 ± 10	210 ± 10	<10	17.5 ± 1.5

2）车身高度的调整。拧松车身高度传感器连接杆上的两个锁紧螺母，转动车身高度传感器连接杆，以调节其长度（连接杆每转一圈，车身高度变化约 4 mm）；检查车身高度传感器连接杆的尺寸，不应小于极限尺寸（前后端均为 13 mm）；暂时拧紧锁紧螺母，复查车身高度；车身高度调整完后，拧紧锁紧螺母，拧紧力矩为 4.4 N · m。

车身高度的检查与调整应在水平的地面进行，且高度控制开关拨到常规位置；在拧紧车身高度传感器连接杆锁紧螺母时，应确保球节与托架平行；车身高度调整后，应检查车轮定位。

2. 自诊断系统

（1）指示灯的检查

当点火开关在 ON 位置时，仪表板上的 LRC 指示灯和高度控制指示灯应闪亮 2 s 左右。2 s 后，各指示灯的亮与灭取决于其控制开关的位置，正常情况如下：

1）LRC 指示灯。如果 LRC 开关拨在"SPORT"侧，LRC 指示灯仍亮；LRC 开关拨在"NORM"时，LRC 指示灯亮 2 s 后熄灭。

2）车身高度控制指示灯。如果车身高度控制开关拨在"NORM"时，高度控制指示灯的"NORM"灯亮，"HIGH"灯不亮；如果高度控制开关拨在"HIGH"时，高度控制指示灯的"HIGH"灯亮，"NORM"灯不亮。

3）HEIGHT 照明灯。当点火开关在 ON 时，HEIGHT 照明灯始终亮。

4）当点火开关在 ON 时，如果车身高度控制"NORM"指示灯闪亮，表示悬架控制系统电脑存储器中已存储有故障码，应读取故障码后排除故障。

5）当点火开关在 ON 时，各指示灯出现表 5–3 所示的情况，则为不正常，就应检查有关的电路。

表 5–3　悬架控制指示灯不正常的现象和诊断

点火开关在 ON 时，悬架控制指示的现象	应检查的电路
"SPORT""HIGH"和"NORM"指示灯均不亮	高度控制电源电路及指示灯电路
"SPORT""HIGH"和"NORM"指示灯亮 2 s 后均熄灭	悬架控制执行器电源电路
"SPORT""HIGH""NORM""HEIGHT"及照明灯有不亮	指示灯电路或"HEIGHT"照明灯电路
LRC 开关在"NORM"时，"SPORT"指示灯仍亮	LRC 开关电路
所亮起的高度控制指示灯与高度控制开关选定的位置不一致	高度控制开关电路

（2）故障码的读取

点火开关在 ON 时，将检查连接器的 T_C 与 E_1 端子短接（见图 5-6），通过仪表板上高度控制“NORM”指示灯的闪烁读取故障码。凌志 LS400 轿车电控悬架系统故障码的含义见表 5-4。

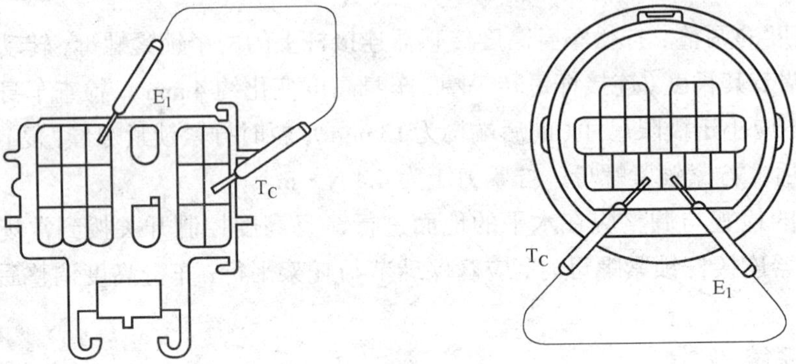

图 5-6　检查连接器及故障码的调取

表 5-4　凌志 LS400 轿车电控悬架系统故障码的含义

故障码	诊断电路	故障诊断
11	右前高度控制传感器电路	高度控制传感器电路断路或短路
12	左前高度控制传感器电路	
13	右后高度控制传感器电路	
14	左后高度控制传感器电路	
21	前悬架控制执行器电路	悬架控制执行器电路断路或短路
22	后悬架控制执行器电路	
31	1 号高度控制阀电路	高度控制阀电路断路或短路
33	2 号高度控制阀电路（右悬架）	
34	2 号高度控制阀电路（左悬架）	
35	排气阀电路	排气阀电路断路或短路
41	1 号高度控制阀继电器电路	继电器电路断路或短路
42	压缩机电动机电路	短路或压缩机电机锁住
51	到高度控制继电器的持续电流	1 号继电器通电时间大于 8.5 min
52	至排气阀的持续电流	排气阀的通电时间大于 6 min
61	悬架控制信号	悬架 ECU 失灵
71	高度控制 ON/OFF 开关电路	控制开关在 OFF 时或电路断路
72	悬架控制执行器电源电路	电源电路断路或保险丝断

（3）故障码的清除

在关闭点火开关的情况下，拆下 1 号接线盒中的 ECU–B 保险丝 10 s 以上；或在关闭点火开关的情况下，同时将高度控制连接器的 9 号端子与 8 号端子以及检查连接器的 T_S 与 E_1 端子短接 10 s 以上，然后接通点火开关并拆掉各端子的短接导线。

（4）检查输入信号

输入信号的检查主要是动态检查各传感器和开关的信号是否正常输入悬架电脑。检查步骤如下：

将悬架刚度和阻尼控制均固定在“坚硬”状态，车身高度控制则在“NORM”；将检查连接器 T_C 与 E_1 端子短接，如果高度控制“NORM”指示灯闪烁，则应按故障检修故障码电路；如果高度控制“NORM”指示灯不闪烁，则可按下列步骤进行：接通点火开关，将检查连接器的 T_S 与 E_1 端子短接，这时车身高度控制“NORM”指示灯以 0.2 s 的时间间隔闪烁，表示诊断系统已进入输入信号检查状态，且当发动机运转时，车身高度控制“NORM”指示灯的闪烁将会停止；每个检查项目都在 A 状态和 B 状态下各检查一次，正常情况下见表 5–5。

在进行这项检查时，减振器阻尼力和弹簧刚度控制停止，并且减振器阻尼力和弹簧刚度均固定在“坚硬”状态，汽车高度控制仍旧正常进行；如果将发动机室内的检查连接器的端子 TSGN 与 E_1 连接，储存在存储器中的诊断代码就会输出。如果存储器没有诊断代码输出，则要进行输入信号检查。

3. 故障的诊断与排除

如果在进行诊断代码检查时，显示一个正常代码但故障仍然出现（重复出现），应进行故障症状的故障排除，按表 5–6 给出的次序检查每个症状电路。

表 5–5　电控悬架输入信号的检查

检查项目	A 状态	“NORM”灯		B 状态	“NORM”灯	
		点火开关 ON	发动机运行		点火开关 ON	发动机运行
转向传感器	转向角为 0°	闪烁	常亮	转向角 >45°	闪烁	常亮
制动灯开关	不踩制动踏板	闪烁	常亮	踩下制动踏板	闪烁	常亮
门控灯开关	所有车门关闭	闪烁	常亮	所有车门打开	闪烁	常亮
节气门位置传感器	不踩加速踏板	闪烁	常亮	踩下加速踏板	闪烁	常亮
1 号车速传感器	车速 <20 km/h	闪烁	常亮	车速 >20 km/h	闪烁	常亮
高度控制开关	NORM 位置	闪烁	常亮	HIGH 位置	闪烁	常亮
LRC 开关	NORM 位置	闪烁	常亮	SPORT 位置	闪烁	常亮
高度控制开关	ON 位置	闪烁	常亮	OFF 位置	闪烁	常亮

表 5–6　凌志 LS400 轿车电控悬架故障症状诊断一览表

		高度控制传感器	悬架控制执行器电路	高度控制阀、排气阀电路	1号高度控制继电器电路	压缩机电机电路	高度控制开/关	悬架控制执行器电源电路	汽车高度控制电源电路	发电机调节器电路	LRC 开关电路	高度控制开关电路	停车灯开关电路	转向传感器电路	节气门位置信号电路	车速传感器电路	门控灯开关电路	T_C 端子电路	T_S 端子电路	高度控制传感器连接杆	空气泄漏	气压缸/减振器	悬架 ECU
减振器阻尼力和弹簧刚度控制失灵	不管怎样操作LRC开关，LRC指示灯的状态不变										1												2
	减振器阻尼力和弹簧刚度控制几乎不起作用		1					6			4							2	3			5	7
	只有防侧倾控制不起作用													1									2
	只有防下坐控制不起作用														1								2
	只有防点头控制不起作用												1			2							3
	只有高车速控制不起作用															1							2
汽车高度控制失灵	高度控制指示灯的亮灯位置不随高度控制开关的动作变化	4							3	2		1											5
	汽车高度控制功能不起作用	5					4		2	1		3											6
	只有高车速控制不起作用															1							2
	汽车高度出现不规则变动	2																			1		3
	汽车高度控制起作用，但汽车高度不均匀			1																2			
	汽车高度控制起作用，但汽车高度高或低（汽车高度在 NORM 状态时，高度与标准值不符）																			1			

续表

		高度控制传感器	悬架控制执行器电路	高度控制阀、排气阀电路	1号高度控制继电器电路	压缩机电机电路	高度控制开/关	悬架控制执行器电源电路	汽车高度控制电源电路	发电机调节器电路	LRC 开关电路	高度控制开关电路	停车灯开关电路	转向传感器电路	节气门位置信号电路	车速传感器电路	门控灯开关电路	T_C 端子电路	T_S 端子电路	高度控制传感器连接杆	空气泄漏	气压缸/减振器	悬架 ECU
汽车高度控制失灵	当调整汽车高度时，汽车处于非常高或非常低的位置	1																					
	即使高度控制开关在 OFF 位置时，汽车高度控制仍起作用						1																2
	点火开关 OFF，控制不起作用								2								1						3
	即使在车门打开时，点火开关仍有作用																1						2
	汽车驻车时汽车高度非常低																				1	2	
	压缩机电机仍旧运转				2	3															1		4

（1）电控悬架系统电路故障的检查

电控悬架系统出现了故障，无论自诊断系统有无故障码输出，都需要进行系统电路故障检查。如果取得了故障码，则可根据故障码的指示对故障的电路进行检查，以找出确切的故障部位，排除故障。若故障码所指示的故障电路正常，则一般应检修或更换悬架 ECU。应注意的是，在有故障码输出的情况下，悬架 ECU 就已中断了相应的悬架刚度和阻尼力或车身高度控制。因此，不断开电脑仅通过控制开关使其执行器动作来判断故障是不可行的。

如果无故障码显示，则需根据故障分析的结果，对与故障症状有关的电路和部件逐个进行检查。如果所有可能故障电路和部件检查均无问题，但悬架控制系统故障症状确实存在，则需对悬架 ECU 进行检查或更换。

（2）车身高度传感器电路的故障检查

故障码 11、12、13、14 说明右前 / 左前 / 右后 / 左后位移传感器电路断路或短路。车身高度传感器的电路如图 5-7 所示，可能的故障部件有：电脑与传感器之间的线路及插接器、车身高度传感器电源线路及 2 号高度控制继电器、车身高度传感器及悬架ECU。故障检查步骤如下：

1）检查车身高度传感器的电源电压（见图 5-8）：拆下前轮胎（故障码 11、12）或拆下行李箱装潢前盖（故障码 13、14）；拔开车身高度传感器插接器；点火开关转到 ON，测 1 号端子对地电压，应为蓄电池电压，否则检修 2 号高度控制继电器及有关的线路，若正常则进入下一步骤。

2）检查高度控制传感器与悬架 ECU 之间的导线和插接器：检查各线束插接器应无松动；拔开线束插接器，插脚应无锈蚀；检测有导线连接的两插脚之间的通路情况：不正常，修理或更换配线及插接器，若正常则进入下一步骤。

3）检查车身高度传感器的功能：换上一只性能良好的车身高度传感器，看故障症状是否消除。若能消除，更换车身高度传感器；若不能消除，则检查或更换悬架 ECU。

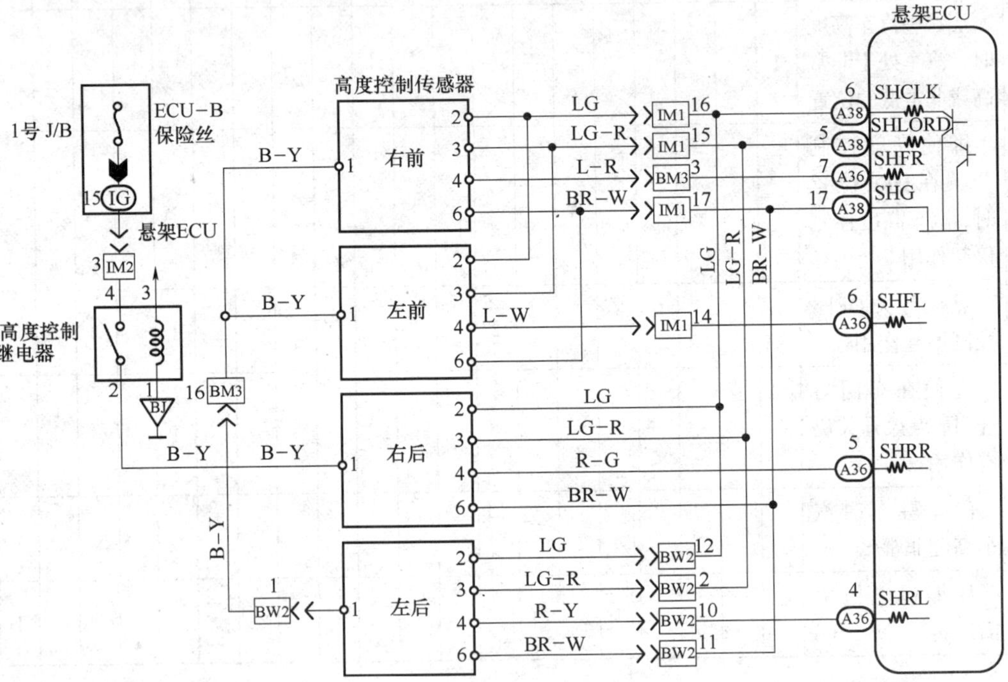

图 5-7　车身高度传感器的电路

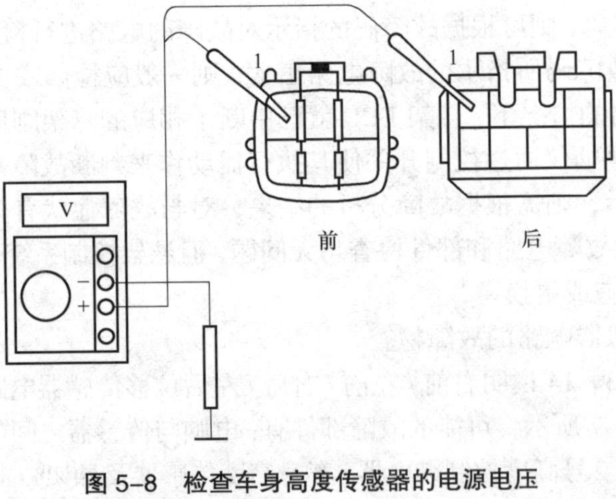

图 5-8　检查车身高度传感器的电源电压

（3）悬架控制执行器电路的故障检查

ECU 存储了故障码 21、22，说明前 / 后悬架执行器电路有断路或短路故障，就不执行减振和弹簧刚度控制。悬架控制执行器的电路如图 5-9 所示，可能的故障部位有：电脑与悬架控制执行器之间的线路及插接器、悬架控制执行器、悬架 ECU。

1）检查悬架控制执行器的电阻。拆下悬架控制执行器盖和执行器，拔开执行器插接器，测量控制执行器各端子的电阻，如图 5-10 所示。各端子正常电阻见表 5-7。如果电阻值不正常，应更换悬架控制执行器。

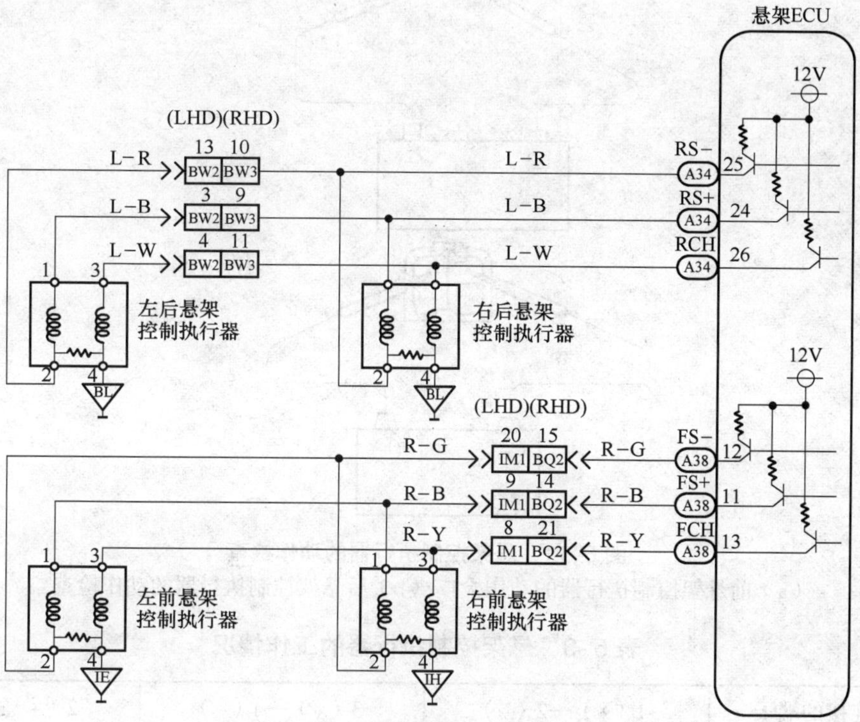

图 5-9 悬架控制执行器的电路

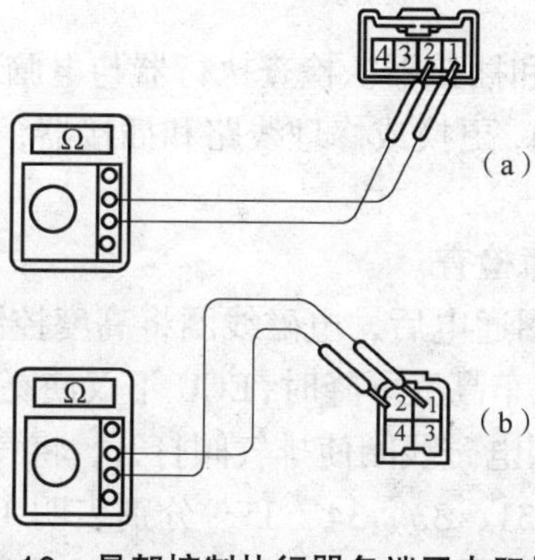

图 5-10 悬架控制执行器各端子电阻检测

（a）前悬架控制执行器端子电阻检测；（b）后悬架控制执行器端子电阻检测

表 5-7 悬架控制执行器各端子电阻

端子	1~2	3~4	2~4
电阻 /Ω	3~6	3~6	2.3~4.3

2）检查悬架控制执行器的动作。在悬架控制执行器各端子施加蓄电池电压，如图 5-11 所示，但施加蓄电池电压不要超过 1 s，检查悬架控制执行器的工作情况（见表 5-8）。若检查结果不正常，应更换悬架控制执行器；正常则进入下一步骤。

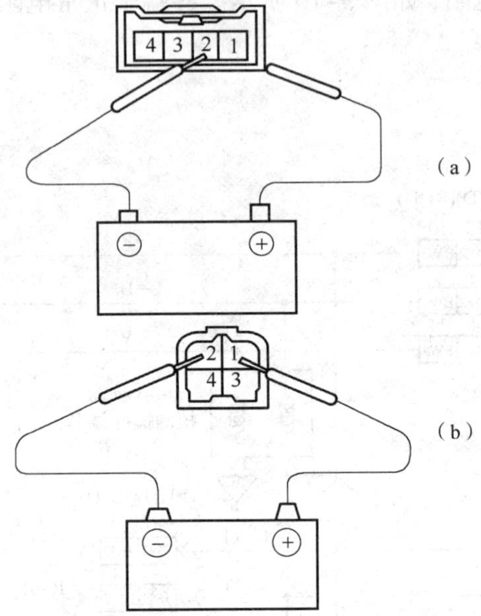

图 5-11　悬架控制执行器的动作检查

（a）前悬架控制执行器的动作检查；（b）后悬架控制执行器的动作检查

表 5-8　悬架控制执行器的工作情况

蓄电池连接的端子	1（+）—2（-）	3（+）—4（-）	2（+）—1（-）
执行器的位置	硬	中	软

3）检查悬架执行器的线路和插接器。检查执行器与电脑之间的线路和插接器，检查执行器的搭铁。若检查结果发现问题，更换或修理线路和插接器；若检查结果为正常，则应检查或更换悬架 ECU。

（4）高度控制阀电路的故障检查

ECU 使高度控制阀电磁线圈通电后，电磁线圈将高度控制阀打开，并将压缩空气引向气缸，从而使汽车高度上升。当汽车高度下降时，ECU 不仅使高度控制阀电磁线圈通电，而且还使排气阀电磁线圈通电，排气阀电磁线圈使排气阀打开，将气缸中的压缩空气排放到大气中。

ECU 存储器中存入故障码 31、33、34、35，分别表明 1 号高度控制阀电路有短 / 断路、2 号高度控制阀电路中有短 / 断路（右悬架）、2 号高度控制阀电路中有开路或短路（左悬架）、排气阀电路有短 / 断路，此时不执行汽车高度控制、减震器阻尼力和弹簧刚度控制。

1）检查连接高度控制连接器的各端子时，汽车高度是否改变：高度控制阀的电路如图 5-12 所示。拆下行李箱右侧盖，测量高度控制连接器 2、3、4、5、6 端子与端子 8 间的电阻，均为 9~15 Ω；将点火开关转到 ON，按表 5-9 所示方式连接高度控制连接器的相关端子，汽车高度变化应符合要求，否则检查高度控制和排气阀。

2）检查悬架 ECU 与高度控制连接器之间的配线和连接器是否断路。若不正常则修理或更换配线或连接器；正常则按故障症状一览表中所指的下一个电路检查。

3）检查高度控制阀和排气阀。拆下右前控制阀和排气阀，脱开阀的连接器，对 1 号高度控制阀和排气阀进行检查；拆下行李箱装潢前盖，脱开阀的连接器，对 2 号高度控制阀进行检查。各端子之间的电阻值应符合表 5-10 的要求；在相应端子上接上蓄电池电压时，高度控制阀和排气阀应有工作声，若不正常则更换高度控制阀或排气阀，正常则检修高度控制阀或排气阀与连接器之间的配线及连接器。相关端子加压后阀门工作状况见表 5-11。

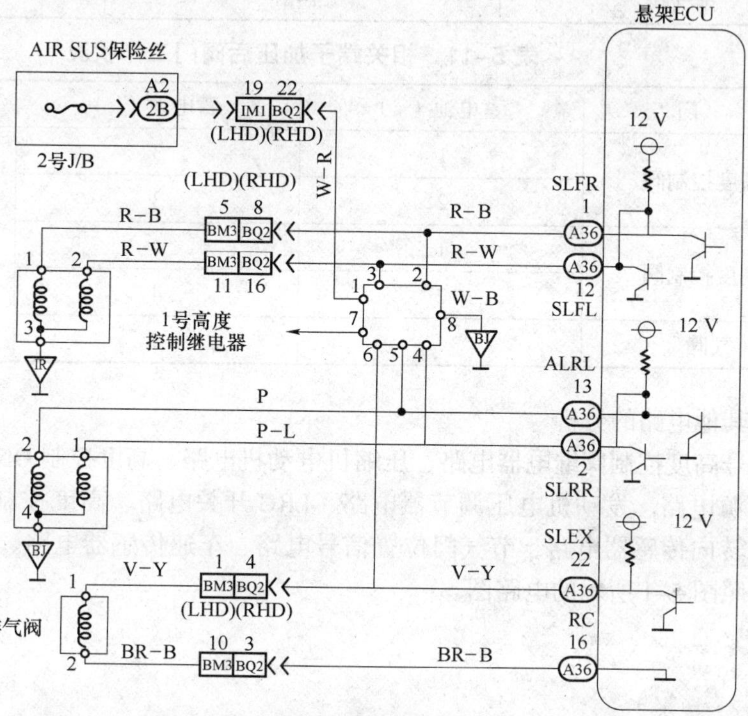

图 5-12　高度控制阀的电路

表 5-9　连接相关端子汽车高度的变化情况

汽车高度的变化情况	端子						
	1	2	3	4	5	6	7
右前汽车高度上升	A	A					A
左前汽车高度上升	B		B				B
右后汽车高度上升	C			C			C
左后汽车高度上升	D				D		D
右前汽车高度下降	E	E					E
左前汽车高度下降	F		F				F
右后汽车高度下降	G			G			G
左后汽车高度下降	H				H		H

注：相同字母表示其相通。

表 5-10　相关端子之间的电阻

阀　　门	端　　子	电阻 /Ω
1 号高度控制阀	1~3	9~15
	2~3	
2 号高度控制阀	1~4	
	2~4	
排气阀	1~2	

表 5-11　相关端子加压后阀门工作状况

阀　　门	蓄电池（+）	蓄电池（-）	工作状况
1 号高度控制阀	1	3	发出“咔嗒”响声
	2	3	
2 号高度控制阀	1	4	
	2	4	
排气阀	1	2	

（5）其他电路的分析

如 1 号高度控制阀继电器电路、压缩机电动机电路、高度控制 ON/OFF 开关电路、悬架执行器电源电路、发动机电压调节器电路、LRC 开关电路、高度控制开关电路、停车灯开关电路、转向传感器电路、节气门位置信号电路、车速传感器电路、T_C 端子电路、T_S 端子电路，参照图 5-1 所示的电路图。

技能考核

一、准备工作

1）电控悬架系统的生产使用说明书。

2）汽车维修设备使用说明书和安全操作规程。

3）凌志 LS400 轿车电控悬架系统的维护手册（包括各种汽车电控悬架系统的维护手册）。

4）装备电控悬架系统的车辆（或实验台）。

5）提供各类维修知识和维修资料的网页。

二、实训内容及要求

1）认识电控悬架系统的控制内容。

2）正确拆装电控悬架系统且进行相关的调整，并描述其功能。

3）掌握操作规程，对电控悬架系统的常见故障进行检修。

三、场景设计

学生根据课堂讲解内容可对电控悬架系统的各部件安装位置、部件结构进行了解，学习掌握其功用的前提下可通过设置典型的故障方式来进一步了解电控悬架系统的控制原理。最后在实习教师的指导下，由学生分组完成相关数据的检测与分析，同时完成任务单。

注意：在操作过程中，注意操作程序与规范，注意设备的正确使用，防止出现事故。

四、完成任务单

1）将基本信息填写在表 5-12 中。

表 5-12 基本信息

日　期		同组人员	
车　型		发动机型号	
VIN 码		行驶里程	
年　款		故障现象	

2）找出该车所有传感器，描述电控悬架系统各个传感器的安装位置并填表 5-13。

表 5-13 传感器的安装位置

传感器名称	安装位置的描述

3）描述电控悬架系统中各个执行器的安装位置并填表 5-14。

表 5-14 执行器的安装位置

执行器名称	安装位置的描述

4）描述下面操作时的相关变化并填表 5-15。

表 5-15 电控悬架系统的运行描述

操作描述	电控悬架系统的运行描述	相关数据记录
1 号高度控制电路断路		
节气门信号电路故障		
悬架控制执行器电路故障		

5）本次实训中存在的疑问有哪些？最大的难点是什么？

项目小结

本项目从认识电控悬架系统的作用谈起，深入认识和分析了凌志 LS400 轿车电控悬架系统的工作原理和维修检测的方法。按照维修站的实际工作流程对基本的检查和调整、电控悬架系统的自诊断和电子控制系统进行部件检修、典型故障诊断与排除等步骤进行了技能训练，使学生通过学习能够对电控悬架系统常见故障进行诊断与维修。

思考与练习

1）电控悬架系统的常见传感器有哪些？
2）简述电控悬架系统的组成和工作原理。
3）转向角传感器有哪几种？试论述它们的工作原理。
4）如何诊断与排除悬架高度和阻尼系统控制失灵的故障？
5）如何对车身高度进行调整？

项目六
巡航控制系统模块

项目概述

现代汽车的巡航控制系统（Cruise Control System，CCS）是利用先进的电子技术对汽车的行驶速度进行自动调节，从而实现以事先设定的速度行驶的一种电子控制装置。因此，汽车巡航控制系统又称为恒速控制系统、速度控制系统、自动驾驶系统（Auto Drive System），这种系统在国外汽车上应用较多。随着我国道路条件的改善，越来越多的高速公路投入运营，汽车已经由一个传统的机械装置逐渐演变成一个集机械、电子、计算机控制、通信等技术于一体的复杂系统，巡航控制系统因此得到了广泛应用。

任务 6-1

凌志汽车巡航控制系统结构认知

任务目标

1）掌握汽车巡航控制系统的基本结构。
2）掌握汽车巡航控制系统的作用、工作原理。
3）掌握汽车巡航控制系统的使用方法。

任务引入

汽车巡航控制系统具有定位功能、报警功能、指挥控制功能、语音提示功能、扩展功能等。它与汽车导航系统的使用，不仅能使汽车自动导航、自动控制从而有效地减轻长途驾驶的疲劳，而且提高了车辆的行驶舒适性；节省了燃油；减少了排放污染物；保证了车速稳定性、行驶安全性；减小了机件磨损，延长了使用寿命。安装了巡航系统之后，使汽车向无人自动驾驶方向迈出了重要一步。

相关知识

一、巡航控制系统简介

巡航控制系统就是使汽车可以自动调节节气门开度，当长时间地在高速公路上或车辆稀少或路况较好的道路上行驶时，使用CCS，驾驶员可以将右脚从加速踏板上挪开，车辆会以设定的速度匀速行驶（不论是上坡或下坡），从而使驾驶员不必将脚长时间地踩在加速踏板上，减轻驾驶员的驾驶疲劳强度，从而提高行驶舒适性的一种汽车自动行驶装置。巡航控制系统由巡航控制系统的电子控制单元控制，所用执行器有真空驱动型和电动机驱动型两种，如图6-1所示。早期的CCS主要采用真空驱动型执行器，但目前已较多采用电动机驱动型执行器，以便更精确地控制车速。

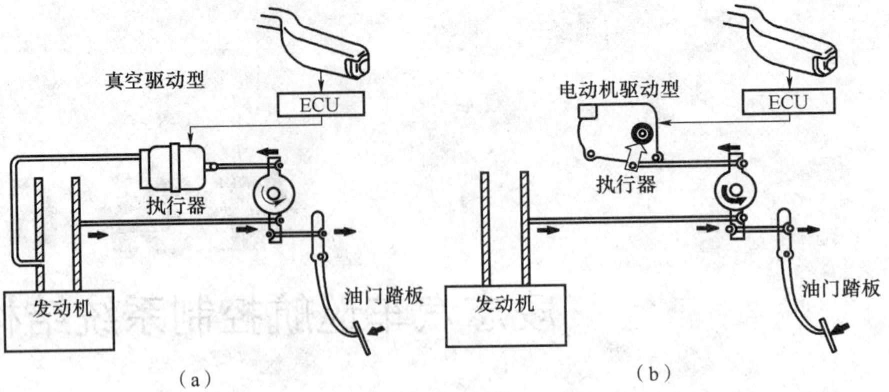

图 6-1　巡航控制系统的执行器

（a）真空驱动型；（b）电动机驱动型

二、汽车巡航控制系统的基本结构、原理和作用

1. 汽车巡航控制系统的基本结构

巡航控制系统的主要部件有：巡航控制开关、车速传感器、巡航控制 ECU、执行器等。汽车巡航控制系统具有定位功能、报警功能、指挥控制功能、语音提示功能、扩展功能等。

2. 汽车巡航控制系统的原理

巡航控制系统的电路原理如图 6-2 所示。巡航控制系统是一种利用电子控制技术保持汽车自动等速行驶的系统。驾驶员利用控制开关，就可以把保持恒速、减速、恢复原速的车速命令传递给 ECU。当驾驶员操纵保持恒速时，ECU 就记下即时车速，开始进行恒速行驶控制。

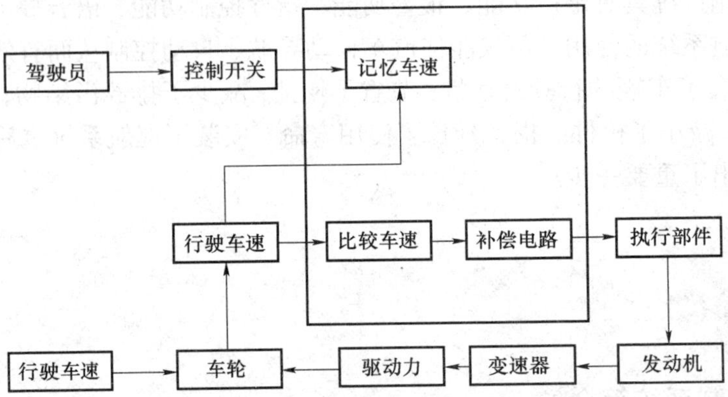

图 6-2　巡航控制系统的电路原理

设定车速与实际车速都输入到计算机（单片机）的比较电路中。比较电路的输出信号经过补偿电路、执行部件、发动机和变速器后就可以改变驱动力。巡航控制系统由专用单片机和专用 IC 模块等构成，单片机完成车速运算、记忆、比较、补偿、保持和异常诊断等信号处理，专用 IC 模块具有处理微机的再启动、输入、输出与电源通断和自我诊断等功能。

汽车巡航控制系统是一个闭环控制系统，而控制器件的主体是单片机及配属的模块；控制的基本方法是经典的比例积分调节控制（又称为 PI 方式），如图 6-3 所示。这个闭环控制系统，理论及实践调节控制误差可以为零，即实际车速与设定车速之间的误差为零。但具体运行上并不需要误差为零，因为误差为零时，行驶阻力的微小变化都将引起节气门开度的变化，容易产生游车（瞬时车速不断地变化，而平均车速不变），即调节控制的振荡，这是我们不需要的。因而控制系统的误差应是一个大于零的实数。

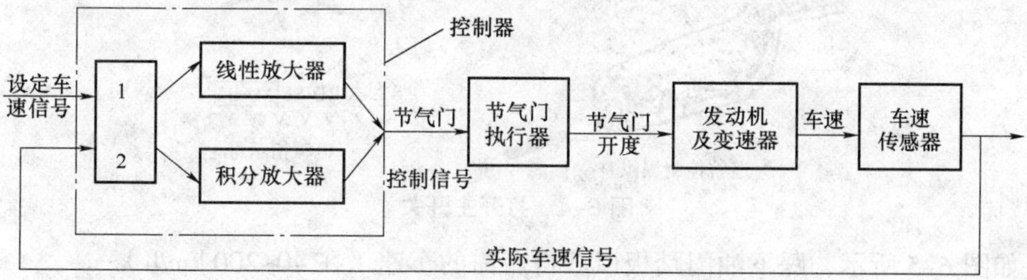

图 6-3　巡航控制系统

3. 汽车巡航控制系统的作用

汽车巡航控制系统是一种利用电子控制技术保持汽车自动等速行驶的系统，其主要目的是减轻驾驶员的工作负担，提高汽车行驶的舒适性。汽车巡航控制系统是一种汽车辅助驾驶系统，可以在车速变化范围内起动该系统。人为设定一个车速，巡航控制系统就会根据行驶阻力的变化，自动增减节气门开度，使汽车保持一定速度，驾驶员将不需再操控油门。巡航控制系统还可以使汽车燃料的供给与发动机功率之间处于最佳配合状态，既节省了燃料又减少了有害气体的排放。在良好路面长途行驶或高速公路上适合使用巡航控制系统，起动巡航控制系统后，驾驶员可不踩加速踏板，只需操纵转向盘就可以轻松驾驶。

巡航控制系统可以自动调节汽车发动机的动力，适应路面状况以及其他阻力的变化，以恒速方式行驶。一旦出现人为干预的情况（如踩踏制动踏板、踩踏离合器踏板、变速器挂入空挡、拉紧驻车制动等），巡航控制系统能确保驾驶员的操作，优先解除巡航控制工作状态；在车辆的速度超出人为设定的范围及其他情况下，巡航控制系统也能自动停止工作，确保车辆行驶的安全。

任务实施

一、巡航控制系统的使用方法

CCS（巡航控制系统）的工作是由主开关、控制开关、油门踏板和制动踏板控制的。控制开关的设计因车辆型号而异，下面介绍用于 Cressida 的 CCS 控制开关。至于其他车型上的主开关和控制开关，可能在设计和位置上有所不同，但其工作方式则与 Cressida 上的基本相同。不论哪种情况，控制开关都有 5 个工作模式：设定、滑行、恢复（RES）、加速（ACCEL 或 ACC）和取消。

1. 将 CCS 设定在所需的车速

1）如图 6-4 所示，按下主开关（位于巡航控制操纵杆末端）后松开，电源指示灯会发亮。

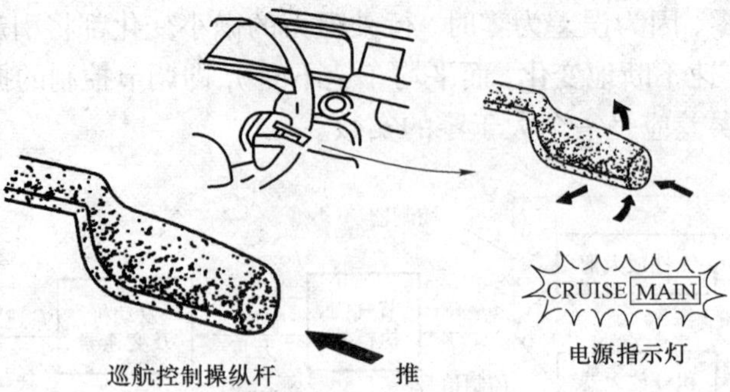

图 6-4　打开主开关

2）如图 6-5 所示，踩下油门踏板以获得所需的车速（在 40~200 km/h）。

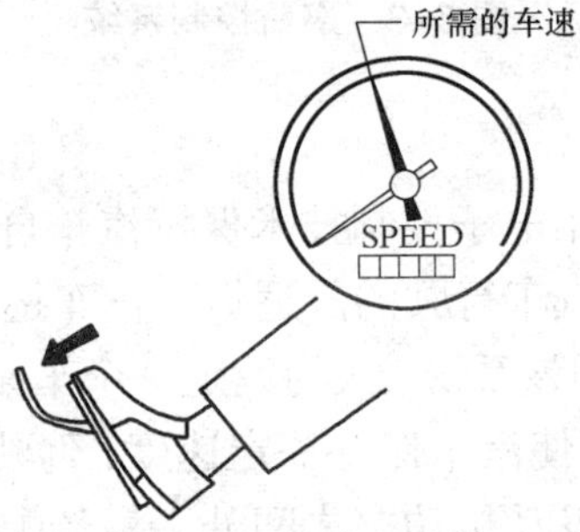

图 6-5　踩下油门踏板以获得所需车速

3）如图 6-6 所示，向下推巡航控制操纵杆后松开，这样就接通 SET/COAST 控制开关，松开操纵杆瞬间的车速就会寄存在存储器中，使 CCS 设定在这一车速。

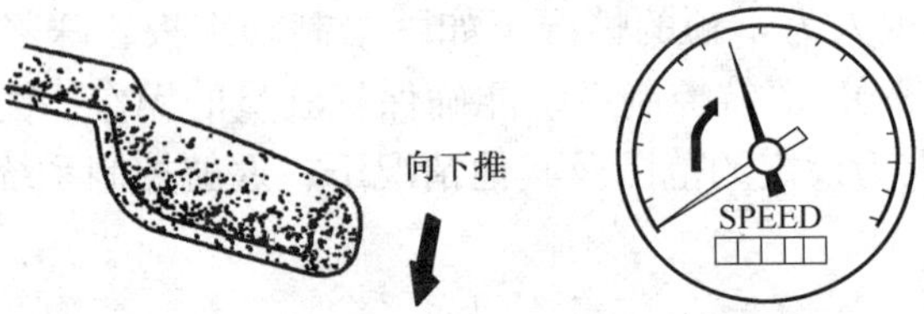

图 6-6　操纵巡航控制操纵杆寄存车速

2. 在 CCS 控制下加速

（1）重新设定至较高的车速

重设较高的车速有两个方法，一个方法是用控制开关，另一个方法是用油门踏板。

1）用控制开关（见图 6-7）。

① 拉起控制开关，接通 RES/ACC（恢复 / 加速），直至达到所需的车速。

② 当达到所需的车速时，松开控制开关。

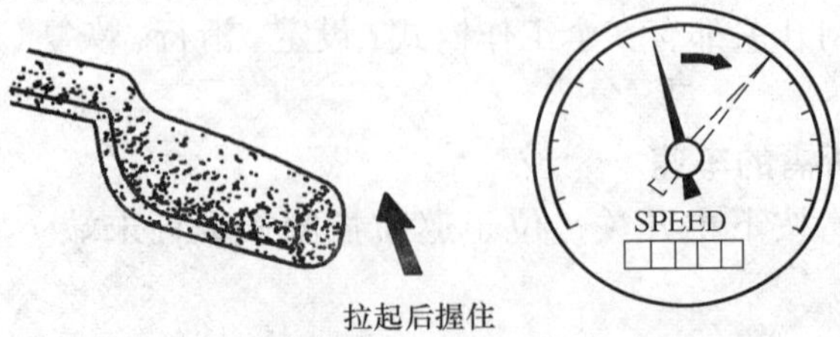

图 6-7　用控制开关在 CCS 控制下加速

该方法仅适用于凌志 LS400 汽车，当实际车速与设定车速相差小于 5 km/h 时，每次迅速（在 0.6 s 内）向上拉控制开关至 RES/ACC，设定车速可增加 1.6 km/h。

2）用油门踏板，较快的方式，如图 6–8 所示。

① 踏下油门踏板，以获得所需的车速。

② 向下推控制开关（至 SET/COAST 位置），然后在达到所需的车速时松开。

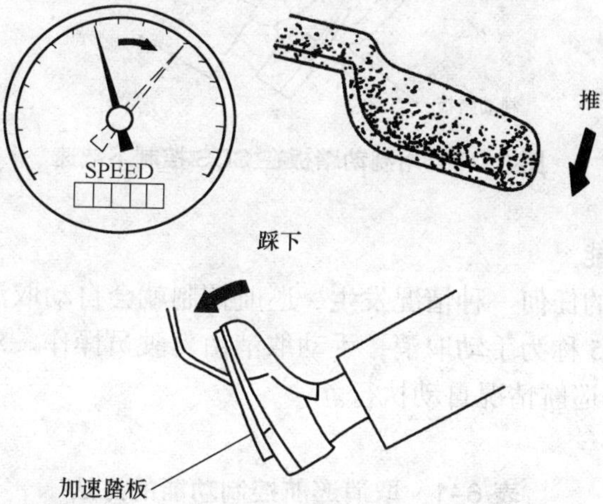

图 6–8　用油门踏板在 CCS 控制下加速

（2）重新设定至较低的车速

重设较低车速有两个方法，一个方法是用控制开关，另一个方法是用制动踏板。

1）用控制开关（见图 6–9）。

① 将控制开关向下推，接通 SET/COAST，直至达到所需的车速。

② 当达到所需的车速时，松开控制开关。

该方法仅适用于凌志 LS400 汽车，当实际车速与设定车速相差小于 5 km/h 时，每次迅速（在 0.6 s 之内）推下控制开关至 SET/COAST，设定车速可降低 1.6 km/h。

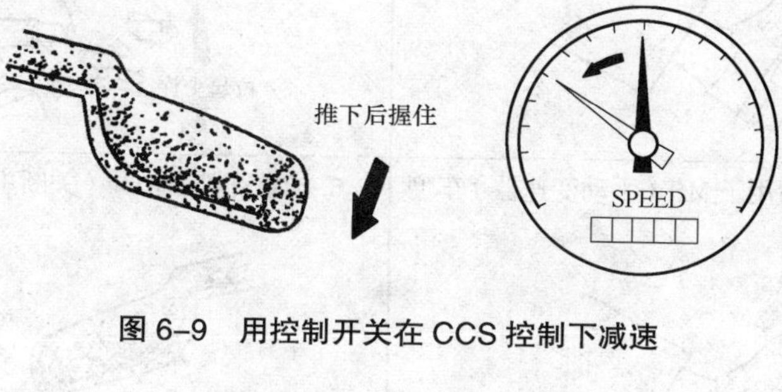

图 6–9　用控制开关在 CCS 控制下减速

2）用制动踏板，较快的方式，如图 6–10 所示。

① 踩下制动踏板，以获得所需的车速。

② 将控制开关推下至 SET/COAST 位置，当达到所需的车速时松开。

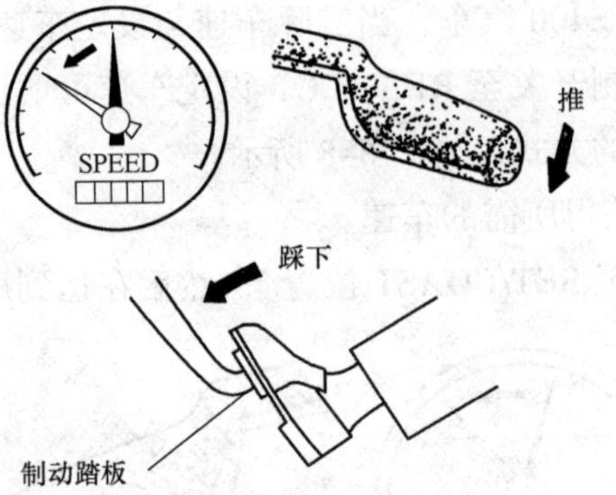

图 6–10　用制动踏板在 CCS 控制下减速

3. 取消巡航控制功能

若有表 6–1 中所列的任何一种情况发生，巡航控制就会自动取消，方法 2~8 同时会取消预设车速。取消方法 1~5 称为手动取消，手动取消由驾驶员操作。对于 7 和 8 两种情况，取消由巡航控制 ECU 根据巡航情况自动执行。

表 6–1　取消巡航控制功能的方法

1. 将巡航控制操纵杆拉向驾驶员，至 CANCEL（取消）位置 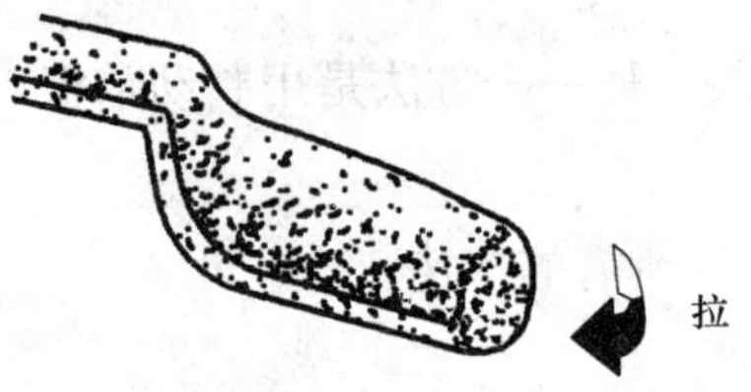 	4. 将换挡杆设置在 “N” 位置，适用于 A/T（自动变速器）车型 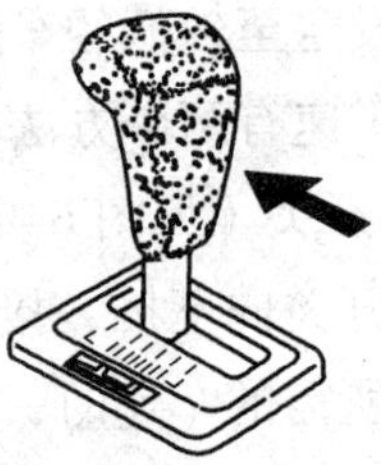
2. 踩下制动踏板 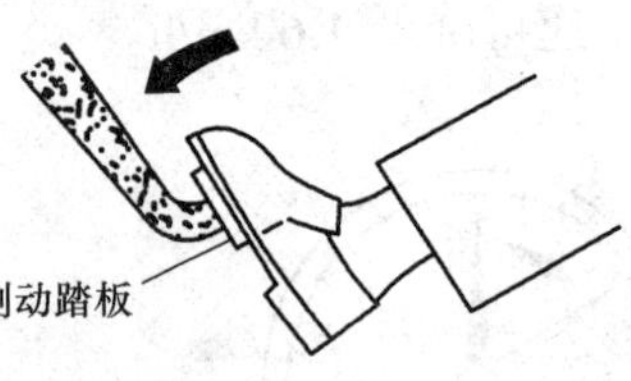 	5. 将驻车制动器操纵杆拉起少许 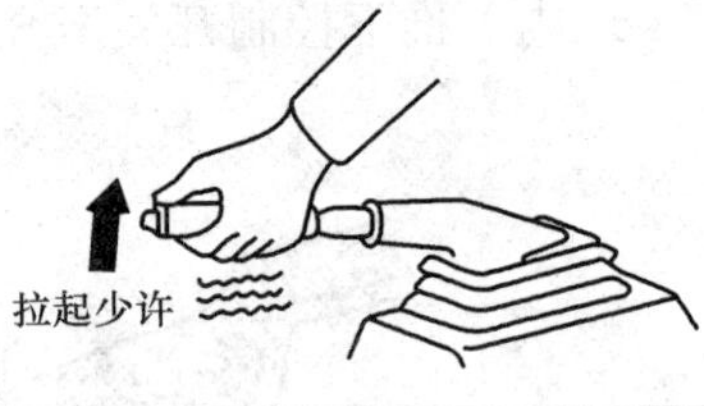
3. 踩下离合器踏板，适用于 M/T（手动变速器）车型 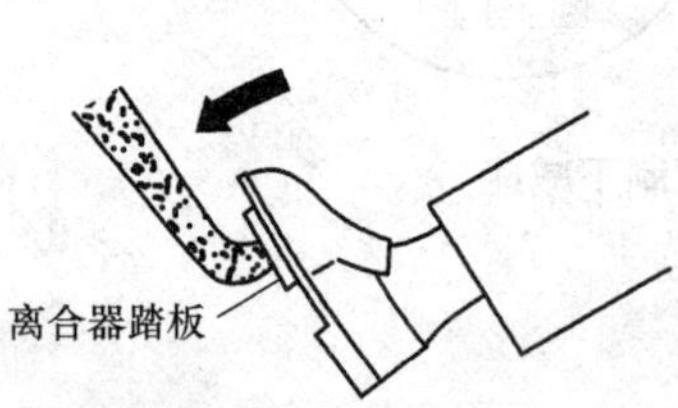 	6. 推主开关后松开（关断主开关），电源指示灯熄灭 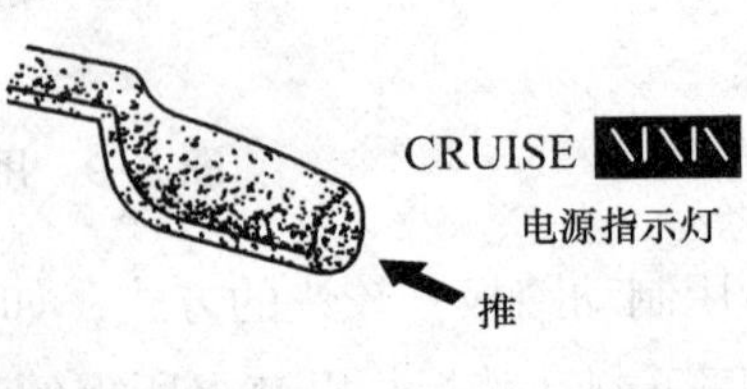
7. 车速降至 40 km/h 以下（自动执行）； 8. 车速降至比预设车速低 16 km/h（自动执行）	

4. 恢复预设车速

如果预设车速用表 6–1 中的方法（1、2、3、4 或 5）暂时取消，只要车速没有降至 40 km/h 以下，接通 RES/ACC（恢复 / 加速）开关（见图 6–11），就会恢复预设巡航车速。但要注意，表 6–1 中的第 6、第 7 或第 8 种情况，会将预设车速持久取消。如果驾驶员希望恢复 CCS 的工作，就必须将主开关倒转拧入，重复上述的设置操作，重新将所想要的车速设置在存储器内。

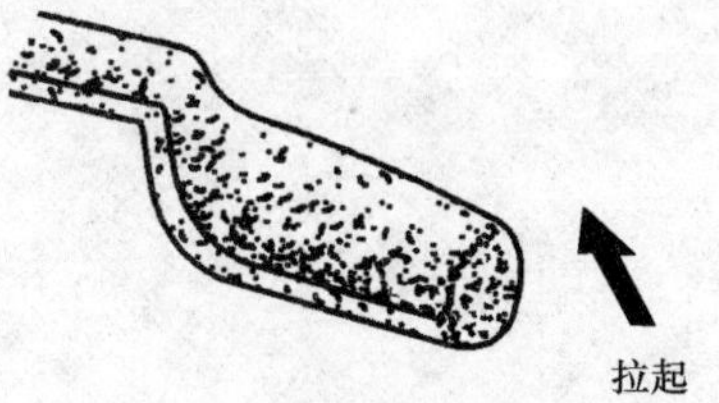

图 6–11　接通 RES/ACC 开关，恢复预设车速

二、巡航控制系统的使用注意事项

巡航控制系统在使用中应注意以下几个问题。

1）为了让汽车获得最佳控制，当遇到交通阻塞或恶劣天气，不要使用巡航控制系统。

2）道路上车辆太多，不适合使用巡航控制系统。为了避免巡航控制系统误工作，务必使巡航控制系统的控制开关处于关闭状态。

3）汽车行驶在上下陡坡时，使用巡航控制系统会引起发动机转速变化过大，且避免加速行驶，最好不要使用巡航控制系统。若车辆的实际车速比设定车速高出很多，则可省略巡航控制装置，然后将变速器换入低挡，利用发动机制动使车速得到控制。

4）汽车使用巡航系统行驶时，对装备 M/T 的汽车不应在未踩下离合器踏板时就将换挡操纵手柄置于空挡，否则会造成发动机转速急剧升高。

5）打开巡航控制系统要注意观察仪表板上的 CRUISE 指示灯。若闪亮，则表明巡航控制系统处于故障状态，应停止使用巡航控制系统，待排除故障后再使用巡航控制系统。

6）ECU 是巡航控制系统的中枢，对电磁环境、湿度及机械振动等有较高的要求。汽车上的巡航控制 ECU 对以上各方面均进行了全面的防护，有较强的适应能力。使用时应注意：

① 保持汽车发电机及其电压调节器处于良好技术状态。ECU 电源电压的设计可满足车辆的各种工作状况。若发电机及其电压调节器出现故障，将影响到 ECU，应经常检查发电机及其电压调节器的工作状况，若调节电压不符合规定或有故障应及时排除。

② 必须保证车辆的蓄电池与发电机、车体的良好连接。蓄电池与发电机及车体的良好连接，不仅能使蓄电池充电良好，而且蓄电池对汽车上的瞬变电压起到很大的吸收作用。若蓄电池与发电机断开，会使电源的瞬变电压直接作用在 ECU 上，导致 ECU 不能正常工作，甚至损坏。ECU 的搭铁线应连接可靠，不可任意改变搭铁线的位置。

③ 保持 ECU 电源插接件接线正确，连接可靠。ECU 电源插接件一般不会插错，但在维修中有可能重新接线，此时必须注意电源的极性及电源线的位置。电源插接件应保持清洁，金属部分应保持无氧化、无变形和无油污。插接件应连接到位，有锁紧装置的必须锁紧。

④ 注意 ECU 防潮、防振、防磁、防污染。ECU 通常安装在车辆干燥、清洁处，其外壳应保

持固定可靠，注意防水、油进入ECU内部。ECU存放时，注意防潮、防尘。ECU的磁屏蔽罩应保证牢固，不可有松脱、变形，不可在磁屏蔽罩上打孔、安装螺钉。

7）盘山路或弯路过多时，要慎用巡航控制系统。因为正常行驶在弯路的情况下，要适当加油提供更大的转向力。定速巡航状态下车辆自动维持车速恒定，油门由行车电脑控制，往往给弯路行车带来危险。如果在这种条件下，应当适当控制车速。

任务 6-2

凌志汽车巡航控制系统的检修

任务目标

1）掌握凌志汽车巡航控制系统的结构。

2）分析凌志汽车巡航控制系统主要部件的工作过程。

3）分析并排除汽车巡航控制系统的故障，恢复巡航控制系统的性能。

任务引入

巡航控制系统由巡航控制开关、传感器、巡航控制ECU、执行器等组成。巡航控制开关和传感器将信号送至ECU,ECU根据这些信号计算出节气门的合理开度，并给执行器发出信号，调节节气门的开度，保持汽车按设定的车速等速行驶。在此期间，如果巡航控制系统存在故障，则电子控制单元会以故障码的形式存储记忆故障情况。在进行故障检修时，本着由简单到复杂的原则，用排除法予以排除故障。

相关知识

本节以凌志 LS400 汽车巡航控制电路为例，介绍巡航控制电路故障的分析和排除方法。

一、凌志 LS400 汽车巡航控制系统的构造和运行

1. CCS 的组成

如图 6-12 所示，CCS 由传感器、主开关、巡航控制开关、执行器和巡航控制 ECU 组成。传感器和控制开关将信号传送至巡航控制 ECU。根据这些信号，巡航控制 ECU 计算出节气门的适当开度，根据这些计算将驱动信号传送至执行器。执行器则据此调节节气门开度。

巡航控制 ECU 的主要作用是接收来自车速传感器和开关的信号，据以控制 CCS 的所有功能。执行器的主要作用是根据来自巡航控制 ECU 的信号，增减节气门开度，执行器可以分为真空驱动型和电动机驱动型两种。车速传感器的主要作用是产生脉冲信号，巡航控制 ECU

利用这些脉冲信号的频率检测车速。控制开关（SET/COAST、RES/ACC、CANCEL）的主要作用是用于设置巡航车速或将其重新设置为另一车速，以及取消巡航控制。维修用途：这个开关也用于取出来自巡航控制 ECU 的诊断输入信号。

CCS 由主开关起动。维修用途：这个开关用于从巡航控制 ECU 中读取诊断输入信号。CCS 指示灯的主要作用是当 CCS 主开关位于 ON 时，指示灯点亮，表示电流供应至 CCS。当 CCS 出现故障，电源指示灯闪烁以示警告。维修用途：从指示灯的闪烁可得知故障码或输入信号。

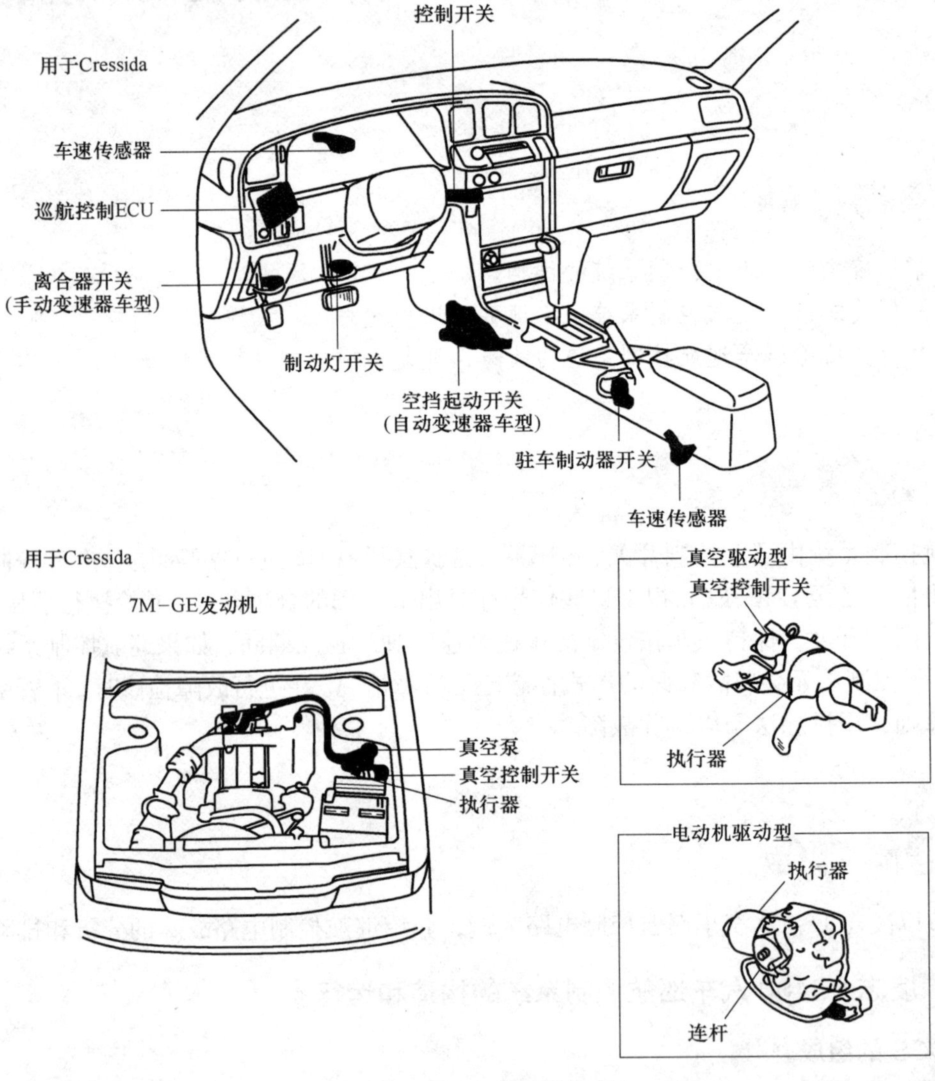

图 6–12　CCS 系统的组成

2. 巡航控制系统的工作原理

（1）真空驱动型执行器（见图 6–13）

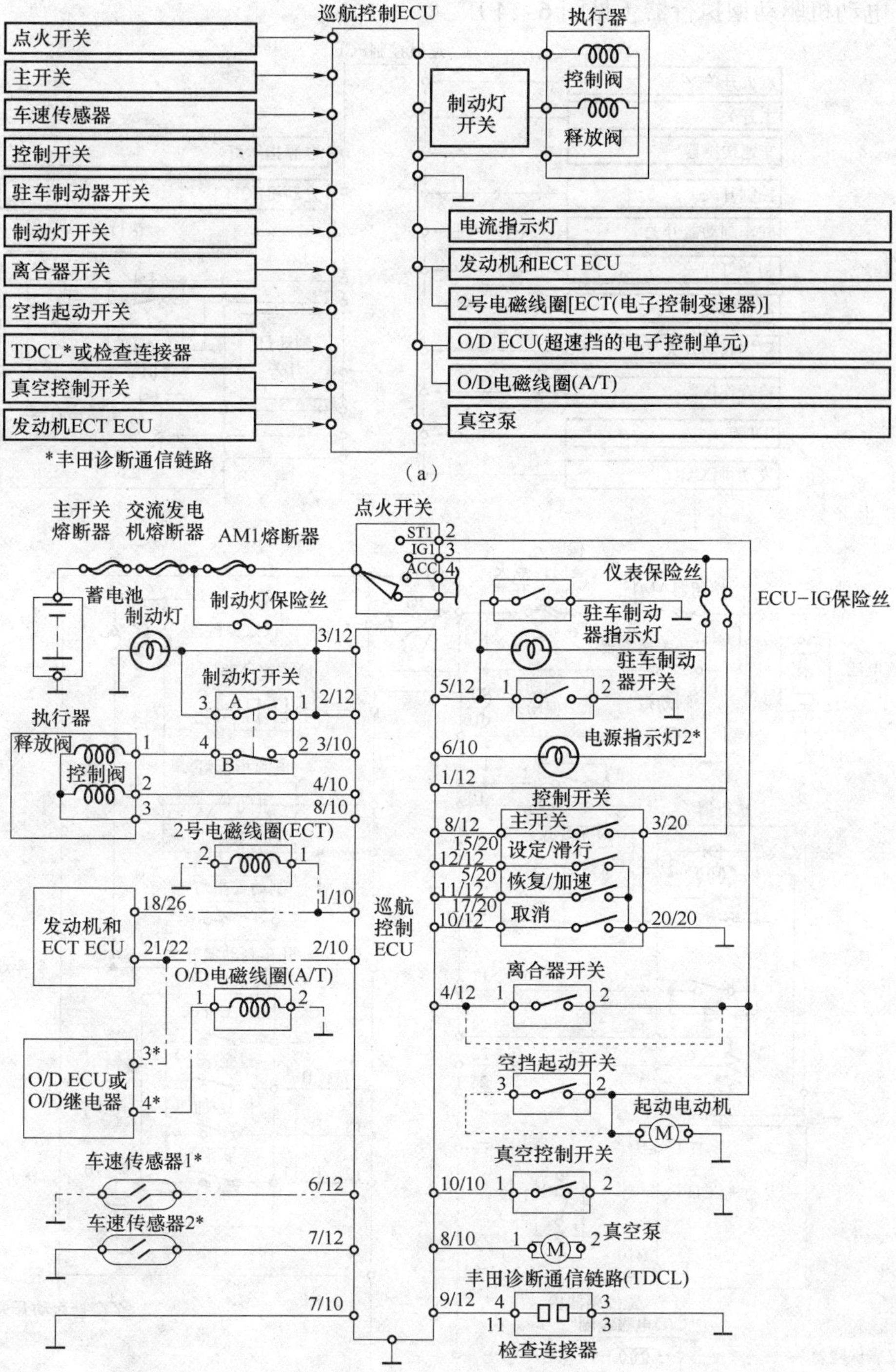

1*：在变速器内(ECT型号)；

2*：在组合仪表内；

3*：1(5M−E E/G)或3(除5M−E E/G以外的型号)；

4*：7(5M−E E/G)或1(除5M−E E/G以外的型号)

—-·-—：有超速挡的自动变速器；

—-·-—：有电子控制变速器(ECT)的自动变速器；

图 6–13　CCS 方框图和电路图（真空驱动型执行器）（用于 Cressida）

（a）方框图；（b）电路图

（2）电动机驱动型执行器（见图 6–14）

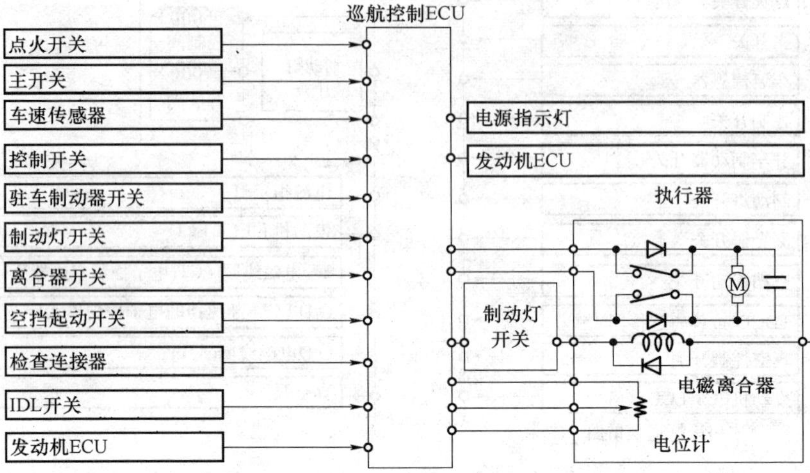

（a）

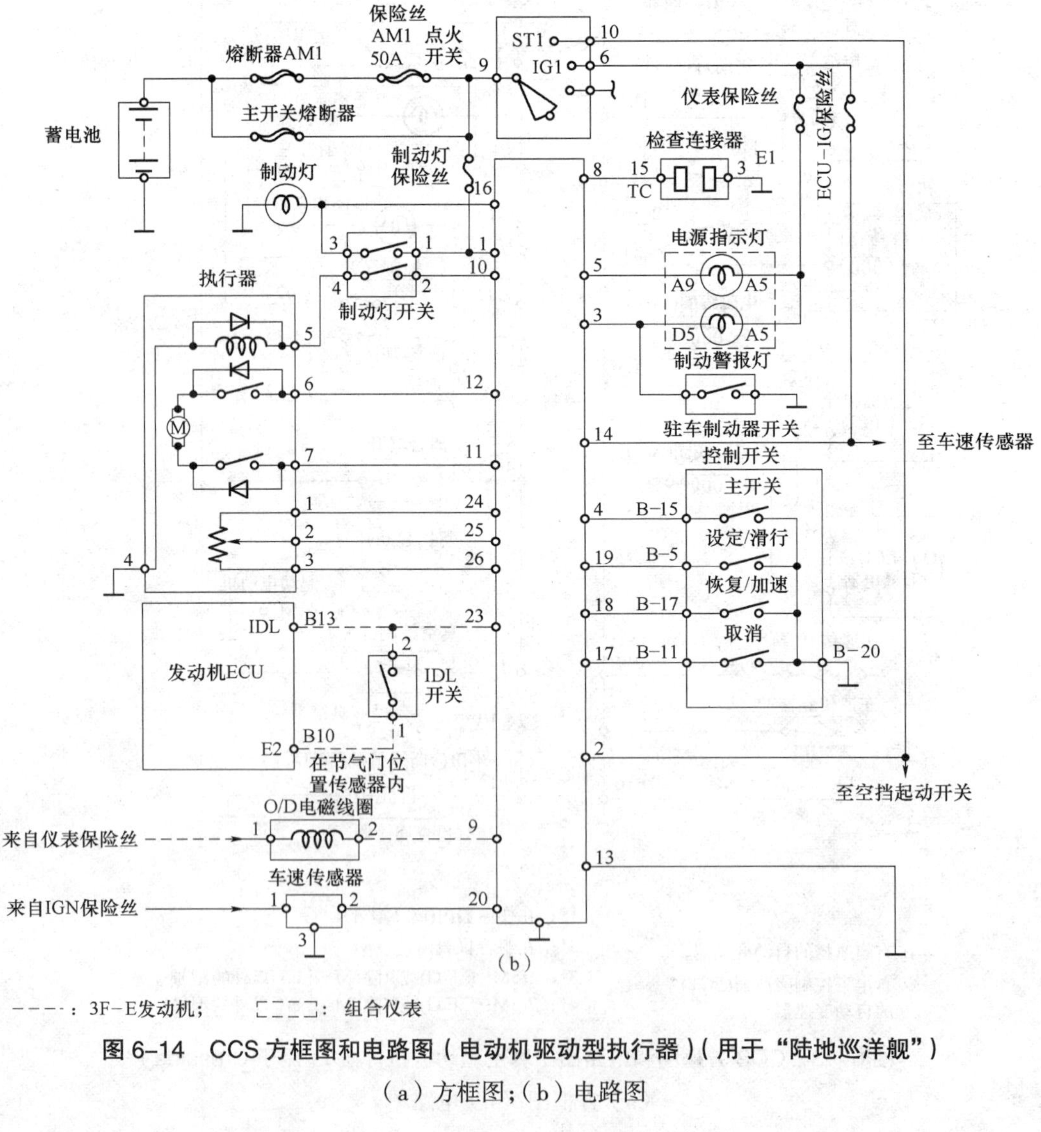

（b）

- - - -：3F−E发动机；[虚线框]：组合仪表

图 6–14　CCS 方框图和电路图（电动机驱动型执行器）（用于“陆地巡洋舰”）

（a）方框图；（b）电路图

3. CCS 各部件的功能

（1）主开关

如图 6–15 所示，主开关是巡航控制系统的主电源开关，它是一个按键开关，每次将其推入“MAIN ◀”，该系统的电源就会接通或关断。

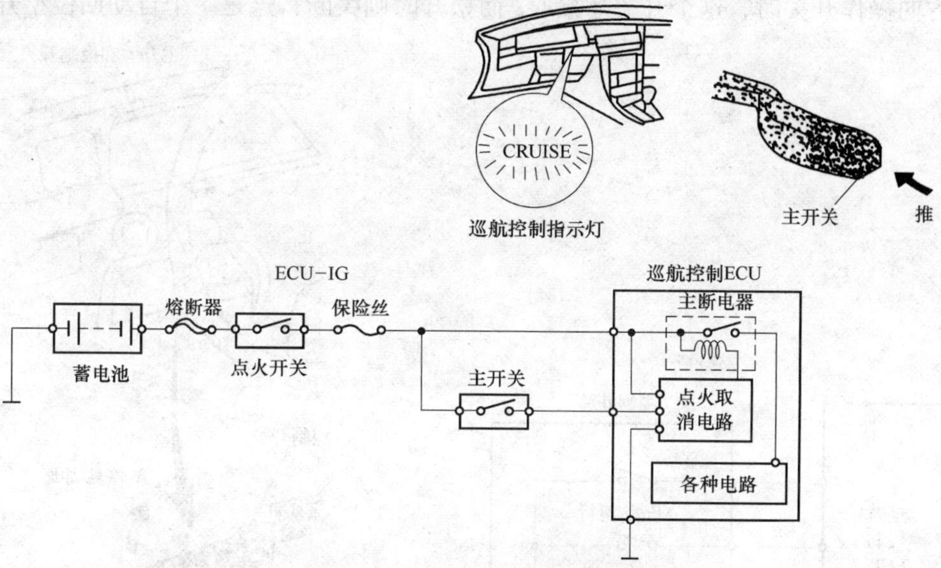

图 6–15　CCS 主开关及电路图

主开关接通时，如将点火开关关断，主开关也关断。即使点火开关再次接通，主开关仍保持关断。

在图 6–15 所示的电路中，主继电器是安装在 ECU 内的。另外也有些电路，其主继电器是安装在主开关内，或者是单独安装的，如图 6–16 所示。

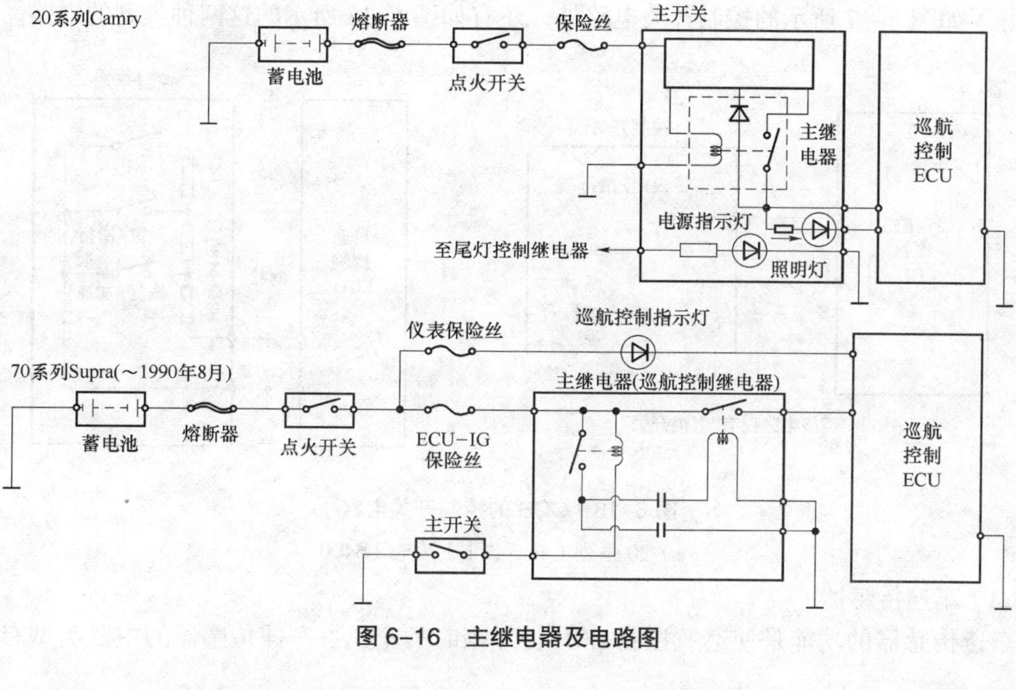

图 6–16　主继电器及电路图

（2）控制开关

如图 6–17 所示，控制开关在一茎状操纵杆上。当车辆以巡航控制模式行驶时，这个操纵杆可控制 5 个不同的功能（设定、滑行、恢复、加速和取消）。SET（设定）和 COAST（滑行）模式共用一个开关，RESUME（恢复）和 ACCEL（加速）模式共用另一个开关。仅当沿箭头 A、B 和 C 方向操作开关时，这个开关才接通；而松开时则关断，这是一个自动回位型开关。

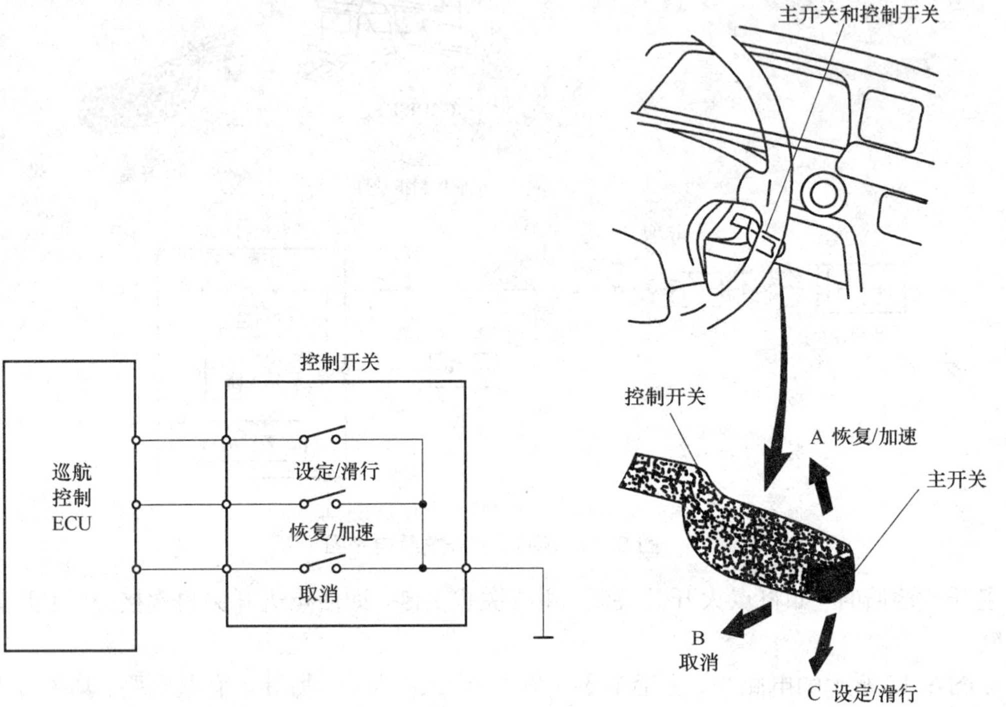

图 6–17　CCS 的控制开关及电路（80 系列 Cressida）

除了如图 6–17 所示的控制开关电路外，还有如图 6–18 所示的这两种类型的电路。

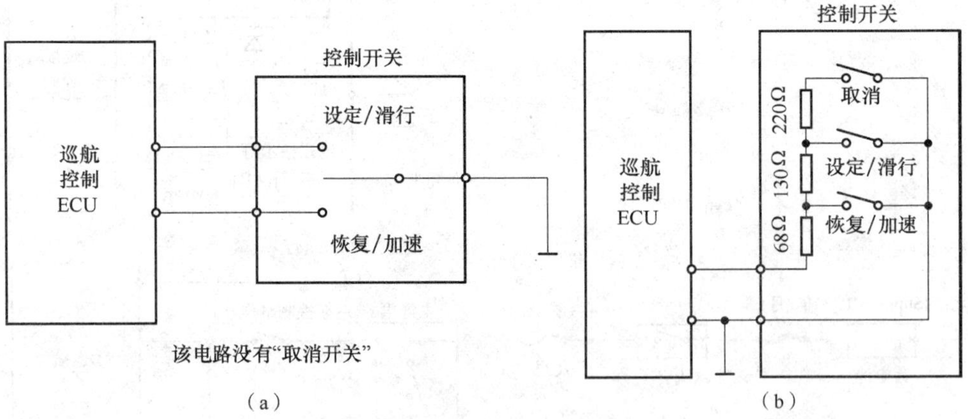

图 6–18　CCS 的控制开关电路

（a）20 系列 Camry；（b）凌志 LS400

（3）车速传感器

车速传感器的功能是使巡航控制 ECU 得知当时的车速。车速传感器的主要类型有片簧开关型、光电耦合器型（发光二极管和光电晶体管组合而成）和 MRE（磁阻元件）型。这个传感器安装在速度里程表内或变速器内。如图 6–19 所示，当车速增加时，里程表软轴转动也加快，使片簧开关（或晶体管）通断频率升高，从而提高车速信号的频率；车速下降时，这个开关（或晶体管）通断频率降低，从而降低车速信号频率。

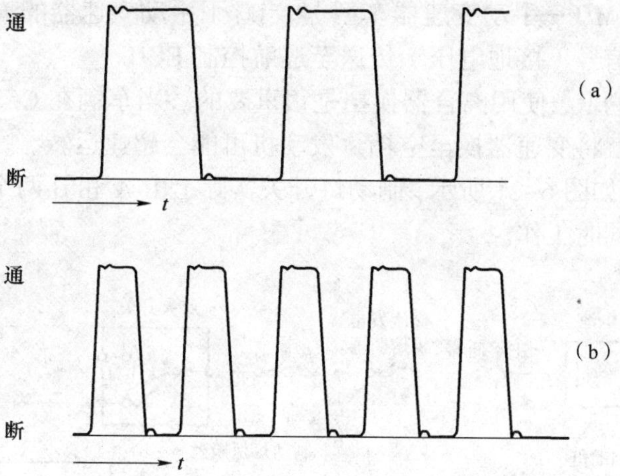

图 6–19　车速传感器输出信号与车速的对应关系

（a）较低的车速；（b）较高的车速

4. 取消开关

如图 6–20 所示，取消开关包括控制开关（在取消开关是分开的车型上，还包括取消开关）、制动灯开关、驻车制动器开关、离合器开关和空挡起动开关。当这些开关中的任一个接通，巡航控制就自动取消。在 CCS 取消瞬间的车速不低于 40 km/h，这个车速就寄存在巡航控制 ECU 中。所以，当接通 RESUME（恢复）开关时，最后寄存的车速就会自动恢复。

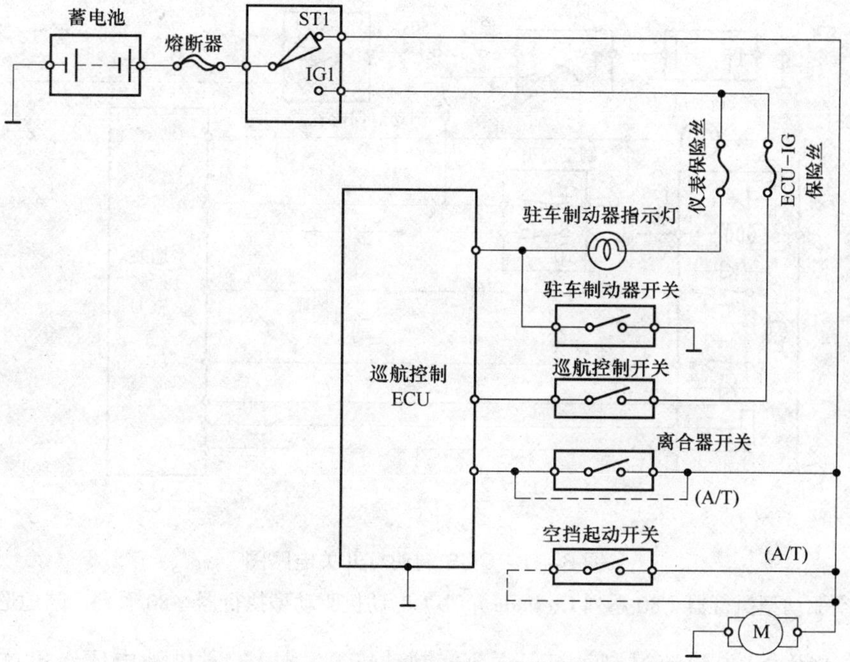

图 6–20　取消开关电路（80 系列 Cressida）

1）驻车制动器开关。当拉起驻车制动器操纵杆时，驻车制动器开关就接通，将取消信号（接地电压）传送至巡航控制 ECU。同时，驻车制动器指示灯亮。

2）空挡起动开关（A/T—自动变速器车型）。当换挡杆设置在自动变速器的“P”或“N”挡位时，空挡起动开关即接通，将取消信号（接地电压）传送至巡航控制 ECU。

3）离合器开关（M/T—手动变速器车型）。当踩下手动变速器的离合器踏板时，离合器开关即接通，将取消信号（接地电压）传送至巡航控制 ECU。

在手动变速器车辆上，使用离合器换挡是很重要的。当车辆在 CCS 控制下行驶时，如果没有踩下离合器踏板就将变速器换至空挡，发动机可能会超速运转。

4）制动灯开关。如图 6-21 所示，制动灯开关实际上由 A 和 B 两个开关组成。当踩下制动踏板时，两个开关同时工作。

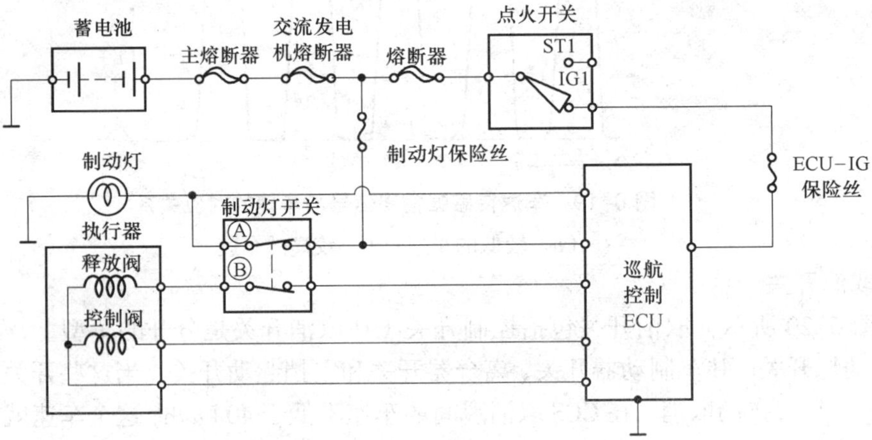

（a）

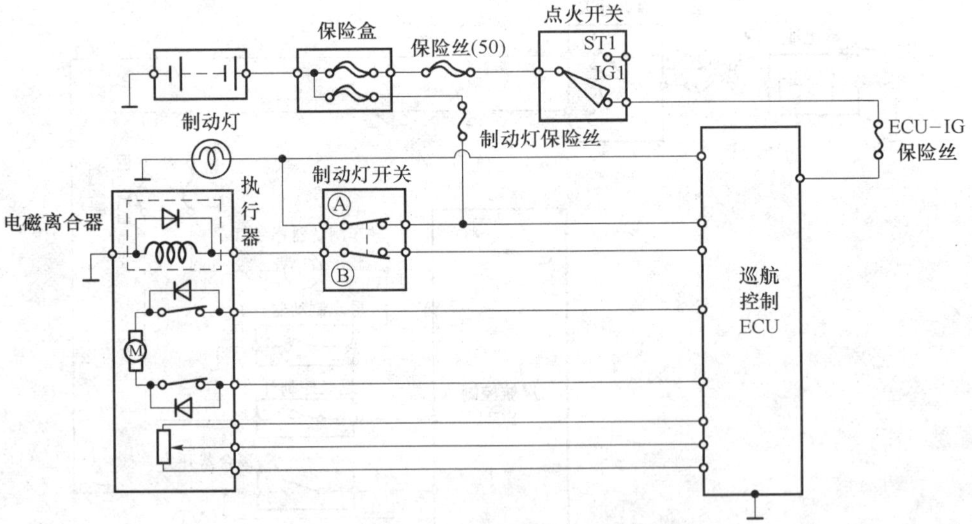

（b）

图 6-21　CCS 制动灯开关电路图

（a）真空驱动型执行器（80 系列 Cressida）；（b）电动机驱动型执行器（80 系列“陆地巡航舰”）

① 开关 A 闭合，电流流过制动灯开关，使制动灯亮。同时，蓄电池电压经过这个开关施加

在巡航控制 ECU 上，使其知道已经使用制动器。所以，巡航控制 ECU 取消 CCS 的工作。

② 开关 B 断开，阻止来自巡航控制 ECU 的信号（在真空驱动执行器的情况是释放阀信号；在电动机驱动执行器的情况是电磁离合器信号）达到执行器。这就关断了执行器。

二、巡航控制 ECU（用于 Cressida）

巡航控制 ECU 接收到来自车速传感器和各种开关的信号后，按照预先存储的程序进行处理。根据这些信号，巡航控制 ECU 将控制信号传送至真空泵、执行器、ECT ECU（电控自动变速器的电子控制单元）和超速挡继电器。巡航控制 ECU 还有一个特殊电路，使维修人员能利用主开关上的电源指示灯，进行巡航控制系统的诊断以及检查输入和输出信号的工作。

巡航控制 ECU 有 16 项主要功能，下面对各项功能的工作情况进行介绍。

1. 匀速控制功能

ECU 将实际车速与设定车速进行比较。如车速高于设定车速，就起动执行器，将节气门适当闭合。如车速低于设定车速，就起动执行器，将节气门适当开启。

2. 设定功能

当主开关接通，车辆在巡航控制车速范围（40~200 km/h）内行驶时，如 SET/COAST 开关接通后松开，巡航控制 ECU 就会将这个车速存储在存储器内，并使车辆保持这个速度。

3. 滑行功能

当车辆以巡航控制模式行驶时，如 SET/COASF 开关接通后不松开，执行器就会关闭节气门，使车辆减速。ECU 将开关松开时的车速存储，使车辆保持这一速度行驶。

4. 加速功能

当车辆以巡航控制模式行驶时，如RES/ACC开关接通，执行器就会将节气门适当开启，使车辆加速。ECU 将开关松开时的车速存储，使车辆保持在这一速度行驶。

5. 恢复功能

只要车速没有降至速度下限（约 40 km/h）以下，如用任一个取消开关以手动的方法将巡航控制模式取消后，接通 RES/ACC 开关，即可恢复设定车速。

车速一旦降至车速下限以下，设定车速就不能恢复，因为存储器中的车速设定已被清除。

6. 车速下限控制功能

车速下限是巡航控制所能设定的最低车速（约 40 km/h）。巡航控制不能低于这个速度。当车辆以巡航控制模式巡航时，如车速降至这个速度以下，巡航控制就会自动取消，存储在存储器内的车速设定被清除。

7. 车速上限控制功能

车速上限是巡航控制所能设定的最高车速（约 200 km/h）。巡航控制不能高于这个速度，操作 ACCEL（加速）开关，也不能使车速超过这个速度。

注：这个控制仅在能以 200 km/h 行驶的车辆上才有。

8. 手动取消功能

当车辆以巡航控制模式行驶时，下列任一个信号被传送至巡航控制 ECU 时，巡航控制就会取消。

（1）真空驱动执行器

执行器内的释放阀和控制阀同时关断，就会取消巡航控制模式（大气压进入）。

（2）电动机驱动执行器

关断执行器内的电磁离合器，巡航控制模式即取消。

1）制动灯开关“ON”（接通）信号（制动踏板踩下）。

2）驻车制动器开关“ON”信号（使用了驻车制动器）。

3）离合器开关“ON”信号（仅限 M/T 变速器，离合器踏板踩下）。

4）空挡起动开关“N”挡位信号（仅限 A/T 变速器，换挡杆移至“N”挡位）。

5）CANCEL（取消）开关“ON”信号（控制开关拉起）。

9. 自动取消功能

1）用于 Cressida（真空驱动执行器）。当车辆以巡航控制模式行驶时，如发生以下任何一种情况，存储在存储器内的车速就会清除，巡航控制取消。

① 车速降至车速下限（约 40 km/h）以下。

② 车速降至设定车速以下，相差超过约 16 km/h（上坡行驶时）。

③ 供应巡航控制系统的电力暂时中断超过 5 ms。

④ 制动灯开关线束断路或制动灯灯泡烧毁。

⑤ 2 号车速传感器信号不正常（仅限 ECT）。

⑥* 流过执行器驱动晶体管的电流过大。

⑦* 执行器控制阀或释放阀电路断路。

⑧* 预定时间内（约 140 ms），无车速传感器信号输入到巡航控制 ECU 中。

⑨* 当接通主开关时，RESUME（恢复）开关已经接通。

⑩* 控制开关短路或不正常。

⑪* 微电脑（在巡航控制 ECU 内）的执行器输出信号不正常。

⑫* 来自控制开关的输入信号不正常。

* 如果发生这些故障，巡航控制 ECU 就切断执行器的电源。巡航控制系统的构造使其要在点火开关通断一次后，主开关才会重新接通。

除上述 ①、②、⑧、⑨、⑩、⑪ 和 ⑫ 这些情况外，在发生以下任何一种情况时，电机驱动执行器的自动取消功能也会工作。

① 流至电动机或电磁离合器驱动电路的电流过大，电动机不断试图打开节气门。

② 电磁离合器断路。

③ SET（设定）开关和 RESUME（恢复）开关同时接通。

④ 尽管电动机驱动信号输出，电动机不工作。

⑤ 电位计信号不传送至 ECU。

2）用于 Cressida（真空驱动执行器）。当车辆以巡航控制模式行驶时，如发生制动灯开关端子 3 与巡航控制 ECU 端子 3/12 之间断路的情况时，巡航控制取消，但设置在存储器内的车速并不清除。只要车速超过车速下限（约 40 km/h），操纵 SET（设定）或 RESUME（恢复）开关，即可恢复设定车速。

10. 自动变速器的控制功能

1）在车辆以超速挡上坡巡航等情况下，车速降至超速挡切断速度（比设定车速约减小

4 km/h）时，ECU 即取消超速挡，增加扭矩，阻止车速进一步降低。当车速升至超速挡恢复速度（比设定车速增大 2 km/h）以上时，约 6 s 后 ECU 即恢复超速挡。

2）当车辆以巡航控制模式行驶时，巡航控制 ECU 将信号传送至发动机和变速器的 ECU。在收到这一信号时，发动机和变速器的 ECU 即转换为正常换挡模式，并在节气门位置传感器的 IDL（怠速开关）触点接通时（如下坡行驶等），禁止变矩器锁止。这就保证了平稳的巡航控制行驶。

11. 控制阀和释放阀的控制功能（仅限于真空驱动型执行器）

车速升至设定车速以上（超过 15 km/h）时，执行器内的释放阀电磁线圈关断，大气常压状态下的空气进入，使车辆减速。当车速减至仍在设定车速以上，但相差不足 10 km/h 时，释放阀电磁线圈接通（切断大气常压状态下的空气），巡航控制恢复工作。

12. 真空泵控制功能（仅限于真空驱动型执行器）

1）当 CANCEL 或 COAST 任一功能工作时，真空泵就不工作。

2）当 ACCEL 功能工作时，真空泵即工作。

3）除上述两种情况外，如有以下情况，真空泵就会接通或关断。

① 真空泵接通。

a. 当真空开关接通时；

b. 当实际车速为设定车速，或降至设定车速以下（相差超过 3 km/h）时。

② 真空泵关断。

a. 在上述①和②的接通条件未得到满足，已过去约 14 s 时；

b. 当实际车速升至设定车速以上（相差超过 3 km/h）时。

13. 电磁离合器的控制功能（电动机驱动型执行器）

如车速增至设定车速以上（相差超过 15 km/h，如在下坡行驶时），ECU 即将电磁离合器分离，使车辆减速。当车速降至超过设定车速（不足 10 km/h）时，电磁离合器再次接合，恢复巡航车速。

14. 迅速降速（Tab-down）控制功能（仅限于凌志 LS400）

当实际车速与设定车速相差不足 5 km/h 时，每次迅速（在 0.6 s 以内）操纵 SET/COAST 开关，可将设定车速降低 1.6 km/h。

15. 迅速升速（Tap-up）控制功能

当实际车速与设定车速相差不足 5 km/h 时，每次迅速（在 0.6 s 以内）操纵 RES/ACC 开关，可将设定车速增加 1.6 km/h。

16. 诊断功能

1）警告显示。如 CCS 发生故障，即通知驾驶员。

2）诊断代码显示。告诉维修人员故障的性质。

3）输入信号检查功能。使维修人员能检查输入信号从传感器和开关传送入 ECU 的情况。

4）取消信号检查功能。告诉维修人员最后哪个输入信号取消了巡航控制。

三、执行器

执行器在 CCS 中起重要的作用，它们按照来自 ECU 的指令调节节气门开度。目前使用的执行器有两种类型：一种是真空驱动型，另一种是电动机驱动型；前者利用负压操纵节气门，后者由电动机操纵节气门。

1. 真空驱动型执行器

如图 6-22 所示，真空驱动型执行器有两种方法施加负压：一种方法是仅从发动机进气歧管施加负压；另一种方法是，在进气歧管负压太低时，用真空泵提高负压。

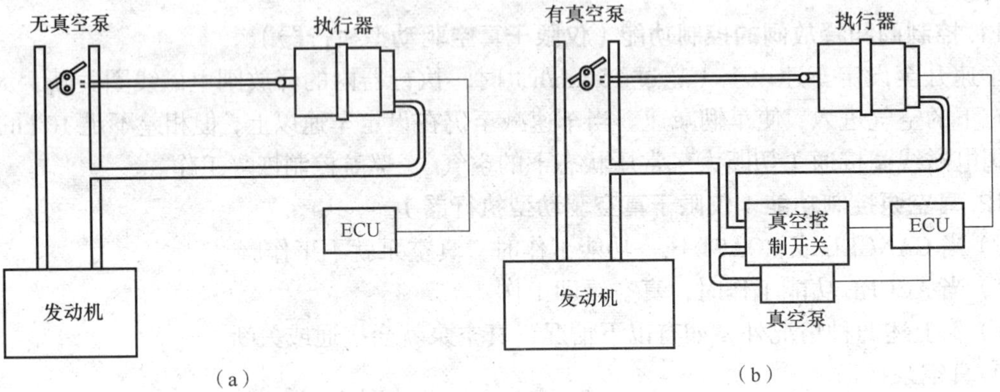

图 6-22　真空驱动型执行器

(a) 无真空泵；(b) 有真空泵

(1) 执行器的构造

真空驱动型执行器的结构如图 6-23 所示，由控制阀、释放阀、两个电磁线圈、膜片、回位弹簧和空气滤清器组成。

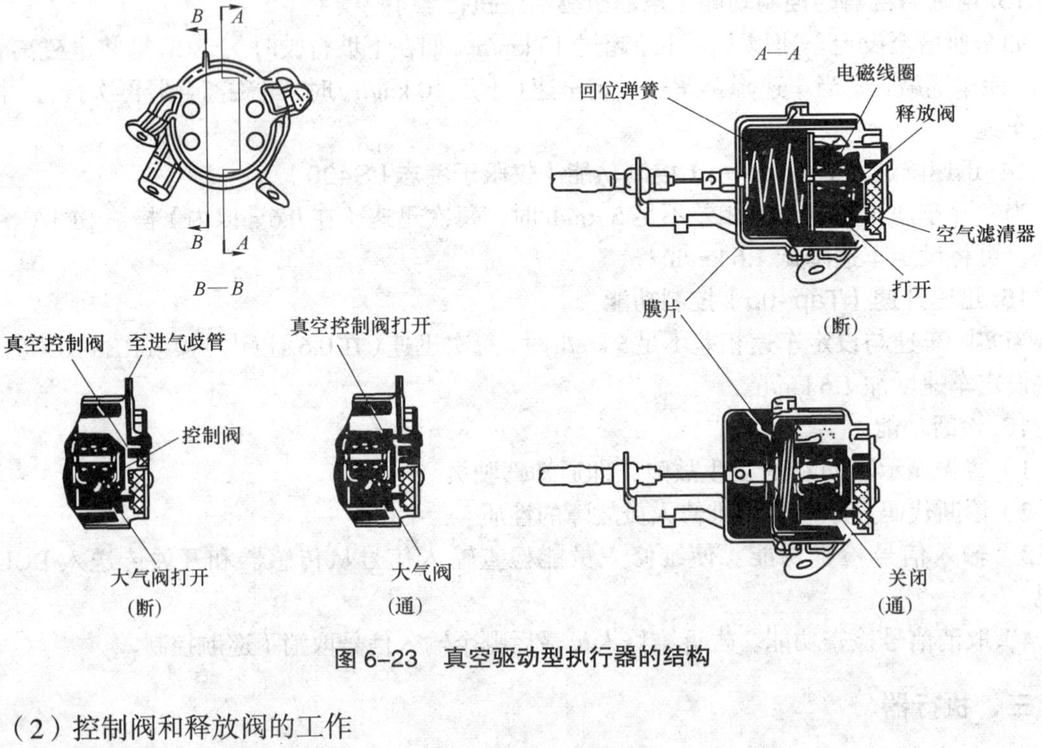

图 6-23　真空驱动型执行器的结构

(2) 控制阀和释放阀的工作

1) 控制阀。

① 当有电流供应时，执行器的控制阀用于将大气常压状态下的空气或真空吸入执行器。如图 6–24 所示，当电流供应至控制阀的电磁线圈时，大气常压状态下空气的通道关闭，进气歧管真空的通道则打开，于是在执行器内产生一负压。由于吸力大于回位弹簧弹力，膜片向内移动。这就使节气门（经拉线与膜片相连）打开，从而增加发动机输出功率，也就使车速提高。

② 当无电流供应给控制阀时，在大气常压状态下的空气充满执行器，回位弹簧将膜片推回。节气门因此关闭，使发动机输出功率降低，使车速相应降低。

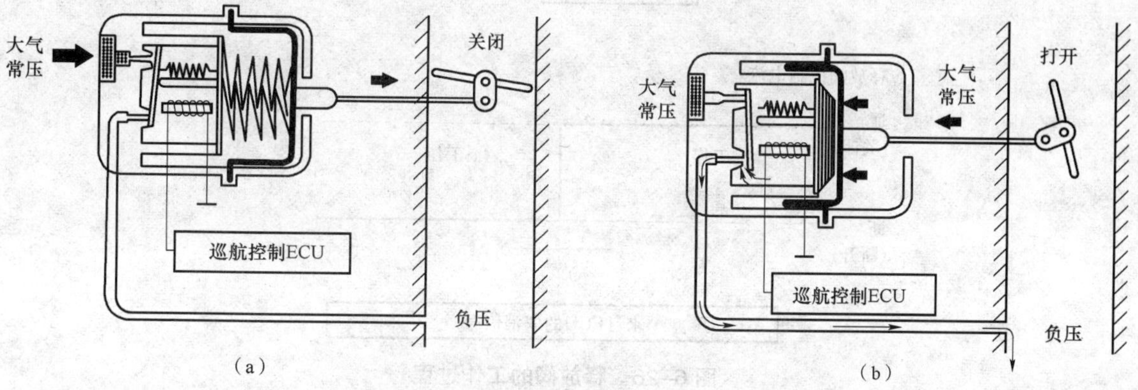

图 6–24　控制阀的工作过程

（a）无电流供应；（b）有电流供应

③ 负载控制。ECU 以 20 Hz 的频率，将一间断性电流（负载信号）输送至控制阀，改变这一电流通断的相对间隔（称为负载率），使执行器内的真空强度随车速而增减。

如图 6–25 所示，当电流流通时间较长（负载率高）时，真空控制阀也就打开较长时间，使得执行器内的负压增大，结果：节气门打开，车速也就提高。当电流断开时间较长（负载率低）时，大气阀打开时间也就较长，使得执行器内的负压减小，结果：节气门关闭，车速也就降低。

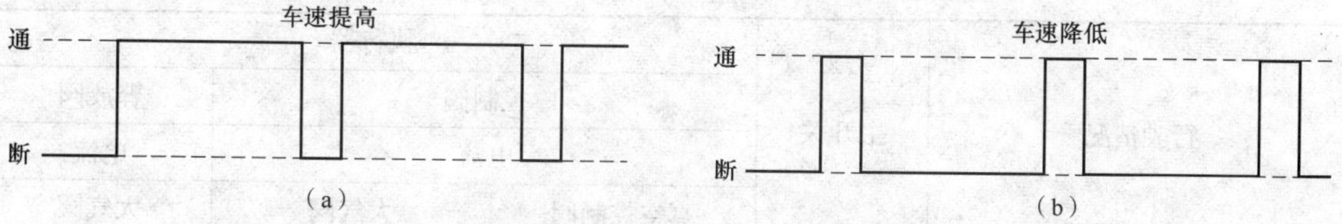

图 6–25　负载率与车速的关系

（a）负载率高；（b）负载率低

2）释放阀。

释放阀用于当 CCS 的工作取消时，使大气常压状态下的空气流入执行器，以便在较短时间内关闭节气门。

如图 6–26 所示，当电流供应至释放阀的电磁线圈时，大气常压状态下的空气通道关闭。所以，当使用 CCS 时，电流供应至释放阀。当 CCS 的工作取消时，供应至释放阀电磁线圈的电流同时停止。于是，大气常压状态下的空气进入执行器，结果使回位弹簧将膜片推回，节气门关闭。此时，供应至控制阀的电流也停止，使空气通过该阀进入执行器。

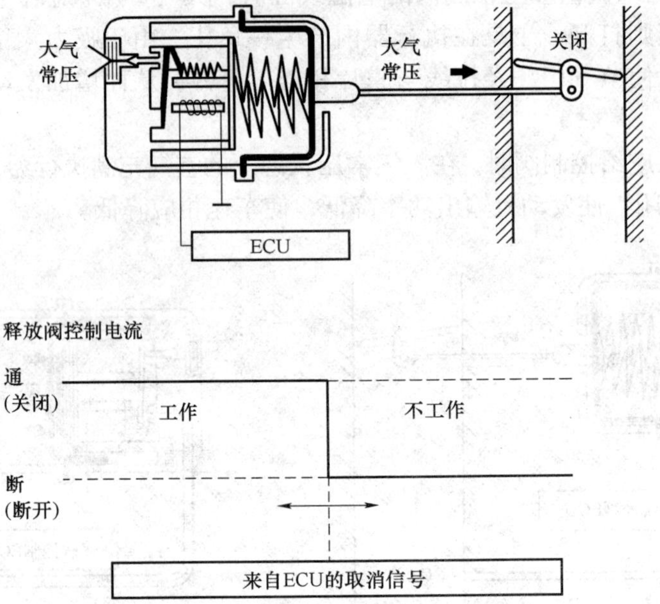

图 6–26　释放阀的工作过程

如果控制阀安装在真空（负压）引入位置，在有故障时，释放阀的作用如同一安全阀。控制阀将来自释放阀的大气常压引入，使节气门关闭，从而减小车速。释放阀就是这样保证较大行驶安全性的。

综上所述，不论是车速保持不变、提高或降低，执行器中控制阀和释放阀都在工作，以控制车速。在车辆的各种行驶情况下，这两个阀的工作及相互关系见表 6–2。图 6–27 表明了表 6–2 中的 ①、②、③ 和 ④ 的行驶情况；图 6–28 表明了表 6–2 中的 ⑤、⑥ 和 ⑦ 的行驶情况；图 6–29 表明了表 6–2 中的 ⑧、⑨、⑩ 和 ⑪ 的行驶情况。

表 6–2　在各种行驶情况下控制阀和释放阀的工作

行驶情况	主开关	执行器		
		控制阀		释放阀
		电流		电流
		真空控制阀	大气阀	大气阀
①CCS 关断	断	断		断
		关闭	打开	打开
② 车速未设定	通	断		断
		关闭	打开	打开
③ 车速设定	通	最大（90%）负载控制		通
		开 ↔ 闭 90%　10%	开 ↔ 闭 10%　90%	关闭

续表

行驶情况	主开关	执行器		
		控制阀		释放阀
		电流		电流
		真空控制阀	大气阀	大气阀
④ 在 CCS 控制下以匀速行驶	通	负载控制		通
		开 ↔ 闭	开 ↔ 闭	关闭
⑤ 用控制开关加速	通	负载控制		通
		开 ↔ 闭	开 ↔ 闭	关闭
⑥ 用控制开关减速	通	断		断
		关闭	打开	打开
⑦ 用油门踏板暂时加速	通			
		关闭	打开	打开
⑧ 车速在设定车速以上	通	负载控制		通
		开 ↔ 闭	开 ↔ 闭	关闭
⑨ 车速在设定车速以下	通	负载控制		通
		开 ↔ 闭	开 ↔ 闭	关闭
⑩ 取消	通	断		断
		关闭	打开	打开
⑪ 用控制开关恢复车速	通	负载控制		通
		开 ↔ 闭	开 ↔ 闭	关闭

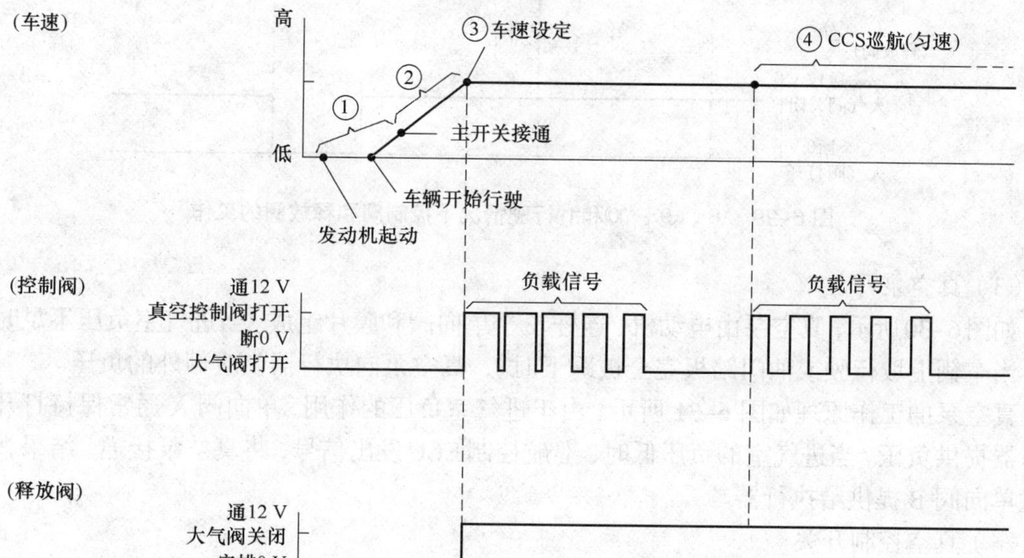

图 6–27 ①、②、③和④行驶情况下控制阀和释放阀的工作

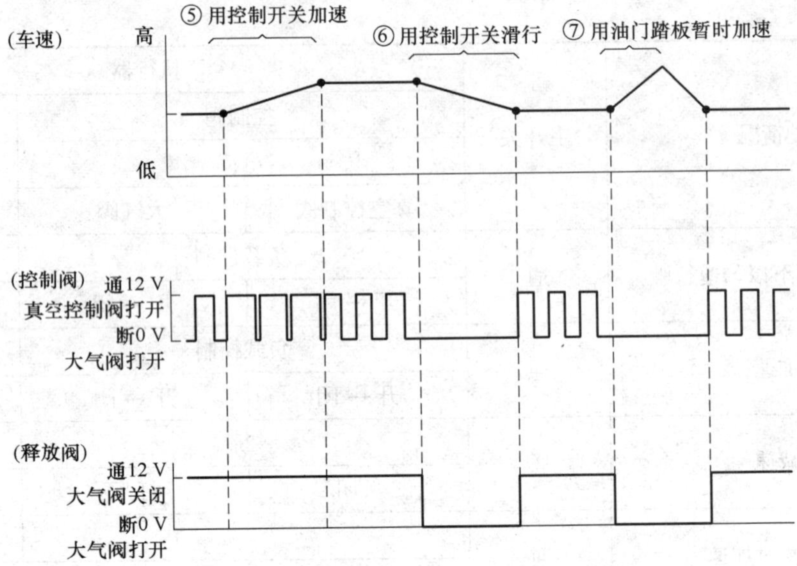

图 6-28 ⑤、⑥和⑦行驶情况下控制阀和释放阀的工作

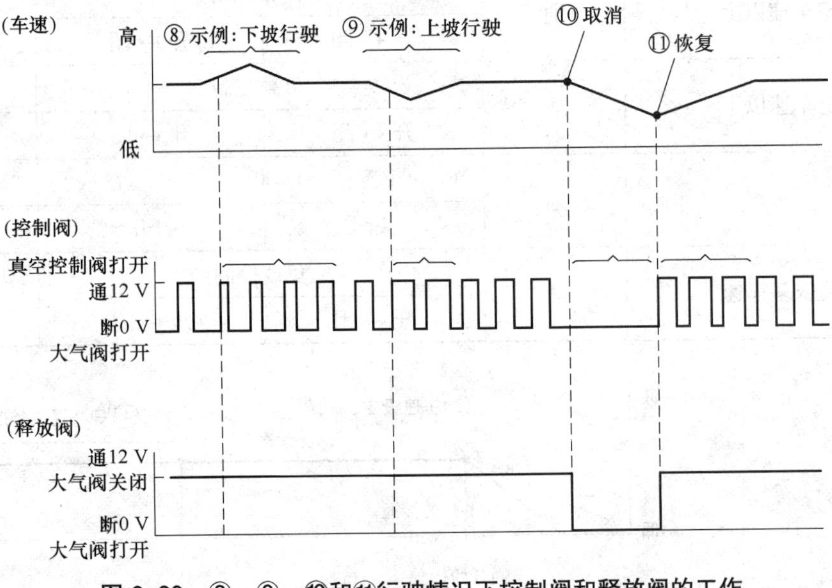

图 6-29 ⑧、⑨、⑩和⑪行驶情况下控制阀和释放阀的工作

（3）真空泵

如图6-30所示，真空泵由电动机、连杆、3个单向阀和膜片组成。当进气室负压不足时（例如，当车辆上坡行驶或油门踏板完全被踩下时），真空泵向执行器供应额外的负压。

真空泵的工作原理如图 6-31 所示，由于进气室负压的作用，单向阀 A 通常保持打开，向执行器提供负压。当进气室的负压低时，巡航控制 ECU 发出信号，将真空泵接通。结果，负压通过单向阀 B 提供给执行器。

（4）真空控制开关

如图 6-32 所示，真空控制开关检测进气室的负压。当负压降至 22.7 kPa 或更低时，真空控制开关接通，将信号传送至巡航控制 ECU，用于控制真空泵工作。如图 6-33 所示为真空控制开关的电路。

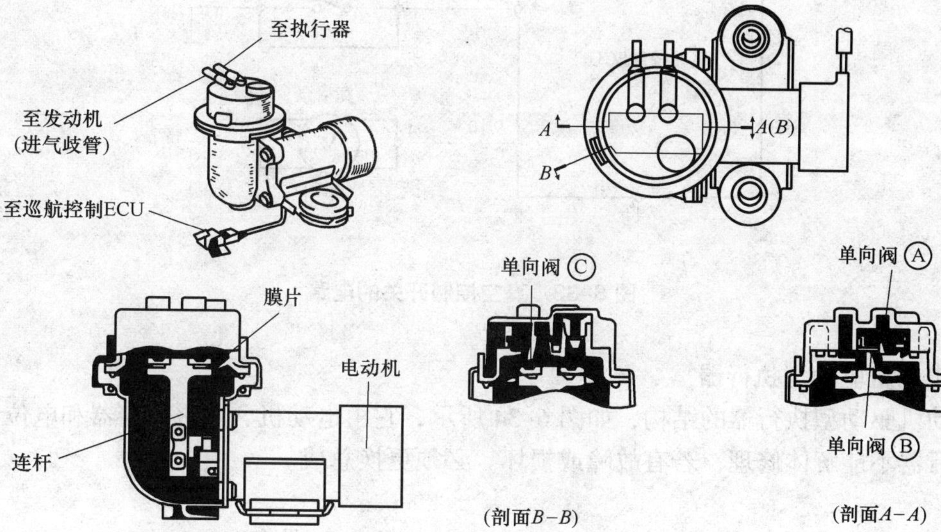

图 6-30　真空泵的结构

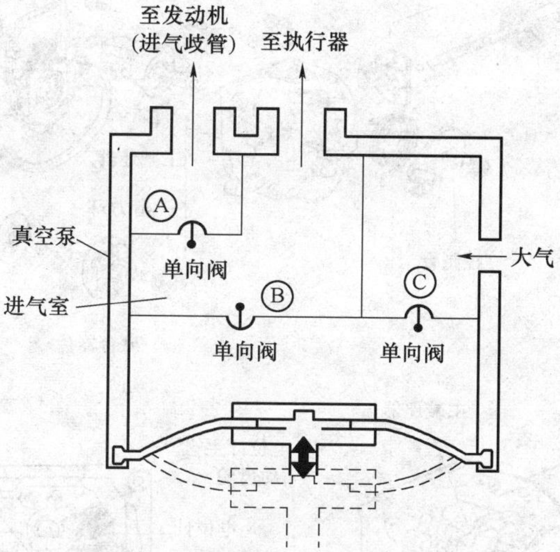

图 6-31　真空泵的工作原理

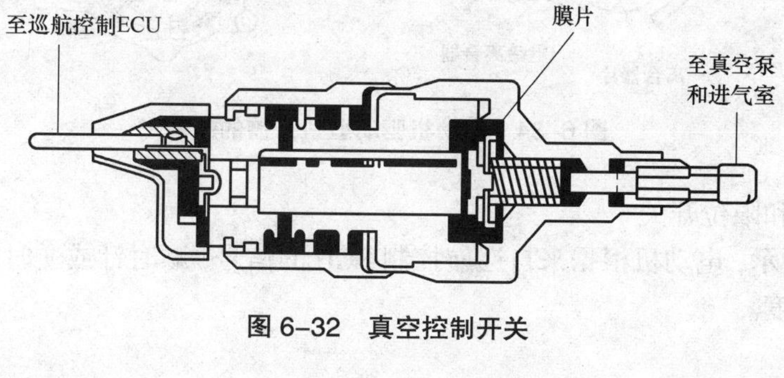

图 6-32　真空控制开关

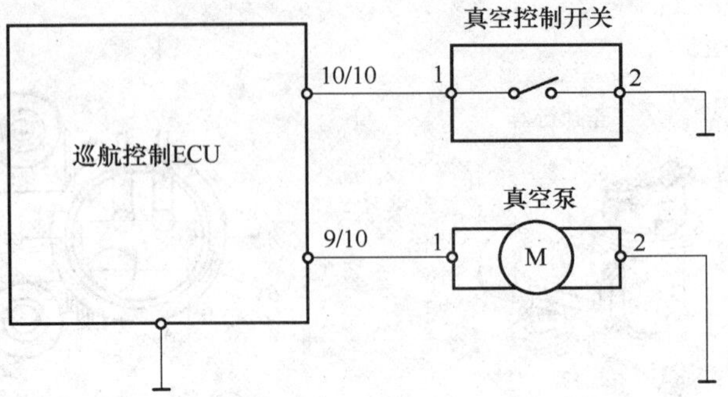

图 6-33 真空控制开关的电路

2. 电动机驱动型执行器

电动机驱动型执行器的结构，如图 6-34 所示，它由电动机、电磁离合器和电位计组成。这个执行器不能解体修理，若有故障或损坏，必须更换总成。

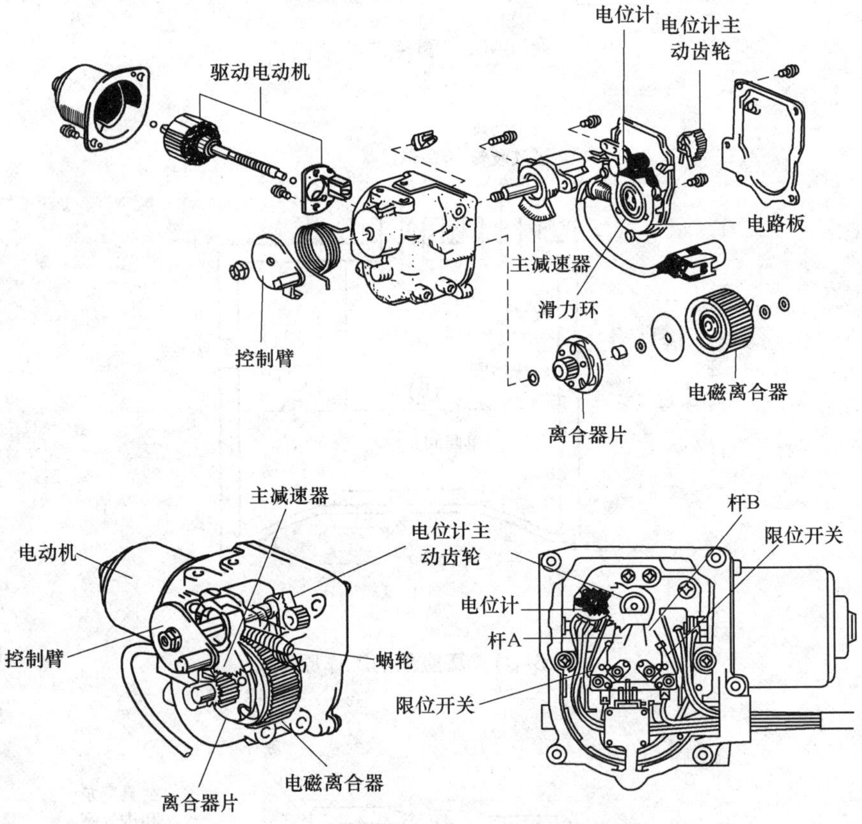

图 6-34 电动机驱动型执行器的结构

（1）电动机和限位开关

如图 6-35 所示，电动机根据来自巡航控制 ECU 的信号，顺时针或逆时针方向转动，从而改变节气门的开度。

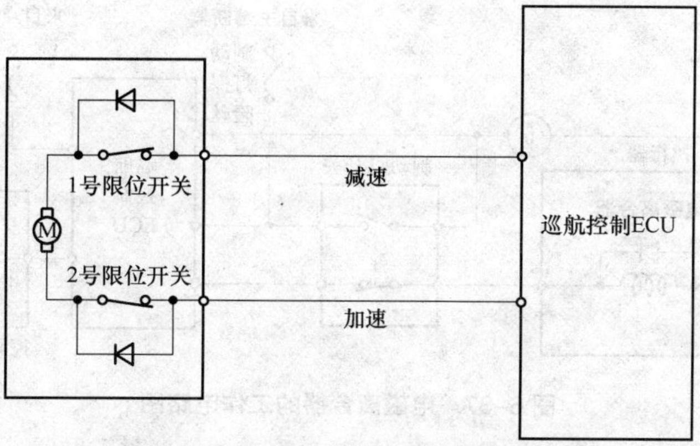

图 6-35　电动机和限位开关电路图

节气门已完全打开或关闭后，如电动机继续转动就会损坏。为了防止这种情况发生，在电动机上安装了两个限位开关。在节气门完全打开或关闭的这段时间内，这些开关的触点闭合。当节气门收到来自巡航控制 ECU 的加速信号后，将节气门完全打开时，1 号限位开关断路，将电动机关断；当节气门完全关闭（减速）时，2 号限位开关断路，将电动机关断。

（2）电磁离合器

如图 6-36 所示，电磁离合器使电动机与节气门拉索接合和分离。不论什么时候，只要 CCS 在工作，来自巡航控制 ECU 的信号就使之接合，电动机就通过拉索转动节气门。

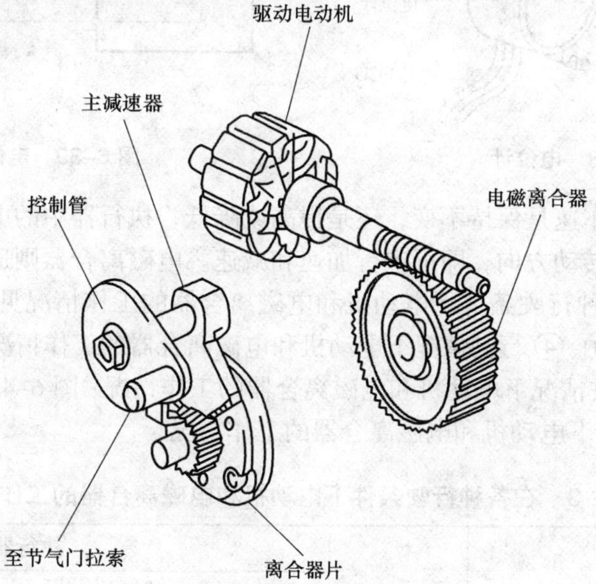

图 6-36　电磁离合器

在 CCS 工作时，如果驾驶员起动任一个取消开关，巡航控制 ECU 收到这个信号后立即作出反应，将电磁离合器分离，阻止电动机转动节气门，于是节气门回至怠速位置，取消 CCS 的工作。其工作电路如图 6-37 所示。

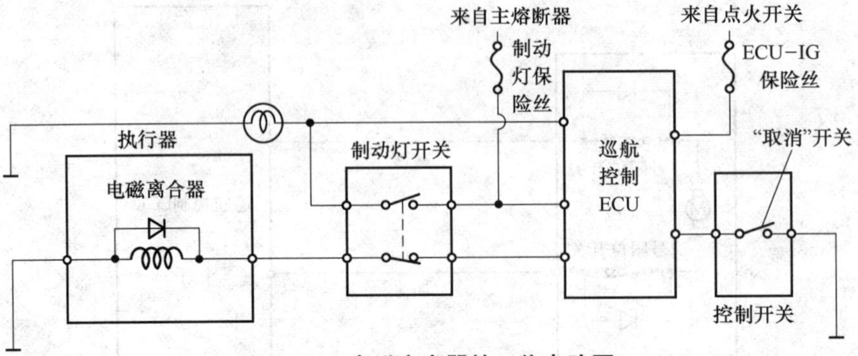

图 6-37 电磁离合器的工作电路图

（3）电位计

当 CCS 设定时，电位计（见图 6-38）将节气门开度转换为电信号，并传送至巡航控制 ECU，巡航控制 ECU 将这个数据存储在其存储器中。如图 6-39 所示为电位计的电路。如果以后设定车速与实际车速有差异，巡航控制 ECU 就根据这个数据确定应将节气门开度改变多少，使其与设定车速相匹配。

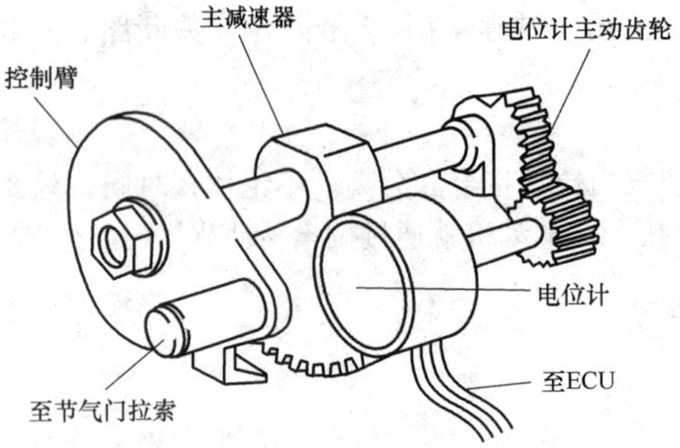

图 6-38 电位计

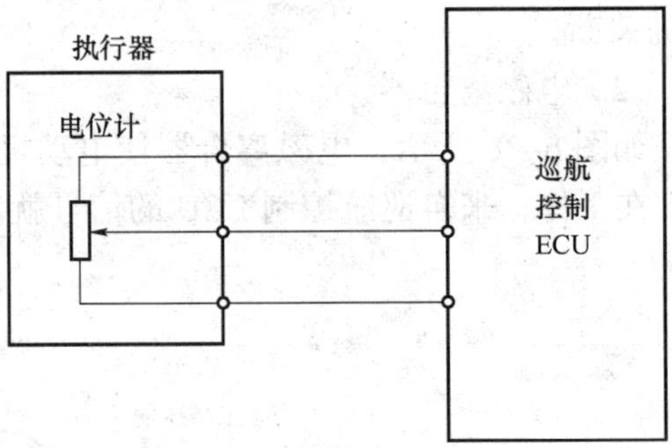

图 6-39 电位计的电路

综上所述，不论车速是保持不变，还是提高或降低，执行器中的电动机都在工作，以控制车速。改变电动机转动方向，即可进行加速和减速。电磁离合器则适当控制电动机传送至控制臂的动力。在各种行驶条件下电动机和电磁离合器的工作情况见表 6-3。图 6-40 是在表 6-3 中的 ①、②、③、④ 行驶情况下电动机和电磁离合器的工作情况；图 6-41 是在表 6-3 中的 ⑤、⑥、⑦ 行驶情况下电动机和电磁离合器的工作情况；图 6-42 是在表 6-3 中的 ⑧、⑨、⑩、⑪ 行驶情况下电动机和电磁离合器的工作情况。

表 6-3 在各种行驶条件下电动机和电磁离合器的工作情况

行驶情况	主开关	执行器			
		电动机		电磁离合器	
		电流		电流	
		加速	减速	分离	接合
① CCS 关断	断	断		断	
		—	—	分离	

续表

行驶情况	主开关	执行器			
		电动机		电磁离合器	
		电流		电流	
		加速	减速	分离	接合
② 车速未设定	通	断		断	
		—	—	分离	
③ 车速设定	通	负载控制		通	
		加速	—	接合	
④ 在 CCS 控制下以匀速行驶	通	断		通	
		—	—	接合	
⑤ 用控制开关加速	通	负载控制		通	
		加速	—	接合	
⑥ 用控制开关降速	通	负载控制		通	
		—	减速	接合	
⑦ 用油门踏板暂时加速	通	断		断	
		—	—	接合	
⑧ 车速在设定车速以上	通	负载控制		通	
		—	减速	接合	
⑨ 车速在设定车速以下	通	负载控制		通	
		加速	—	接合	
⑩ 取消	通	负载控制		断	
		—	减速	分离	
⑪ 用控制开关恢复车速	通	负载控制		通	
		加速	—	接合	

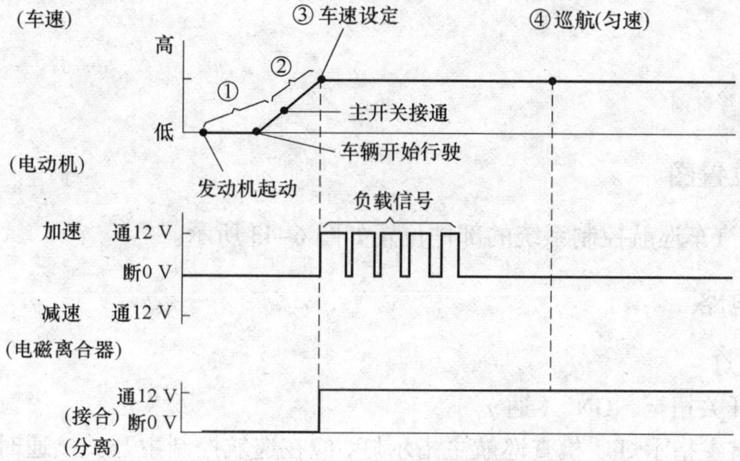

图 6–40 ①、②、③ 和 ④ 行驶情况下电动机和电磁离合器的工作

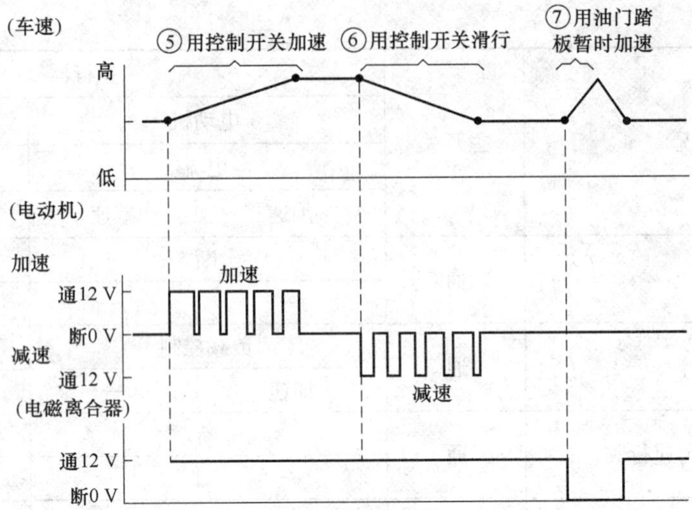

图 6-41　⑤、⑥和⑦行驶情况下电动机和电磁离合器的工作

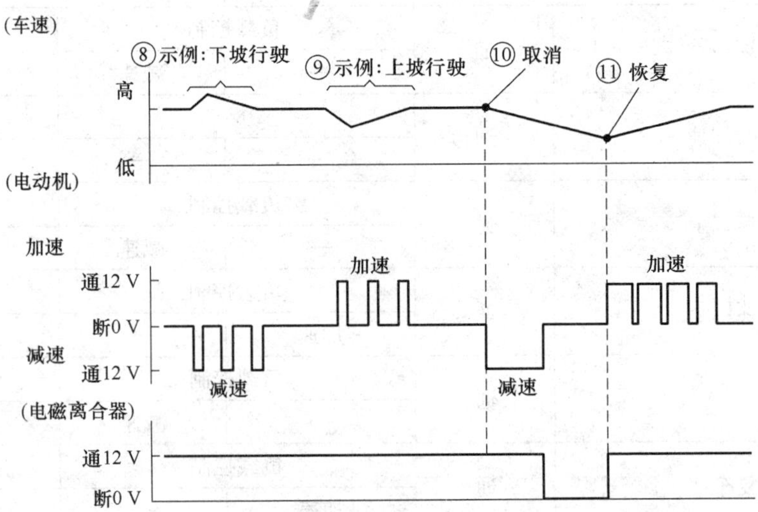

图 6-42　⑧、⑨、⑩和⑪行驶情况下电动机和电磁离合器的工作

任务实施

一、部件位置图

凌志 LS400 汽车巡航控制系统的部件位置如图 6-43 所示。

二、诊断电路

1. 检查指示灯

1）将点火开关扭至“ON”（通）。

2）检查巡航主指示灯。检查巡航主指示灯，应在巡航控制主开关接通时亮，而在巡航控制主开关断开时熄灭。如指示灯检查结果不正常，则应对组合仪表进行故障分析和排除。

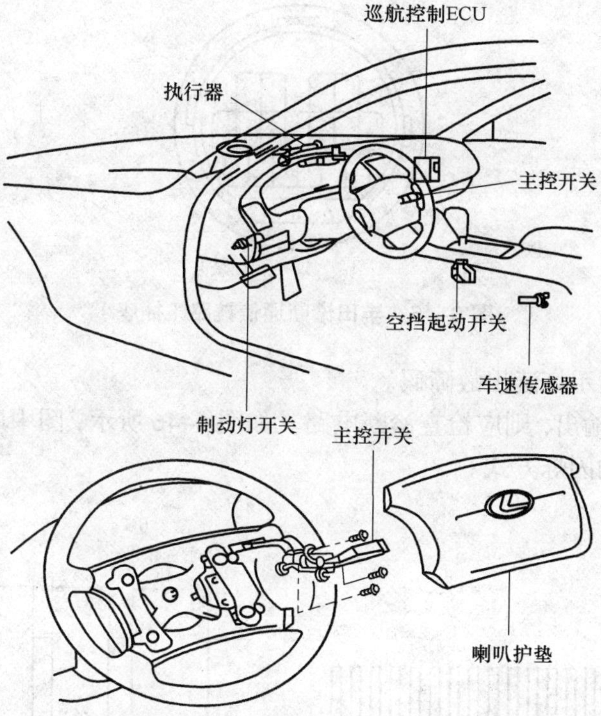

图 6-43　凌志 LS400 汽车巡航控制系统的部件位置

2. 故障码校核

在巡航控制状态行驶时，如 1 号车速传感器或执行器等发生故障，ECU 则会使巡航控制的“自动取消”起动，同时使巡航主指示灯闪烁，以通知驾驶员发生了故障，如图 6-44 所示。与此同时，存储器也会存储该故障码。

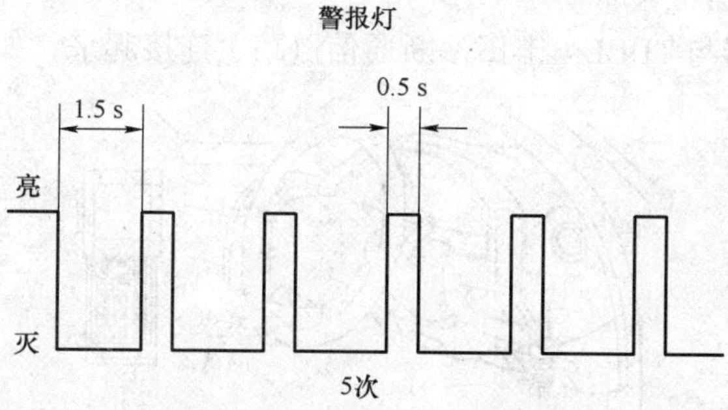

图 6-44　巡航主指示灯闪烁情况

3. 故障码输出

（1）使用诊断检查导线

1）将点火开关扭至“ON”（通）。

2）用 SST 连接丰田诊断通信链路的 T_C 和 E_1 端子，如图 6-45 所示。

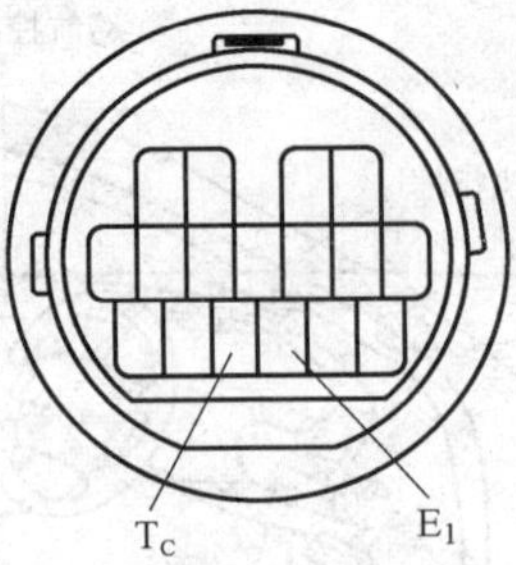

图 6–45　丰田诊断通信链路（插座）

3）通过巡航主指示灯读出故障码。

如果故障码不能输出，则应检查诊断电路。如图 6–46 所示，图中所示是正常码、11 号故障码和 21 号故障码的闪烁方式。

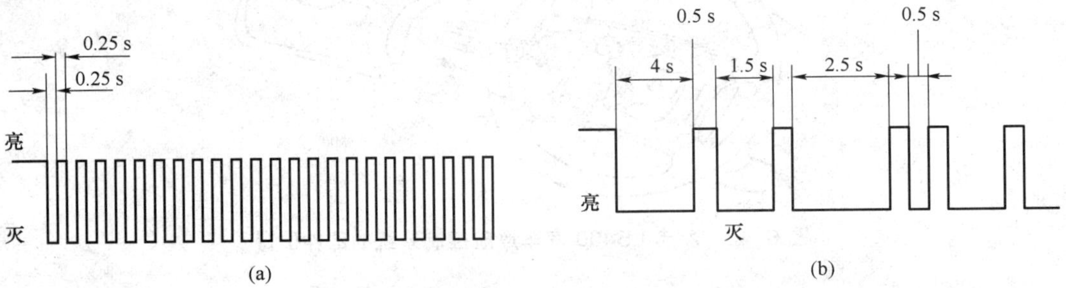

图 6–46　故障灯闪烁正常码、11 号故障码及 21 号故障码情况

（a）正常码；（b）11 号故障码及 21 号故障码

4）按表 6–4 中巡航指示灯闪烁方式检查系统是否有故障。

5）检查完毕后，应脱开 T_C 和 E_1 端子，关断显示。

（2）用手持式测试器检查

1）将手持式测试器与 TDCL（丰田诊断通信链路）连接起来，如图 6–47 所示。

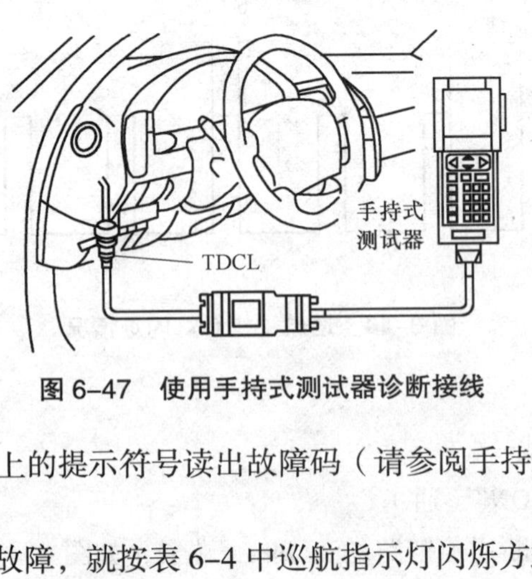

图 6–47　使用手持式测试器诊断接线

2）根据测试器显示屏上的提示符号读出故障码（请参阅手持式测试器的操作手册）。

4. 故障码

若 ECU 检测出系统有故障，就按表 6–4 中巡航指示灯闪烁方式显示出来。

表 6-4　故障码

故障码	巡航指示灯闪烁方式	故障部件
—	亮 灭 	正常
11	亮 灭 	电动机电路短路
12	亮 灭 	• 电磁离合器电路短路； • 电磁离合器电路开路达 0.8 s
13	亮 灭 	位置传感器检测到不正常电压
14	亮 灭 	• 执行器电动机电路开路； • 电动机运转时，位置传感信号值不改变
21	亮 灭 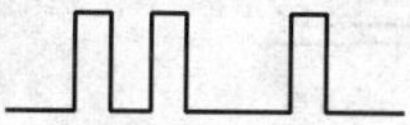	设定巡航控制时，车速信号未输至 ECU
*23	亮 灭 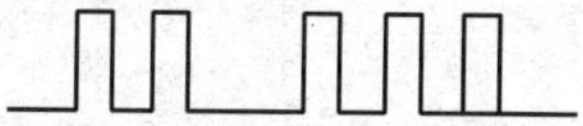	• 实际车速低于设定的车速 6 km/h，或低于设定车速 20% 或以上； • 车速传感器脉冲信号不正常
32	亮 灭 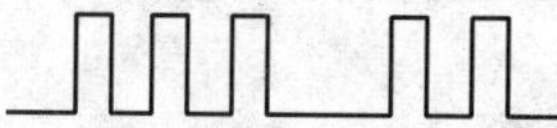	控制开关电路短路
34	亮 灭 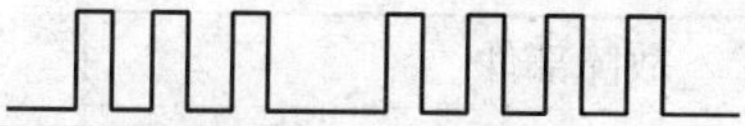	控制开关电压不正常
41	亮 灭 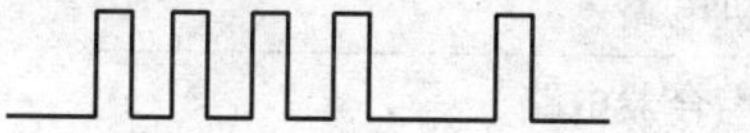	100% 的负载比输出至电动机加速端
42	亮 灭 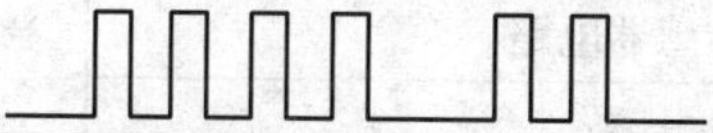	电源电压下降
备注：如显示 2 个或更多的故障码时，号码最小的一个最先显示。(*) 上坡路车速在减慢时为非故障。		

5. 用手持式测试器和分接盒测量 ECU 端子值

1）将手持式测试器及分接盒与车辆配线连接起来，如图 6-48 所示。

2）根据测试器显示屏上的提示符号读出 ECU 输入 / 输出值。

3）参阅分接盒操作手册。

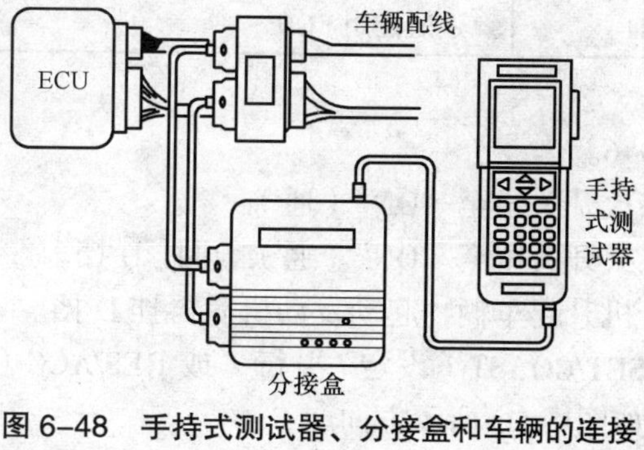

图 6-48　手持式测试器、分接盒和车辆的连接

备注：手持式测试器具有"瞬象"功能，可以记录下测量数据，有效地诊断出间歇式故障。

6. 故障码的清除

1）修理工作完毕后，断开点火开关，将 ECU–B 保险丝拔出不少于 10 s 便可清除保存在存储器中的故障码。图 6–49 所示为装有保险丝的发动机舱接线盒。

2）接好保险丝，检查显示正常码。

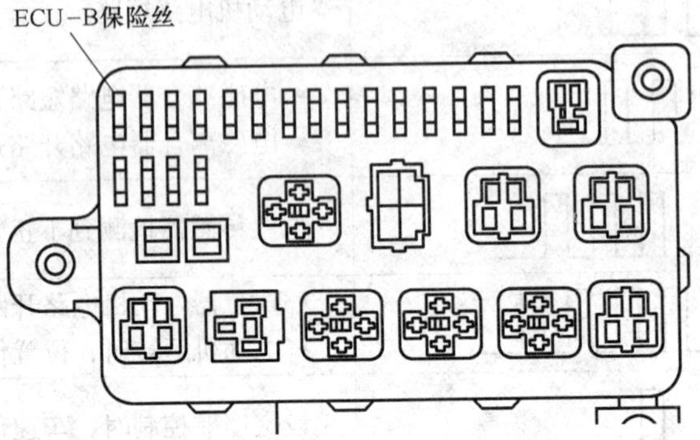

图 6–49　发动机舱接线盒

7. 故障码一览表

故障码校核中如显示以下故障码，则对应检查表 6–5 所列出的电路。

表 6–5　故障码一览表

故障码	故障部件
11	执行器电动机电路
12	执行器电磁离合器电路
13	执行器位置传感器电路
14	执行器电动机电路； 执行器位置传感器电路
21	车速传感器电路
23	执行器控制拉索； 车速传感器电路
32、34	控制开关电路（巡航控制开关）
41	巡航控制 ECU

8. 输入信号的检查

1）代码输出，见表 6–6。

① 检查 1~2 号。将点火开关扭至“ON”（通）。

② 检查 3 号。先将点火开关扭至“ON”（通），再挂 D 挡。

③ 检查 4 号。用举升机升起车辆，起动发动机后再挂 D 挡。

2）将控制开关按至 SET/COAST（设定 / 滑行）或 RES/ACC（恢复 / 加速），如图 6–50 所示将开关压住或提起，如图中 ① 所示方向。

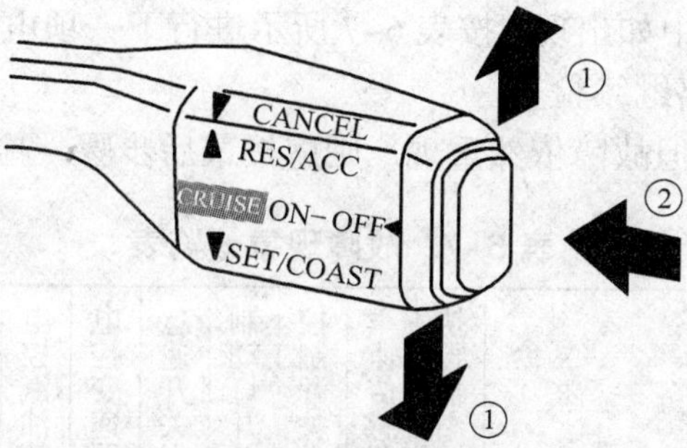

图 6–50　巡航操作柄

3）推主开关使其接通，如图中 ② 所示方向。

4）检查巡航主指示灯，应在 3 s 后反复闪动 2~3 次。

5）将 SET/COAST（设定 / 滑行）开关或 RES/ACC（恢复 / 加速）开关扭至“OFF”（断开）。

6）按表 6–6 所列次序操作每个开关。

7）读出巡航主指示灯的闪烁方式。

8）检查完毕后，将主开关扭至“OFF”（断开）。

如有 2 个以上的信号输入 ECU，号数低的最先显示。

表 6–6　输入信号检查表

编号	操作方法	巡航主指示灯闪烁方式	诊　断
1	将 SET/COAST（设定 / 滑行）开关扭至“ON”（通）	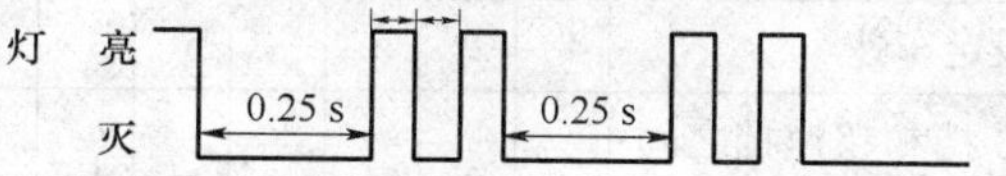	SET/COAST（设定 / 滑行）开关电路正常
2	将 RES/ACC（恢复 / 加速）开关扭至“ON”（通）	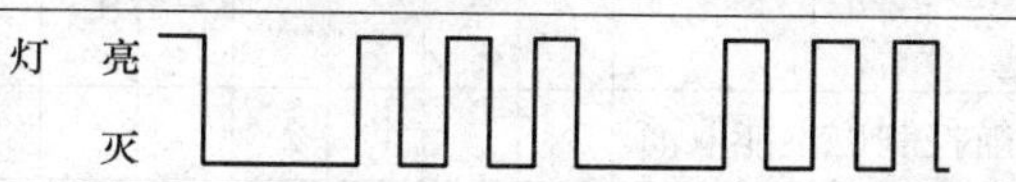	RES/ACC（恢复 / 加速）开关电路正常
3	将 CANCEL（取消）开关扭至“ON”（通）	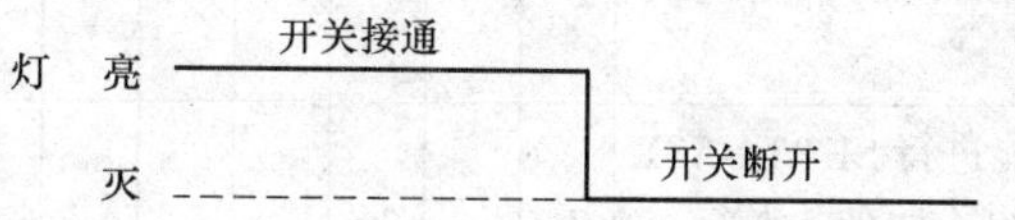	CANCEL（取消）开关电路正常
	踩下制动踏板，将制动灯开关扭至“ON”（通）		制动灯开关电路正常
	将空挡起动开关扭至“OFF”（断开），挂 D 挡以外的任一挡	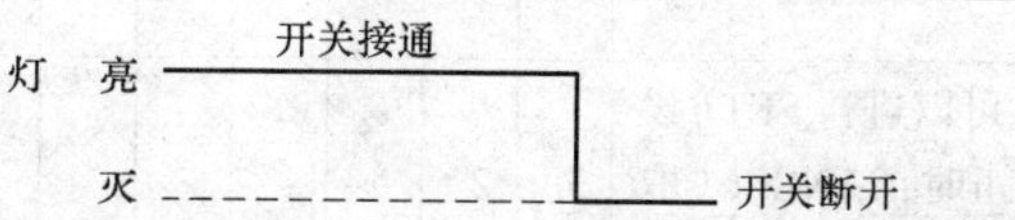	空挡起动开关电路正常
4	以不低于 40 km/h 的车速行驶		车速传感器正常
	以不高于 40 km/h 的车速行驶	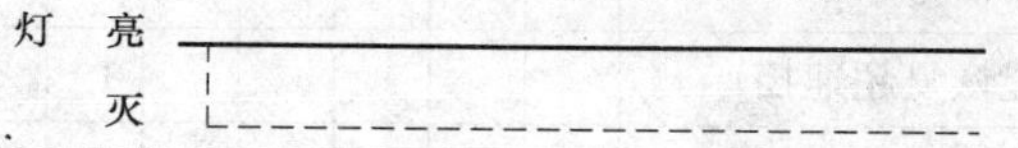	

9. 故障现象一览表

在故障码校核过程中，如显示出正常码但故障依然出现（重现），则应按表 6–7 中所列顺序检查每一个电路，对每一故障现象进行分析排除。

1）在各电路的流程图中如出现“按表 6–7 所示进行下一项电路检查”的说明，则应对表中的下一个最高序号的电路继续检查。

2）如各电路均属正常但故障依然重现，则应按最后步骤，检查或更换巡航控制 ECU。

表 6–7　故障现象一览表

怀疑部位 / 故障现象	执行器	车速传感器电路	控制开关电路（巡航控制开关）	制动灯开关电路	怠速开关电路（主节气门位置传感器）	电控变速器通信电路	电控汽油喷射通信电路	变速器控制开关电路	ECU 电源电路	备用电源电路	主开关电路（巡航控制开关）	诊断电路	执行器控制拉索	巡航控制 ECU
不出现 SET（设定）或出现 CANCEL（取消），故障码为正常码	6	2	3	4				5			1			7
不出现 SET（设定）或出现 CANCEL（取消），不输出故障码									1					2
实际车速高于或低于设定车速	4	2			5	3							1	6
在上坡途中频繁地在 3 挡和超速挡之间变换挡位（调速不稳）						1	2							3
即使踩下制动踏板，巡航控制也不能取消	3			2									1	4
即使变速器换在 D 挡以外的其他挡位，巡航控制也不能取消	3							2					1	4
控制开关不工作，不能进行 SET/COAST（设定 / 滑行）、ACC/RES（加速 / 恢复）、CANCEL（取消）	3		2										1	4
车速不高于 40 km/h 时可以进行 SET（设定）；或车速不高于 40 km/h 时，CANCEL（取消）不工作	3	2											1	4
在 ACC（加速）和 RES（恢复）模式，反应不灵敏	3					2							1	4
即使不是上坡，也不能恢复超速挡						1								2
存储的故障码被消除										1				2
故障码不输出，或在不应输出时反而输出												1		2
巡航主指示灯长亮或不亮	分析排除组合仪表故障													

三、电路的检查

1. 执行器电动机电路

执行器电动机电路故障码含义见表 6-8。

表 6-8　执行器电动机电路故障码含义

故障码	故障码含义	故障部位
11	执行器电动机的电路短路	巡航控制执行器电动机； 执行器电动机与 ECU 之间的配线和连接器； 巡航控制 ECU
14	执行器电动机的电路开路	执行器电动机与 ECU 之间的配线和连接器； 巡航控制 ECU

（1）电路说明

如图 6-51 所示，来自 ECU 的信号操纵执行器电动机的工作，根据负载比的变化传送加速和减速信号。负载比指的是在一个循环中导通时间的比率。例如，若 A 为一个循环的导通时间，B 为非导通时间，则

$$负载比 = \frac{A}{A+B} \times 100\%$$

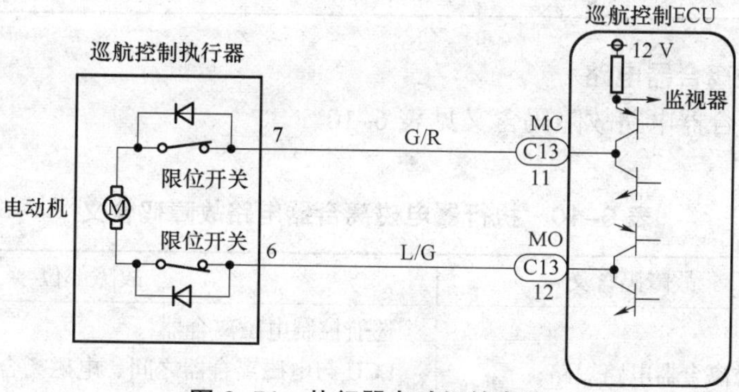

图 6-51　执行器电动机的电路

（2）检查程序

检查程序见表 6-9。

表 6-9　检查程序

1	检查执行器电动机
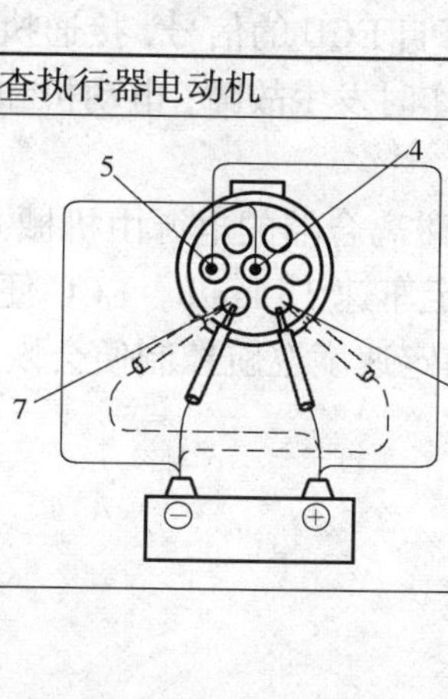	准备： ① 拆出巡航控制执行器。 ② 脱开执行器的连接器。 检查： ①将正极⊕引线连接至执行器的连接器端子 5，负极⊖引线连接至端子 4（电磁离合器接通）。 ②当蓄电池电压施加至执行器连接器每个端子时，检查控制板应随即平稳。

续表

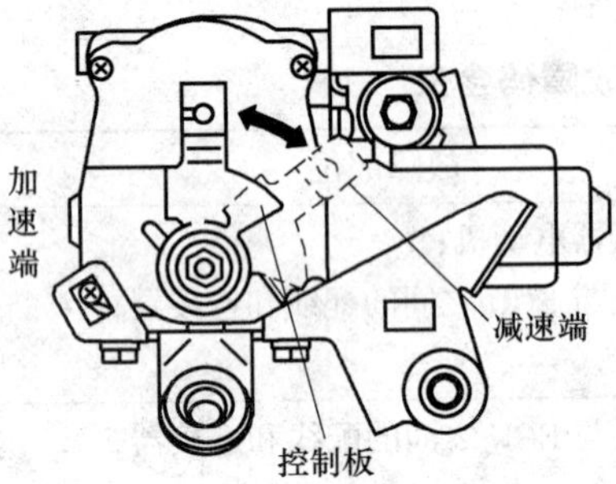

③ 在电动机按步骤②转动，控制板移至完全关闭或完全张开位置时，检查限位开关应使电动机停止转动。

注意：勿将高压电缆接错蓄电池端子，否则会损坏巡航控制执行器。

○——○ 连接

移动方向 \ 端子	正极	负极	6	7
加速端	○—		—○	
		○—	—	—○
减速端	○—	—	—	—○
		○—	—○	

↓ 正常	不正常→更换执行器总成
2	检查巡航控制 ECU 和执行器电动机之间的配线和连接器
↓ 正常	不正常→修理或更换配线或连接器
按表 6-7 所示进行下一项电路检查。如显示出 11 号、14 号故障码，则应检查和更换巡航控制 ECU	

2. 执行器电磁离合器电路

执行器电磁离合器电路故障码含义见表 6-10。

表 6-10　执行器电磁离合器电路故障码含义

故障码	故障码含义	故障部位
12	电磁离合器电路短路； 电磁离合器电路开路（0.8 s）	巡航控制电磁离合器； ECU 与电磁离合器之间、电磁离合器与车身接地之间的配线或连接器； 巡航控制 ECU

（1）电路说明

如图 6-52 所示，该电路在巡航控制电路工作时，根据来自 ECU 的信号，接通执行器内部的电磁离合器。如执行器、车速传感器等在巡航控制电路工作时发生故障，电动机和控制板之间的转子轴便会松开。

踩下制动踏板时，制动灯开关接通，向制动灯供电，电磁离合器的电源由机械方法切断，电磁离合器被关断。在下坡路段行驶时，如果车速超过设定车速 15 km/h，ECU 便会关断电磁离合器。如车速稍后降至高于设定车速 10 km/h 以内，设定速度巡航控制便会恢复。

（2）检查程序

检查程序见表 6-11。

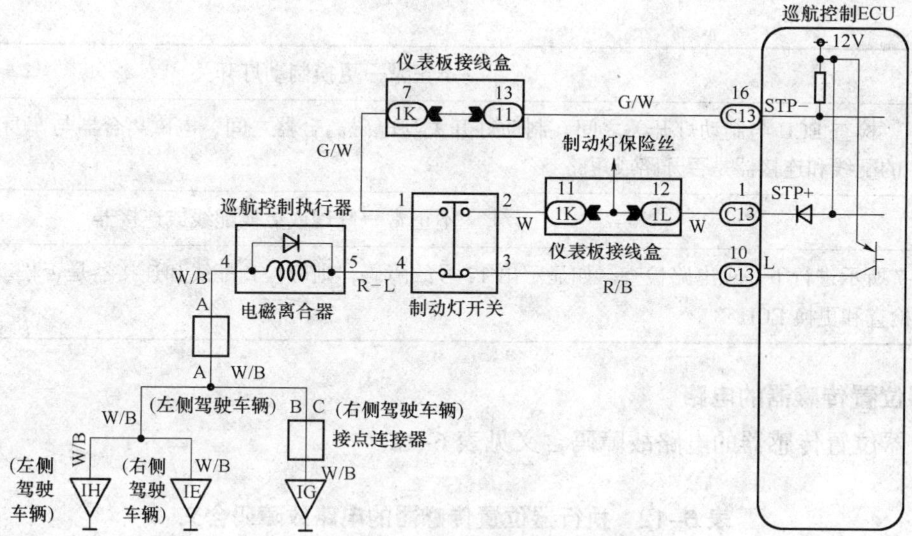

图 6-52　执行器电磁离合器的电路

表 6-11　检查程序

<table>
<tr><td>1</td><td colspan="2">检查执行器电磁离合器</td></tr>
<tr><td colspan="2">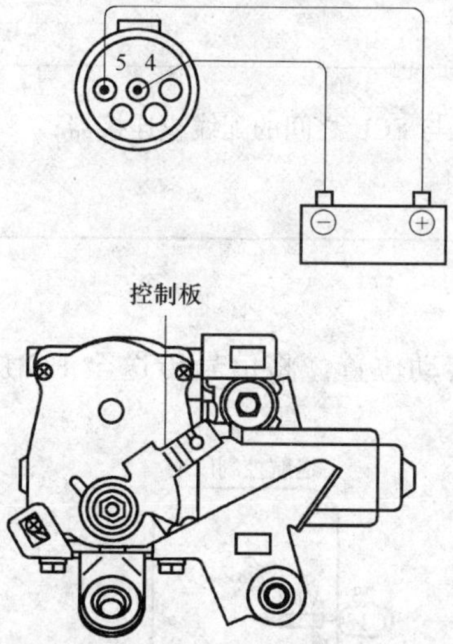
</td><td>准备：
① 拆出巡航控制离合器。
② 脱开执行器连接器。
检查：用手移动控制板。
正常：控制板移动（电磁离合器断开）。
检查：
① 将正极⊕引线连接至执行器的连接器端子 5，负极⊖引线连接至端子 4。
② 用手移动控制板。
注意：不要将高压电缆接错蓄电池端子，否则会损坏执行器。
正常：控制板不移动（电磁离合器接通）</td></tr>
<tr><td colspan="2">↓ 正常</td><td>不正常→更换执行器总成</td></tr>
<tr><td>2</td><td colspan="2">检查制动灯开关</td></tr>
<tr><td colspan="2">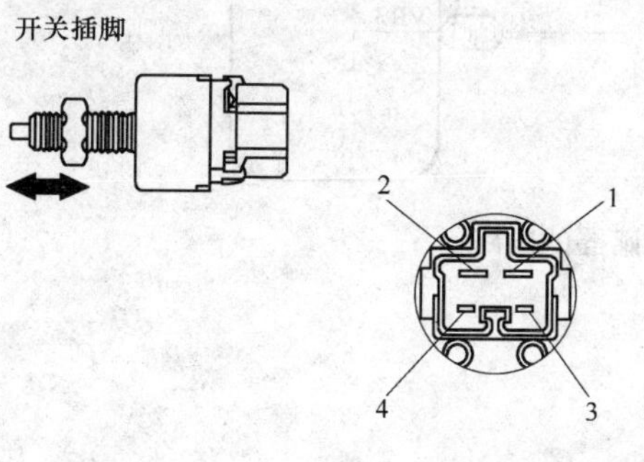
</td><td>准备：脱开制动灯开关连接器。
检查：检查各端子间的导通情况
○——○ 连接
<table>
<tr><td>端子
开关位置</td><td>1</td><td>2</td><td>3</td><td>4</td></tr>
<tr><td>开关插脚未推入
（踩下制动踏板）</td><td>○——</td><td>——○</td><td></td><td></td></tr>
<tr><td>开关插脚推入
（松开制动踏板）</td><td></td><td></td><td>○——</td><td>——○</td></tr>
</table></td></tr>
</table>

续表

↓正常		不正常→更换制动灯开关
3	检查 ECU 与制动灯开关之间、制动灯开关与电磁离合器之间、电磁离合器与车身接地之间的配线和连接器是否开路或短路	
↓正常		不正常→修理或更换配线或连接器
按表 6-7 所示进行下一项电路检查。如显示出 12 号故障码，则应检查配线和连接器是否松动；如连接良好，则检查和更换 ECU		

3. 执行器位置传感器的电路

执行器位置传感器的电路故障码含义见表 6-12。

表 6-12　执行器位置传感器的电路故障码含义

故障码	故障码含义	故障部位
13	位置传感器检测出不正常电压	巡航控制执行器的位置传感器； 执行器位置传感器与车身接地之间的配线或连接器； 巡航控制 ECU
14	执行器电动机的电路开路； 电动机运转时位置传感器信号值不改变	执行器电动机与 ECU 之间的配线或连接器； 巡航控制 ECU

（1）电路说明

如图 6-53 所示，该电路用于检测执行器控制板的转动位置，将信号传送至 ECU。

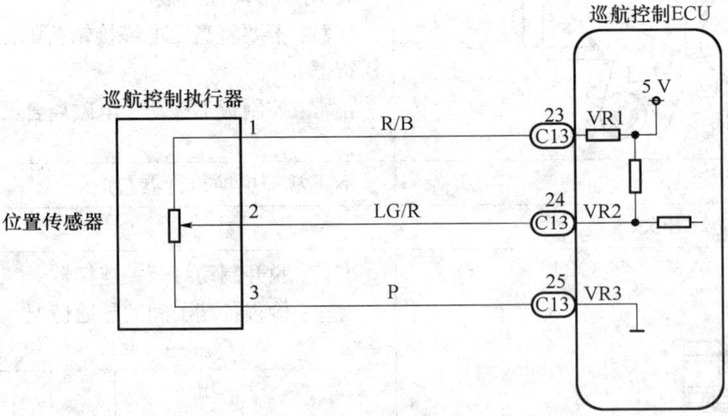

图 6-53　执行器位置传感器的电路

（2）检查程序

检查程序见表 6-13。

表 6–13　检查程序

1	检查 ECU 连接器端子 VR2 与 VR3 之间的电压
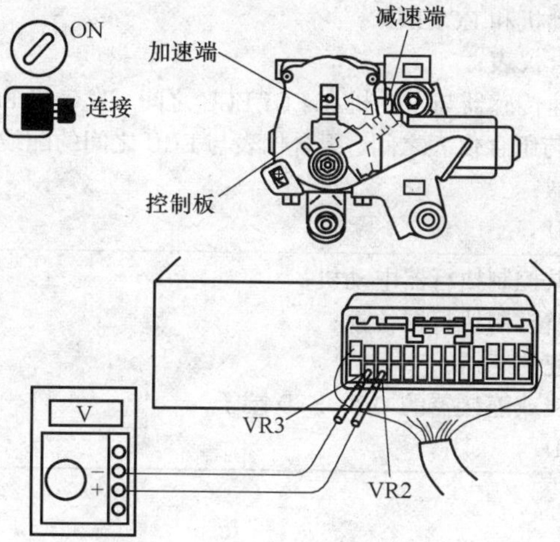	准备：拆出 ECU，连接器仍然连接。 检查： ① 将点火开关扭至“ON”（通）。 ② 用手将控制板慢慢地从减速端转至加速端，同时测量 ECU 连接器 VR2 与 VR3 端子之间的电压。 正常电压： 完全关闭时：约 1.3 V； 完全打开时：约 4.6 V。 注意：控制板转动时，电压应不停地逐渐上升
↓ 正常	不正常→按表 6–7 所示进行下一项电路检查
2	检查执行器位置传感器
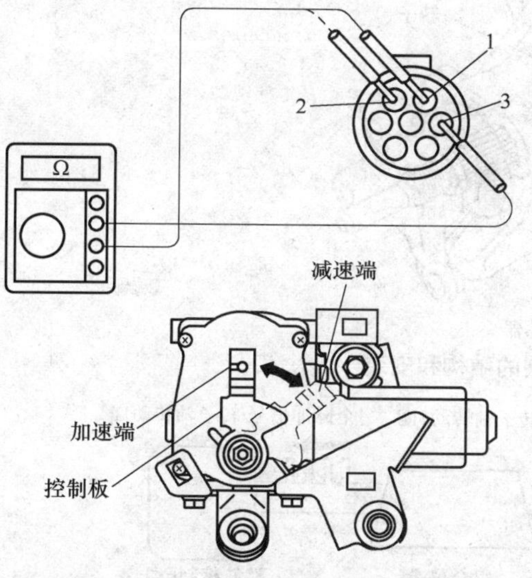	准备： ① 拆出巡航控制执行器。 ② 脱开执行器的连接器。 检查：测量执行器的连接器 1 与 3 端子之间的电阻值。 正常：电阻约 2.2 kΩ。 检查：用手将控制板慢慢地从减速端转至加速端，同时测量执行器的连接器 2 与 3 端子之间的电阻。 正常电阻： 完全关闭时：约 530 Ω； 完全打开时：约 2.0 kΩ。 注意：控制板转动时，电阻应逐渐上升
↓ 正常	不正常→更换执行器总成
3	检查 ECU 和执行器位置传感器之间的配线和连接器是否开路或短路
↓ 正常	不正常→修理或更换配线或连接器
检查配线和连接器的连接处是否松动。如连接正常，则应检查和更换 ECU	

4. 车速传感器的电路

车速传感器的电路故障码含义见表 6–14。

表 6–14 车速传感器的电路故障码含义

故障码	故障码含义	故障部位
21	巡航控制设定后，车速信号不能输入至 ECU	车速传感器； 发动机和 ECT ECU； 组合仪表； 车速传感器与发动机和 ECT ECU 之间、发动机 ECT ECU 与组合仪表之间、组合仪表与 ECU 之间的配线或连接器； ECU
23	实际车速降至比设定车速低 16 km/h 或更多，或者比设定车速低 20 % 或以上。 车速传感器脉冲不正常。 提示：如车速信号在 0.2 s 内未输入至 ECU，便会显示出故障码	巡航控制执行器电动机； 巡航控制执行器拉索； 车速传感器； 配线或连接器的 OD、STD 端子； ECU

（1）电路说明

车速传感器的结构和安装如图 6–54 所示。转子轴每转动一圈，车速传感器便会通过发动机和 ECT ECU 及组合仪表将信号传送至巡航控制 ECU，如图 6–55 所示。巡航控制 ECU 根据信号脉冲频率计算出车速。车速传感器的电路如图 6–56 所示。

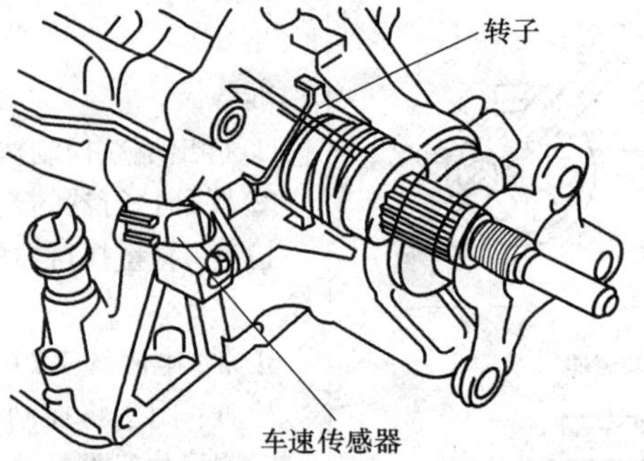

图 6–54 车速传感器的结构和安装

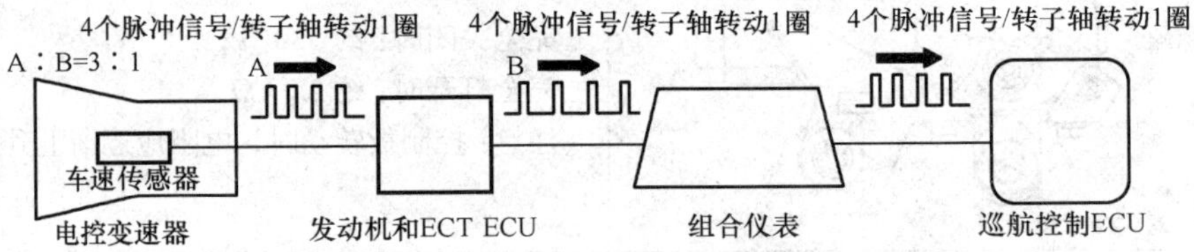

图 6–55 车速传感器的信号传输过程

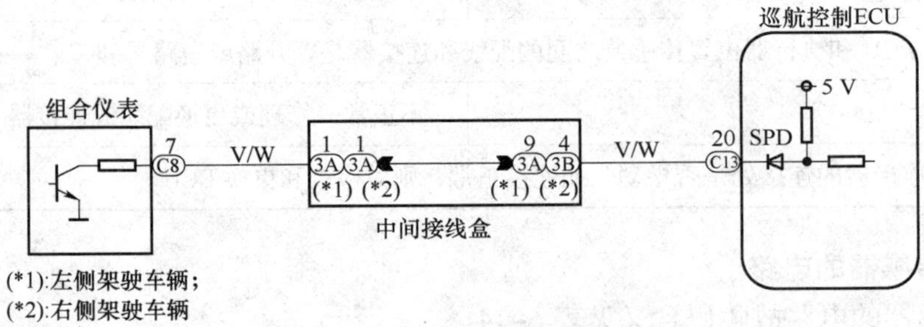

图 6–56 车速传感器的电路

（2）检查程序

检查程序见表 6–15。

表 6–15　检查程序

<table>
<tr><td>1</td><td colspan="2">检查输入信号</td></tr>
<tr><td colspan="2"><table><tr><td>车速</td><td>指示灯闪烁方式</td></tr><tr><td>>40 km/h</td><td>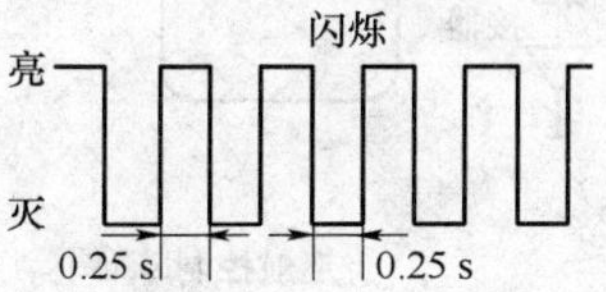</td></tr><tr><td><40 km/h</td><td>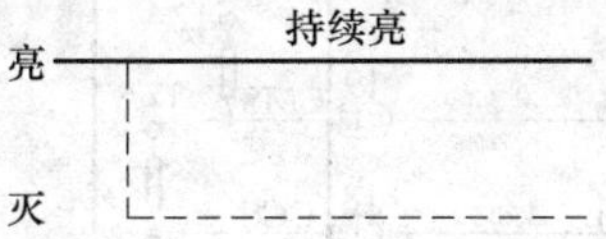</td></tr></table></td><td>检查：
① 见本节“输入信号的检查”部分。
② 在以高于 40 km/h 和低于 40 km/h 的车速行驶时，检查指示灯的工作。
正常：
① 车速高于 40 km/h：指示灯闪烁。
② 车速低于 40 km/h：指示灯持续亮</td></tr>
<tr><td colspan="2">↓正常</td><td>不正常→按表 6–7 所示进行下一项电路检查</td></tr>
<tr><td>2</td><td colspan="2">检查车速表电路</td></tr>
<tr><td colspan="2">↓正常</td><td>不正常→修理或更换车速传感器、配线、连接器或组合仪表总成</td></tr>
<tr><td colspan="3">检查和更换巡航控制 ECU</td></tr>
</table>

5. 控制开关电路的巡航控制开关

控制开关电路的巡航控制开关故障码含义见表 6–16。

表 6–16　控制开关电路的巡航控制开关故障码含义

故障码	故障码含义	故障部位
32	控制开关电路短路	巡航控制开关； 控制开关和 ECU 之间的配线或连接器； 巡航控制 ECU
34	控制开关电压不正常	

（1）电路说明

如图 6–57 所示，该电路将 SET/COAST（设定 / 滑行）、RES/ACC（恢复 / 加速）及 CANCEL（取消）信号（每个电压）传送至 ECU。

（2）检查程序

检查程序见表 6–17。

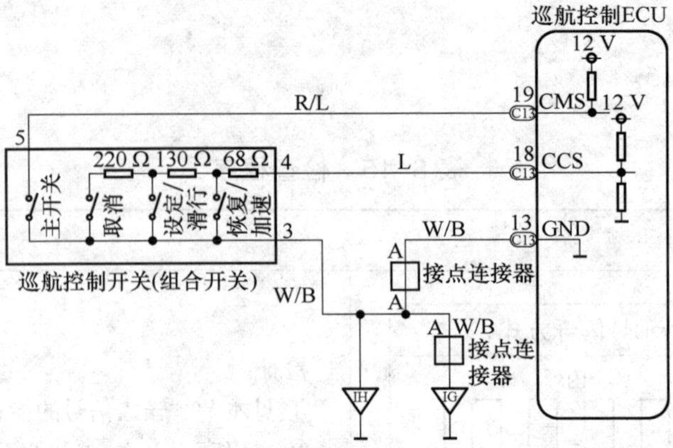

（a）

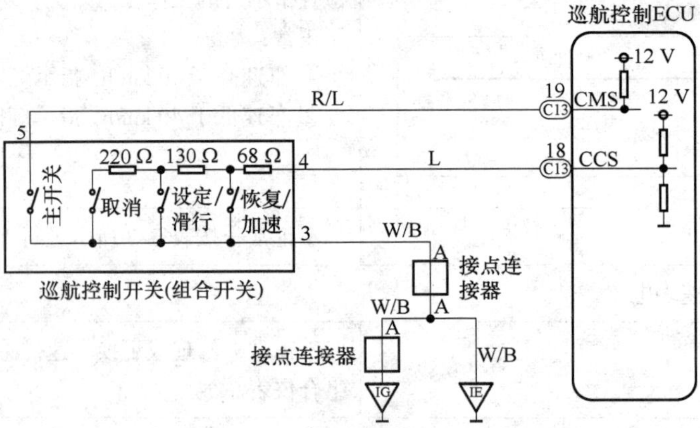

（b）

图 6–57　巡航控制开关电路

（a）左侧驾驶车型；（b）右侧驾驶车型

表 6–17　检查程序

1	检查输入信号

输入信号	指示灯闪烁方式
SET/COAST 开关	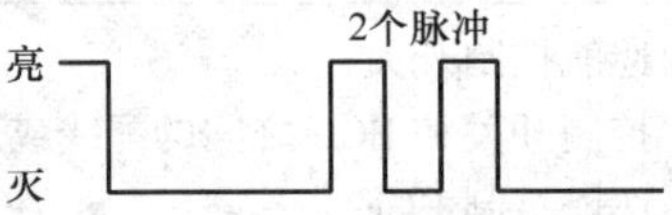
RES/ACC 开关	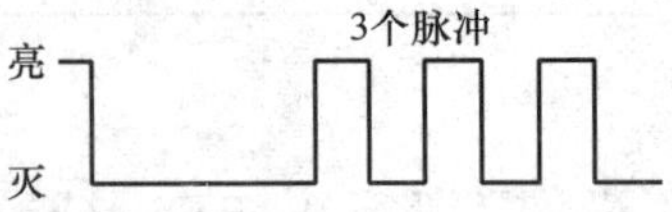
CANCEL 开关	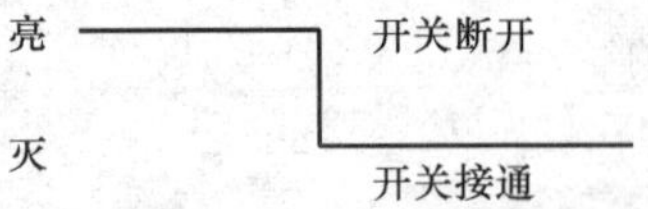

准备：

① 见本节“检查输入信号”部分。

② SET/COAST（设定 / 滑行）、RES/ACC（恢复 / 加速）及 CANCEL（取消）分别接通时，检查指示灯的运作。

正常：SET/COAST（设定 / 滑行）开关、RES/ACC（恢复 / 加速）开关，当每个开关接通时，如左表所示信号输出。开关断开时，信号应消失。CANCEL（取消）开关接通时，指示灯应熄灭

↓正常	不正常→按表 6–7 所示进行下一项电路检查
2	检查巡航控制 ECU 连接器的 CCS 端子与车身接地之间的电压

续表

<table>
<tr><td colspan="2">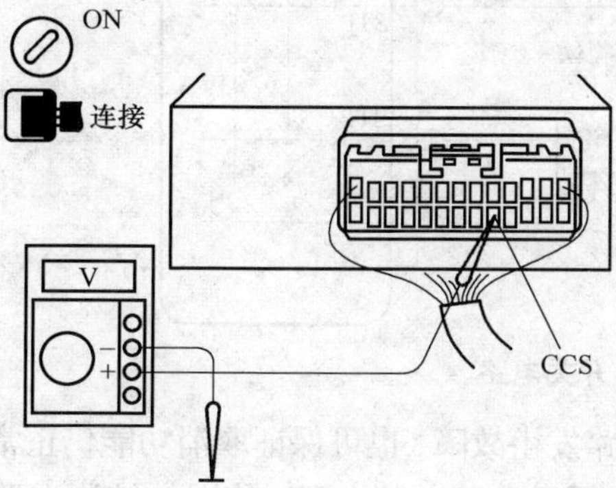
</td><td>准备：拆出巡航控制 ECU，连接器仍然连接。
检查：
① 将点火开关扭至“ON”（通）。
② SET/COAST、RES/ACC 及 CANCEL 开关分别接通时，测量 ECU 连接器的 CCS 端子与车身接地之间的电压。
正常：
<table>
<tr><th>开关位置</th><th>电压 /V</th></tr>
<tr><td>Neutral</td><td>10~14</td></tr>
<tr><td>RES/ACC</td><td>0.75~2.5</td></tr>
<tr><td>SET/COAST</td><td>2.3~4.6</td></tr>
<tr><td>CANCEL</td><td>4.1~7.2</td></tr>
</table></td></tr>
<tr><td colspan="2">↓正常</td><td>不正常→按表 6–7 所示进行下一项电路检查</td></tr>
<tr><td>3</td><td colspan="2">检查控制开关</td></tr>
<tr><td colspan="2">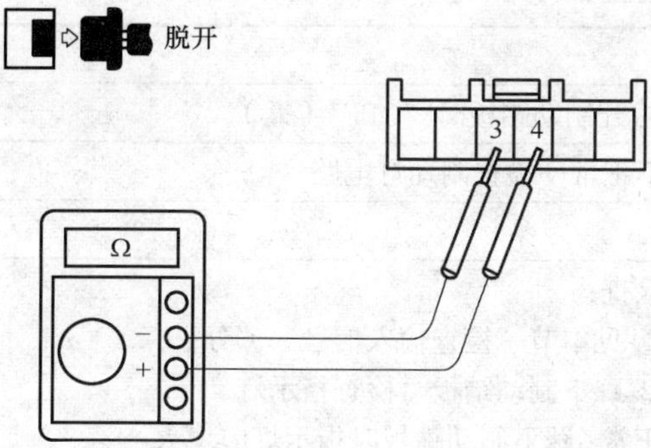
</td><td>准备：
① 拆出转向盘中心衬垫。
② 脱开控制开关连接器。
检查：操作控制开关，同时测量控制开关连接器端子 3 与 4 之间的电阻。
正常：
<table>
<tr><th>开关位置</th><th>电阻 /Ω</th></tr>
<tr><td>Neutral</td><td>∞（不导通）</td></tr>
<tr><td>RES/ACC</td><td>60~80</td></tr>
<tr><td>SET/COAST</td><td>180~220</td></tr>
<tr><td>CANCEL</td><td>400~440</td></tr>
</table>
备注：显示出 34 号故障码时，仔细检查开关位于 Neutral 时的电阻应始终为 ∞，特别是在 RES/ACC 开关和 SET/COAST 开关之间变换时</td></tr>
<tr><td colspan="2">↓正常</td><td>不正常→更换巡航控制开关</td></tr>
<tr><td>4</td><td colspan="2">检查巡航控制 ECU 与控制开关之间的配线和连接器</td></tr>
<tr><td colspan="2">↓正常</td><td>不正常→修理或更换车速传感器</td></tr>
<tr><td colspan="3">检查和更换巡航控制 ECU</td></tr>
</table>

6. 制动灯开关的电路

（1）电路说明

如图 6–58 所示，车辆制动时，蓄电池电压通常会通过制动灯保险丝和制动灯开关作用在 ECU 的 STP 端子上，ECU 随之断开巡航控制电路。

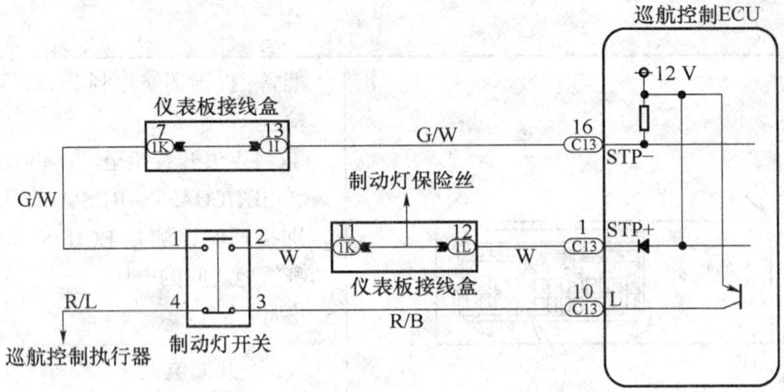

图 6-58 制动灯开关电路

该电路具有故障防护功能，即使制动灯信号电路发生故障，也可保证取消功能仍正常运作。

1）如连接 STP− 端子的配线开路，端子 STP− 便具有蓄电池电压，使巡航控制电路断开。

2）如制动灯保险丝开路，在制动时，端子 STP+ 的电压会变为 0，ECU 便可正常操作取消功能。

另外，制动时，制动灯开关还会用机械方法断开电磁离合器，从而断开巡航控制电路（见本节电磁离合器的工作）。

（2）检查程序

检查程序见表 6-18。

表 6-18 检查程序

1	检查制动灯的运作
检查制动灯，应在踩下制动踏板时"ON"（亮），在松开制动踏板时"OFF"（灭）	
↓正常	不正常→检查制动灯电路
2	检查输入信号
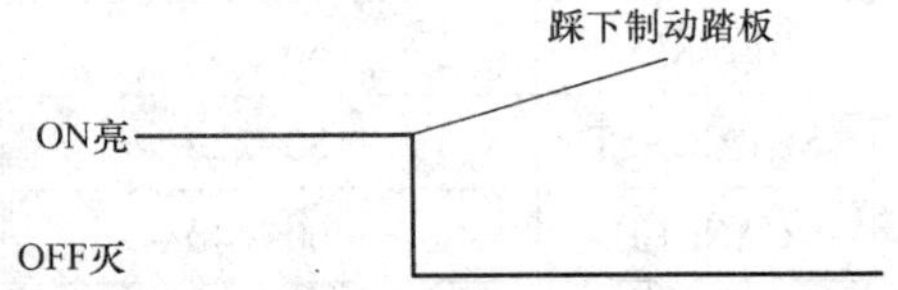	检查： ① 见本节"检查输入信号"部分； ② 踩下制动踏板时检查指示灯。 正常：踩下制动踏板时指示灯应熄灭
↓正常	不正常→按表 6-7 所示进行下一项电路检查
3	检查巡航控制 ECU 的连接器 STP+ 和 STP− 端子与车身接地之间的电压
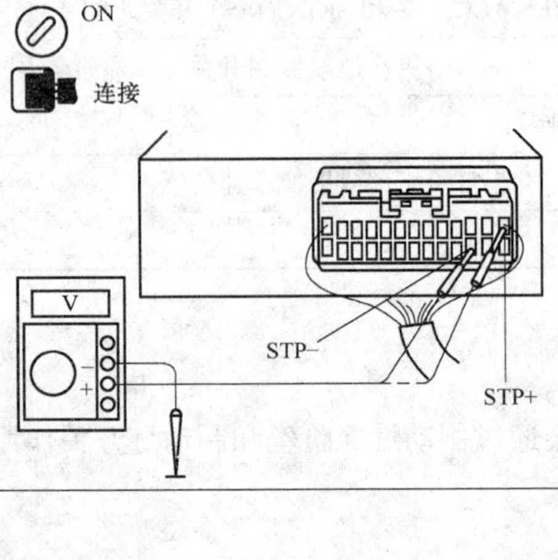	准备：拆出巡航控制 ECU，连接器仍连接。 检查： ① 将点火开关扭至"ON"（通）。 ② 踩下或松开制动踏板时，测量巡航控制 ECU 的连接器 STP+、STP− 端子与车身接地之间的电压。 正常：

	STP+ 电压 /V	STP− 电压 /V
踩下	10~14	10~14
松开	10~14	<1

续表

↓不正常	正常→按表 6-7 所示进行下一项电路检查
4	检查巡航控制 ECU 的 STP+ 端子与制动灯开关之间、ECU 的 STP- 端子与制动灯开关之间的配线和连接器是否开路
↓正常	不正常→修理或更换配线或连接器
检查和更换巡航控制 ECU	

7. 怠速开关的电路

（1）电路说明

如图 6-59 所示，当接通节气门位置传感器中的怠速开关时，信号便输至 ECU。ECU 利用该信号来校正节气门位置传感器与执行器传感器之间信号值的差异，使巡航控制设置在准确的速度。如怠速开关发生故障，发动机也会出现故障症状，这时也应检查发动机。

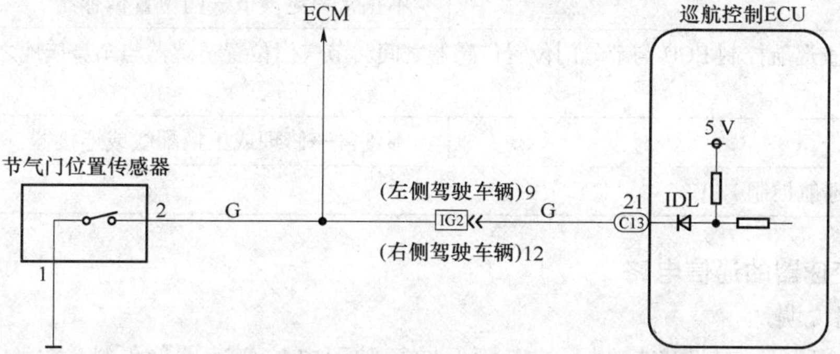

图 6-59　怠速开关电路

（2）检查程序

检查程序见表 6-19。

表 6-19　检查程序

<table>
<tr><td>1</td><td colspan="2">检查巡航控制 ECU 连接器的端子 IDL 与车身接地之间的电压</td></tr>
<tr><td colspan="2">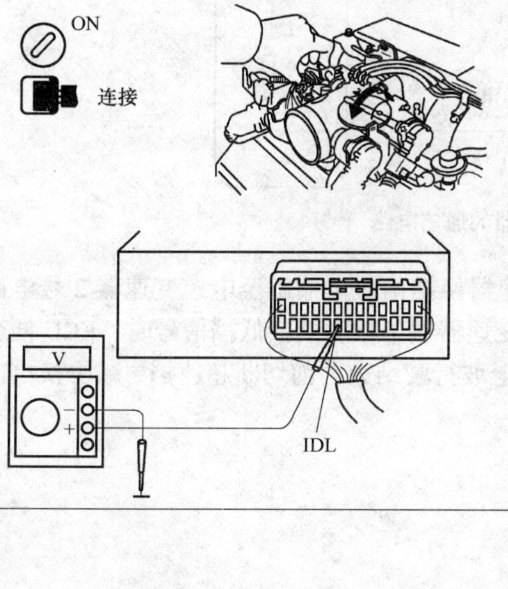
</td><td>准备：
① 拆出巡航控制 ECU，连接器仍然连接。
② 脱开发动机和 ECT ECU 连接器，以及 ABS 和牵引控制 ECU 连接器。
检查：
① 将点火开关处于“ON”（通）。
② 在节气门完全打开及完全关闭时测量巡航控制 ECU 连接器的 IDL 端子与车身接地之间的电压。
正常：
<table><tr><td>节气门位置</td><td>电压 /V</td></tr><tr><td>完全打开</td><td>6~9</td></tr><tr><td>完全关闭</td><td><1</td></tr></table></td></tr>
</table>

续表

↓不正常	正常→按表 6-7 所示进行下一项电路检查
2　检查执行器位置传感器	
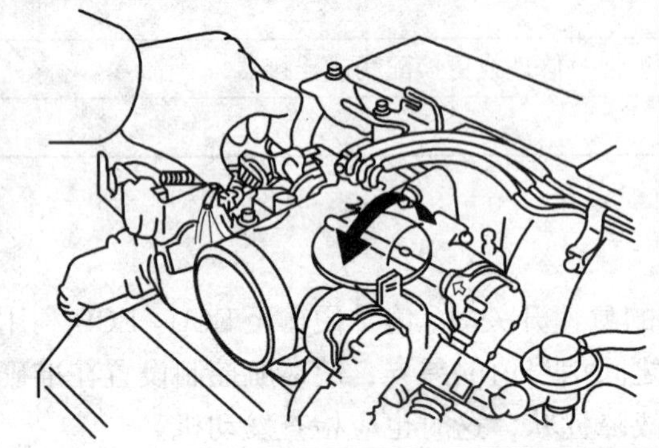	准备：脱开节气门位置传感器连接器。 检查：在节气门完全打开及完全关闭时，测量节气门位置传感器连接器端子 1、2 之间的电阻。 正常： 节气门位置 | 电阻 完全打开 | ∞（不导通） 完全关闭 | <1Ω
↓正常	不正常→更换节气门位置传感器
3　检查巡航控制 ECU 与节气门位置传感器之间、节气门位置传感器与车身接地之间的配线和连接器	
↓正常	不正常→修理或更换配线或连接器
检查和更换巡航控制 ECU	

节气门位置	电阻
完全打开	∞（不导通）
完全关闭	<1Ω

8. 电控变速器的通信电路

（1）电路说明

如图 6-60 所示，在巡航控制下的车辆上坡行驶而电控变速器换低挡时，为了减少由于超速挡的"通↔断"运作而引起的换挡，提供平稳的行驶，当在电控变速器中发生换低挡时，巡航控制 ECU 便向电控变速器发出信号，防止上坡结束前换高挡。

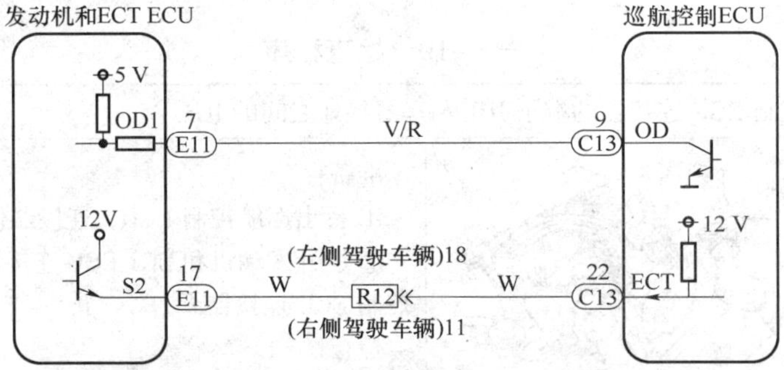

图 6-60　电控变速器的通信电路

巡航控制 ECU 的 ECT 端子检测来自电控变速器换挡信号（输出至电控变速器 2 号电磁阀）。如车速下降，以及当巡航控制 ECU 的电控变速器端子接收到换低挡信号时，ECU 便会将来自端子 OD 的信号输送至 ECT 端子，从而在上坡行驶结束之前切断超速挡，减少换挡次数、改变电控变速器内的换挡点。

（2）检查程序

检查程序见表 6-20。

表 6–20　检查程序

<table>
<tr><td>1</td><td>检查超速挡的工作</td></tr>
<tr><td colspan="2">准备：发动机预热后进行试车。
检查：对超速挡开关进行“通 ↔ 断”操作，检查超速挡应可“通 ↔ 断”</td></tr>
<tr><td>↓正常</td><td>不正常→检查和修理电控变速器</td></tr>
<tr><td>2</td><td>检查巡航控制 ECU 配线一侧的连接器 OD 端子与车身接地之间的电压</td></tr>
<tr><td>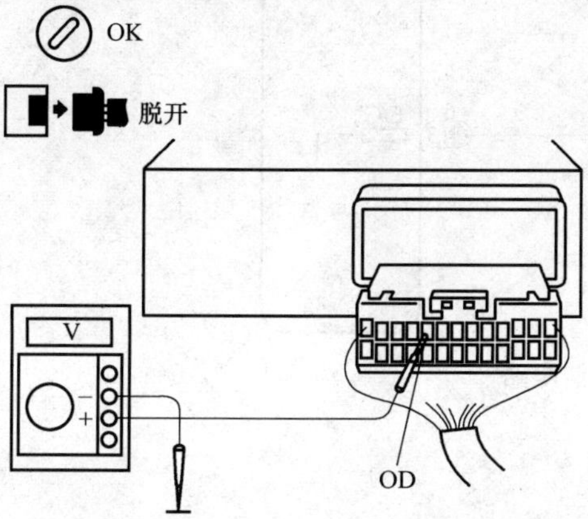
</td><td>准备：拆出巡航控制 ECU，连接器仍然连接。
检查：
① 脱开巡航控制 ECU 连接器。
② 将点火开关扭至“ON”（通）。
③ 测量巡航控制 ECU 配线一侧连接器端子 OD 与车身接地之间的电压。
正常：电压为 10~14 V</td></tr>
<tr><td>↓正常</td><td>不正常→进行步骤 5</td></tr>
<tr><td>3</td><td>检查巡航控制 ECU 连接器的电控变速器端子与车身接地之间的电压（试车时）</td></tr>
<tr><td>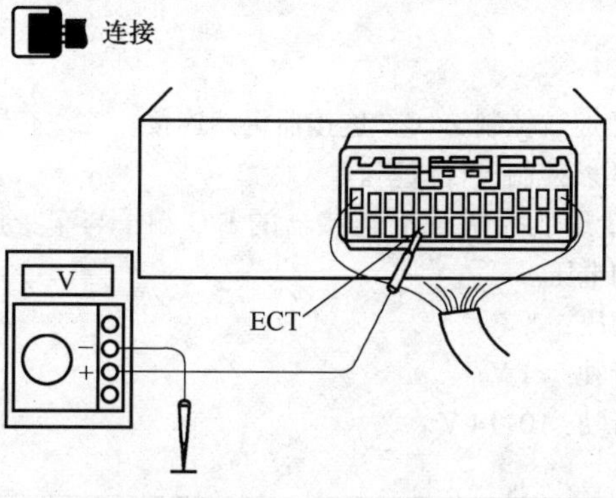
</td><td>准备：
① 连接巡航控制 ECU 连接器。
② 预热发动机后进行试车。
检查：接通、断开超速挡开关，同时检查巡航控制 ECU 连接器的电控变速器端子与车身接地之间的电压。
正常：
<table>
<tr><th>挡位</th><th>电压 /V</th></tr>
<tr><td>超速挡</td><td><1</td></tr>
<tr><td>第 3 挡</td><td>10~14</td></tr>
</table></td></tr>
<tr><td>↓不正常</td><td>正常→按表 6–7 所示进行下一项电路检查</td></tr>
<tr><td>4</td><td>检查巡航控制 ECU 的电控变速器端子与电控变速器电磁阀之间的配线和连接器</td></tr>
<tr><td>↓正常</td><td>不正常→修理或更换配线或连接器</td></tr>
<tr><td colspan="2">检查和更换巡航控制 ECU</td></tr>
<tr><td>5</td><td>检查巡航控制 ECU 的 OD 端子与发动机和 ECT ECU 的 OD 端子之间的配线和连接器</td></tr>
<tr><td>↓正常</td><td>不正常→修理或更换配线或连接器</td></tr>
<tr><td colspan="2">检查和更换 ECT ECU</td></tr>
</table>

9. EFI（电控燃油喷射）的通信电路

（1）电路说明

如图 6–61 所示，在巡航控制下的车辆下坡时，为使巡航控制平稳，使燃油切断所造成的发动机扭矩变化减至最小，巡航控制 ECU 向发动机和 ECT ECU 发出一个专为巡航控制用的延迟角控制信号。

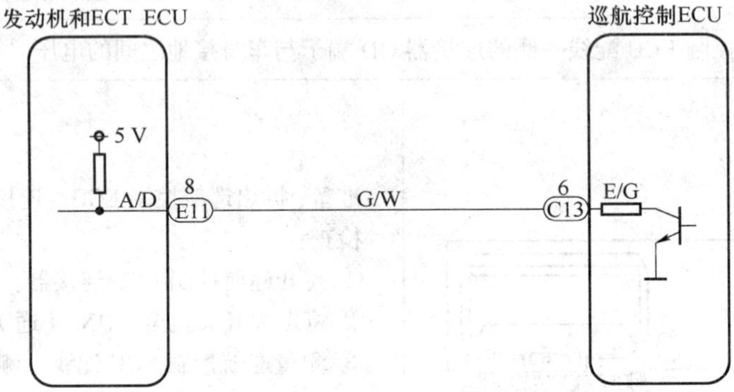

图 6–61　EFI 的通信电路

（2）检查程序

检查程序见表 6–21。

表 6–21　检查程序

1	检查巡航控制 ECU 连接器的端子 E/G 与车身接地之间的电压（试车时）
连接 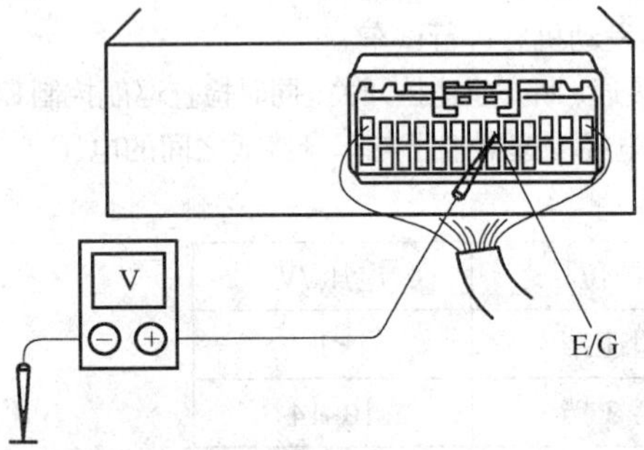	准备： ① 拆出巡航控制 ECU，连接器仍然连接。 ② 用巡航控制进行试车。 ③ 测量巡航控制 ECU 连接器的 E/G 端子与车身接地之间的电压。 正常电压： 下坡行驶：<1 V； 上坡行驶：10~14 V
↓不正常	正常→按表 6–7 所示进行下一项电路检查
2	检查巡航控制 ECU 和 ECT 之间的配线和连接器
↓正常	不正常→修理或更换配线或连接器
检查和更换巡航控制 ECU	

10. 变速器控制开关的电路

（1）电路说明

如图 6–62 所示，挡位位于 D 挡以外任一挡时，会有一个信号从变速器控制开关输送至 ECU。当这一信号在巡航控制行驶中输入时，ECU 便会取消巡航控制。

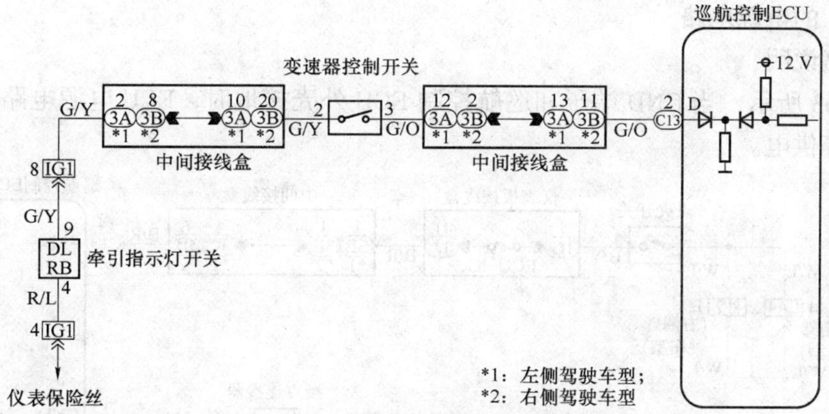

图 6-62　变速器控制开关的电路

（2）检查程序

检查程序见表 6-22。

表 6-22　检查程序

<table>
<tr><td>1</td><td colspan="2">检查起动机的工作</td></tr>
<tr><td colspan="3">检查起动机应正常工作，发动机应能起动</td></tr>
<tr><td colspan="2">↓正常</td><td>不正常→进行发动机故障排除分析</td></tr>
<tr><td>2</td><td colspan="2">检查输入信号</td></tr>
<tr><td colspan="2">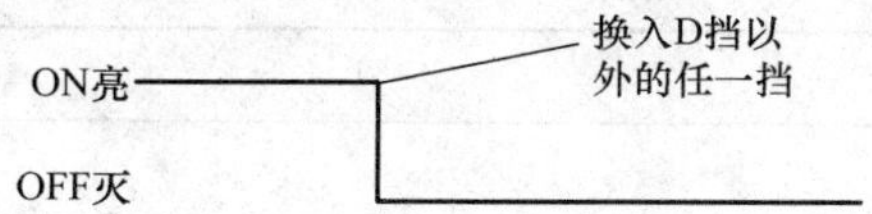</td><td>检查：
① 见本节“检查输入信号”部分。
② 换入除 D 挡以外任一挡，检查指示灯。
正常：换挡杆换入除 D 挡以外的任一挡时，指示灯熄灭</td></tr>
<tr><td colspan="2">↓不正常</td><td>正常→按表 6-7 所示进行下一项电路检查</td></tr>
<tr><td>3</td><td colspan="2">检查巡航控制 ECU 连接器 D 端子与车身接地之间的电压</td></tr>
<tr><td colspan="2">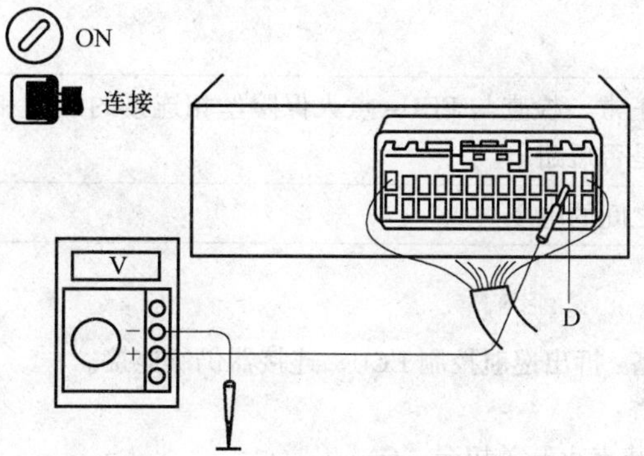</td><td>准备：拆出巡航控制 ECU，连接器仍连接。
检查：
① 将点火开关扭至“ON”（通）。
② 换入 D 挡和其他各挡时，测量巡航控制 ECU 的连接器 D 端子与车身接地之间的电压。
正常：
<table><tr><td>挡位</td><td>电压 /V</td></tr><tr><td>D 挡</td><td>10~14</td></tr><tr><td>其他挡</td><td><1</td></tr></table></td></tr>
<tr><td colspan="2">↓不正常</td><td>正常→按表 6-7 所示进行下一项电路检查</td></tr>
<tr><td>4</td><td colspan="2">检查巡航控制 ECU 与仪表保险线之间的配线和连接器是否开路</td></tr>
<tr><td colspan="2">↓正常</td><td>不正常→修理或更换配线或连接器</td></tr>
<tr><td colspan="3">检查和更换巡航控制 ECU</td></tr>
</table>

11. ECU 的电源电路

（1）电路说明

如图 6-63 所示，当 GND 端子和巡航控制 ECU 外壳接地时，ECU 电源电路便向执行器及各传感器等供电。

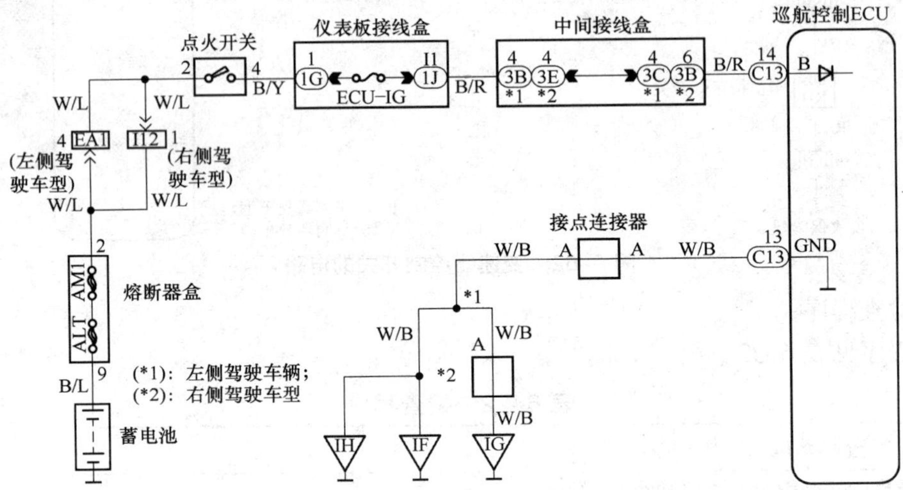

图 6-63　ECU 的电源电路

（2）检查程序

检查程序见表 6-23。

表 6-23　检查程序

1	检查 ECU- 点火保险丝
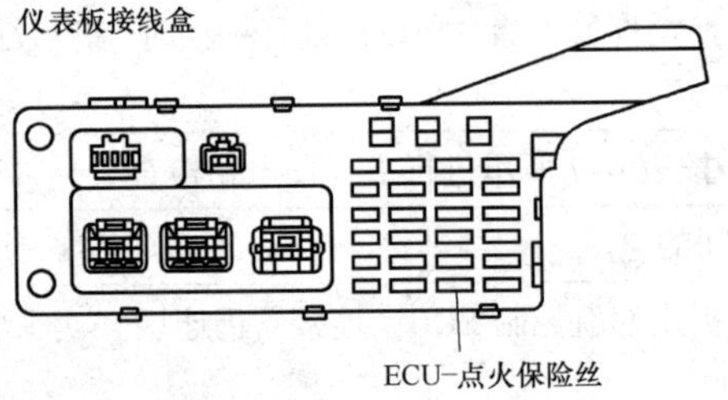	准备：从仪表板接线盒中拆出 ECU- 点火保险丝。 检查：检查 ECU- 点火保险丝的导通性。 正常：导通
↓正常	不正常→检查与 ECU- 点火保险丝相连接的配线和部件是否短路
2	检查巡航控制 ECU 连接器的 B 与 GND 端子之间的电压
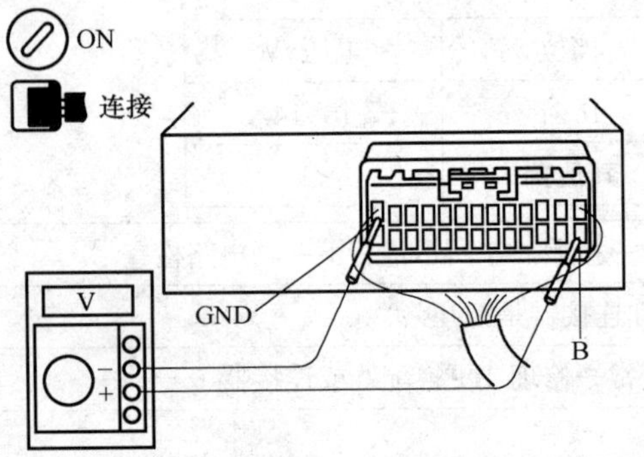	准备：拆出巡航控制 ECU，连接器仍然连接。 检查： ① 将点火开关扭至“ON”（通）。 ② 测量巡航控制 ECU 连接器的 B 与 GND 端子之间的电压。 正常电压：10~14 V

续表

↓不正常	正常→按表 6-7 所示进行下一项电路检查
3	检查巡航控制 ECU 连接器端子 GND 与车身接地之间的导通性
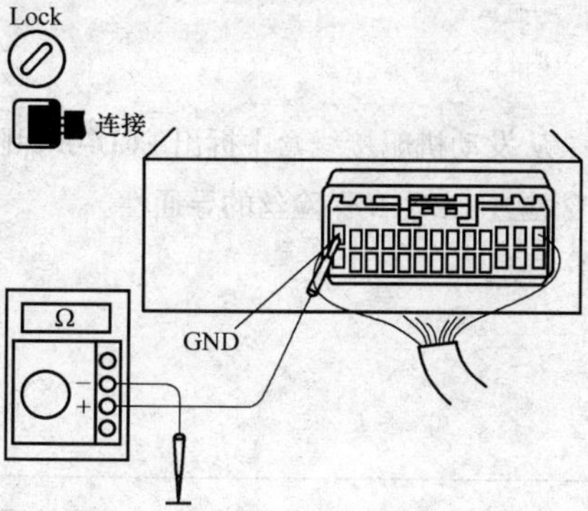	准备：测量巡航控制 ECU 的连接器 GND 端子与车身接地之间的电阻。 正常电阻：<1 Ω
↓正常	不正常→检查与 ECU– 点火保险丝相连接的配线和部件是否短路
检查和修理蓄电池与巡航控制 ECU 之间的配线和连接器	

12. 备用电源的电路

（1）电路说明

如图 6-64 所示，即使断开点火开关，ECU 备用电源仍然供电，并且用于故障码存储器等。

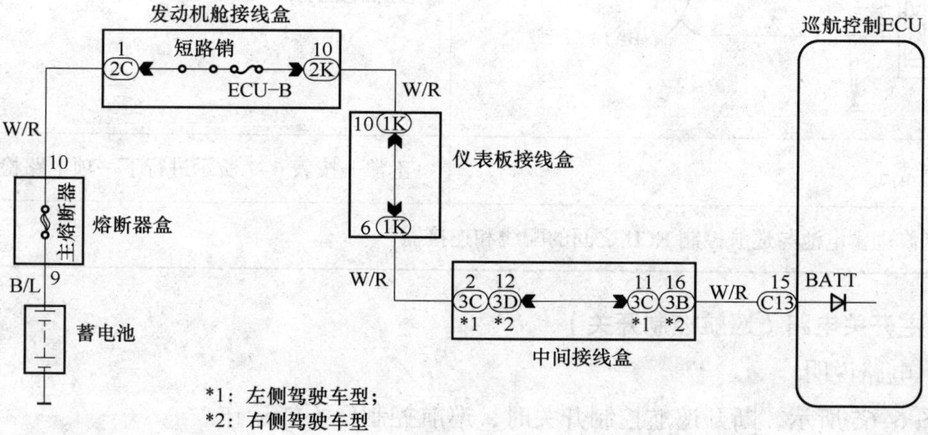

图 6-64　备用电源的电路

（2）检查程序

检查程序见表 6-24。

表 6–24　检查程序

1	检查 ECU–B 保险丝
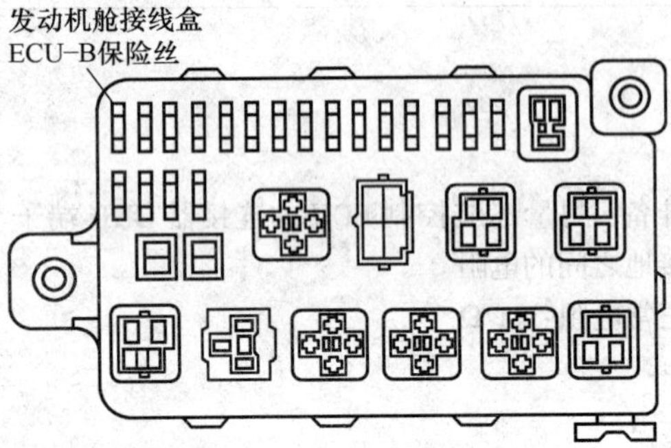	准备：从发动机舱接线盒中拆出 ECU–B 保险丝。 检查：检查 ECU–B 保险丝的导通性。 正常：导通
↓正常	不正常→检查与 ECU–B 保险丝相连接的配线和部件是否短路
2	检查巡航控制 ECU 连接器的 BATT 端子与车身接地之间的电压
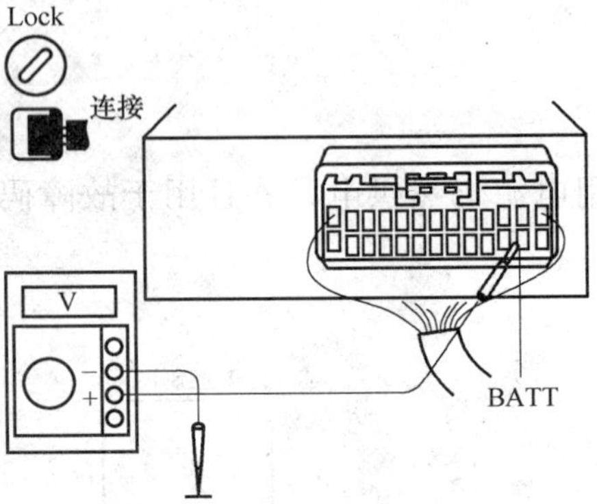	准备：拆出巡航控制 ECU，连接器仍然连接。 检查：测量巡航控制 ECU 的连接器 BATT 端子与车身接地之间的电压。 正常电压：10~14 V
↓不正常	正常→按表 6–7 所示进行下一项电路检查
检查和修理蓄电池与巡航控制 ECU 之间的配线和连接器	

13. 主开关电路（巡航控制开关）

（1）电路说明

如图 6–65 所示，断开巡航控制开关时，巡航控制便不能运作。

（2）检查程序

检查程序见表 6–25。

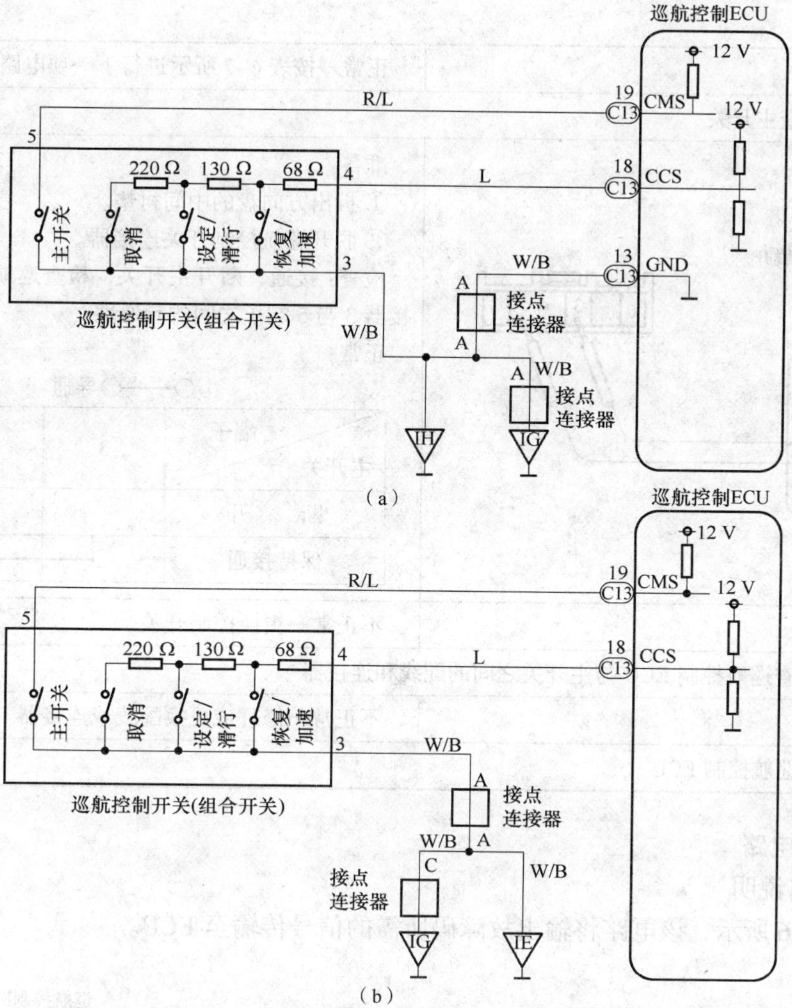

图 6–65　主开关电路

（a）左侧驾驶车型；（b）右侧驾驶车型

表 6–25　检查程序

<table>
<tr><td>1</td><td>检查巡航控制 ECU 连接器的端子 CMS 与车身接地线之间的电压</td></tr>
<tr><td></td><td>准备：拆出巡航控制 ECU，连接器仍然连接。
检查：
① 将点火开关扭至 “ON”（通）。
② 接通、断开主开关时，测量巡航控制 ECU 连接器的端子 CMS 与车身接地之间的电压。
正常：
<table><tr><th>主开关</th><th>电压 /V</th></tr><tr><td>断</td><td>10~14</td></tr><tr><td>通</td><td><1</td></tr></table></td></tr>
</table>

续表

<table>
<tr><td colspan="2">↓不正常</td><td>正常→按表 6-7 所示进行下一项电路检查</td></tr>
<tr><td>2</td><td colspan="2">检查主开关</td></tr>
<tr><td colspan="2">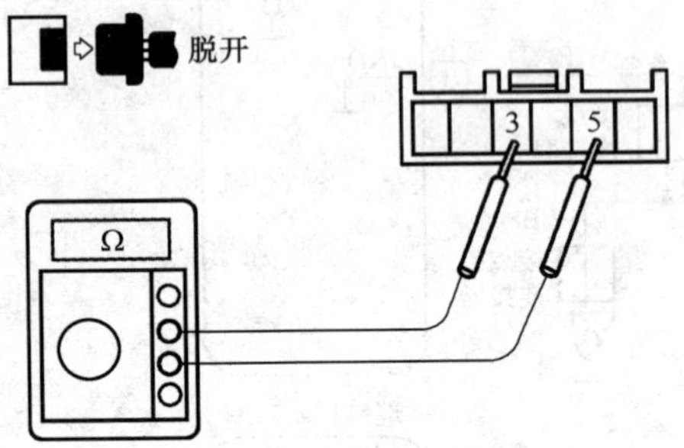</td><td>准备：
① 拆出方向盘的中间衬垫。
② 脱开巡航控制开关连接器。
检查：接通、断开主开关，检查巡航控制开关的连接器 3 与 5 端子之间的导通性。
正常：
○—○导通
<table><tr><td>端子 / 主开关</td><td>3</td><td>5</td></tr><tr><td>断　开</td><td></td><td></td></tr><tr><td>保持接通</td><td colspan="2">○———○</td></tr></table></td></tr>
<tr><td colspan="2">↓正常</td><td>不正常→更换控制开关</td></tr>
<tr><td>3</td><td colspan="2">检查巡航控制 ECU 与主开关之间的配线和连接器</td></tr>
<tr><td colspan="2">↓正常</td><td>不正常→修理或更换配线或连接器</td></tr>
<tr><td colspan="3">检查和更换巡航控制 ECU</td></tr>
</table>

14. 诊断电路

（1）电路说明

如图 6-66 所示，该电路将输出故障码所需的信号传输至 ECU。

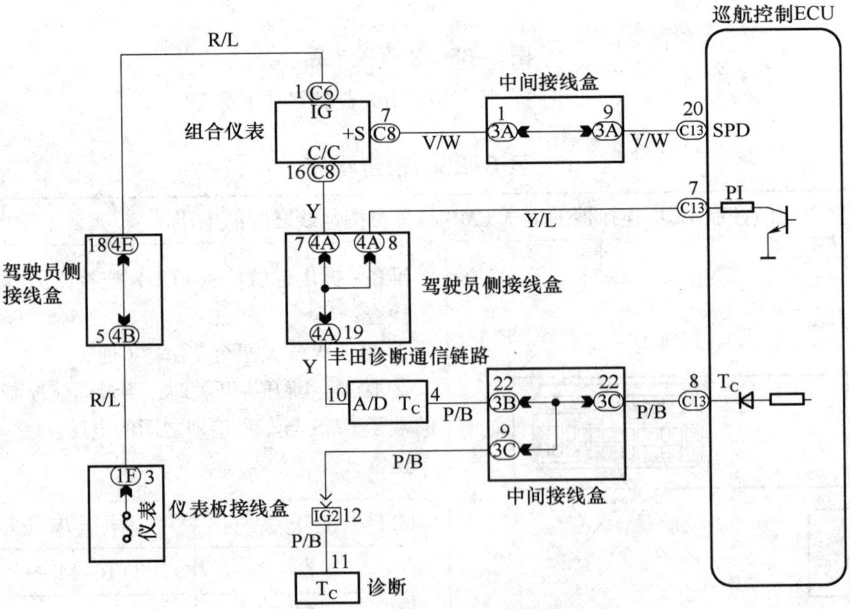

图 6-66　诊断电路（左侧驾驶车型）

（2）检查程序

检查程序见表 6–26。

表 6–26　检查程序

1	检查 TDCL（丰田诊断通信链路）的 T_C 与 E_1 端子之间的电压
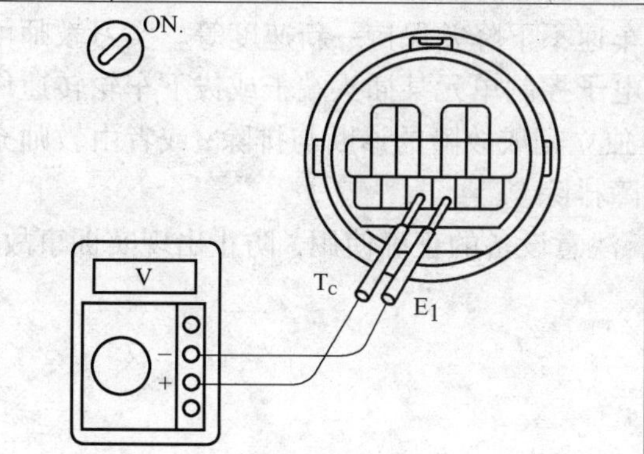	检查： ① 将点火开关扭至“ON”（通）。 ② 测量 TDCL T_C 与 E_1 端子之间的电压。 正常电压：10~14 V
↓不正常	正常→按表 6–7 所示进行下一项电路检查
2	检查巡航控制 ECU 与 TDCL 之间、TDCL 与车身接地之间的配线和连接器
↓正常	不正常→修理或更换配线或连接器
检查和更换巡航控制 ECU	

15. 执行器控制拉索的检查

执行器控制拉索如图 6–67 所示。

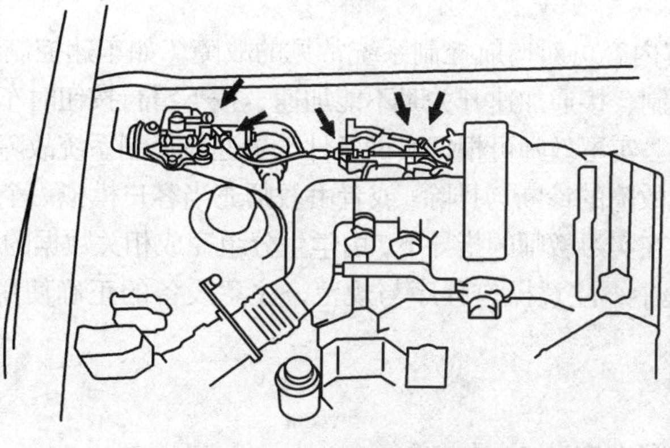

图 6–67　执行器控制拉索

检查：

1）检查执行器、控制拉索和节气门连杆，均应安装正确。

2）检查执行器和节气门连杆应平稳工作。

3）检查控制拉索应既不松动又不太紧。

备注：

1）如控制拉索太松，车辆上坡时速会损失很大。

2）如控制拉索太紧，怠速时的转速会很高。

技能考核

巡航控制系统常见的故障主要有车速控制装置失灵、上坡或变速时失效、制动器不能控制、接通加速开关时不能加速，按下滑行按钮时车速不下降并保持一新速度等。实习教师可根据实训条件设置巡航控制系统故障，比如拔下电子控制单元某插头端子或拔下车轮转速传感器的接头，然后在实习教师的监督下，由学生独立完成故障的诊断与排除；或者由教师充当客户模拟一个或几个场景，让学生分组完成故障排除。

注意：在操作过程中，注意操作程序与规范，注意设备的正确使用，防止出现实训事故。

一、准备工作

1）准备好试验用的巡航控制系统检测项目。

2）强调实训中的安全注意事项。

二、实训内容及要求

1）认识巡航控制系统的基本组成。

2）找出各个元件的安装位置，并描述其功能。

3）用故障检测仪做故障分析。

三、场景设计

学生根据课堂讲解内容可对巡航控制系统常见的故障（如车速控制装置失灵、上坡或变速时失效、制动器不能控制、接通加速开关时不能加速、按下滑行按钮时车速不下降并保持一新速度等）进行诊断与排除。实习教师可根据实训条件设置巡航控制系统故障，然后在实习教师的监督下，由学生独立完成故障的诊断与排除；或者由教师充当客户模拟一个或几个场景，让学生分组完成故障排除。最后在实习教师的指导下，由学生分组完成相关数据的分析，同时完成任务单。

注意：在操作过程中，注意操作程序与规范，注意设备的正确使用，防止出现实训事故。

四、完成任务单

1）将基本信息填写在表 6-27 中。

表 6-27　基本信息

日　期		同组人员	
车　型		发动机型号	
VIN 码		行驶里程	
年　款		故障现象	

2）找出实训车辆巡航控制系统的所有传感器，描述各个传感器的安装位置并填表 6-28。

表 6-28　传感器的安装位置

传感器名称	安装位置的描述

3）描述巡航控制系统各个执行器的安装位置并填表 6-29。

表 6-29　执行器的安装位置

执行器名称	安装位置的描述

4）描述操作时的相关变化并填表 6-30。

表 6-30　巡航控制系统运行描述

操作描述	巡航控制系统运行描述	相关数据记录

5）本次实训中存在的疑问有哪些？最大的难点是什么？

项目小结

本项目主要介绍了巡航控制系统的组成、工作原理、巡航控制 ECU 的 16 项主要功能。阐述了典型车辆 LS400 巡航控制系统的部件位置、电路检测、执行元件的诊断程序和自诊断检查操作，在实训过程中按照维修站的维修标准，对巡航控制系统进行系统自诊断检测、主要元件的基本检查与调整等内容进行了技能训练，通过实践学习学生应能达到对车辆巡航控制系统常见故障进行诊断和维修能力。

思考与练习

1）简述巡航控制系统的工作原理。
2）使用巡航控制系统时要注意哪些事项？
3）如何检查巡航控制系统的驱动电动机？
4）简述凌志 LS400 巡航控制系统的工作过程。
5）车速传感器应如何检查？

参考文献

[1] 李春明 . 汽车底盘电控技术 [M]. 北京：机械工业出版社，2009.

[2] 尤明福 . 汽车底盘电控技术 [M]. 北京：中国劳动社会保障出版社，2008.

[3] 曹家喆 . 现代汽车检测诊断技术 [M]. 北京：清华大学出版社，2003.

[4] 吴兴敏 . 汽车检测与诊断技术 [M]. 北京：中国人民大学出版社，2008.

[5] 邹小明 . 汽车检测与诊断技术 [M]. 北京：机械工业出版社，2004.

[6] 刘映凯，贾志涛 . 汽车底盘电控原理与维修实务 [M]. 北京：北京大学出版社，2012.

[7] 张红伟 . 汽车自动变速器实训 [M]. 北京：高等教育出版社，2007.

[8] 高洪一，康国初 . 汽车电子技术 [M]. 北京：北京交通大学出版社，2007.

[9] 张立新，等 . 桑塔纳 2000 系列轿车维修手册 [M]. 沈阳：辽宁科学技术出版社，2000.

[10] 方锡邦 . 汽车检测技术与设备 [M]. 北京：人民交通出版社，2005.

[11] 高延龄 . 汽车运用工程 [M]. 北京：人民交通出版社，2001.

[12] 张士江 . 汽车底盘电控系统维修 [M]. 北京：机械工业出版社，2009.

[13] 吴君 . 汽车底盘电控系统检修 [M]. 北京：电子工业出版社，2011.

[14] 赵佳红 . 汽车底盘电控系统检修 [M]. 北京：清华大学出版社，2011.

[15] 刘春晖，张斌 . 汽车底盘电控系统原理与检修 [M]. 北京：机械工业出版社，2012.

[16] 安相璧，马效 . 汽车检测设备与维修 [M]. 北京：北京理工大学出版社，2005.

[17] 夏长高，曾发林，丁华 . 汽车安全检测技术 [M]. 北京：化学工业出版社，2006.

[18] 刘希恭 . 凌志 LS400 轿车维修手册 [M]. 长春：吉林科学技术出版社，2000.

[19] 李军 . 汽车使用性能与检测技术 [M]. 北京：人民交通出版社，2003.